만萬화華경鏡 속
미국 민주주의
법·제도·과정을 통한 미국 정부와 정치 분석

이 저서는 2013학년도 서울대학교 미래 기초학문 분야 기반조성 사업과 2011학년도 서울대학교 미국학연구소 총서 사업의 지원을 받아 수행된 연구 결과물임.

This work was supported partly by the Seoul National University (Program for the Fundamental Development of Basic Sciences) and partly by the Seoul National University (American Studies Institute Publication Series).

만萬화華경鏡 속
미국 민주주의
법·제도·과정을 통한 미국 정부와 정치 분석

이옥연 지음

American Democracy in a Kaleidoscope

Okyeon Yi

ORUEM Publishing House
Seoul, Korea
2015

아버지를 늘 그리워하시는 어머니께

서 문

　평등주의와 자유주의가 조합된 미국식 민주주의는 개인의 자유를 보장하기 위해 정부의 권한을 제한하며 현상 유지를 선호하는 보수주의와, 개혁을 통해 발전을 추구하는 진보주의의 경합을 통해 다양한 양상으로 "국민의, 국민에 의한, 국민을 위한" 정부와 정치를 구현한다. 이와 함께 미국인은 개인주의를 최고의 목표이자 탁월한 도구로 인식하며 정부와 정당에 대한 경계심을 항시 늦추지 않는다. 더불어 미국인들은 아주 예외적인 경우를 제외하고는 어떠한 문제를 해결함에 있어 스스로를 보존한다는 명분하에 주변과 격리되는 자가당착에 빠지지 않으려고 신중을 기하며, 설령 이러한 몰락의 낭떠러지로 떨어지더라도 주변의 압력 여부와 관계없이 스스로 문제를 찾아내 해결하는 자정 능력을 보여주곤 한다.
　그래서인지 자국의 민주주의에 대한 미국인의 자부심은 대단하다. 그렇기 때문에 다른 국가들이 겉으로 드러난 미국의 정치적 행위와 결과에 따라 미국식 민주주의를 원론적으로 판단하는 것에 대해 미국인들은 불만을 토로한다. 나머지 국가들에게는 각종 면제조항이 적용되면서 미국에게만큼 유독 엄격한 준거를 적용하면 불공평하다는 근거에서이다. 그렇다면 미국 민주주의의 진정한 모습은 무엇인가?

『만화경 속 미국 민주주의(American Democracy in a Kaleidoscope)』는 민주주의 이상을 통치의 원칙으로 구현하려는 미국의 법·제도 및 과정에 초점을 맞춰 미국의 정부와 정치를 분석하고자 한다. 더불어 미국식 민주주의가 한국의 통치 이념과 통치체제에 미치는 파급효과가 상당하다는 점에서, 이 책은 미국식 민주주의 연구의 학문적·현실적 필요성을 강조한다.

이에 따라 이 책은 총 10장에 걸쳐 결사체 민주주의 관점에서 바라본 주 정부 차원의 이익단체 활동상, 연방정부와 대조적으로 주 정부에서 직접민주주의를 제도화한 미국식 민주주의의 특성, 연방주의와 이민 정책의 역학, 교육과 교육복지 분야에서 나타나는 미국 연방주의의 정치사회학, 정교분리의 원칙과 정치현실 간의 괴리, 2004년 대통령선거에서 드러난 TV광고의 효력, 권력분립의 통치원칙과 대통령제의 대외정책 분야 간 상치 가능성, 1942년 일본계 미국인의 강제 이주와 억류 사례를 재조명한 전시(戰時) 민주주의, 군사·안보 분야에서 드러나는 미국과 유럽의 관계에 대한 오해와 진실, 그리고 통일 후 한국과 미국 대통령제의 함의 등에 대해 살펴볼 것이다. 각 장의 내용을 요점별로 간략하게 정리하면 다음과 같다.

최근 들어 미국의 연방정부와 주·지방정부 단계의 이익단체 활동이 체계적으로 다르다는 인식이 정형화되고 있으며, 주 차원에서 나타나는 이익단체의 활동이 시대에 따라 다양한 형태로 변해왔다는 점 또한 널리 알려져 있다. 그러나 이러한 다면적인 변화상을 체계적으로 설명하는 모델은 아직 부족하며, 많은 기존 연구들은 연방 단계와 다른 양상으로 전개되는 주 단계 이익단체의 활동을 설명하기 위해 주로 연방 단계 이익단체 활동에 적용되는 다원주의, 조합주의적 관점에 전적으로 의존해 왔다. 1장에서는 주 단계 이익단체 활동이 연방정부 단계 이익단체와 다른 경로로 발전해 왔으며, 주에 따라 이러한 활동의 격차가 심하다는 점을 체계적으로 설명할 수 있는 이론적 틀을 제시한다. 특히 사례연구로서 위스콘신 주의 CSM(Campaign for a Sustainable Milwaukee)과 WRTP(Wisconsin Regional Training Partnership)의 활동과 성과를 '권력집중 패러독스' 모델을 통해 분석하고, 이를 통해 미국의 주 단계 이익단체 활동의 성공적 단면을 결사체 민주주의의 관점에서 설명한다. 이를 통해 결사체 민주주의 이론이 기존의 다원주의나 조합주의적 관점과 더불어 미국 주 단계 이익단체 활동과 변천을 체계적으로 설명하는 모델 정립에 기여한다는 결론을 맺고자 한다.

대의민주주의와 직접민주주의는 민주주의라는 절차를 통해 민의를 정책에 반영함으로써 완벽한 이익대변을 추구한다는 공통된 목표를 지향하지만 종종 상호배타적인 경우가 있다. 대의민주주의 옹호론자들은 직접민주주의 체제가 현대 복합사회에서 양질의 입법과 공평한 이익 분배 및 조정 임무를 수행하기에 역부족이라고 주장한다. 또한 직접민주주의 요소조차 극단적이거나 편협한 이익집단들의 전횡을 야기함으로써 오히려 효율적이고 공평한 대의민주주의 구현에 방해가 된다고 말한다. 반대로 직접민주주의 옹호론자들은 시민 개개인이 거부권 행사를 통해 대리인에게 책임 있는 입법, 집행 및 사법을 유도함으로써, 직접민주주의가 시민의 권리헌장인 헌법을 수호하는 데 기여한다고 역설한다. 직접민주주의 요소가 대의민주주의의 취약점을 보완하여 비로소 완벽한 이익대변을 가능하게 한다는 것이다. 현대 복합사회에서 직접민주주의 요소에 대한 고려는 대의민주주의가 제대로 작동하지 않는 경우를 전제한다는 사실 하나만으로도 충분한 논쟁거리를 제공한다. 근대 민주주의의 창시자 중 하나인 로크(John Locke)는 "통치자와 일부 인민 간 의견충돌이 발생하는 경우 인민 집합체가 심판을 맡는 것이 적절하다(242)"고 단언했다. 직접민주주의와 대의민주주의의 관계를 둘러싼 지속적 논쟁은 어찌 보면 로크가 남긴 격언 자체에 대한 평가라기보다 엘리트 통치 체제의 전복을 가져올 수도 있는 혁명이라는 고비용의 갈등 해소법을 회피하기 위한 몸부림의 흔적이라고 볼 수 있다. 2장에서는 미국의 민주주의를 민주주의 논의의 틀에서 검토하고, 분층(multi-layered) 이익대변이 특징인 미국 민주주의의 발전 배경과 현황을 살펴본다. 다음으로 특이한 형태로 대의민주주의와 직접민주주의 요소를 조합한 캘리포니아 주의 운영 사례를 살핀 뒤 결론에서 미국 민주주의의 진면모를 평가할 것이다.

미국의 정치풍경에서 종교에 대한 논쟁은 크게 두 가지로 나뉜다. 하나는 정치적 영향력으로서 종교와 종교집단의 역할에 대한 논쟁이고, 다른 하나는 정치적 쟁점으로서 종교와 종교집단의 역할에 대한 논쟁이다. 서로 밀접하게 연관되어 있는 이 두 가지의 논쟁은 종종 혼재되어 정치적 화두로 떠오르곤 한다. 예컨대 보수적 기독교인들의 평균 정치참여율이 미국 전체 유권자의 평균 정치참여율에 준하거나 오히려 상대적으로 다소 낮은 편임에도 불구하고, 근래에는 유독 보수적 기독교인들이 잠재적으로 선거 판세를 결정할 수 있는 집단으로 인식된다. 일부 학자들은 1970년대 말을 기점으로 보수 종교집단들이 정치적 침묵을 깨고 세상으로 나왔다고 주장하곤 한다. 그러나 1970년대 이후 보수 종교집단이 전체 인구에서 차지하는 비율에 그다지 큰 변화가 없었다는 점에서, 보수 종교집단의 세력팽창 자체는 타당한 이유가 되지 못할 것이다. 그렇다면 보수 종교집단은 어떻게 영향력 있는 정치세력으로 부상할 수 있었는가? 또는 그들이 중점적으로 강조하는 사회보수주의적 가치관이 어떻게 주요 정치쟁점으로 부각되었는가? 3장에서는 이에 대한 대답을 찾는 과정에서 정교분리의 원칙을 천명하는 미국의 헌정주의와 미국의 정치풍경에서 나타나는 정치와 종교의 밀접한 관계에 대한 보다 명확한 이해를 제고하고자 한다.

4장에서는 연방체제와 연방사회 간 합치(congruence) 여부에 초점을 맞춰 연방주의가 교육복지에서 어떻게 구현되었는지 또는 구현되지 못했는지를 사례를 통해 살펴볼 것이다. 구체적으로 공식적 제도에 근거한 연방국가와 민족·언어에 근거한 다양성이 표출된 사회구조를 가리키는 연방사회가 불합치할 경우 교육복지 분야에서 연방주의가 어떠한 형태로 구현되는지를 시대별로 검토한다. 우선 연방주의를 건국이념으로 채택한 미국이 다른 연방국가와 대조적으로 헌법상 교육 권한의 소재지를 주 정부에 두었음에도 연방정부가 교육복지에서 작지만 점진적으로 권한을 확대하는 근거를 살펴보고자 한다. 특히 교육 및 교육복지는 민족·언어의 동질성이 크지 않음에도 불구하고 대칭적 연방주의로 발전했고, 그 부산물로서 헌법에도 명시되지 않은 교육 권한이 제한적이지만 점차 연방정부로 이전하는 양상을 보이고 있다. 따라서 4장은 연방주의를 작동시키는 주요 동력으로서 사회적 요인, 보다 정확하게는 민족·언어적 이질성에 일차적으로 초점을 맞춰 교육 연방주의의 정치 사회학을 연대기적으로 재조명하고, 교육복지에 초점을 맞춰 미국 연방주의가 운용되는 한 단면을 살펴보고자 한다.

이민 문제는 원칙으로나 내용으로나 국경통제뿐 아니라 국가 정체성 및 시민권과도 연계되어 있으며, 이민 정책은 출입국과 귀화를 다루는 국가 간의 국제 문제인 동시에 이주민의 통합과 수용에 관한 국가 내부의 문제이기도 하다. 그러나 헌법은 이민자를 원론적으로 '열외'로 간주한다. 결국 누가, 언제, 어떻게, 왜 특정 국가의 시민으로서 자격을 부여받고 그에 수반되는 권리를 향유할 뿐 아니라 의무도 수행해야 하는지, 그리고 어떤 근거로 특정 일부는 이러한 자격에서 제외되는지에 대한 심의가 이민 문제에 관한 논의의 주요 축을 형성하고 있다. 연방국가에서는 이러한 정치적 논의에 더해 어느 정부가 그 책임소재지로서 헌법에 합당한지에 대한 헌법적 논의가 추가된다. 이러한 맥락에서 5장에서는 미국이 건국 이후 연방주의를 헌정질서로 채택하면서 이민 문제의 권한 소재지에 대한 법제도적 관점을 추가한 사실을 강조한다. 이어서 미국의 이민 정책 주체가 실질적·규범적으로 연방정부로 정립되는 과정을 살피면서 최근 30년간 책임소재지 논의가 재부상하는 배경을 검토한다. 이러한 변화를 반영하는 지표로서 여론 추이와 객관적 자료인 인구구성도 및 실업률 간 상관관계를 중심으로 이민 문제의 실제와 허상을 논하고자 한다. 결론에서는 이민 문제가 미국의 국가 구상에 미칠 영향력과 선택에 관해 논할 것이다.

　미국은 지구상의 어느 나라보다도 가장 빈번한 선거를 통해 가장 많은 적임자를 선출하는 국가이며, 그렇게 뽑히는 수많은 공직 중에서 대통령직은 참정권을 행사할 수 있는 국민 전체가 참여하여 국가의 원수이자 행정부의 수반을 겸하는 최고 통수권자를 선택하는 유일한 선출직이다. 따라서 대통령선거가 없는 중간선거와 달리 대통령선거가 열리는 해에는 성대한 정치축제 분위기 속에서 11월 선거일 직전까지 1년 내내 선거유세가 지속된다. 미국 선거운동 중 특히 30초(또는 드물게 60초) 안에 유권자에게 대선후보의 강렬한 인상과 주요 메시지를 동시에 전달해야 하는 TV광고, 일명 '스팟(spot)'은 양대 정당후보 간에 확실하고 뚜렷한 차별성을 부각시킬 경우 유권자들의 최종 선택에 지대한 영향을 끼칠 수 있지만, 반대로 양 후보 진영 간 명확한 차별성이 결여되거나 유권자들의 우선순위와 동떨어진 이슈를 중심으로 전개될 경우에는 그 효력이 저하되기 마련이다. 6장은 2004년의 미국 대선과정에서 TV광고가 과연 전자와 후자 중 어느 경우에 해당하는지를 살펴본다. 당선 여부와 선거운동의 상관관계, 특히 특정 선거운동의 효과에 대해 아직까지 이론적·실증적 검토가 완전하게 이루어지지 않았기 때문에, TV광고가 구체적으로 유권자에게 유형별로 어떠한 영향을 주는지, 어떠한 경로로 투표행위에 작용하는지, 또는 다른 요인들과 독립적으로 유권자들의 선택에 얼마나 결정적인 역할을 하는지에 대한 연구는 지속적으로 필요하다. 이에 6장은 이러한 실증적 연구에 앞서 양당 후보가 유권자들에게 선거이슈 중 무슨 메시지를 어떻게 전달했고 어떤 효과를 얻기 위해 그러한 선거 전략을 채택했는지에 대한 분석에 주력하고자 한다.

　7장에서는 대외정책 분야에서 나타나는 미국 대통령제의 운용 방식에서 발견되는 이상 징후에 초점을 맞춰 미국식 민주주의의 사각지대를 보여줌으로써 선행연구와의 차별성을 추구한다. 구체적으로 헌법이 천명하는 권력분립 원칙에도 불구하고, 오히려 그 권력분립의 기제인 상호간 독자적 선거제에 의해 미국의 유권자 전체가 선출한 대통령은 각 지역구에서 선출된 입법부 구성원이 내세우는 집합적 통치 위임과 확연하게 구별되는 유일한 공공 리더십(public leadership)을 정책결정 과정에서 독점할 수 있다는 점을 주시하고자 한다. 결국 미국 대통령제의 과제는 미국식 민주주의의 주요 통치 원칙인 권력분립을 중시하면서도, 동시에 성공적 통치를 위해 권한공유의 묘(妙)를 찾는 노력을 끊임없이 경주해야 한다는 데 있다. 이 난제의 해법을 모색함에 있어 국내정책 분야보다 대외정책 분야에서 법적·제도적·정치적 장애물이 더 크게 작용하고 있다. 게다가 선거결과와 무관하게 통치 위임 권한이 생기는 정치의 사법화가 입헌 대통령제의 근간을 흔들 수 있는 위험성도 적지 않다. 이에 7장은 권력분립의 양면성―권력분립은 권력공유를 전제로 한다는 패러독스―에 초점을 맞춰 대외정책 분야에서 나타나는 미국 대통령제의 속성을 평가하고, 대통령의 우위에 대한 주장을 지지하는 헌법적·정치적 근거를 대조함으로써 미국식 민주주의의 사각지대를 재조명하고자 한다.

8장은 2차 세계대전 당시 일본의 진주만 공격 직후 1942년부터 미국 내 거주하던 일본인계 주민들을 대상으로 추진되었던 강제 이주와 억류 사례를 통해 편협과 불관용이 어떠한 경로를 통해 여론으로 집결되며 궁극적으로는 정책으로 구상되는지 검토하고자 한다. 위 사례에서 국민에 의해 폭넓게 수용된 불관용은 민주주의의 원칙에 저촉되지 않고, 따라서 지도층이 채택해도 되는 당시의 지배적인 여론이었다. 그러나 여론이 공공정책 결정에 영향을 끼친다는 사실을 감안하더라도, 위 사례는 그러한 민주주의의 운용이 반드시 바람직하지는 않다는 불편한 진실을 우리에게 보여준다. 8장은 1) 행정명령 9066호를 통해 입법화된 강제 이주, 2) 행정명령 9102호를 기반으로 진행된 억류, 3) 결어의 세 절로 구성되며, 첫 두 절에서는 민주주의의 핵심인 민의 대변(representation)을 설명하는 두 모델, 즉 반동적 대변(reactive preemption)과 선제적 대변(preemptive representation)을 정책결정에 적용하여 여론이 대통령제에서 어떠한 경로를 통해 대변되는지를 서술한다. 이어 결론을 대신하여 민주주의의 딜레마와 그 파장효과를 가늠해 본다. 이를 통해 전시 미국 민주주의가 실제로 어떻게 구현되었는지를 살펴보고 후속 연구의 방향에 대해 논하고자 한다.

9장은 제2차 세계대전 이후 정치-군사안보 영역에서 발생했던 사건들을 토대로 미국과 유럽 간 갈등과 협력 관계를 정리한 후, 9/11 사태 이후 나타난 세계질서의 변화와 관련하여 범대서양주의에 관한 항간의 논의를 재조명하고자 한다. 이를 위해 우선 2차 세계대전 종결 후 유럽 지역의 집단안보에 대해 미국과 유럽의 지도자들이 어떻게 의견을 규합하여 유사한 대규모 전쟁의 재발을 막으려 했는지, 또 그러한 노력이 실제로 어떤 성과를 거두었는지에 대해 검토한다. 그 다음으로 탈냉전과 9/11 사태 이후 일련의 사건들을 중심으로 미국과 유럽의 갈등은 새로운 현상이 아닐뿐더러 국제관계에서 갈등과 협력은 상호 대치되는 현상이 아니라는 점에 주목하고자 한다. 미국과 유럽 사이에 목격되는 불협화음을 해소할 방안이 없다고 주장하는 최근의 언론매체와 일부 학자들의 견해와 달리, 9장에서는 이러한 불협화음이 실제로는 미국과 유럽이 새로운 국제질서를 정립하기 위해 협력을 모색하는 과정에서 자연스럽게 각자의 이견을 표출한 결과라는 점을 강조한다. 오히려 미국과 유럽은 상호 이견에도 불구하고 주변의 안보정세가 급변하고 있다는 공감대를 형성하고 있으며, 무엇보다 사안에 따라 의견 차이가 발생할 수 있음을 분명히 인식하고 이를 수용할 수 있는 여력이 있다는 것이다. 결론에서는 이처럼 미국과 유럽이 각자의 이견을 허심탄회하게 논의할 수 있기 때문에 상호 공조를 위한 합의점을 창출하려는 노력이 실질적으로 가능하다는 점을 강조하고자 한다.

건국 시조가 미국의 대통령제를 연방제와 더불어 미국식 민주주의의 헌정질서로 최종 채택한 이후에도 단일행정부를 둘러싼 논란은 종식되지 않았는데, 이는 단일행정부와 행정부 일방주의 간의 오해를 불식시키지 못했기 때문이다. 단일행정부는 권력의 단일 소재(unitaryness in power locus)라는 속성으로 인해 집행권과 행정부 일방주의 사이에 혼동을 촉발시킬 소지가 크다. 그러나 엄밀히 말하자면, 행정부 일방주의는 단일행정부 자체의 본질과 근본적으로 관계가 없다. 단일행정부는 이론상 민주주의를 구현하는 두 정부기관, 즉 입법부와 행정부 간의 집단적 의사결정을 강요하는 정치 설계도에 근거해 건축된다. 더욱이 건국과정에서 연합헌장 체제에서 연방헌법 체제로 전환하면서 대통령제는 주 정부의 권한을 양도받아 상위정부인 연방정부 차원에서 행정부 수장의 부재를 보완하는 과정에서 창출된 정치적 산물이다. 따라서 대통령제는 새로운 정치 설계도면에 단일한 통치 질서를 구현할 수 있는 동력을 제공하도록 구상되었다. 차이가 있다면 몇몇 대통령은 지혜로운 결정을 내린 반면에 일부는 그다지 지혜롭지 못한 결단으로 급기야 민주주의를 저해했다는 점이다. 미국의 대통령제를 보다 균형 잡힌 시각으로 검토하기 위해, 10장에서는 미국 대통령제의 이론과 실제, 그리고 미국 대통령제가 야기하는 행정부 일방주의에 대한 논쟁에 대해 상술하고자 한다. 그리고 결론에서는 통일 후 한국에서 대통령제를 헌정질서로 채택하는 경우를 전제하고 그 함의를 논하고자 한다.

　미국은 20세기 중반부터 가장 부강한 국가로서 군림했을 뿐 아니라 민주주의에 정면으로 도전하는 국내외 위협을 받아 체제의 근간 자체가 붕괴되는 경험을 겪지 않은 행운을 누렸다. 그렇다고 미국이 민주주의의 정도(正道)를 보여주었다거나 성공적 민주주의 운용의 단서를 제시했다고 단언하기는 어렵다. '언덕 위 도시(a city upon a hill)'에서부터 '세계의 모델(a model to the world)'에 이르기까지 미국인은 자국과 자국의 위업인 민주주의에 대한 자부심을 표출하는 데 적극적이다. 그럼에도 미국 대통령제를 본뜬 신생국 중 정상적으로 정권교체에 성공한 사례가 드문 것이 사실이며, 미국조차도 노예제, 남북전쟁, 인종차별, 이민 제한, 일본계 미국인 강제 억류 및 이주, 반테러전 등 각종 시행착오를 역사에 남겼다. 이와 동시에 미국은 200

년이 훨씬 넘은 헌법체계에 겨우 27개의 수정헌법이 더해진 상태로 건국 당시의 헌정질서를 큰 변동 없이 그대로 유지하고 있는 유일한 민주주의 국가이다. 그리고 대공황에 버금가는 경제 위기 속에 치러진 2008년의 역사적인 대통령선거를 지나 2012년 미국은 오바마 대통령에게 다시 한번 힘을 실어줬다. 권력분립 구조에 기반을 둔 미국 대통령제는 늘 그랬듯이 균형과 견제, 연방주의, 제한된 정부, 그리고 주권재민이라는 이상을 조화롭게 통치질서로 구체화시켜야 한다. 문제는 근대 민주주의의 대중 기반을 구축하고 정치 참여의 확대를 가져오는 데 기여한 정당 정치가 극심한 양극화와 그로 인한 폐단이 멈추지 않고 있다는 데 있다.

『만화경 속 미국 민주주의』는 외양으로 그다지 변하지 않은 미국의 실체를 보려는 실험적 산물이다. 서울대학교 미국학연구소 총서 지원으로 6장에서 시작한 편집 작업은 이후 2013년도 서울대학교 미래 기초학문 분야 기반 조성 사업의 지원을 받아 총 10장과 부록으로 발전되었다. 여기에 담긴 글은 지난 10여 년간 여러 지면에 발표한 것을 보완하거나 지엽적으로 수정·편집해 취합한 결과물이며, 발표 지면은 다음과 같다.

- 1장: "결사체 민주주의의 이론적 일고: 위스콘신 주 이익단체의 선별적 활동 사례를 중심으로," 『미국학논집』(2004).
- 2장: "캘리포니아 주를 통해 본 미국의 민주주의," 『국제지역연구』(2008).
- 3장: "미국 정교분리의 원칙과 정치현실: 사회적 보수주의를 중심으로," 『국제지역연구』(2009).
- 4장: "교육복지와 미국 연방주의," 『세계지역연구논총』(2013).
- 5장: "이민자 국가 미국과 연방-주 정부 관계," 『국제정치논총』(2011).
- 6장: "2004년 미국대선 양당후보들의 TV광고: 30초에 거는 승부," 『국제지역연구』(2005).

- 7장: "미국 민주주의의 사각지대: 대통령제의 권력분립과 대외정책," 『미국학논집』(2010).
- 8장: "American Wartime Democracy Redux: Internment of Japanese Descendents in 1942," 『한국정치학회보』(2011).
- 9장: "범대서양주의(Atlanticism)에 대한 일고: 횡대서양 관계(Transatlantic Relationship)의 어제, 오늘 그리고 미래," 『국제관계연구』(2006).
- 10장: "Befuddling Executive Power with Executive Unilateralism in the Unitary Executive," 『국제관계연구』(2011)-서론과 결론 제외.

또한 2014년 초에 미국 일리노이 주립대학 어바나-샴페인(University of Illinois at Urbana-Champaign) 미국학 국제포럼(IFUSS)에 단기방문학자로 초빙해 준 기회를 활용해 다소 길게 끌었던 편집 작업에 매진할 수 있었다. 그리고 일전에도 여러 공저 및 편저 편집과정에서 활약을 한 외교학과 조무형 군이 제대한 후 유학을 준비하면서 이 책이 보다 독자 친화적으로 꾸며질 수 있게 도움을 주었기에 고마움을 전한다. 올 가을부터 시작하는 유학 생활을 마치고 장래가 촉망되는 후배 학자로 만나길 기대한다. 또한 원고형식을 통일시키는 작업을 도와준 외교학과 석사과정 선재상 군에게 고마움을 전하며 학업의 건승을 바란다. 더불어 2008년에 나온 『통합과 분권의 연방주의 거버넌스』 발간에 이어 다시 한번 출판 의뢰에 응해주신 도서출판 오름의 부성옥 대표께 감사드린다. 첫 책이 나온 지 5년 만에 또 연구 결과물을 묶어 책으로 낼 수 있기까지 늘 보듬어주신 어머니께 충심으로 감사하다는 말씀을 전한다. 그리고 그 5년간 어머니를 묵묵히 하늘에서 지켜주신 아버지께 그리움을 보낸다.

2014년 2월
이옥연

차 례

❖ 서문 | 6

제1부 미국의 사회와 정부

제1장 결사체 민주주의와 주 단계 이익단체
   I. 서론 • 27
   II. 결사체 민주주의적 관점에서 본 미국 주 단계 이익단체 활동 • 30
   III. 위스콘신 주의 CSM과 WRTP • 37
   IV. 주 단계 이익단체 활동의 시대적 변천 • 41
   V. 결론 • 45

제2장 직접민주주의와 분층 이익대변

　Ⅰ. 서론 • 53
　Ⅱ. 민주주의 이론: 대의제 대(對) 직접민주주의 • 55
　Ⅲ. 주 차원의 직접민주주의 발전사 • 58
　Ⅳ. 미국의 직접민주주의: 캘리포니아 주 사례 • 69
　Ⅴ. 결론 • 73

제3장 사회적 보수주의와 정교분리

　Ⅰ. 서론 • 81
　Ⅱ. 미국의 종교와 정치 관계: 원칙과 해석 • 84
　Ⅲ. 미국의 종교와 정치 관계: 응용과 정당화 • 90
　Ⅳ. 단순화된 정치현실의 실상 • 96
　Ⅴ. 결론 • 102

제4장 교육복지와 미국 연방주의

　Ⅰ. 서론 • 111
　Ⅱ. 교육 연방주의의 이론적 틀에 관한 일고(一考) • 113
　Ⅲ. 미국 교육 연방주의의 발전사 • 121
　Ⅳ. 1960년대 이후 미국의 교육복지 연방주의 • 129
　Ⅴ. 결론 • 138

제5장 이민자 국가와 미국 연방주의

Ⅰ. 서론 • 145
Ⅱ. 미국 이민에 관한 선행 연구 • 148
Ⅲ. 미국의 이민 문제: 법제도적 발전 과정 • 154
Ⅳ. 반이민정서와 연방-주 정부 관계 • 161
Ⅴ. 결론 • 168

제2부 미국의 정치와 세계

제6장 TV광고와 대통령선거, 2004년 조지 W. 부시 대(對) 존 케리

Ⅰ. 서론 • 177
Ⅱ. 선거운동의 매체로서 TV광고 효력에 관한 이론적 접근 • 179
Ⅲ. 미국 유권자 인식과 정치후보 평가기준의 변화 • 183
Ⅳ. 양대 정당후보의 TV광고 • 187
Ⅴ. 결론 • 197

제7장 민주주의의 사각지대, 대통령제의 권력분립과 대외정책

   Ⅰ. 서론 • 209
   Ⅱ. 미국 대통령제의 대외정책: 권력분립의 원칙과 기제 • 212
   Ⅲ. 대외정책 분야의 권력분립: 미국 대통령제와 민주주의 • 218
   Ⅳ. 결론 • 228

제8장 전시 미국 민주주의, 1942년 일본계 미국인의 강제 이주와 억류

   Ⅰ. 서론 • 235
   Ⅱ. 여론의 이익대변과 정책결정과정 • 238
   Ⅲ. 행정명령 9066호, 서부 전선의 이상 징후 • 242
   Ⅳ. 행정명령 9102호, 유타 주로의 강제 이주와 억류 • 248
   Ⅴ. 결론 • 254

제9장 미국, 유럽, 그리고 9/11 사태

   Ⅰ. 서론 • 263
   Ⅱ. 집단안보에 관한 이견의 실상 • 268
   Ⅲ. 9/11 사태와 이라크 전쟁 이후 • 276
   Ⅳ. 결론 • 283

Contents

제10장 미국 대통령제와 통일 후 한국

   Ⅰ. 서론 • 295
   Ⅱ. 미국 대통령제의 통치 구조: 권력분립, 견제와 균형 및 집행권한 • 298
   Ⅲ. 단일행정부의 이론과 실제 • 306
   Ⅳ. 결론: 통일 후 한국과 대통령제 • 311

❖ 부 록 | 321

   [부록 1] 주(州) 지위 획득 연도 _323
   [부록 2] 주(州) 헌법체계 _324
   [부록 3] 시간대(time zone)별 투표소 마감시간 _342
   [부록 4] 인구조사 지역 분류 _343
   [부록 5] 상원선거 Class(등급) 주별 분류 _345
   [부록 6] 건국 이후 분점-단점 정부 _347
   [부록 7] 유권자 등록 주별 분류 _351
   [부록 8] 참정권 주별 분류 _359
   [부록 9] 1990년, 2000년과 2010년 인구조사 결과에 따른
            선거인단 배정 _361
   [부록 10] 2000년, 2004년, 2008년, 2012년 대선 경선일정 _364
   [부록 11] 행정명령 및 조약 대(對) 행정협정 비교 _370

❖ 참고문헌 | 373
❖ 색 인 | 403
❖ 지은이 소개 | 407

● 표 차례

〈표 1-1〉 주 단계 이익단체의 영향력 비교: 1950년대 초기 _41
〈표 1-2〉 주 단계 이익단체의 영향력 비교: 1970년대 초기 _42
〈표 1-3〉 주 단계 이익단체의 영향력 비교: 1990년대 초기 _42
〈표 2-1〉 직접민주주의와 대의민주주의 비교 _56
〈표 2-2〉 미국 주 차원의 직접민주주의 작동기제 _60
〈표 2-3〉 미국 주 차원 주민발의와 주민투표 채택연도와 제한 여부 _63
〈표 2-4〉 주 하원의 다양성 _66
〈표 2-5〉 주민발의, 주민투표, 주민소환 분포도 _67
〈표 2-6〉 캘리포니아 주의 직접민주주의 운영 사례, 1912~1998 _70
〈표 4-1〉 연방제 간 정부-사회 구성 비교 _114
〈표 4-2〉 23개국 아동 빈곤율 _128
〈표 4-3〉 연방정부의 교육정책과 관련한 법안, 1965~2010 _130
〈표 5-1〉 건국 이래 제정-공표된 연방 이민법령과 연방정부 구조 _156
〈표 6-1〉 부시 vs. 케리 후보가 제시한 공약에 대한 유권자들의 신뢰감, 2004년 3~10월 _185
〈표 6-2〉 2004년 대선 양당후보의 TV광고 주제, 전달방식 및 내용(전당대회 이전) _190
〈표 6-3〉 2004년 대선 양당후보의 TV광고 주제, 전달방식 및 내용(전당대회 이후) _193

〈표 7-1〉 대통령과 의회의 대외정책 권한 분류 _214
〈표 7-2〉 대통령 권한에 대한 헌법적 해석 비교 _219
〈표 7-3〉 대통령의 대외정책 권한에 대한 정치적 해석 비교 _221
〈표 8-1〉 잠재적 유권자 수: 독일계, 이탈리아계, 일본계 _247
〈표 10-1〉 입법부와 행정부의 권한 _301

● 그림 차례 ─────────────────────────────

〈그림 1-1〉 권력집중 패러독스 _34
〈그림 3-1〉 종파별·인종별 공화당 대선후보 지지율, 1936~2004 _97
〈그림 3-2〉 정당일체감의 추이, 1992~2009 _101
〈그림 4-1〉 연방 보건복지부와 교육부의 정부지출 대비(%), 1962~2011 _125
〈그림 5-1〉 미국 인구 구성도 변화, 실업률 및 반이민 정서 추세, 1953~2009 _164
〈그림 6-1〉 부시 대통령의 업무평가, 01/3월~04/10월 설문조사 결과 _186
〈그림 7-1〉 전후 미국 대선 및 중간선거 결과와 통치 위임 간 상관관계 _226
〈그림 8-1〉 행정명령 9066호, 대중여론의 메커니즘 _245
〈그림 8-2〉 행정명령 9102호와 공공포고령 4호, 여론의 메커니즘 _250

제1부

미국의 사회와 정부

제1장 • 결사체 민주주의와 주 단계 이익단체
제2장 • 직접민주주의와 분충 이익대변
제3장 • 사회적 보수주의와 정교분리
제4장 • 교육복지와 미국 연방주의
제5장 • 이민자 국가와 미국 연방주의

제1장

결사체 민주주의와 주 단계 이익단체

I. 서론

　미국의 주(state) 단계에서 주로 활동하는 이익단체의 활동에 영향을 주는 요인으로는 사회경제적 여건, 정치적 여건, 제도적 여건, 주 정부 단계의 정책결정과정 여건 등을 들 수 있다. 이러한 요인들이 지역 또는 주에 따라 각기 다른 경로를 통해 이익단체 활동의 강도 및 빈도에 영향을 줄 뿐 아니라, 궁극적으로 정책결정과정에 압력을 행사하여 경우에 따라 정책의 방향이나 구체적 내용에 큰 영향력을 행사할 수 있다는 사실은 익히 알려진 바이다.

　흥미로운 사실은 이렇게 지역 또는 주마다 상이한 영향력이 연방 단계에서 주로 활동하는 이익단체에서 나타나는 양상과 근본적으로 다를 뿐 아니라, 주 단계 이익단체의 정치·정책적 효과가 지역 또는 주에 따라 각기 다른 형태로 변천해 왔다는 점이다(Cammisa 1995; Elazar 1984; Gray & Jacob 1996; Gray & Lowery 1993; 1995; Hunter et al. 1991; Olson 1965; Peterson & Rasmussen 1994).1) 특히 1장에서 다루는 위스콘신 주의 경우, 독특한 역사적 배경 이외에 주 단계 이익단체 활동이 지역 정치과정의 효율성 여부와 밀접하게 연관되어 지역 경제발전에 영향을 끼쳐 왔다는 사실을 확인할 수 있다.

그러나 연방 단계 이익단체 활동과 구별되는 주 단계 이익단체 활동의 양상과 그 시대적 변천을 체계적으로 설명하는 모델은 아직까지 부족하다. 더불어 주 단계에 주요 조직력의 근거를 둔 이익단체의 활동을 설명하는 주요 변수와 중앙단계의 이익단체에 적용되는 변수 사이의 차별화에 대한 연구도 미미한 실정이다. 이는 분석시각이 아직도 연방 단계에 주로 적용하는 다원주의나 조합주의적 관점에 머무르는 경향이 강한 결과이며, 그로 인해 주 단계 이익단체의 활동이 체계적으로 연방 단계 이익단체 활동과 다르게 발전해 온 사실에 대한 이론화 노력은 제한적으로 이루어져 왔다(Thomas and Hrebenar 1996: 123).2) 1장에서는 비록 선별적 사례에 국한되나 미국 주 단계 이익단체 활동을 결사체 민주주의라는 관점에서 재분석함으로써 기존의 이론화 작업에서 부족했던 부분을 보완하고자 한다.

1장에서는 이익단체에 관한 이론이 국가와 사회의 관계를 지나치게 일방통행적인 시각으로 고정하여 분석했다는 점에서 불충분하다고 본다. 이익단체 활동을 설명하는 데 있어, 기존 연구는 결사(association)의 주체인 개인이 자발적 결사체(voluntary association)를 조직하여 타 집단과의 경쟁을 통해 이익을 규합하고 대표한다고 규정하는 다원주의적 관점을 취하거나, 반대로 정부와 특정 이익이 결합한 조합적 결사체(corporative association)를 통해 이익이 규합되고 대표된다는 조합주의적 시각에 치우치는 경향이 있다. 1장은 이와 대조적으로 이익단체의 활동을 쌍방통행적 관점으로 설명하는 결사체 민주주의(associative democracy)적 시각을 채택한다. 즉 결정과정에 성공적으로 결사체 민주주의를 도입하게 되면, 개인이 모여 이익단체를 구축한 후 국가를 대상으로 자신의 선호도에 부합하는 방향으로 정책

변화를 모색하는 '상향식'과 국가가 직간접으로 이익단체의 형성 혹은 유지에 관여하거나 이익단체의 활성화를 도모하여 정책의 혁신을 모색하는 '하향식' 과정이 모두 가능해진다는 것이다. 그 결과 시민의 정치참여가 확대될 뿐 아니라 심의와 조정을 통해 그 활동범위, 영역 및 정치적 효과를 조율함으로써, 참여확대로 인한 부정적 여파도 최소화할 수 있다(Hirst & Bader 2001; Walker 1991).[3]

1장은 이러한 '결사의 기략(art of association)'을 동원하여 '파벌의 해악(mischiefs of faction)'을 성공적으로 극복한 사례로서 위스콘신 주의 CSM(Campaign for a Sustainable Milwaukee)과 WRTP(Wisconsin Regional Training Partnership)를 선정하여 기존의 이론적 틀을 보완하는 결사체 민주주의적 관점의 이론적 타당성을 강조하고자 한다.[4] 이에 다음 소절에서 주 단계의 이익단체에 대한 기존의 이론적 기반을 보완하는 결사체 민주주의적 시각의 학문적 중요성을 검토하고, 구체적으로 CSM과 WRTP의 사례를 결사체 민주주의적 접근에 따라 정치·정책결정 과정에 도입함으로써 '권력집중 패러독스'를 해결한 성공사례로서 검토하고자 한다. 그리고 다음 소절에서 위스콘신 주를 전체 주 단계 이익단체 활동의 시대적 변천과 비교하여 그 특성을 살핀 후, 마지막으로 이익단체 활동을 분석하는 유용한 관점으로서 결사체 민주주의 담론의 이론화 작업이 가지는 의의와 향후 연구방향을 논의하며 결론을 맺는다.

II. 결사체 민주주의적 관점에서 본 주 단계 이익단체 활동

1. 주 단계 이익단체 활동에 관한 이론적 접근

미국은 건국 초기부터 '결사의 기략'을 동원해 '파벌의 해악'을 해결하려는 노력을 지속시켜 왔으며(손병권 2002), 세계 어느 국민보다 자발적 결사체에 참여하는 성향이 높다는 점은 역사적 전통에서 두드러지는 미국 예외주의의 주요 특성으로도 자주 언급되어 왔다.[5] 결사체 민주주의 이론은 무엇보다 정치 참여가 다양한 경로의 심의와 조정을 통해 다양한 형태로 나타났다는 점을 강조한다(Hirst & Bader 2001; 안승국 1997; 김의영 2004).[6] 즉 자발적으로 시민들이 이익을 규합하고 대표함으로써 정부의 권력을 감시/비판하는 순수한 민초주의, 또는 이익단체가 자발적으로 조직되거나 독자적으로 유지되지 않기 때문에 소수 정치 엘리트가 선각자적 역할을 하는 독려된 참여주의의 형태로 나타날 수 있는 것이다. 심지어 주 정부 단계에서 공적 단체가 주민의 이익과 밀접하게 연관된 정책에 대한 책임의식으로 인해 연방정부 및 다른 정부조직을 상대로 이익을 대표하는 단체 간 협의주의로 발전되거나, 더 나아가 이러한 모든 참여형태가 어우러져 공동체주의가 실현되는 경우도 있다.

이론적으로 연방정부에 비해 주 정부 단계에서는 각종 결사체를 통해 주와 지방정부 단계에 관한 정보가 연방정부보다 더욱 수월하고 능률적으로 확보될 수 있기 때문에 주 거주민의 선호도가 더 효율적으로 정책에 수렴될 수 있다(Burns et al. 2001; Norton 1994; Press & VerBurg 1991).[7] 그러나 단지 지정학적으로나 정서적으로 주 정부가 연방정부보다 더 가깝다는 이유만으로 주 정부와 거주민 간의 정치·정책적 근접성이 성립되는 것은 아니다. 주민들은 연방정부보다 주 정부에 대해 훨씬 우호적 평가를 내리지만, 이는 근본적으로 주 정부의 정책보다 연방정부의 정책이 더 큰 파급효과를 가지기 때문에 이에 대한 높은 관심과 기대감에 상응하는 실망감 역시 크기 때문이다.

따라서 주 정부에 대한 주민의 관심이 전반적으로 낮기 때문에 실망감도 상대적으로 적고, 이를 제도적으로 표출하는 투표의 참여도 연방정부 단계에 비해 낮게 나타난다(Burns et al. 2001: 74). 주시할 점은 투표란 본시 가장 소극적인 정치 참여 행위이며, 오히려 적극적인 정치 참여 행위라고 할 수 있는 이익단체 활동에 초점을 맞추면 주 정부 단계에서도 시민의 정치참여가 활발한 경우를 목격할 수 있다는 사실이다. 무엇보다 근래에 들어 미국 주 단계의 이익단체 활동은 주요 몇몇 이익집단의 독주로 점철되었던 1960년 이전과 달리 다양해지고 전문화되었다(Browne 1985; Browne 1990; Browne 1998; Cigler and Loomis 2002; Gray & Lowery 1990; 1993; 1995; 1996; Hunter et al. 1991; Hunter 1999: 63; Knoke 1990; Lowery & Gray 1998; McFarland 1994). 주 단계의 이익단체를 흔히 "동네사람 모두가 즐겨 험담하지만, 그에 대한 어떠한 조치도 강구하지 않는 이웃"이라고 비유한다. 이러한 무관심은 설명이론의 부재로 이어졌지만, 남부 주에서의 이익단체 정치활동에 관한 Key(1949)의 저서를 필두로 Hrebenar & Thomas(1993)의 저서를 포함한 다수의 연구가 이후에 발표되었다.

헌터는 주 단계의 이익단체에 대한 이론을 크게 네 가지로 분류한다. 첫째, 제한된 사례를 통해 정책결정과정에 미치는 이익단체의 중요성을 경제적 혹은 사회정치적 요인으로 설명하려는 연구로서, 이익단체 활동을 민주주의의 과정에 필수적 요소로 상정한다. 둘째, 이익단체를 가장 중요한 요소로 설정함으로써 정책은 이익단체 활동의 역학에 의한 산물이라는 결론을 도출하는 연구가 있다. 셋째, 이익단체와 주 정책 간 연관관계를 설정하려는 연구로서, 주 정책결정 과정에 참여하는 이익단체의 유형이나 활동을 분류하는 데 초점을 맞추어 정책결정에 미치는 영향을 분석한다. 넷째, 애매한 주 정책 자체보다 정부 지출, 주 경제성장, 입법과정에서의 '민주적 정체(democratic gridlock)' 등과 같은 사회경제적 또는 정치적 결과를 종속변수로 설정하고 이익단체를 포함한 제반 독립변수와의 관계를 실증적으로 분석하는 연구가 있다.

이처럼 이익단체에 대한 학문적 관심이 증가함에 따라 연방 단계의 이익단체에 적용하는 이론을 주 단계의 이익단체에 적용하려는 시도들이 이어졌다(Cammisa 1995; Haider 1974; Weissert 1983). 주 단계에서 이익단체 활동을 수행하는 공적 이익단체에 대한 이론 정립 시도가 대표적이다. 다원주의에 해당하는 트루먼(Truman 1951)의 '파란(disturbance)' 이론은 주 정부가 대공황이라는 엄청난 사태에 대처하기 위해 연방정부를 상대로 이익단체 활동을 전개한 것이 기점이 되었다고 주장한다. 결국 존슨 행정부에 이르러 '위대한 사회(Great Society)'의 방침 아래 연방정부가 주 정부에게 거액의 연방보조금을 이양하면서, 국가·정부 산하의 공적 이익단체와 정부 간 관계 조정기구는 각 정부에게 전달되는 자금과 집행권의 확보를 위해 종종 상호간 투쟁도 불사하는 이익단체로 발전했다고 설명한다. 반면 다원엘리트주의에 해당하는 샷슈나이더(Schattschneider 1960)의 '창업주(entrepreneur)' 이론은 테오도어 루스벨트(Theodore Roosevelt), 프랭클린 루스벨트(Franklin Roosevelt) 대통령이 주지사나 시장들이 각자의 이익증진을 위해 이익집단을 형성하도록 독려함으로써 전국 주지사 연합(NAG)이나 전미 시장 협의회(USCM)가 결성되었다고 설명하기도 한다. 또한 올슨(Olson 1965)의 선별적 혜택이론(selective benefits theory)은 연방보조금의 수혜자가 한 단계의 정부에 국한되는 경우, 해당 주의 주민이 최대의 혜택을 누릴 수 있도록 로비를 펼치는 주 정부 단계의 이익단체 정치활동을 설명한다.

그러나 기존의 다원주의나 조합주의적 관점에 입각한 이론을 미국 주 단계 이익단체 활동에 적용하려면 다음과 같은 한계점에 부딪힌다. 첫째, 연방 단계와 대조적으로 미국 주 단계에서 활동하던 소수의 이익단체들은 주 정부의 정책결정 과정에 지배적인, 따라서 결코 긍정적이라 평가할 수 없는 지대한 영향을 끼쳤다. 이익단체의 활동이 대의민주주의 정치과정에 있어서 필수불가결한 요소라고 헌법에 명문화되어 있지는 않지만, 다층구조 거버넌스를 제도화시킨 연방주의 국가 미국은 이익단체 활동을 활성화시킬 수 있는 비옥한 토양을 가지고 있다(Petracca 1992: 347; Skocpol 1985: 23-24).[8] 그러나 이익단체 활동을 설명하는 이론으로 다원주의가 수용될 수 있는 여건은 연방정부 단계에 한정되고, 주 정부 단계에서는 특정 소수의 이익단체만이 독점적인 영향력을 행사했기 때문에 주 단계 이익단체 활동은 오랜 기간 동안 부패한 조합주의의 부산물로 치부되었다.9) 1장은 지난 40여 년간을 거치며 지역 또는 주마다 각기 특이한 형태로 주 단계 이익단체 활동이 변천했으며, 이러한 편차를 체계적으로 설명할 수 있는 이론적 틀이 필요하다는 관점에서 보완적 설명모델로 결사체 민주주의적 관점을 적용한 재해석을 시도할 것이다.

둘째, 주 단계 이익단체는 참여범위와 활동 대상 및 영역을 확산시켜 왔고, 심지어 조직연합, 주 공무원 결사체 및 정부 단계 간 연계조직의 활동까지 활발해졌다(Cammisa 1995: 24; Hays 1991: 1089).10) 그러나 이러한 주 단계 이익단체의 활성화 자체가 자동적으로 주 정부 주민의 이익을 극대화한다고 주장하는 것은 비약에 가깝다(Haider 1974: 161-171).11) 만약 일반시민의 참여 확대로 인해 정상적 정치과정이 마비된다면, 효율적인 정책결정 및 집행은 불가능해지고 그 피해는 고스란히 주 거주민에게 돌아가기 때문이다. 따라서 다양한 형태의 이익단체 활동을 통한 참여확대가 반드시 바람직한 결과를 가져오지 않을 수도 있다는 가능성을 고려한 설명모델이 필요하다. 1장에서는 결사체 민주주의적 접근이 정치·정책결정 과정에 도입되면 다양한 경로를 통해 정책 선호의 규합이 이루어질 뿐 아니라, 이익 충돌에 대한 심의와 조정을 통해 시민의 정치참여 확대로 인한 폐해가 예방되거나 감소한다는 점에 주목한다. 특히 선별적 사례를 분석해 미국 주 단계 이익단체 활동을 설명하는 이론으로서 결사체 민주주의 이론이 다원주의, 조합주의 및 그 변형이론의 미비점을 보완하며 나아가 성공 사례와 실패 사례를 변별하는 설명모델을 제공할 수 있음을 강조하고자 한다.

2. 결사체 민주주의 = "권력집중 패러독스"의 해결사

매킨타이어(MacIntyre)는 한 사회나 체제의 거버넌스에 있어서 정치제도

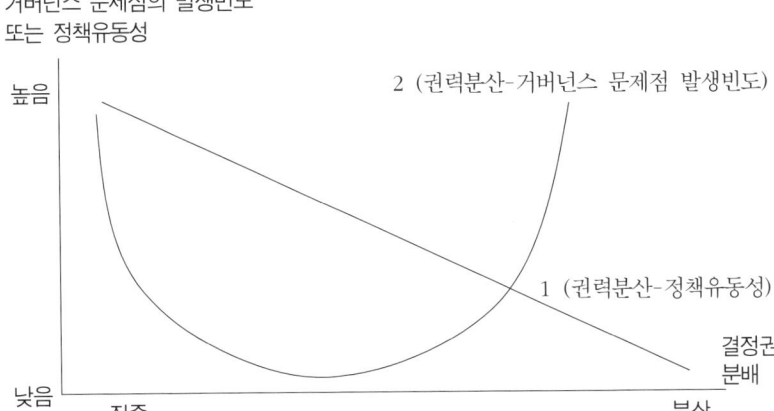

〈그림 1-1〉 권력집중 패러독스

출처: MacIntyre(2003), Figure 2.1, p.30과 Figure 2.3, p.33을 합성
1. 권력분산과 정책유동성 간 상관관계: 결정권이 분산될수록 참여자 간 합의점을 찾기 어렵기 때문에 정책변화를 모색하기 힘들어진다.
2. 권력분산과 거버넌스 문제점의 빈도 간 상관관계: 결정권이 극도로 분산될수록, 또는 결정권이 극도로 집중될수록, 거버넌스 문제점의 발생 빈도 및 그 심각성이 커진다.

에 의존하여 난관을 극복할 수도 있으나, 반대로 정치제도 때문에 사태가 악화될 수도 있다고 주장한다.12) 〈그림 1-1〉은 권력분산이 정책 유동성과 반비례관계에 있다고 상정한 후, 거버넌스의 문제점 발생빈도와 정책결정권의 분산 정도의 상관관계를 U자 곡선으로 도식화하였다. 즉, 결정권이 극도로 파편화된 사회나 극도로 소수에게 집중된 사회 모두에서 잠재적인 거버넌스 문제점이 심각하지만, 전자의 경우 복잡한 정책변동 과정에 주요 원인이 있는 반면 후자의 경우 불안정한 정책과정으로 인한 폐해가 크다고 지적하고 있다. 본 연구는 결사체 민주주의가 이러한 "권력집중 패러독스"를 법제도적으로, 정책적으로, 나아가 규범적으로 해결할 수 있으며, 구체적으로 위스콘신 주에서 결사체 민주주의적 접근을 성공적으로 결정과정에 도입한 사례를 통해 주 단계 이익단체 활동의 시대적 변천에 대한 이론화를 시도하고자 한다.

　미국 연방주의는 법제도적으로 권력의 소재지를 분산시켜 다원주의적 이익대표 과정을 가능하게 하는 여건을 제공하지만, 그러한 여건하에서 활동하는 모든 이익단체가 실제로 고른 혜택을 받지 않는다는 사실은 특정 소수의 주 단계 이익단체에 그 혜택이 편중되었던 초기 활동 양상에서 뚜렷하게 나타난다. 그러나 이와 동시에 미국은 건국이념에서부터 개인주의적, 자유주의적 성향을 선호하는 가치관이 뿌리 깊게 자리잡았기 때문에, 모두에게 동등한 혜택이 분배되도록 하는 조치, 특히 국가가 이러한 재분배에 지나치게 직접적으로 관여하는 조치에 대해서는 그다지 우호적이지 않다. 따라서 과반수 또는 다수 의결제에 기반을 두면서 소수의 권리도 존중하는 제도가 내실화되려면, 권력의 지나친 집중뿐 아니라 지나친 분산으로 인한 거버넌스의 문제점도 줄이기 위해 노력하는 정치문화와 가치관이 필요하다.

　결사체 민주주의는 결사체 조직의 규모와 기능 모든 면에서 다양성을 강조한다. 즉 결사체 민주주의적 접근은 세분화되고 조직화된 주 단계 이익단체 활동을 통해 시민의 정치참여 확대를 가능하게 하는 동시에, 극도로 대치되는 이익단체 활동이 지역경제 피폐와 같은 심각한 거버넌스 문제점을 야기시킨다는 공감대를 형성하여 심의를 통한 이익 재조정도 가능하게 한다. 따라서 결사체 민주주의의 핵심은 크게 둘로 나눌 수 있다. 하나는 이익단체 활동의 지정학적 확산이다. 대의민주주의 체제에서 법제도적으로 그리고 정서적으로 소외된 것에 대한 상실감과 무력감을 극복한 시민들이 다양한 결사체를 통해 관심이 높은 특정한 사안에 조직적으로 참여하면서 정치참여가 가시화된다. 다른 하나는 위스콘신 주 사례에서 볼 수 있는 이익단체 간 심의와 조정이다. 비록 극도의 권한 분점현상으로 인한 부작용을 사전에 방지하지 못했지만 그 파급효과를 줄이기 위해 다양한 경로를 통해 이권이 관여된 모든 구성원들이 서로의 이견을 정기적·자발적으로 조율할 수 있는 것이다. 그 결과 시민의 참여확대로 인해 대의민주주의에 근거한 이익대변과 정책결정 과정의 기능성 상실을 최소화할 수 있다(Crotty et al. 1994; Hays 1991; Thomas 2001; 이옥연 2003).

특이하게 미국의 주 단계에서는 정부 단계 간 지출을 포함한 정책결정 및 집행 권한에 대한 결정과정에서 정당의 영향력이 미미하다. 정부 단계 간 경쟁에 있어서 주 단계의 정당이 그다지 중요한 역할을 하지 않기 때문에, 유럽 국가나 캐나다의 연방체제와 달리 정부 단계 간 관계 조정기구의 조율과정에 정당성향이 거의 드러나지 않는 특이한 연방주의로 나타나는 것이다. 대신 미국의 정부 단계 간 관계 조정기구는 주 단계의 공적 이익단체를 포함한 다른 사적 이익단체와 마찬가지로 다른 이익단체와의 결사를 도모한다. 결과적으로 주요 사안을 정책 개별적으로 혹은 총괄적으로 심의하고 조율하여 주민의 이익을 정책에 반영시키려 노력한다. 궁극적으로 이익단체 구성원들이 결사체 민주주의를 수용하여 이러한 권력집중 패러독스를 해소한다면, 시민의 정치참여 확대가 대의민주주의의 허점을 보완하여 책임정부 도래에 기여할 수 있다.

앞서 주 단계 이익단체 활동의 시대적 변천을 설명하는 데 다원주의나 이를 보완하는 다원 엘리트주의 등이 불충분한 이론적 근거를 제공하기 때문에, 이에 대한 보완으로서 결사체 민주주의를 성공적인 정치·정책결정 과정의 핵심요소로서 제시했다. 다음 소절에서 위스콘신 주의 두 가지 사례를 통해 결사체 민주주의적 접근이 정치·정책결정 과정에 도입되면, 주 단계에서 이익단체 활동의 확산으로 인해 시민의 정치참여가 확대될 뿐 아니라, 극단적으로 분화된 이익 간 갈등을 해소하고 조정함으로써 대의민주주의의 불완전한 부분을 보완할 수 있음을 살펴보고자 한다.

III. 위스콘신 주의 CSM과 WRTP

위스콘신 주는 남북전쟁 이후부터 지속적으로 공화당이 강력한 영향력을 행사했으며, 특히 19세기 말부터 20세기 초에는 공화당의 분파인 진보주의 운동의 거두 라폴렛("Fighting Bob" LaFollette)의 주요 활동 근거지이기도 했다(Hedlund 1993).[13] 진보주의자가 공화당 정당조직을 기반으로 한 정치세력과 기업, 그리고 이를 대변하는 특수이익단체의 결탁에 강력하게 반발하던 전통은 비록 그 영향력이 다소 쇠퇴하였지만, 아직도 주요 위기 상황에서 결정적 원동력으로 작용한다. 실제로 후에 상술하듯이 1990년대에 위스콘신 주는 이익단체 간 첨예한 이익 상충으로 인한 '권력집중 패러독스'의 위기를 극복하는 개혁 과정에서 결사체 민주주의적 접근에 따라 주의 경제를 부활시킨 성공 경험을 가지고 있다. 이러한 성공 이면에 진보주의 전통이 주요한 밑바탕이 되었음은 부인할 수 없는 사실이다.

위스콘신 주의 이익단체는 1950년대에 막강한 정치적 영향력을 가졌다가 1970년대에 급격하게 그 위상이 떨어졌지만 1990년대에 들어서며 다소 회복하는 모습을 보였다. 이는 1950년대 초기에 위스콘신 주 이익단체 활동이 소수의 특정 이익단체를 중심으로 극심한 권력집중을 나타내는 정치적 독과점 시장을 형성한 결과이다. 즉 이익규합과 정책반영이 소수의 이익단체에 편중되어 이루어지면 다원주의적 성향에서 벗어나 정치세력과의 결탁을 통한 조합주의적 성향을 띠게 된다. 따라서 앞의 〈그림 1-1〉에서 나타나듯이, 소수의 이익단체에 의한 급격한 정책변동의 가능성이 커짐에 따라 일관성이 결여되거나 비효율적인 경제정책이 채택될 가능성이 증대함을 의미한다. 실제로 밀워키 시의 경우 정치·정책결정 과정이 한정된 자원을 분배하려는 영합적(zero-sum) 성격을 띠면서, 기업과 노조 간 총괄적인 지역경제 발전 자체보다 경제성장의 성과에 대한 제 몫 챙기기에만 몰두하는 모습이 나타났다. 이처럼 극렬한 이권경합이 정부의 무분별하고 불필요한 개입을 불러오면서 불안정한 정책변동과 타락한 정치과정을 양산하였다.

1960년대를 거치며 인권보호를 비롯한 다양한 분야에서 활동하는 이익단체의 수와 관심영역이 확대되었지만, 기존의 상호배타적 성과배분에 얽매인 이익단체들은 지역 전체의 경제발전 자체보다 각자의 이권이 최대한 보장되도록 정치·정책과정을 왜곡시켰다(Reynolds 2002: 178).14) 특히 1970년대 경제침체와 재정악화의 악재가 겹치면서 재정자원의 고갈은 편협한 이익추구를 목표로 하는 분극화된 이익단체 활동으로 치달았고, 결국 확대된 정치참여를 통해 가까스로 구축된 신뢰가 그 기반부터 와해되기에 이르렀다. 뿐만 아니라 이익단체들이 편협한 집단이익을 추구하며 지역경제 전반에 부정적 영향을 끼치자 이익단체의 활동에 대한 규제법령이 강화되었고, 주 정부의 간섭이 더욱 커지면서 이익단체의 정치적 영향력은 극도로 위축되었다.15) 또한 '신연방주의'라는 목표 아래 경제적 난관에 대한 타개책을 강구해야 하는 중책이 대부분 주 정부와 지방정부에게 주어지면서 미국의 모든 주 및 지방들은 1970년대 말을 기점으로 각종 경제개발 정책을 내놓으며 기업 유치를 위한 치열한 각축전을 펼치기 시작했다. 그러나 이러한 과열경쟁으로 인한 자원낭비가 오히려 지역경제 재건에 피해를 주기도 했다(Hunter 1999: 91).16)

구체적으로 밀워키 시와 같은 도심지역의 경우, 편협한 집단이익을 극대화하려는 사주 측과 노조 측의 첨예한 이익대립으로 지역경제가 파탄에 이르자 그 막대한 손실의 책임을 이익단체들에게 추궁하게 되었고, 이러한 정치적 마녀사냥을 피하려는 각축전으로 인해 이들 간 이견조정을 가능하게 하는 신뢰의 기반 자체가 해체되기에 이르렀다. 그러나 위스콘신 주립대학에 본부를 둔 "think-and-do tank"인 The Center on Wisconsin Strategy (COWS)를 주축으로 이견 조율의 급박함에 대한 공감대가 형성되면서 정부, 기업, 노조, 학계, 시민단체 등이 다함께 해결방법을 모색하기 위한 능동적 조정에 참여하기 시작했다. 특히 고임금을 요구하는 조직화된 노조를 회피하는 기업이 줄지어 도심을 빠져 나가면서 도시공동화와 슬럼화가 심각한 경제적·사회적·정치적 문제를 촉발시켰다(Reynolds 2002: 175).17) 결국 낙후된 지역경제를 회생시키기 위해, CSM(Campaign for a Sustainable

Milwaukee)과 WRTP(Wisconsin Regional Training Partnership)가 결성 되었다. 그리고 1990년대에 이르러 위스콘신 주 내의 신기업의 지속률과 고용 증가세가 전국 평균치를 상회했고, 생산성과 마진율도 현저하게 증가하여 궁극적으로 지역경제 재건에 성공하였다.

주목할 점은 주나 지방정부가 주도하는 기업유치와 고용창출이 경제적 재건을 가져올 수도 있지만, 반대로 사적 경제영역의 위축을 가속화시켜 오히려 지역경제를 더욱 피폐하게 만들 수도 있다는 사실이다. 만약 주 정부가 주력하는 정책을 중심으로 지역경제개발을 이끌기 위해 이익단체의 정치적 활동을 지나치게 제약하면, 자유 경합이 경제시장에서뿐 아니라 정치시장에서도 위축되게 마련이다. 제조업 위주로 산업 구조적 측면에서 불리한 중서부 위스콘신 주 밀워키 시의 경우, 주와 지방정부가 1990년대 들어 경제적·재정적·정치적 난국을 타개하는 과정에서 특정 정책을 일방적으로 강요하는 오류를 범하지 않도록 기업, 노조, 시민단체, 학계 등의 다른 참여자들이 지속적인 노력을 기울였다. 즉 앞서 언급한 COWS의 연구 및 정책분석 결과와 지역공동체 단위의 심의결과를 취합해 학계와 비정부단체, 시민단체 간에 긴밀한 공조가 이뤄졌던 것이다. 그리고 고부가가치 업종에 대한 기업투자와 고용창출을 권고했을 뿐 아니라 노사 이익단체들이 기존의 대치적 관계를 벗어나 상생관계를 유지할 수 있도록 지역 공동체적인 네트워크를 형성하는 데에도 크게 일조했다.

실제로 1950년대에 주로 나타난 문제, 즉 결정권이 특정한 소수에게 지나치게 집중되는 권력집중의 패러독스에 대한 해결방안으로 1970년대에 법제도적 규제가 정립되었지만, 이러한 감독권한은 종종 정부에 편중되는 경향이 있었다. 이로 인해 1970년대 중반과 말기에 경기침체와 재정악화를 극복하기 위한 방책으로 이익충돌이 첨예해지는 정치적 위기상황이 발생했다. 그러한 위기에도 불구하고, 법제도에 의존한 사고방식에서 벗어나 모든 참여자 간의 공조를 통해 구축된 사회적 자본인 신뢰를 바탕으로 근시안적인 이익극대화에 대한 집착을 버리면, 주 정부의 과도한 정책주도로 인한 경직성을 최소화함은 물론 궁극적으로 경제재건도 이룰 수 있다는 공감대가 형성되었다(김인영 2004).[18] 1990년대에 이르러 위스콘신 주 정부와 주 거주민들은 이익집단, 그중에서도 아직까지 막강한 정치적 영향력을 과시하는 기업 및 제조업 이익단체들에 대한 지지기반을 다소 상실했다. 그러나 이러한 학계-기업-정부-시민 간 유대는 조직력에 근거하여 강력한 압력집단으로 남아있던 노조를 설득하거나 압박하여 첨예화된 이익대변 활동 대신 경제재건의 총체적 혜택을 추구하게 되었고 결국 지역경제를 재건하는 데 성공했다(Hedlund 1993).[19]

이상에서 살펴본 바와 같이, 위스콘신 주 단계 이익단체 활동은 결사체 민주주의를 통해 이익단체의 관심영역과 활동 폭이 넓어지고 각종 이익단체들 간의 지속적인 의견 조율이 증대될 수 있으며, 이로 인한 혜택을 모든 참여자가 누릴 수 있다는 사실을 잘 보여준다. 특히 권력분산이 극대화되면 오히려 시민의 공적참여로 인해 정책변동의 경직화가 심해질 위험이 있는데, 결사체 민주주의적 접근이 심의 및 조정을 통해 결정과정에 작용할 경우 지나친 권력분산으로 인한 폐단을 차단하거나 그 악영향을 축소시킬 수 있다. 위스콘신 주 이익단체는 재정구조의 악화와 경기침체 등의 악조건을 극복하는 과정에서 정치적 영향력도 동시에 회복하며 지역경제 부흥을 이루었다. 따라서 위스콘신 주의 사례연구는 결사체 민주주의적 접근이 정치·정책결정 과정에 도입되었을 때, 주 단계 이익단체 활동의 시대적 변천에 구체적으로 어떻게 그리고 왜 영향을 끼치는지를 체계적으로 설명할 수 있음을 보여준다.

IV. 주 단계 이익단체 활동의 시대적 변천

주에 따라 이익단체의 활동에 상당한 격차가 있으며, 이러한 격차가 시대에 따라 다르게 나타난다는 사실이 다음 세 도표를 통해 현저하게 드러난다.[20] 실제로 지난 40년간 미국의 주 단계에서 활동하는 이익단체의 수와 관심 영역이 증가하고 그 활동 대상과 조직이 확대된 결과, 전문화된 이익단체 활동은 다른 정부 단계와 조직적 연대를 취할 뿐 아니라 공적 조직과 사적 조직 간의 네트워크 형성을 통해 전개되었다(Reynolds 2002; 곽진영

〈표 1-1〉 주 단계 이익단체의 영향력 비교: 1950년대 초기

크다		중간 정도	작다
<u>워싱턴</u> <u>오리건</u> <u>캘리포니아</u> <u>몬태나</u> <u>애리조나</u> <u>뉴멕시코</u> **네브래스카** **미네소타** **아이오와** **위스콘신** **미시간** 메인	텍사스 오클라호마 아칸소 루이지애나 미시시피 앨라배마 테네시 켄터키 조지아 플로리다 노스캐롤라이나 사우스캐롤라이나	네바다 유타 *사우스다코타* **캔자스** **일리노이** **오하이오** 웨스트버지니아 버지니아 뉴욕 펜실베이니아 버몬트 매사추세츠 메릴랜드	<u>와이오밍</u> <u>콜로라도</u> **미주리** **인디애나** 뉴저지 로드아일랜드 코네티컷 델라웨어

출처: Thomas & Hrebenar in Petracca, ed.(1992), Figure 7.2, p.159에서 인용된 Belle Zeller, *American State Legislatures*, 2nd ed.(New York: Thomas Crowell, 1954), pp.190-191을 도표로 정리함
1. 젤러(Zeller)는 알래스카와 하와이는 미국 연방의 주 단위로 편입되기 이전이므로 제외하였지만, 별다른 부연설명 없이 아이다호, 노스다코타, 뉴햄프셔를 누락했다.
2. 서부 13주는 <u>밑줄</u>을, 중서부 12주는 **볼드체로**, 남부 14주는 *이탤릭체로*, 표시하지 않은 나머지는 북동부 11주에 해당한다.

〈표 1-2〉 주 단계 이익단체의 영향력 비교: 1970년대 초기

크다		중간 정도		작다
알래스카	텍사스	캘리포니아	버지니아	콜로라도
하와이	오클라호마	애리조나	펜실베이니아	노스다코타
워싱턴	아칸소	아이다호	버몬트	미네소타
오리건	루이지애나	와이오밍	메릴랜드	위스콘신
몬태나	미시시피	네바다	메인	미시간
뉴멕시코	앨라배마	유타		뉴욕
네브래스카	테네시	사우스다코타		뉴저지
아이오와	웨스트버지니아	캔자스		로드아일랜드
뉴햄프셔	켄터키	일리노이		코네티컷
	사우스캐롤라이나	오하이오		매사추세츠
	노스캐롤라이나	미주리		델라웨어
	조지아	인디애나		
	플로리다			

출처: Thomas & Hrebenar in Petracca, ed.(1992), Figure 7.3, p.160에서 인용된 Sarah Morehouse, *State Politics, Parties and Policy* (New York: Holt, Rhinehart & Winston, 1981), pp.108-112를 도표로 정리함

〈표 1-3〉 주 단계 이익단체의 영향력 비교: 1990년대 초기

지배적	지배-보완적		보완적		보완-종속적
알래스카	하와이	네브래스카	사우스다코타	콜로라도	
뉴멕시코	워싱턴	아이오와	캔자스	뉴햄프셔	
루이지애나	오리건	텍사스	일리노이	메릴랜드	
미시시피	몬태나	오클라호마	오하이오	메인	미네소타
앨라배마	캘리포니아	아칸소	미주리	로드아일랜드	버몬트
테네시	애리조나	버지니아	인디애나	뉴욕	코네티컷
웨스트버지니아	아이다호	켄터키	노스다코타	뉴저지	델라웨어
사우스캐롤라이나	와이오밍	조지아	위스콘신	펜실베이니아	
플로리다	네바다	노스캐롤라이나	미시간	매사추세츠	
	유타				

출처: Thomas & Hrebenar, "Interest Groups in the States," in Gray & Jacob, eds., *Politics in the American States*, 6th ed.(1996), Table 4-5, p.152를 재인용함

2004). 세 도표를 비교할 때 유의할 점은 다음과 같다. 1950년대와 1970년대를 나타낸 〈표 1-1〉과 〈표 1-2〉가 이익단체의 영향력을 '크다, 중간 정도, 작다'의 세 단계로 분류한 반면, 1990년대를 나타낸 〈표 1-3〉은 '지배적, 지배-보완적, 보완적, 보완-종속적'의 네 단계로 좀 더 세분화시켰다.[21] 또한 전자의 두 도표는 주 단계의 실질적 이익단체인 실업계, 노동, 농업, 교육, 주-지방 정부조직 등 5개 분야에 집중되어 있는 반면, 후자의 도표는 훨씬 다양한 영역에 걸쳐 이익단체를 포함하고 있다.[22] 따라서 엄격한 의미에서의 비교가 다소 어렵지만, 지역적 격차와 그 시대적 추이를 보면 1950년대 초기에서 1990년대 초기에 이르기까지 40여 년간 지속적으로 남부에서는 비교적 이익단체의 활동이 활발하며, 서부에서도 정도는 약하지만 유사한 경향이 보인다. 대조적으로 북동부에서는 이익단체의 활동이 지속적으로 부진하다. 또한 중서부에서는 영향력이 소수의 특정 이익단체에 편중되어 있으며, 지역 또는 주에 따라 각기 특이한 경향을 보인다(Berry 1984; Bingham & Hedge 1991; Hrebenar 1997: 322; Wooton 1985).[23]

특히 중서부 12개 주를 비교해보면, 네브래스카와 아이오와 주의 이익단체는 지난 40년간 강력한 정치적 영향력을 유지해온 데 비해, 위스콘신과 미시간 주의 이익단체의 정치적 위상은 최저로 위축되었다가 최근에 다소 복구되었다. 반면 미네소타 주에서는 여전히 이익단체의 영향력이 회복될 조짐이 보이지 않는다. 대조적으로 미주리와 인디애나 주의 이익단체는 초기의 열세를 극복하고 점차적으로 영향력이 증가되었다. 그 외 캔자스, 일리노이, 오하이오, 사우스다코타 주의 이익단체 활동은 그다지 큰 변동 없이 중간 수준에 해당하는 영향력을 발휘한다. 따라서 중서부 지역에 한정시켜 살펴보더라도, 주 단계 이익단체 활동이 주마다 큰 편차를 두고 변화해 왔다는 사실을 체계적으로 설명할 수 있는 이론적 틀이 필요함을 알 수 있다. 이러한 맥락에서 본 연구에서는 결사체 민주주의적 접근이 정치·정책결정과정에 도입되었던 성공사례로서 위스콘신 주를 선별하여 활동의 시대적 변천을 분석했던 것이다.

흥미로운 점은 편중된 영향력 감소추세가 정도 차이는 있지만 시간이 경과함에 따라 전반적으로 모든 주에서 공통적으로 나타나고 있다는 점이다. 이는 이익단체 활동을 규제하는 법제도적 변동에 적응한 이익단체들이 다양한 경로를 찾아 활동영역과 활동반경을 분산시키면서 이익단체 활동 자체가 분업화되었기 때문이라고 해석할 수 있다. 또한 이익단체들이 다른 정치단체와 때로는 공조하고 때로는 경쟁하며 정치활동을 전문화하는 경우, 이익단체의 평균 영향력은 감소하지만 특정 관심영역에 집중된 영향력은 오히려 증대했고 지정학적 영향권을 확산시키는 데도 성공했다. 구체적 증거로 각 이익단체의 관심대상뿐 아니라 활동반경이 확대된 결과, 관심분야가 기존의 실업계, 노동, 농업, 교육, 주-지방 정부조직 등 다섯 영역을 초월하여 세분화되었고, 최소한 25개 이상 주에서 활발한 활동을 펼치는 이익단체의 수가 증가했다는 점을 들 수 있다. 또한 1980년대 이후 두드러진 현상 중 하나로 주나 지역 단계의 이익단체가 전국적 조직을 결성하면서 정부 단계에 대한 독자적인 타협을 펼친다는 점을 들 수 있다. 더불어 단일 사안을 중심으로 한 이익단체(single-issue interest group)가 연방과 주 단계에 걸쳐 크게 늘어났다(Hunter 1999).

이러한 주 단계 이익단체 활동 확산의 긍정적 효과는 무엇일까? 우선 각종 이익단체가 과거 특정 소수 이익단체들이 독점한 정치참여 방식에서 벗어나 '파벌의 해악'을 극복하는 '결사의 기략'을 발휘했고, 각기 전문화된 특정 사안을 중심으로 이익규합 및 이익조정을 통해 정치과정에 적극적으로 참여함으로써 전문성과 독자성을 극대화시켰다는 점을 꼽을 수 있다.[24] 즉 '결사의 기략'은 첫째, 주 경계선 내에서 거주민들의 분업화된 이익단체 활동을 유도했고, 둘째, 주 간 상호 학습 효과를 통해 전문화된 이익단체 조직을 전파시켰으며, 셋째, 정책수렴의 극대화를 추구하기 위해 치열한 주 간 경쟁을 통해 '각개격파' 전략을 취하기도 하고 '공동의 적'을 대상으로 연계된 로비활동을 전개하기도 하는 등 다양한 형태로 조직적인 이익단체 활동을 전문화시켰다.

그러나 이렇게 이익단체 활동이 세분화·전문화되었다고 해서 모든 지역이나 주 거주민이 궁극적으로 혜택을 누린 것은 아니다. 오히려 조직적 참여확대를 통해 이익충돌이 극단적으로 첨예화되면서 궁극적으로 모두가 피해를 본 사례를 1970년대 위스콘신 주의 선별된 사례에서 볼 수 있었다. 따라서 권한이 특정 소수에게 편중되었던 1950년대나 이에 대한 반향으로 권한이 다수에게 분산되었던 1970년대에 위스콘신 주에서는 대의민주주의 체제에 의한 이익대변 과정이 효율적인 정책결정과 집행을 저해했고, 그 결과 지역경제의 침체를 야기했다. 그러나 앞서 살펴보았듯이 위스콘신 주의 사례는 극도의 결정권 집중이나 분산으로 인한 거버넌스의 문제점도 정치·정책결정 과정에 결사체 민주주의를 도입하면 성공적으로 해결할 수 있다는 본 연구의 주장을 뒷받침한다는 점에서 흥미로운 사례라 할 것이다.

V. 결론

결사체 민주주의는 심의나 조정을 통해 자발적 결사체를 조직하여 정치 참여의 기회를 확대시킬 뿐 아니라 이에 대한 자발적 규제 및 조정을 유도한다. 따라서 만약 결사체를 '아래로부터(from below)'의 연합이나 '필연이 아닌 선택에 의해 조직된 공동체(communities of choice, not of fate)'로 제한하여 규정하면, 결사체주의도 다원주의와 동일한 병폐, 즉 다수와 소수 사이의 힘의 불균형을 제도화시키는 결과를 낳게 된다. 경우에 따라서는 '아래로부터'의 연합에 대한 의지나 능력이 부족한 소수집단의 이익을 위해 창업주의 역할을 하는 정치 엘리트나 정부(조직)의 일원이 자원을 동원하여 결사체를 조직하고 심지어 유지할 수 있도록 지원하기도 한다(Hirst & Bader 2001: 192; Walker 1991: 29-33).[25]

즉 '아래로부터'든 혹은 위에서 아래를 동원했든 결사체 민주주의를 통해 이익을 대표하려는 움직임은 다양한 형태로 나타날 수 있는 것이다. 또한 '필연적 공동체'든 혹은 '필요에 의한 공동체'든 결사체 민주주의는 이익 대표과정이 심의와 조정을 거친다는 점에서, 대의민주주의를 보완하는 데 긍정적으로 작용한다. 정리하자면 결사체 민주주의는 다수의 결사에 의한 경제적 효율성을 달성하는 동시에 소수의 권익이 정치적 영향력을 가질 수 있는 장(場)을 제공함으로써 다수의 횡포를 견제할 수 있다.

위스콘신 주 WRTP(Wisconsin Regional Training Partnership)의 사례는 공장의 폐쇄로 치명적인 타격을 받아 기업주와의 연대를 재구축하려는 노조, 산업 경쟁력에서 밀려났지만 생산기술 재훈련을 통해 주 산업의 근간인 제조업의 위상을 회복하려는 기업, 이를 촉진시키기 위해 강압과 유화를 혼합한 정책 방안을 제시하는 주 정부, 그리고 이러한 노력을 적극적으로 지지하며 감독하는 주 거주민들의 공조가 결실을 맺은 경우이다. 결사체는 선택에 의해서 결성되기도 하지만, 때로는 공감대의 공유 자체보다 상호간 이익 재조정에 대한 필요성에 의해 결성되기도 한다. 결국 경제재건에 관한 정책을 결정할 때 결사체 민주주의적 관점을 수용하면, 정치적으로 비대해진 이익단체 활동에 제동을 걸어 자율적인 조율을 통한 책임정치를 추구할 수 있게 된다.

특히 위스콘신 주 CSM(Campaign for a Sustainable Milwaukee)의 사례를 통해 보았듯이, 이익단체의 활동이 세분화·전문화·분업화되면서, 상호 배타적인 이익의 극대화를 지양하려는 공감대 형성과 이견조율의 필요성에 근거한 결합이 필연성에 의한 결합 자체보다 더욱 큰 비중을 차지하게 된다. 즉 결사체 민주주의는 결정권의 분산과 집중 정도에 따라 이익을 효율적으로 대변하기 위해 정치참여 확대뿐 아니라 다양한 형태와 경로를 통한 심의와 조정을 가능하게 하며, 이로 인해 주 단계에서 이익단체의 정치적 영향력 행사 및 회복은 물론 이익조정에 의한 정책적 효율성 성취가 가능해진다.

미국 연방주의는 정책결정 및 집행권의 책임 소재지를 분산시켜 민주적 대표성을 지향할 뿐 아니라, 동시에 분산으로 인한 정책적 폐단을 수정·보완하여 통합된 국가정책을 통한 효율성을 모색하는 체제를 제도화시키고 있다.26) 물론 연방 행정부의 집권정당 성향 등이 권력집중과 권력분산 사이의 균형과 역학에 영향을 미치는 주요한 변수가 될 수 있다. 그러나 주 단계의 정치·정책과정은 다층구조 거버넌스의 묘미를 최대한 활용하면서 권력분산을 추구하는 동시에, 과도한 결정권의 분점으로 인한 폐해, 즉 모든 집단이 각자의 이익대변 극대화를 위해 정치적 영향력을 배타적으로 행사하는 데 집착함으로써 야기되는 정책결정의 경직성을 줄이고 있다. 그 결과 경제침체와 같은 위기 상황을 효율적으로 그리고 민주적으로 극복하는 경우를 목격하게 되며, 이제까지 살펴 본 위스콘신 주의 사례는 결사체 민주주의가 이처럼 양 측면에서 메커니즘을 작동시키는 "권력집중 패러독스"의 해결사임을 보여주고 있다.

 이러한 분석결과는 나아가 주 단계 이익단체 활동의 시대적 변천을 비교함에 있어서 결사체 민주주의적 접근을 정치·정책결정 과정에 도입했을 때 이익단체 활동이 확산되어 시민의 정치참여가 확대됨은 물론, 극도의 정치참여로 인해 발생하는 폐단을 심의와 조정을 통해 차단·감소시킬 수 있다는 이론적 틀의 적용을 가능하게 한다.

미주

1) 1960년대 이후 연방정부의 양도금(grant)이 급증하면서 주와 지방정부 단계에서 추진되는 연방 사회복지 프로그램이 급격하게 확대되었다. 그러나 이러한 증가 추세는 1970년대와 1980년대에 들어서며 프로그램에 대한 주 정부와 지방정부의 재정적 책임을 강조하는 반향을 불러왔고, 특히 경제침체와 재정적자의 악화로 인해 급기야 연방정부의 양도금 규모 자체가 축소되었다. 그렇지만 주요 논의대상은 양도금의 규모와 성격이었고 양도금의 정당성 자체는 논의의 대상이 아니었다. 레이건 행정부가 '신연방주의(New Federalism)'의 일환으로 연방정부의 양도금에 대한 유용성과 필요성을 비판하면서, 주 정부와 지방정부 단계 및 각종 이익단체는 이러한 '탄압'에 대항하기 위한 자구책을 찾아 1980년대 말기와 1990년대에 걸쳐 다양한 로비활동을 통해 지역이익의 극대화를 모색하였다. 그러나 모든 주 단계 이익단체들의 활동이 결실을 맺은 것은 아니다.
2) 주 정부 단계에서 활동하는 이익단체들 가운데 공적 이익단체의 활약은 주 정부 단계에서의 전체 이익단체 정치활동 중 1/4에서 1/2까지 차지할 뿐 아니라, 이들의 활동은 공적 이익단체와 다른 양상을 보인다. 그러나 이를 기존 이론에 의존하여 설명하려는 노력은 제한적이다.
3) 결사체주의는 자유개방 시장논리에 근거한 다원주의와 중앙집중적 통제에 근거한 조합주의의 중간에 해당하는 '제3의 길(Third Way)'로 정의된다. 심지어 자발적 결사체를 조직할 능력이나 의지가 부족한 취약집단도 국가가 이익단체 형성 및 유지를 주도하여 연계적 공조를 이끌어냄으로써 궁극적으로 정치 및 정책결정 참여를 확대하기도 한다.
4) 매디슨(James Madison)이 『연방주의자 논고(*The Federalist Papers*)』에서 언급한 'mischiefs of faction'에 대한 번역으로는 '파벌의 해악(김의영 2004)'과 '분파의 해악(손병권 2002)'이 있는데, 여기에서는 '파벌의 해악'을 사용한다. 토크빌(Alexis de Tocqueville)이 언급한 'art of association'의 경우 김의영(2004)은 '결사의 예술'이라 번역했으나 여기에서는 '결사의 기략'으로 사용한다. '권력집중 패러독스(power concentration paradox)'는 MacIntyre(2003)가 개발한 용어를 본 저자가 번역해 사용한다.
5) Seymour Martin Lipset, *American Exceptionalism*(1995)을 인용한 "A Survey of America: From Sea to Shining Sea," *The Economist*, Nov. 8th-14th, 2003, p.5. 참조 바람.
6) 궁극적으로 결사체 민주주의를 통해 국가권력의 분산과 사회집단의 권한 강화를 모색하고 시민이 정치과정에 복귀할 수 있으며, 심의와 조정을 통해 이러한 참여확대가 대의민주주의에 끼칠 수 있는 폐단을 줄일 수 있다.

7) 이러한 논리는 재정연방주의를 주장하는 학자들을 중심으로 민주주의적 대표성과 정책적 효율성 간에 높은 상관관계가 나타난다는 주장으로 발전된다.

8) 그러나 페트라카는 이러한 미국의 비옥한 토양에서도 스카치폴이 주장하듯이 "세분화되고 파편화된 다수의 이익단체들이 경쟁"하면서 골고루 영양을 흡수하여 성장하는 것이 아님을 지적한다.

9) 연방과 주 및 지방정부 단계 간 연계된 이익단체 활동이 지금처럼 활발하지 않던 1960년대 이전에는 이들 소수 이익단체가 주 내에서 결정적 역할을 함에도 불구하고 그 자체에 대한 관심이 적었고, 더불어 그에 대한 연구도 드물었다.

10) 주 단계의 조직연합을 이익단체로 규정하는 것을 수용한다고 해도, 주 정부 단계의 조직연합은 공공재 추구를 목표로 하는 공적 이익단체보다 선별적 혜택의 극대화를 도모하는 사적 이익단체에 가깝다고 할 수 있다.

11) 예를 들어 주 단계의 조직연합은 연방재원의 증대와 연방규제의 감소를 목표로 한다. 그러나 만일 주민 개개인 및 이들의 집합체인 사적 이익단체와 주 단계의 조직연합, 주 공무원 결사체 및 정부 단계 간 연계조직이 재정권이나 정책결정권을 두고 경합하게 되면, 후자의 활동이 오히려 전자의 이익을 경감시키거나 번복하는 결과를 초래할 수 있어 극단적인 경우에는 상호 반비례할 수도 있다. 또한 후자는 지역의 정책수혜에 관심을 두고 이익증대를 도모하는 지정학적 이익단체이기 때문에 수혜범위에 있어서 기능적 이익단체보다 광범위한 이익 규합과 대표를 가능하게 할 수도 있지만, 정책시행의 효율성보다 정책수행의 주도권 통제 내지 장악에 더 큰 비중을 두고 있기 때문에 기능적 이익단체보다 오히려 편협한 이익을 추구할 수도 있다. 왜냐하면 공간기반(spatial) 이익단체는 지리적 특정지역의 관할권에 관련된 정책에 관심을 가지므로 '어느 정부가 특정한 정책의 집행과 자금 통제에 대한 권한이 있나'의 지리적 함의에 초점을 두는 반면, 기능 기반(functional) 이익단체의 주요 관심사는 주택, 탁아 및 보육, 환경, 복지 등 일정한 하나의 정책을 둘러싸고 수혜 대상과 정도에 있기 때문이다.

12) 매킨타이어는 "권력집중 패러독스" 이론을 법제도 정비에서 비교적 안정된 선진국보다 과도기에 놓여 있는 동아시아 국가를 사례로 들어 중앙정부조직의 편성을 중심으로 구축한다. 그러나 그의 모델은 이론적 논리를 체계화된 단계이고 이를 실증적 연구로 전환하기 위해서는 조작적 정의를 수립할 필요가 있다. 1장은 매킨타이어의 이론적 논리를 선진연방국가 미국의 주 단계에 적용한다.

13) 진보주의 운동은 사실 공화당 내 일부 혁신파 주도로 시작했지만, 후에 공화당과 결별하고 독립적인 정당 정체성을 이룩하였다. Maxwell(1956)에 의하면 위스콘신 주의 진보주의 운동은 좌파 및 사회주의 성향이나 농민중심주의 성향을 띠기보다 비교조주의, 실리주의, 중도파적 색채가 강하다고 규정한다. 이러한 영향으로 인해 공적 분야의 끊임없는 개혁 추구, 공적 서비스 부문의 확립, 지방자치(municipal home rule), 초당적 지방선거, 대통령 경선, 인구비례에 근거한 선거구역 획정 등을 포함한 정치적 개혁, 공적 서비스에 대한 재정 부담의 공평한 분배, 시민 협의와 참여에 근거

한 "공명 정부"의 수립, 특수이익단체에 대한 경계심, 그리고 특수단체와 정부로부터 개인의 권리를 보호하려는 규범이 깊숙하게 자리 잡았다.

14) 결국 1970년대에 이르러 미국전체에 걸친 재정악화와 유가폭등의 파급효과로 인해 기업은 산업 환경이 열악한 밀워키 시에 대한 투자를 회피하기 시작했다. 마침내 지역경제의 근간이 와해되면서 밀워키 시의 경제적, 사회적 파탄이 가속화되었다. 그 결과 지역경제의 쇠퇴로 인해 대표적 노조인 AFL-CIO와 UAW의 정치적 지지기반 및 영향력 감퇴가 특히 두드러져 대표적 기업 이익집단인 Wisconsin Manufacturers and Commerce(WMC)보다 심각했다.

15) 아이러니하게도 1986년 라폴렛의 손자이며 위스콘신 주 법무장관인 브론슨 라폴렛 (Bronson LaFollette)은 당시 유명한 로비스트 제임스 볼리온(James Boullion)과의 사건에 연루되어 위스콘신 주 윤리위원회에 의해 법정 최고벌금형을 선고받았고 결국 정계에서 물러났다. 이후 유사한 비리사건에서도 볼 수 있듯이 다른 주에 비해 위스콘신 주는 특히 특수이익단체와 정치인들의 권력야합에 대한 경계를 늦추지 않으며, 이 경우 주 거주민과 주 정부가 모두 적극적으로 참여함을 볼 수 있다. 따라서 위스콘신 주의 경우 주지사도 다른 주 정부 공무원과 마찬가지로 입법과정에 영향력을 끼칠 수 있는 로비를 포함한 모든 정치활동에 대해 등록하여 규제를 받는다. 결과적으로 입법과정에 작용하는 이익단체의 활동이 비교적 투명하게 드러난다.

16) 일부 학자는 이러한 기업유치를 위한 주 간의 치열한 경합을 "무기경쟁(arms race)"에 비유한다.

17) 1978년에서 1988년까지 총 30%의 제조업 종사자가 실직했다.

18) 신뢰회복을 위해서는 자발적 사회참여와 시민참여의 회복 못지않게 공정한 심판기능을 수행하는 공적 부분의 역할도 중요하다.

19) 이익단체 활동 중 가장 구체적으로 입법과정에 영향력을 미칠 수 있는 메커니즘이 PAC이다. 등록된 PAC 중 기업-제조업이 지원하는 PAC의 수는 노조의 지원을 받는 PAC보다 약 2.5배 정도 많다.

20) 각 주의 이익단체를 종합하여 정책결정과정에 미치는 영향력을 수량화한 후 평균치를 근거로 각 주 간 순위를 책정하였다. 각 표의 출처 및 작성법은 해당 표에 표기한다. 서부 13주에 해당하면 밑줄을, 중서부 12주에 해당하면 **볼드체로** 표시하고, 남부 14주에 해당하면 *이탤릭체로*, 북동부 11주에 해당하면 그냥 표시했다.

21) 이익단체들은 크게 선거과정(예를 들어, 선거운동 참여도와 기부금)과 정책결정과정(예를 들어, 정책부처와의 회동)에 개입하여 정치적 영향력을 발휘할 수 있다. 도표는 이 둘의 복합적 지수를 사용하며 '종속적' 분류에 속하는 이익단체가 없으므로 제외한다.

22) 이미 언급했듯이, 1960년대 이전에는 소수의 이익단체가 주나 지방정부 단계의 정책결정과정에 관여하는 경향이 컸으나, 그 이후 대부분의 주에 걸쳐 정책결정과정에 참여하는 결사체의 수와 관심 분야가 확대되었다.

23) 1970년대 워터게이트 사건을 계기로 공공발표법(Public Disclosure Act)이 강화되면서 이익단체의 활동을 감시하는 로비활동, 이익상충(conflict-of-interest) 공표, 선거운동자금 공개 및 정책 활동 위원회(PAC) 규제 법안이 엄격해졌다. 이러한 경향은 모든 지역에 공통적으로 나타났지만, 특히 중서부와 북동부에서 현저한 반면 남부는 역사적으로 정서적으로 기존체제에 대한 집착성향이 강한 탓에 상대적으로 파급효과가 적었다.

24) 또한 동시에 이러한 이익단체 활동의 분업 및 확산의 여파가 주변의 다른 주들에게 전파되었다는 점을 간과한 채 외형적 감소추세에만 주목하여 그릇된 평가를 내릴 수 있음에 유의해야 한다.

25) 더구나 결사체 민주주의적 접근이 정치·정책결정 과정에 도입되면, 소수집단의 이익에 대한 자각의식이 학습되고 궁극적으로 이들의 정치참여가 생산적으로 확대 수용될 수 있다. 또한 이들 이익단체와의 연대를 통해 공유할 수 있는 목표를 추구하려는 다른 이익단체가 등장하면, 다양한 정치참여의 경로를 통해 정치석 영향력을 증대시킬 수 있다.

26) 만약 연방주의의 개념 중 탈중앙화에만 초점을 두면 민주적·재정적으로 책임성 있는 제도의 정립이 가능하다고 주장하기 쉬우나, 그 이면에는 탈중앙화를 조절하는 기능을 수용하려는 인식이 전제된다. 특히 미국의 주 단계 이익단체 활동의 시대적 변천을 살펴보면, 이러한 연방주의의 기본개념이 이익규합과 대표과정에도 작용하여 궁극적으로 과도한 이익대변의 독식과 극도로 첨예화된 분권을 조절하여 이익단체 활동의 폐단을 방지·축소하는 법제도를 채택하고, 나아가 이를 지지하는 정치문화/가치관을 성공적으로 구축하는 사례를 볼 수 있다. 이는 위스콘신 주의 사례처럼 결사체 민주주의와 이익단체 활동이 접목한 결과 양 극단의 '권력집중 패러독스'를 해결하는 경우에 가능하다.

제2장

직접민주주의와 분층 이익대변

I. 서론

　민주주의는 심의를 통해 여러 형태의 이익들 사이에서 조화로운 균형점을 모색하는 정부 또는 통치체제를 상정한다. 이러한 민주주의라는 절차를 통해 민의를 완벽하게 정책에 반영하는 이익대변의 방식은 크게 대의민주주의와 직접민주주의로 분류된다.
　대의민주주의하에서 시민은 선거를 통해 자신의 이익을 대변하는 대리인을 선출하고, 이 선출된 대리인들에게 한시적으로 민의에 충실한 정책을 구상하고 집행하도록 위임한다. 선거는 동시에 대리인의 업무 평가로도 활용되어 대리인의 업무를 감독할 수 있는 기회를 제공한다. 반면 직접민주주의 체제에서는 시민이 직접 법령을 제정하여 자신이 선호하는 정책을 집행하거나 대리인이 제정한 법령에 대해 찬반투표를 통해 거부권을 행사할 수 있으며, 대리인의 임기를 제한시키거나 심지어 대리인을 소환해 파직하고 교체할 수도 있다. 즉 이익대변의 근본적 거부권이 시민에게 부여되어 통치의 궁극적 주체와 객체가 모두 시민 개개인이 되는 것이다.

흥미로운 사실은 민주주의라는 절차를 통해 민의를 정책에 반영하는 완벽한 이익대변을 추구한다는 공통된 목표를 지향하지만, 대의민주주의와 직접민주주의는 종종 상호배타적이라는 점이다. 대의민주주의 옹호론자들은 직접민주주의 체제가 현대 복합사회에서 양질의 입법과 공평한 이익 분배 및 조정 임무를 수행하기에 역부족이라고 주장한다. 더구나 직접민주주의 요소조차 극단적이거나 편협한 이익집단들의 전횡을 야기함으로써 오히려 효율적이고 공평한 대의민주주의 구현에 방해가 된다고 역설한다. 반대로 직접민주주의 옹호론자들은 시민 개개인이 거부권 행사를 통해 대리인에게 책임 있는 입법, 집행 및 사법을 유도함으로써, 직접민주주의가 시민의 권리헌장인 헌법을 수호하는 데 기여한다고 주장한다. 즉 직접민주주의 요소는 대의민주주의의 취약점을 보완하여 비로소 완벽한 이익대변을 가능하게 한다는 것이다(Qvortrup 2002: 7).

현대 복합사회에서 직접민주주의 요소에 대한 고려는 대의민주주의가 제대로 작동하지 않는 경우를 전제한다는 사실 하나만으로도 충분한 논쟁거리를 제공한다. 근대 민주주의의 창시자 중 하나인 로크(John Locke)는 "통치자와 일부 인민 간 의견충돌이 발생하는 경우 인민 집합체가 심판을 맡는 것이 적절하다"고 단언했다(Locke 1764/1988: Art. 242). 직접민주주의와 대의민주주의의 관계를 둘러싼 지속적 논쟁은 로크가 남긴 격언 자체에 대한 평가라기보다 엘리트 통치체제의 전복을 가져올 수도 있는 혁명이라는 고비용의 갈등 해소법을 회피하기 위한 몸부림의 흔적이라고 볼 수 있다. 이러한 고민의 연장선에서 2절에서는 이론적 논의로서 미국의 민주주의를 대의민주주의와 직접민주주의의 관계 속에서 검토하고, 3절과 4절에서 미국 주 차원의 직접민주주의 발전사와 현주소를 살펴본다. 이 중 특이한 형태로 대의민주주의와 직접민주주의 요소를 조합한 캘리포니아 주의 운영 사례를 5절에서 분석한 뒤, 결론에서 미국 민주주의의 진면모를 평가해 보고자 한다.

II. 민주주의 이론: 대의제 대(對) 직접민주주의

퍼트남(2000)은 시민사회 자산(social capital)이 예외적으로 풍부한 미국의 전통이 사라져 간다고 개탄하며 미국 민주주의의 위기를 논한다.[1] 그러나 이러한 위기의식은 100여 년 전 진보주의(Progressive) 운동이 미국을 휩쓸고 갈 무렵에도 대두했고 그 이후에도 주기적으로 회자되었기 때문에 전혀 새로운 것이 아니라고 반박하는 학자들도 있다(Donovan & Bowler 1998; Gerber 2002; Haskell 2001; Smith & Tolbert 2007).[2] 주지하듯이 20세기 초반에는 강력한 특수이익단체들이 정치과정에서 소통과 정보를 독점하여 대의민주주의 운영에 제동을 걸었고, 그 결과 심의를 중시하는 민주주의 전통에 위기를 초래했다. 이와 대조적으로 오늘날과 같은 정보화시대에는 인터넷이나 전화로도 유권자들이 직접 주요 정책을 구상, 결정, 집행할 수 있는 통신기술과 정보력을 갖고 있기 때문에, 구태의연한 견제와 균형기제에 의존하지 않고서도 자유민주주의를 구현할 수 있다는 주장도 제기되었다(Bimber 2003: 110-111).[3] 그럼에도 불구하고 새로운 정치를 가능하게 하는 직접민주주의 요소도 결국에 조직력과 자원동원력을 가진 특수이익단체들이 장악하게 될 것이라는 주장도 빈번하게 등장한다(Gerber 1999: 137-146).[4] 요컨대 21세기에 미국의 민주주의 전통이 또다시 위기를 맞고 있는지의 여부는 여전히 뜨거운 논쟁거리다.

그렇다면 미국의 민주주의란 대의민주주의와 직접민주주의의 어떤 강점을 선별해 취합하는가. 우선 크로닌(1999: 249)은 흔히 미국정치 교과서에서 볼 수 있는 대차대조표를 〈표 2-1〉과 같이 제시한다. 궁극적으로 크로닌은 미국의 민주주의는 이 양자에 속하기보다 제3의 유형을 형성하는 합리적(sensible) 민주주의에 해당한다고 주장하고 있다. 즉 미국의 민주주의는 원칙적으로 대의민주주의를 통치 질서의 근간으로 삼고 있지만, 연방제라는 특수한 여건 속에서 주 차원에서 직접민주주의 요소들을 독자적으로 수용하는 형태라는 것이다. 결과적으로 그는 미국 일반시민들이 영구적으로 구속력

〈표 2-1〉 직접민주주의와 대의민주주의 비교

	직접민주주의	대의민주주의
주창자	장 자크 루소, 벤자민 프랭클린, 토마스 제퍼슨	에드먼드 버크, 존 애덤스, 제임스 매디슨
주요 강점	명확한 책임 소재지	결정에 대한 책임추궁
의결방식	인민의 참여	지식층 엘리트 간 논의 및 심의
신뢰대상	인민	이익대변인
주요 목표	인민의 자치 기회 허용	입법과정 강화
다수결의 효용성	다수결이 절차 민주주의의 근간	다수결과 소수 권익 간 균형
정부형태	인민에 의한 정부	민주주의적으로 선출된 지도자에 의한 정부

출처: Cronin(1999: 249)의 내용을 저자가 보완하여 표로 전환함
1. 직접민주주의나 대의민주주의의 강점은 곧 상대의 단점이기도 하다. 예컨대 직접민주주의가 인민의 참여를 통한 의결방식을 택하기 때문에 인민의 자치 기회를 허용하는 장점을 지닌다면, 대의민주주의는 지식층 엘리트 간 논의나 심의를 통한 의결방식을 채택하기 때문에 인민의 자치 기회가 제한된다. 그러나 그 대신 입법과정을 강화하여 가장 효율적 법안이 통과될 가능성이 높아진다.

을 행사하는 국가적 차원의 이슈들에 관해서는 직접민주주의 요소들을 대거 활용하여 국민일반투표에 의존하는 대안을 경원시한다고 주장한다(Cronin 1999: 249-250).[5)]

한편 해스켈(Haskell 2001: 87-97)은 대의민주주의와 직접민주주의의 장단점을 논하기 이전에 직접민주주의 옹호자들을 크게 진보성향과 중도 내지 보수성향으로 분류한다. 직접민주주의 옹호자들은 성향에 관계없이 다수결 원칙이 민주주의의 핵심이라는 데 의견을 같이 하며, 무엇이 공익을 위한 것인지는 일반시민들이 가장 잘 판단할 수 있으므로 시민들을 상대로 설문조사를 하는 것만이 민의를 파악하고 공익에 가장 가까운 정책을 수립·집

행할 수 있는 유일한 방법이라고 주장한다. 또한 진보성향의 직접민주주의 옹호자들 중에도 정치체제의 재구축을 통해 모든 시민들이 정책결정과정에 평등하게 참여할 수 있는 급진적 변환을 주장하는 바버(1984; 1998)와 같은 학자가 있다. 이와 대조적으로 피시킨(1991)은 선출직 의원과 시민 간 접촉을 늘리고 입법과정에 시민의 의견을 더 적극적으로 반영하기 위해서는 현존하는 정치체제를 보완하는 장치를 설립해야 한다고 주장한다.

한편 중도 내지 보수성향의 직접민주주의 옹호자들은 대의민주주의에 근거한 정부체제가 야기하는 부패와 타락, 특히 특수이익단체들의 권력남용으로 인한 폐단 등을 비난하면서 일반시민과 정부 간 관계의 재정립 필요성을 역설한다(Philips 1995: 113, 116). 그러나 제도변화를 역설하는 진보성향의 학자들과 달리, 그들은 정부가 자제하며 제한적 권한을 행사하던 시절로 복귀할 수 있는 방안을 모색해야 한다고 주장한다. 따라서 중도와 보수성향의 직접민주주의 옹호자들은 선출직의 임기제한, 국민발의, 국민투표를 통해 부패한 공직자와 특수이익단체를 대변하는 로비스트 간 유착관계를 단절하고, 이를 통해 재선에만 눈이 먼 정치인들에게 시민의 이익대변인으로서 자신의 본분에 충실할 것을 상기시킬 수 있다고 강조한다(Smith and Tolbert 2007: 136-140; Goebel 2002: 185-199).[6]

해스켈은 직접민주주의 옹호론자 진영을 총괄해서 유권자들의 정보 수준, 특수이익단체의 장악, 대의입법기관을 통과한 법령을 대상으로 한 국민 일반투표결과에 대한 사법부의 재심 권한, 소수집단의 권익 유린, 책임성 있는 거버넌스 유도 등의 다섯 가지 기준으로 직접민주주의를 대의민주주의와 비교한다(Haskell 2001: 86, 99). 그러나 근본적으로 다양한 취향을 지닌 시민들로 구성된 집단의 선호도를 선거라는 절차를 통해 민의로 규합할 수 있다는 주장은 진정한 민의에 대한 명료한 개념규정이 없는 현실에서는 직접참여이든 간접대변이든 그 자체가 또 하나의 논쟁거리이다. 결국 해스켈도 스미스-톨버트와 마찬가지로 직접민주주의의 도구적 효용성에는 회의적이지만, 유권자, 이익단체 및 선출직 공직자들의 정치의식을 제고하는 교육적 효용성에 관해서는 판단을 유보하고 있다(Haskell 2001: 145).[7]

미국의 민주주의는 건국 이후 국가차원, 즉 연방차원에서는 직접민주주의 요소를 배제하였으나 주 또는 그 이하 차원에서는 직접민주주의 요소가 존재했다. 이는 연방 및 주 또는 주 이하 차원별로 이익대변 절차가 상이하다는 사실 자체보다 동일한 차원에서도 이익대변 절차가 복합적으로 병존한다는 사실 때문에 분층 이익대변을 가능하게 하는 연방주의 거버넌스, 즉 다단계 정부체제에 의한 민주주의 통치의 구현을 의미한다. 따라서 지구상 가장 많은 수의 공직자를 선거를 통해 충원하는 미국으로서는 이렇게 복합적인 분층 형태로 표출되는 이익대변, 즉 미국식의 민주주의를 끊임없이 실험하며 민주주의의 이상을 구현하려는 도전과 응전을 반복해 왔다.[8] 특히 작은 정부(small government) 또는 제한된 정부(limited government)를 지향하는 미국 통치이념은 곧 미국식 민주주의의 근간인 동시에 이상이다(Berlin 1969).[9] 이 이상형은 실제로 대의민주주의를 근간으로 하면서 직접민주주의를 혼합하는 과정에서 양 요소의 조합비율에 따라 여러 형태로 구현된다. 다음에는 직접민주주의가 주 차원에서 정착하는 역사적 배경을 검토하고, 이어서 오늘날 주 차원에서 직접민주주의가 대의민주주의와 다양한 방식으로 조합되는 양상을 분석하고자 한다.

III. 주 차원의 직접민주주의 발전사

1. 건국 이후부터 2차 세계대전 종료까지

미국 헌법 4조 4절은 모든 주가 정부체제로서 공화국을 유지할 것을 의무화하고 있다.[10] 이는 국민발의나 국민투표가 공화국 형태의 정부에 부합하지 않는다는 해석을 가능하게 한다. 그러나 1912년 연방대법원 판결에서 볼 수 있듯이, 사법부는 국민발의나 국민투표가 대의민주주의에 합치하는지 여부에 대한 판단을 사법적 사안이 아닌 연방의회에서 결정할 정치적 사안으로 규정한다(Magleby 1984: 48-49).11) 이와 대조적으로 미국 헌법과 연방대법원은 "국민이 위임한 입법권을 선별적으로 철회할 수 없다(*delgeta postesta non potest delgari*)"는 사법 선례주의 관습에 따라 직접민주주의를 연방 차원에서 금지하고 있다. 이는 직접민주주의가 의미하는 측면공격과 같은 회피책을 미연에 방지해야 대의민주주의가 제대로 작동하고 선출된 의원들이 안정적으로 국민의 이익을 대변할 수 있다는 인식에 근거한다. 또한 각 주나 지역단위로 선출되었더라도 연방의회 구성원은 자신이 소속된 주나 지역의 이익으로부터 비교적 자유롭게 연방전체의 이익을 대변해야 한다는 통치이념에도 기반을 둔다.

비록 헌정회의에서 정치체제의 합법성이 '피치자의 동의(consent of the governed)'에 근거한다는 원칙에는 공감대가 형성되었으나, 구체적으로 어떻게 인민으로부터 권력과 합법성을 도출하는 정부를 수립해야 하는지에 대해서는 의견이 모아지지 않았다. 결국 인민 다수의 주권을 우선시하는 반연방주의파와 달리 연방주의파는 주권은 헌법의 원칙과 이념, 즉 공화주의에 의해 표출된다고 주장했다. 더구나 연방주의파는 직접민주주의가 국가적 차원에서 채택됐을 때 다수의 횡포(tyranny of majority)에 의한 소수 권익의 박탈이 발생할 것을 우려했다(Hamilton et al. 1787; 1961).12) 반면에 반연방주의파는 만민평등주의(populism)에 충실하여 인민이 가능한 한 직접 스스로 통치하고, 선출된 의원들의 권력 활용에 대한 감시기제로서 정기적 선거를 통한 책임추궁의 중요성을 강조했다.13) 따라서 그들이 우려했던 것은 직선으로 선출되지 않는 공직자들, 특히 연방사법부 판사들에 의한 권력 남용이었다.14) 결국 반연방주의파에게 직접민주주의 요소는 민주주의의 본질을 수호하는 핵심체로 받아들여졌던 것이다.

그러나 궁극적으로 헌정회의에서 연방주의파가 득세하여 마침내 연방헌법체제가 성공적으로 정립되고 이후 연방주의파가 의회 다수당으로 등극하면서 연방 차원의 직접민주주의 요소는 점차 배제되었다.15) 더불어 연방대법원은 연방 차원에서 일련의 직접민주주의 요소를 제도화하는 시도에 대한 위헌성 여부를 판단하기보다 헌법에 근거한 판단 자체를 유보해 버렸고, 시민발의나 시민투표에 의한 입법행위와 결과물에 대한 사법심사 권한을 인정하면서도 위헌성 판결 자체는 회피했다(Schwartz 1993: 32).[16] 결국 연방

〈표 2-2〉 미국 주 차원의 직접민주주의 작동기제

작동기제	내용
헌법수정 주민투표 (constitutional referendum)	- 주 의회에서 통과된 헌법수정안에 대한 주민투표 - 대개 인준을 위해서 주 양원의 2/3 찬성과 주민의 과반수 찬성이 필요함
직접 주민투표, 또는 청원 주민투표 (direct/petition referendum)	- 시민 청원으로 상정된 안건으로서 주 의회 심의를 거쳐 제정된 주 법령에 대한 주민투표 - 25개 주에서 실시됨(주마다 서명취합 요건조항이 다름) - 선거용 투표용지에 기재되어 주민의 찬반 의견을 물음
의무조항 주민투표 (mandatory referendum)	- 주 의회에서 제정한 법령 중 공고 전에 반드시 주민의 동의를 거쳐야 하는 특정 법령에 대한 주민투표 - 직접 주민투표를 채택한 대다수 주에서 실시됨
자문 주민투표 (advisory referendum)	- 주 의회 또는 시민들이 특정 법령에 대한 자문을 구하는 목적으로 투표용지에 올려 찬반을 구하는 주민투표 - 법적 구속력이 없음
직접 주민발의 (direct initiative)	- 일정 수의 서명을 확보한 시민들이 헌법수정이나 법령제정을 투표용지에 올려 주민의 찬반을 구하는 주민발의
간접 주민발의 (indirect initiative)	- 일정 수의 서명을 확보한 시민들이 헌법수정이나 법령제정을 주 의회에 상정해서 의결을 구하는 주민발의 - 경우에 따라 주 의회가 입법을 거부하거나 심의 중 내용을 변경하는 경우에 시민들이 추가로 서명을 확보해 직접 주민발의 하거나 주 의회가 대안법안을 상정해 표결할 수 있음
소환 (recall)	- 임기 만료 이전에 선출 공직자들에 대한 주민들의 소환 청원(따라서 헌법수정이나 입법행위가 아님) - 주민투표나 주민발의보다 많은 수의 서명을 확보한 후 해당 공직자의 파직에 관한 특별 선거를 통해 찬반을 물음

출처: Haskell(2001: 48-49)의 내용을 저자가 표로 정리함

주의파를 비롯한 연방 차원의 대의민주주의 옹호론자들은 정치적 자산과 사법부의 묵인을 확보한 셈이었다. 연방의회나 주 의회 심의회가 주도하는 헌법수정을 통해 민의를 수렴하는 까다로운 절차에 의해서만 개헌이 가능하도록 만든 결과, 연방 차원에서는 직접민주주의 요소가 이론적으로나 관행상으로나 배제되었다.

이와 대조적으로 주 차원의 대의민주주의 제도에서는 헌정회의 소집이나 발의제안을 통한 주 헌법의 수정을 상정했다. 주 차원에서는 인민의 헌장인 헌법에 대해 주민들이 적극적으로 의사결정에 참여했고 그 결과 빈번한 헌법수정 사례를 볼 수 있다(Bowler and Donovan 2004).[17] 실제로 건국 당시 미국은 연합의 통치형태를 가지고 있었기 때문에 연방헌법보다 더 오래된 주 헌법이 존재했다.[18] 따라서 연방헌법과 별도의 주 헌법을 수용하는 연방제하에서, 주 헌법은 연방헌법과 구별되는 독립적 위치를 차지하며 발전했다. 그 결과 주 차원의 직접민주주의는 건국 이전부터 주의 정치과정에서 완전하게 배제되지 않은 채 작동하고 있었다. 〈표 2-2〉는 주 차원에서 활용되고 있는 직접민주주의 작동기제를 비교한다(Cronin 1999: 42).[19]

1850년경까지 산발적이지만 지속적으로 주 차원에서 작동해 오던 직접민주주의 요소들은 19세기 말 산업혁명을 분기점으로 전폭적인 지지를 받으며 제도권으로 영입되기 시작했다. 산업혁명을 거치며 미국 사회가 농업을 바탕으로 한 1차 산업국가에서 제조업을 근간으로 하는 2차 산업국가로 전환함에 따라, 주 의회가 정치권력의 부패와 타락의 온상으로 전락하는 사례가 늘어갔다(Goebel 2002: 18). 즉 국부를 창출하는 신생 경제지배층이 권력층과 밀접한 관계를 유지하며 일반 유권자의 권리와 자유가 유린되는 사태가 속출했고, 이에 따라 중상류층을 중심으로 정치개혁에 대한 요구가 커져갔던 것이다(Ellis 2002: 26-31).[20]

그 결과 주나 그 하위조직 단위에서 대의민주주의의 폐단에 반발한 만민평등주의자들(populists)과 진보운동가(Progressive reformers)들을 중심으로 공익봉사 정신을 상실한 주 의회의 개혁을 주장하는 움직임이 활발하게 일어났다(Cain and Miller 2001; Cronin 1999: 43; Goebel 2002: 19-20,

34-35, 42; Smith and Tolbert 2007: 20-21, 25; 주성수 2007).[21] 더불어 19세기 말의 진보운동은 지방에서부터 시작해 주 뿐 아니라 연방 차원까지도 확산되어 연방 상원의원의 직선제 전환, 경선제 도입, 정당조직 투명화 등 일련의 혁신을 가져왔다.

특이한 점은 이들 직접민주주의 옹호론자들이 강조하는 것들 사이에 미묘하지만 중대한 차이점이 있다는 사실이다. 만민평등주의자들이 선출직에 의존해 운영되는 대의민주주의 제도를 근본적으로 불신하고 인민에게 권한을 돌려줘야 한다고 주장한 반면, 진보운동가들은 단지 대의민주주의의 폐단인 부패와 타락의 여지를 제거하기 위해 정부 혁신이 필요하다고 주장했다. 그러나 이런 차이점에도 불구하고 직접민주주의 운영에 대한 열정은 대중주의와 진보운동이 활발했던 1898년부터 1914년 사이에 18개 주에서 주민발의와 주민투표를 제도화시켰다(Smith and Tolbert 2007: 25).[22] 그러나 1930년대 이후로 대중주의와 진보운동이 퇴색하면서 그 이후 직접민주주의 요소를 공고하게 한 주들도 입안 내용이나 대상, 또는 참여자격 요건 등을 제한하여 그 영향력을 통제하는 방향으로 발전했다(Drage 2001).[23]

그렇다면 주 차원에서 직접민주주의 요소들은 구체적으로 어떻게 작동하며 각 주는 언제 어떠한 작동기제를 채택했는가. 〈표 2-3〉은 주민의 입법행위와 관련된 주민발의와 주민투표의 채택연도와 제한 여부를 비교하고 있다. 1940년대부터 1960년대까지 직접민주주의 요소는 주 차원에서도 경시되는 경향이 뚜렷했으나 1970년대와 1980년대를 거쳐 1990년대 이후에는 성황을 이룬다(Ellis 2002: 35).[24] 왜 1990년대 이후 주 차원에서 직접민주주의가 부흥하는가? 이러한 부흥을 근거로 미국헌법의 주요 통치이념인 인민주권주의(popular sovereignty)가 진정한 의미에서 결실을 맺었다고 주장할 수 있는가? 각 주에서 작동하는 직접민주주의 요소를 비교하는 작업만으로는 이에 대한 해답을 얻기에 불충분하다.

만민평등주의적 관점에서든 진보주의적 관점에서든, 직접민주주의 요소는 대의민주주의와 밀접한 관련을 맺으며 통치의 정당성을 보완하기도 또는 박탈하기도 한다. 따라서 다음 절에는 미국 주 차원의 직접민주주의 현주소를 분석하기 위해 주 의회의 특성과 직접민주주의 요소들의 분포를 연계하여 검토하고자 한다.

〈표 2-3〉 미국 주 차원 주민발의와 주민투표 채택연도와 제한 여부

주	연도	주민발의		주민투표
		주 헌법수정	주 법률	
AK	1956	부재	간접 발안, 의제 제한	투표의제 제한
AZ	1911	직접 발안	직접 발안	투표의제 제한
AR	1910	직접 발안	직접 발안	의제 제한 부재
CA	1911	직접 발안	직접 발안	투표의제 제한
CO	1912	직접 발안	직접 발안	투표의제 제한
FL	1972	직접 발안	부재	부재
ID	1912	부재	직접 발안	의제 제한 부재
IL	1970	직접 발안	부재	부재
ME	1908	부재	간접 발안, 의제 제한	투표의제 제한
MD	1915	부재		투표의제 제한
MA	1918	간접 발안	간접 발안, 의제 제한	투표의제 제한
MI	1908	직접 발안	간접 발안	투표의제 제한
MO	1908	직접 발안	직접 발안, 의제 제한	투표의제 제한
MS	1914/1992	간접 발안	부재	부재
MT	1904/1972	직접 발안	직접 발안, 의제 제한	투표의제 제한
NE	1912	직접 발안	직접 발안, 의제 제한	
NV	1905	직접 발안	간접 발안, 의제 제한	의제 제한 부재
NM	1911	부재		투표의제 제한
ND	1914	직접 발안	직접 발안, 의제 제한	투표의제 제한

OH	1912	직접 발안	간접 발안, 의제 제한	투표의제 제한
OK	1907	직접 발안	직접 발안	투표의제 제한
OR	1902	직접 발안	직접 발안	투표의제 제한
SD	1898	직접 발안	직접 발안	투표의제 제한
UT	1900/1917	부재	직접 & 간접 발안	투표의제 제한
WA	1912	부재	직접 & 간접 발안	투표의제 제한
WY	1968	부재	간접 발안, 의제 제한	의제 제한 부재

출처: Magleby(1984: 38-39)의 Table 3.1, Gerber(1999: 149)의 Table A.3와 http://iandrinstitute.org/statewide_i%26r.htm(검색일: 14/1/25)을 보완해 저자가 재정리함

1. 주 약칭: AK(알래스카), AZ(애리조나), AR(아칸서스), CA(캘리포니아), CO(콜로라도), FL(플로리다), ID(아이다호), IL(일리노이), ME(메인), MD(메릴랜드), MA(매사추세츠), MI(미시간), MO(미주리), MT(몬태나), NE(네브라스카), NV(네바다), NM(뉴멕시코), ND(노스다코타), OH(오하이오), OK(오크라호마), OR(오리건), SD(사우스다코타), UT(유타), WA(워싱턴), WY(와이오밍)
2. 미시시피(MS) 주의 주민발의는 1914년에 채택되었으나 1922년 주 대법원에 의해 번복되었다가 70년 후인 1992년에 복원되었다.
3. 몬태나(MT) 주는 1972년에 주 헌법수정 발의를 추가했다.
4. 사우스다코타(SD) 주는 1898년 가장 먼저 주민발의를 주 단계에서 채택했으나 1918년 이후 1988년까지 단 한 건의 주민발의가 없었다.
5. 유타(UT) 주는 사우스다코타 주에 이어 두 번째로 주민발의를 주 단계에서 채택했으나 주 의회의 실행 입법 유보로 1917년에야 발효되었다.
6. 켄터키(KY) 주는 1910년 주민발의를 통과시켰으나 1980년에 번복한 이후 극소수 지방에서만 시행된다.

2. 2차 세계대전 종료 이후부터 현재까지

앞서 지적했듯이 1940년대와 1950년대를 거치며 시들해진 주민발의나 주민투표에 대한 열기는 1960년대를 기점으로 증가하기 시작하여 1990년대와 2000년대에는 최고치에 달했다(Ellis 2002: 37).[25] 물론 다수가 결과적으로 실패했고 애리조나, 캘리포니아, 오리건, 콜로라도, 노스다코타, 워싱

턴 주 등 6개 주에 60% 정도가 몰려 있어서 직접민주주의에 대한 전폭적 지지가 그 외의 주에 확대된 것은 아니었다. 또한 2/3에 해당하는 주가 직접민주주의 요소를 도입했던 진보운동 당시와 달리 직접민주주의 요소의 절차상 제약을 요구하는 정치적 압력도 상당히 거세다(Ellis 2002: 38-42).[26] 그럼에도 불구하고 직접민주주의 요소는 그 빈도나 강도 면에서 주 차원의 정치과정, 나아가 국가 차원의 의제선정에 미치는 잠재적 영향력이 결코 작지 않으며, 이는 이러한 증가추세에 대한 체계적 이해가 필요함을 시사하고 있다. 따라서 보다 정확한 주 차원의 직접민주주의 발전과정을 이해하기 위해서는 주 의회의 특성과 연계한 미국 주의 직접민주주의 현황에 대한 검토가 필수적이다.

네브래스카 주를 제외하고 미국의 50개 주는 모두 양원제를 채택하고 있지만, 주 하원이 모든 입안의 진원지이자 종착지이므로 여기에서는 주 하원을 검토한다. 우선 주 하원의 전문화(의원 전임제, 보수 수준, 참모 수 등)는 주에 따라 편차가 크다. 더불어 두드러지는 점은 주 하원의 전문화 정도와 직접민주주의 운영의 성공 여부 간 상관관계가 그리 단순하지 않다는 사실이다. 〈표 2-4〉는 주 하원의 제도화 상태를 크게 '상당한 전문화', '중간 수준', '전문화 미비(또는 아마추어 성향)' 등 세 유형으로 분류하고, 다시 상당한 전문화와 전문화 미비를 각기 두 유형으로 세분하여 미국 50개 주 의회의 다양성을 보여주고 있다.[27]

상식적으로 판단한다면 전문화 수준이 높은 주에서는 직접민주주의 요소가 대의민주주의를 보완하는 정도까지 수용되는 반면, 전문화가 다소 떨어지는 주에서는 주민발의나 주민투표 등의 직접민주주의 경로가 대의정부를 보조하는 데 그치지 않고 주민들의 이익대변을 주동적으로 구현하는 기능까지 전담하게 될 것이다. 따라서 주 의회의 전문화 정도는 직접민주주의의 중요성과 반비례관계에 있다고 추론하기 쉽다. 〈표 2-4〉와 〈표 2-5〉를 대차대조해 보면 이렇게 상식적으로 유추할 수 있는 상관관계가 발견되는 주들도 있다. 예컨대 가장 전문화 수준이 높은 뉴욕과 펜실베이니아 주에는 주 의원에 대한 임기제한제가 없을 뿐 아니라 주민발의, 주민투표, 주민소환

〈표 2-4〉 주 하원의 다양성

주 하원 특징	해당하는 주
전임제, 높은 보수, 다수 보좌관 (9개 주)	캘리포니아, 미시간, 뉴욕, 펜실베이니아
	일리노이, 플로리다, 오하이오, 매사추세츠, 뉴저지, 위스콘신
중간 정도 (23개 주)	앨라배마, 알라스카, 애리조나, 아칸소, 콜로라도, 코네티컷, 델라웨어, 하와이, 아이오와, 켄터키, 루이지애나, 메릴랜드, 미네소타, 미주리, 네브래스카, 노스캐롤라이나, 오클라호마, 오리건, 사우스캐롤라이나, 테네시, 텍사스, 버지니아, 워싱턴
비상근제, 낮은 보수, 소수 보좌관 (17개 주)	조지아, 아이다호, 인디애나, 캔자스, 메인, 미시시피, 네바다, 뉴멕시코, 로드아일랜드, 버몬트, 웨스트버지니아
	몬태나, 뉴햄프셔, 노스다코타, 사우스다코타, 유타, 와이오밍

출처: National Conference of State Legislatures(http://www.ncsl.org/programs/press/2004/backgrounder_fullandpart.htm(검색일: 08/7/21)

1. 전임제, 높은 보수, 보좌관 수가 많은 주 하원의원은 직업(professional) 정치인인 반면 비상근제, 낮은 보수, 보좌관 수가 작은 주 하원의원은 아마추어 또는 시민 정치인이다. 〈표 2-4〉는 위로부터 가장 직업 정치인으로 구성된 주에서 아래로 내려가며 점차 시민 정치인으로 다수를 이루는 주로 분류한다.

중 어느 것도 채택하지 않는다.[28]

그러나 동시에 〈표 2-4〉와 〈표 2-5〉는 몇 가지 예상하지 않았던 특이한 점도 보여준다. 첫째, 가장 전문화 수준이 높은 캘리포니아와 미시간 주는 주 의원의 임기제한제를 채택하여 시행하고 있는 동시에 주민발의와 주민투표 및 주민소환도 모두 운영한다. 더구나 주 의회가 직접민주주의 운영에 개입하여 결정적 영향력을 끼칠 가능성도 상대적으로 약하다.[29] 결국 이들 주의 주 의회는 표면적으로 상당한 전문화를 보여주지만 절차상으로는 의원 선발에서 제약을 받고 내용적으로는 입법내용에 대해 견제를 받으며, 나아가 주민발의의 방향과 내용에 대한 균형을 취하고자 해도 의지대로 추진하기가 쉽지 않다. 둘째, 뉴햄프셔 주를 제외하면 역시 상식적 추론대로 가장

제2장 | 직접민주주의와 분층 이익대변   67

〈표 2-5〉 주민발의, 주민투표, 주민소환 분포도

직접민주주의 유형	해당하는 주
주민발의, 주민투표 모두 있음 (21개 주)	*캘리포니아(1)*, *미시간(3)*, *콜로라도(4)*, *오하이오(6)*, 매사추세츠(8); 알라스카(6), *애리조나(3)*, 아칸소(2), *미주리(6)*, 네브래스카(6), 오클라호마(4), 오리건(3), 워싱턴(4); 아이다호(4), *메인(8)*, 네바다(5); *몬태나(6)*, 노스다코타(3), *사우스다코타(4)*, 유타(4), 와이오밍(9)
주민발의만 있음 (3개 주)	*플로리다(5)*; 미시시피(7); 일리노이(5)
주민투표만 있음 (2개 주)	메릴랜드; 뉴멕시코
둘 다 없음 (24개 주)	뉴욕, 펜실베이니아; 뉴저지, 위스콘신; 앨라배마, 코네티컷, 델라웨어, 하와이, 아이오와, *루이지애나*, 미네소타, 노스캐롤라이나, 사우스캐롤라이나, 테네시, 텍사스, 버지니아; 켄터키, 조지아, 인디애나, 캔자스, 로드아일랜드, 버몬트, 웨스트버지니아; 뉴햄프셔

출처: Burns et al.(2001), fig. 5-4, fig. 5-5; Bowler and Donovan(2004), table 5-2; www.iandrinstitute.org(검색일: 08/10/1).

1. 주민소환은 18개 주에서 시행하고 있으며 주 명칭에 밑줄이 그어져 있다. 흥미로운 점은 주민발의와 주민투표가 모두 시행되는 11개 주와 주민발의나 주민투표 중 어느 것도 시행되지 않는 7개 주에서 주민소환이 시행된다는 사실이다. 그러나 실제로 주민소환에 의해 공직자가 소환되고 나아가 해임된 경우는 극히 드물다.
2. 주 *하원의원의 임기제한제*가 2008년 현재 시행되는 15개 주는 주 명칭을 이탤릭체로 표시했다.
3. 주민발의 시 주 하원의 입안에 대한 영향력에 따라 괄호 안에 지표를 표기한다. 1은 주 하원의 영향력이 가장 미미하며 9는 주 하원의 주민발의 내용에 대한 관여가 가장 강력하여 결과적으로 주 하원이 주민발의의 효력을 무력하게 만드는 역효과가 가능함을 의미한다. (1) 단일 주제 발의가 가능하다, (2) 발의내용에 대한 제한이 있다, (3) 재정적 발의에 대한 제한이 있다, (4) 주 의회가 발의안을 수정하거나 번복할 수 있다, (5) 주 의회는 대기 기간에 구애받지 않고 발의안을 번복할 수 있다, (6) 주 의회가 발의안을 번복하는데 다중과수의 동의가 요구되지 않는다, (7) 주 헌법에 주민발의가 없다, (8) 주는 직간접 주민발의를 채택한다, (9) 주는 간접 주민발의만 채택한다.

전문화 수준이 떨어지는 몬태나, 노스다코타, 사우스다코타, 유타, 와이오밍 주는 주민발의와 주민투표를 운영하며 이 중 몬태나와 사우스다코타 주는 주민소환도 채택하고 있다. 다만 주 의회의 영향력이 비교적 커서 주민발의나 주민투표를 통과한 입안의 실질적 구속력이 기대만큼 크지 않을 수 있다. 셋째, 보다 근본적으로 전문화 수준에서 양자 간 중간에 해당하는 대다수 주에서는 대의민주주의와 직접민주주의 사이에 어떤 상관관계가 성립하는지 명확하게 드러나지 않는다.

〈표 2-4〉와 〈표 2-5〉를 종합해보면 대의민주주의와 직접민주주의가 공생하는 현상을 축약해서 보여주는 양자 간의 상관관계는 완벽한 이익대변에 대한 관점에 따라 결정된다. 만약 개개인이 가장 적합한 자신의 이익대변인이라고 전제하면 민의의 대변(representation)과 집결은 곧 공공정책의 구상과 집행으로 이어져야 한다. 따라서 유권자의 대리인으로 구성된 입법기관도 고도의 전문화 대신 시민 의원으로 구성하고, 유권자들이 직접 의사결정에 참여하는 직접민주주의 요소를 최대한 정치과정에 내재화한다. 그러나 동시에 대리인들의 거부권이 궁극적으로 작동할 수 있는 기제를 입법기관에 부여함으로써 유권자와 입법의원 사이의 부단한 정치소통을 유도한다. 이 여과작용이 주 차원에서 작동하는 경우 직접민주주의 요소가 주 단위로 운영되는 반면 그보다 더 아래 차원인 지방 단위에서 작동하는 경우 직접민주주의 요소는 주민공청회를 연상케 하는 소위 타운홀 미팅(townhall meeting) 방식이나 정부, 관료, 기업, 학교 등을 협의체로 묶는 소위 연점정부(joined-up government) 방식으로 나타난다(Scarrow 2001: 651-2; Stoker 2005).[30] 반면에 대리인이 가장 적합한 민의 대변인이라고 전제하면, 유권자는 대리인을 선출하는 순간부터 다음 선거까지 그 대리인에게 이익대변 권한을 위임한다. 결과적으로 권한위임에 충실한 전문 정치인으로 구성된 입법기관이 발달하며 고도의 전문화가 이뤄지고 직접민주주의 요소는 배제된다.

흥미로운 경우는 대의민주주의가 아주 전문화된 형태로 제도화되었으면서도 동시에 직접민주주의 요소를 대의민주주의의 보충재(supplement)로 완벽하게 내재화한 형태이다. 이 경우 전문화는 민의 대변인으로 구성된 입법기관 내 의사결정 구조뿐 아니라 원외에서도 일어난다. 즉 제도권 내에서 유권자 개개인 또는 소수의 정치정보 전문가들이 개개인의 이익을 집단 차원에서 규합하여 집단적 이익대변인을 자처하는 과정에서도 전문화가 나타날 수 있는 것이다. 이처럼 입안 과정이 의회 안과 바깥에서 동시에 고도로 전문화되어 발전할 경우 의사결정과정의 효율성과 대표성을 동시에 성취할 수 있다(Bimber 2003: 105).31) 그러나 이는 더욱 치열한 형태로 이익대변이 첨예화되어 자칫 이권다툼으로 얼룩진 정치적 난투극으로 전락할 위험성도 있다(McCuan et al. 1998; Drage 2001; Gerber 1999; Gerber and Philips 2005).32) 무엇보다 이 과정에서 수적으로 열세지만 의제선점을 통해 극단적인 형태로 이익대변을 조종하는 소수집단들의 전횡 가능성이 높아질 수 있다. 다음 절에서는 스위스를 제외하고 세계에서 가장 야심차게 직접민주주의를 운용하고 있는 캘리포니아 주의 사례를 통해 대의민주주의가 어떻게 직접민주주의와 공생하는지 검토하고자 한다.

IV. 미국의 직접민주주의: 캘리포니아 주 사례

캘리포니아 주의 직접민주주의 운영 사례는 여러 측면에서 다른 주와 차별되는 독보적인 행보를 보여준다. 캘리포니아 주 의회는 직업 정치인으로 구성된 전문 의회(professional legislature)의 성격이 강하다. 주 하원의원은 연방의원처럼 전임제(full-time)로 일하며 높은 보수와 다수 참모들의 보조를 받는데, 이는 대의민주주의 요소가 공고하게 제도화되어 있음을 의미한다. 그러나 이와 동시에 캘리포니아 주는 직접민주주의 운영의 요소, 즉 주민발의, 주민투표와 주민소환을 모두 채택하여 시행하고 있다. 특히 주민소환도 실제로 실시해 2003년 당시 재선된 지 채 1년도 안 된 그래이 데이비스 주지사를 해임하고 복잡한 보궐선거를 통해 아놀드 슈워제네거를 주지사를 선출한 경력이 있다(Amar 2004; Baldassare 2005; 김준석 2006). 이는 미국 역사상 두 번째 있는 일로 기성 정치인에 대한 유권자의 불신을 적나라하게 보여준 사례이다.33) 또한 주민발의에서도 캘리포니아 주 하원의 영향력이 가장 약해서 발의내용이나 재정적 측면에 대한 발의, 단일 주제에 대한 직접 주민발의 등이 가능하며, 주 헌법은 주 의회가 이러한 주민발의안에 대해 수정이나 번복을 할 수 없다고 명기하고 있다.34) 캘리포니아 주는 주 하원의원의 임기제한제 역시 채택하여 시행하고 있다.

〈표 2-6〉은 1912년부터 1998년까지 캘리포니아 주에서 제안된 주민발의와 주민투표 중에서 실제로 얼마나 채택되었는지의 빈도를 보여준다. 우선 시대별로 두드러진 특징은 1982년 이후에는 주민투표가 사라지고 주민발의로만 이루어졌다는 점이다. 최근 20여 년간 캘리포니아에 거주하는 주민들은 연평균 6건의 입안내용을 표결에 붙여서 절반 조금 못 미치는 수준으로

〈표 2-6〉 캘리포니아 주의 직접민주주의 운영 사례, 1912~1998

유형	1912.11~1982.6		유형	1982.11~1998.11	
	제안	성공²		제안	성공²
주민발의¹	170	49	주민발의¹	98	41
주민투표	39	25			

출처: Allswang(2000), Appendix A, table A.1을 축약 정리함
1. 캘리포니아 주의 직접민주주의 유형 중 주민발의는 1) 입법 발의, 2) 헌법수정 발의, 3) 채권법 발의, 4) 간접 발의가 있다. 직접 발의와 대조적으로 간접 발의는 유권자 일정 수의 서명을 취합한 입안내용에 대해 우선적으로 주 의회가 내용수정 없이 표결하는 절차이다. 주민들이 주 재정부채를 직접 지원하는 채권법 발의는 1914년 캘리포니아 버클리 주립대학 재정보조, 1988년 야생동물 및 연안보호 지원, 1990년 통근철도 운영지원 등 세 차례에 걸쳐 채택되었다. 가장 소극적 형태의 주민발의인 간접 발의는 1952년 연금 증액을 위해 제안되었으나 거부되었다.
2. 직접민주주의 경로를 통해 입안된 사안 중 주민발의가 성공한 경우는 주민들의 입안이 과반수의 동의를 받아 법안으로 통과되었다는 의미이다. 이와 대조적으로 주민투표가 성공한 경우는 주민투표에 상정된 주 의회입법안을 주민 과반수가 거부해서 주 의회에서 통과된 법안이 번복되었다는 의미이다.

의사를 관철시켰다. 이와 대조적으로 1982년 이전에는 연평균 2.4건 정도 제안한 입안내용 중 0.7건을 통과시키는 저조한 성공률을 보였다. 반면에 주 의회를 통과한 입법안에 대한 가부를 결정하는 주민투표는 주민발의의 1/4 수준에 그쳤지만, 2/3에 육박하는 성공률을 기록하여 주 의회 결정을 성공적으로 번복시켰다. 결국 주민들이 자발적으로 제안한 내용에 대해 주민 과반수의 동의를 얻어내는 데는 역부족이었으나, 주민들의 이익대변인들이 결정한 내용에 대해 불만을 품은 경우 대리인들의 결정이 자신들의 삶에 악영향을 끼치기 전에 차단하는 데는 상당한 성과를 올린 것이다(Lupia and Matsusaka 2004: 463).[35]

1982년 이전에는 자신의 선호도와 상반되는 정책의 집행을 저지하는 방식으로 민주주의가 추구하는 이익대변이 이루어졌다면, 이후에는 자신이 선호하는 사안을 대리인에게 의뢰하기보다 주도적으로 입안해서 성사시키는 공세적 방식이 대세를 이루었다. 과거에는 정당한 정치과정을 통해 부당한 결과물이 나왔을 때, 이로 인한 역효과를 미연에 제거하려는 부정적 동기가 주민의 직접참여를 추동했다. 그러나 이제는 제도화된 정치과정에 의존하는 대신 자발적으로 의사결정 과정에 참여함으로써 선호하는 정책의 구상과 집행을 주도하려는 긍정적 동기가 정치참여의 추동력으로 작용한다. 특히 동원된 참여를 통해 다수의 침묵으로 경시되곤 하는 사안들이나 사회 문제, 환경보호, 소비자권리 보장, 다민족사회 등 정치이슈화하기 어려운 사안들을 정치무대의 중앙으로 적극 끌어들였다(Allswang 2000: 206).

그렇다면 캘리포니아 주에서는 직접민주주의가 대의민주주의의 완벽한 보충재로서 공생하고 있는가. 이에 대해서는 엇갈린 평가가 혼재한다. 표면적으로는 전문화된 대의민주주의 기구와 독자성이 보장된 직접민주주의 경로가 이상적 조화를 이루는 것처럼 보인다. 그러나 캘리포니아 주가 인구 4천만 명의 사실상 하나의 주권국가에 버금가는 규모임을 고려해 볼 때, 이 거대한 정치체제 내의 구성원들이 고르게 자발적으로 참여하며 조화로운 목소리를 낼 것이라고 기대하는 것은 지나치게 순진한 발상이다(Broder 2000: 5).[36]

오히려 특정 주제에 대해 직업 정치인보다 더 높은 관심과 열정을 가지고 있는 소수가 의제를 공중의 장에 던짐으로써 풍파를 일으키거나 정치무대를 장악하는 경우가 빈번하다(McCuan et al. 1998). 이 과정에서 이들 소수는 전투적인 자세로 의제선정은 물론 이슈에 대한 평가 틀을 제시하고 심지어 직업 정치인의 평가기준을 조작하는 위력을 발휘하기도 한다.

특히 투표용지에 여러 세세한 사안에 대한 입안이 무더기로 들어가 있거나 심지어 한 가지 사안에 대해 서로 상반되는 입안들이 빼곡하게 나열되어 있는 경우 유권자의 판단력은 심각하게 저해된다. 물론 유권자들이 어느 단체가 어떤 입안을 지지하는지에 대한 단서를 찾아서 결과적으로 자신들의 이익을 극대화하는 방향으로 투표한다는 연구결과도 있다(Lupia 1994).[37] 그러나 근본적으로 주민 개개인이 자발적으로 동참하기보다는 특정 압력단체로부터 재정적 지원을 받은 운동가나 전략가들이 체계적으로 주민들에게 주요 이슈에 대해 먼저 '계몽'하고, 이를 자신들이 원하는 방향으로 입안하기 위해 유권자들을 동원하는 일이 보다 일반적이다. 극단적 경우에는 편협한 특정 이익집단의 목소리가 동원된 다수의 뒤에서 민의대변이라는 탈을 쓰고 진정한 민주주의의 수호자를 자처하기도 한다(Smith and Tolbert 2007: 13; Frey 2004: 35).[38]

심지어 불법체류자를 제한하려는 입안(1994년)이나 차별철폐정책(affirmative action)을 폐지하려는 입안(1996년)처럼 직접민주주의가 특정 소수집단을 사회적으로 격리시키는 혐오의 정치로 구현되는 경우도 있다(Allswang 2000: 267, 208-212, 316-317).[39]

V. 결론

　미국독립선언문에서 제퍼슨은 정당한 통치체제란 "피치자의 동의를 통해 권력을 획득"한 정부에 기반을 둔다는 신념을 피력했다. 정당한 통치체제에 대한 분분한 해석은 토크빌이 언급한 "신대륙에 적합한 신 정치과학"에 대한 고민과도 밀접하게 연관된다(Tocqueville 1848; 1969). 미국은 민주주의 절차를 통한 완벽한 이익대변을 둘러싼 오랜 고뇌 끝에 실용적 타협을 택했고, 결국 대통령 직선제 대신 선거인단을 통한 선출방식을 도입했다. 즉 시민은 대통령 당선자를 최종적으로 선정하기 위해 집합적 의사를 규합하는 선거인을 선출하는 단계까지만 참여하도록 했다. 이러한 타협은 의견취합 절차상의 불편을 줄이기 위해서가 아니라 시민의 지적 판단력에 대한 불신에 기인했다. 시민에게는 국가를 대표하는 이익대변인을 현명하게 선택할 능력이 결여되어 있다고 믿었기에, 파벌싸움으로부터 자유로운 선거인을 선출하고 이들이 시민을 대신해서 대통령을 선출해야 한다는 것이었다.

　국가 차원에서 미국이 수사적 맥락을 제외하고는 건국 이후 점차 직접민주주의 요소를 배제시킨 반면, 스위스는 1848년 근대국가 설립 이후 미국 헌법정신에 충실한 참여민주주의를 통치체제의 모델로 삼았다(Allswang 2000: 3). 그러나 국가 차원과 대조적으로 미국의 주 차원에서는 주 헌법의 채택과 수정 절차에서 시민의 발의를 용인하는 분위기 속에서 직접민주주의 요소가 지속되었다. 따라서 스위스의 직접민주주의를 목격한 미국에게 직접민주주의에 대한 재발견은 일종의 사명으로 이어졌다. 특히 19세기 말 경제적 부유층과 정치적 권력층의 결탁으로 인해 대의정부 체제는 시민의 이익대변보다 특정 이익단체의 이익보장을 앞세우게 되었고, 이에 대한 중상층의 불만으로 촉발된 만민평등주의와 진보개혁운동이 직접민주주의를 향한 움직임을 가속화시켰다. 지방 차원에서 시작한 시민의 직접참여에 대한 요구는 마침내 주 차원으로 번져 나갔고, 자유경선, 주민발의, 주민투표 등의 직접민주주의 요소들이 다시 도입되었다(Burns et al. 2001).[40]

현재 절반 정도의 주가 주민발의나 주민투표를 (또는 둘 다) 채택하고 있으며 이 중 주민소환을 채택한 주도 상당하다. 앞서 주 의회의 전문화와 직접민주주의 요소 간 상관관계에서 살펴보았듯이 직접민주주의 요소는 대의민주주의의 모든 병폐를 말끔하게 완치하는 만병통치약은 아니며, 직접민주주의는 별개로 운영되기보다 복수의 기제가 조합을 이루며 대의민주주의와 상호미비점을 보완할 때 더 효과적으로 기능할 것이다. 그럼에도 불구하고 직접민주주의 요소는 캘리포니아 주의 사례에서 볼 수 있듯이 특정 집단에 의한 동원된 참여라는 역효과를 낳기도 한다(Bolwer and Donovan 2000: 650).[41] 또한 투표참여율이 점차 낮아지는 추세 속에서 직접민주주의의 대표성에 대한 의문도 커지고 있다.

19세기 말 대의민주주의의 폐단을 뼈저리게 겪은 만민평등주의자들과 진보운동가들이 직접민주주의의 현주소를 접하면 어떤 평가를 내릴까. 직업정치인들에 대한 불신으로 인해 시민의 직접참여를 독려하는 기제를 제도화한 결과에 대해서는 어떤 판결을 내릴까. 직접민주주의에 대한 예찬론에도 불구하고 대의민주주의에 직접민주주의를 접목하면 정치과정이 자칫 임기응변적(ad hoc) 성향으로 치우치게 될 위험이 크다는 점은 부인하기 어렵다. 왜냐하면 직접민주주의는 원칙적으로 대의기관이 통과시킨 법령이나 대의정부가 정당성의 근거로 삼는 헌법을 유권자의 직접 입안으로 대체하는 결과를 가져오기 때문이다. 결국 직접민주주의 요소는 정치과정을 상당히 불확실하게 만드는 취약성을 내포하고 있다. 만약 완벽한 이익대변을 위한 고민이 정국의 불안정으로 치닫는다면, 대의민주주의의 맹점을 치유하려다가 자칫 민주주의의 근간에 치명적 상처를 남길 수도 있다. 그러나 동시에 민의에 반응하지 않는 대의민주주의를 움직이게 만들 수 있는 해결책이 직접민주주의 요소에 내재해 있다는 사실도 부인할 수 없다.

미국은 건국 이후 300여 년간 분층 이익대변을 제도화했지만 지금까지도 민주주의 절차를 통해 완벽한 이익대변을 구현하려는 이상과 현실 간 괴리에서 완전히 자유롭지 못하다. 어쩌면 이러한 지속적인 고민을 통해 완벽한 이익대변을 향해 더 가까이 다가갈 수 있을 것이다.

미주

1) 퍼트남은 투표참여 이외에 시민단체 가입과 참석, 정치 인지도, 정부에 대한 신뢰 등 다양한 지표로 시민사회 자산 정도를 측정한 후 전반적으로 저조한 정치참여도와 관심도가 궁극적으로 미국식 민주주의의 기반을 잠식할 수 있다고 경고한다. 특히 수정헌법 26조가 통과되면서 참정권을 획득한 18세 이상 21세 이하 청년층의 낮은 시민참여 의식에 우려를 표한다.
2) 예컨대 월남전과 워터게이트 파문을 둘러싸고 미국식 민주주의에 대한 회의론이 최고조에 달하면서 건국당시 사회·정치·경제적 맥락에서 창립된 통치체제가 더 이상 국민의 이익대변을 충실하게 수행하지 못한다는 주장마저 제기되었다.
3) 빔버는 클린턴 행정부 시절에 백악관 대변인을 역임한 마이크 맥커리(Mike McCurry)가 인터넷 사업체인 Grassroots.com의 최고경영자로 변신한 후 전통적 언론매체가 제도화된 기득권 세력의 정치적 의제나 스캔들에만 경도되어 있는 현실을 비판하고, 인터넷을 통해 일반시민들을 동원해서 제도화된 정치소통 기제를 우회하며 정책적 영향력을 발휘하는 '새로운 정치'를 주창한다. 심지어 브로더는 멀지 않은 장래에 국가 차원에서 국민투표나 국민발의가 주요 의결방식인 다수결을 대체할 수도 있다고 전망한다.
4) 흥미로운 점은 거버는 오히려 직접민주주의 요소들조차 소수의 조직화된 특수이익단체에 의해 악용된다는 주장을 반박한다는 사실이다. 비록 이들 특수이익단체들이 거금의 선거자금을 동원하여 압력을 가하는 현상 자체는 부정하지 않지만, 그러한 자금 동원력이 궁극적으로 정책의 방향이나 내용에 반영되지는 않는 사실을 입증한다. 따라서 거버는 주 차원의 직접민주주의 요소의 건재함을 강조한다.
5) 결국 합리적 민주주의는 첫째, 대의기관을 존중하며 입법의원을 포함한 선출직 위원들이 대다수의 법을 제정하길 원하고, 둘째, 대체로 다수결을 존중하나 동시에 소수 권익을 보호할 필요성에 대해서도 공감하며, 셋째, 입법과정을 개선하길 원하고, 넷째, 공공정책 이슈에 대해 간헐적으로 투표하길 원하며, 다섯째, 무능력하고 무책임한 공직자들에 대한 안전방책으로서의 소환이나 최후의 보루로서의 불신임투표 절차를 원하지만 이러한 옵션들을 사용하기 어렵게 만들 용의도 있으며, 여섯째, 일반시민이 공직에 출마하거나 직접민주주의 절차를 사용할 수 있도록 접근을 용이하게 만들길 원하고, 일곱째, 공적 결정과정에서 자금, 특수이익단체, 비밀협약 등의 영향력이 축소되길 원하며, 여덟째, 대개 대표의원들을 신뢰하나 특정제도로의 권력집중을 경계하며, 아홉째, 대다수의 국민발의나 국민투표에 무관심하며, 열 번째, 직접민주주의의 폐단을 미연에 방지하기 위한 안전장치를 통한 규제에 동의하며, 마지막으로 무엇보다 직접민

주주의에 대한 호불호 자체가 근본적으로 없다.
6) 심지어 국민발의도 시민들이 스스로 선출한 의원을 우회하여 특수이익단체에게만 배타적 혜택을 베푸는 정책을 무력하게 만드는 입법권한을 시민들에게 돌려준다. 그 결과 궁극적으로 부패하고 무능한 비선출직에게 실제로 임기제한에 준하는 효력을 부여함으로써 의원의 입법 권한에 제한을 가할 수 있다. 이는 직접민주주의 요소가 대의민주주의의 취약점을 해결할 수 있는 도구적 가치를 지닐 뿐 아니라 일반시민은 물론 정치인까지 계도할 수 있는 교육적 가치를 지니고 있다는 점을 가리킨다. 반면 괴벨은 도구적 측면이나 교육적 측면 모두 직접민주주의가 대의민주주의의 취약점을 해결하기에는 역부족이라는 비관적 결론을 내린다.
7) 더불어 해스켈은 직접민주주의가 완벽한 이익대변이라는 목표를 달성하지 못하다는 결과 때문에 그 목표달성을 위해 시민의 직접참여를 독려하는 과정마저 폄하할 필요는 없다고 주장한다.
8) 최근 실례로 동성결혼을 금하는 캘리포니아 주에서 통과된 주민발의(Proposition 8)를 들 수 있다. 이 발의안은 진보성향의 캘리포니아 유권자가 채택해 진보성향의 이익단체들의 반발과 전국적 실력과시를 불러온 계기가 되었다. 그러나 미국 연방 차원에서는 상하원 의원은 물론 대통령까지 진보성향의 민주당 후보가 대거 당선되었고 캘리포니아 주도 예외가 아니었다. 2008년 상원선거는 상원의석 분류 class II(부록 참조)를 대상으로 치러졌기 때문에 캘리포니아 주에서는 상원선거가 없었다. 그러나 하원은 34(민주) : 18(공화)로 민주당 후보가 2배 가까이 당선되었고 민주당 오바마 후보에게 유권자 61%가 투표했다. 이는 분층 이익대변의 경로를 잘 보여주는 결과이다.
9) 예컨대 베를린은 부정적 또는 소극적 형태의 정부로부터의 자유(freedom from government)와 긍정적 또는 공세적 형태의 정부를 활용한 집합적 자유(freedom to use government)를 구분한다. 따라서 시민 직접참여를 통한 입법은 궁극적으로 시민의 자유를 제한하는 '큰 정부(big government)'를 통제하는 효율적 방법이다.
10) "The United States shall guarantee to every State in this Union a Republican Form of Government, and shall protect each of them against Invasion; and on Application of the Legislature, or of the Executive (when the Legislature cannot be convened), against domestic Violence."
11) *Pacific States Telephone and Telegraph Company v. Oregon*, 223 U.S. 118. 이는 1902년 오리건 주 주민발의로 채택된 연간 2%의 인증세 납부를 거부한 PSTT 회사가 제소한 소송에 대한 연방대법원의 판결이다. 이는 또한 1849년 *Luther v. Burden*, 42 U.S. 1의 판결을 그대로 답습한 내용으로 실질적으로는 주 차원의 주민발의와 주민투표가 미국 헌법에 위배되지 않는다는 의미로 받아들여진다. 나아가 1979년 *Fair Political Practices Commission v. Superior Court*, 599 P.2d, 157 Cal. Rptr. 855 판결에서 캘리포니아 주 최고법원은 주민발의와 주민투표가 주 헌법이 부여한 권리는 아니지만 인민에게 유보된 권리라고 규정한다. 그리고 이렇듯 주 차원에서 반복된 관행에 대해 연방대법원도 1971년 *James v. Valtierra*, 402 U.S. 141 판결에서 그 정당성을 인정한다.

12) 특히 『연방주의자 논고(*The Federalist Papers*)』, No.10에서 매디슨은 책임 대의제를 근간으로 하는 공화주의를 직접참여 민주주의와 대비해서 장점을 논한다.
13) 연방주의파에 저항하는 반연방주의파의 대항논리는 Turner(1961), Lewis(1967), Duncan(1995)을 참조하기 바란다.
14) Brutus, 20 March 1788(Storing 1985: 182-187). 특히 선출직이 아닌 임명된 연방판사들이 "during good behavior"라는 모호한 조건을 충족하는 한, 의회가 제정한 법령을 위헌이라고 번복할 수 있는 사법심사라는 무소불위의 권한을 행사할 수 있는가에 대해 우려를 표한다.
15) 헌정회의가 연방헌법을 인준한 이후 최초로 실시된 1789년 연방하원 선거에서 연방주의파인 Pro-Administration Party가 37석, 야당인 Anti-Administration Party가 28석을 얻었다.
16) 연방의회가 1789년에 사법부 법령을 제정하면서 연방사법부는 비로소 대법원 이하 순회법원, 지역법원의 3차원 사법체계를 갖추었다. 제1차 연방대법원 체제는 이듬해인 1790년부터 마샬 대법원장이 취임하기 이전인 1801년까지 지속되었다. 연방대법원의 권위를 확립한 마샬 대법원장이 재직한 제2차 연방대법원 체제는 1836년까지 지속되었다. 이 기간 동안 마샬 대법원장은 우선 헌법 9조에서 언급된 최고성구절을 *Marbury v. Madison*(1803) 판결을 통해 연방대법원의 사법심사권한에 대한 유권해석의 선례로 남김으로써 의회를 통과한 법령의 위헌성 심사권한을 정립하였다. 이후 *Fletcher v. Peck*(1810) 판결을 통해 연방대법원의 사법심사권을 주법으로 확대 적용하는 선례를 남겼을 뿐 아니라 *Martin v. Hunter's Lessee*(1816) 판결과 *Cohens v. Virginia*(1821) 판결에서 주 법원판결에 대한 연방대법원의 심사권한도 확립했다. 흥미롭게 쉬바츠는 미국의 헌정주의가 다른 국가와 대조되는 측면 중 하나로서 위대한 군주(함무라비 등), 종교적 예언가(모세 등) 사상가(공자 등) 또는 학자(그로티우스 등)들보다 전문적 법률가가 위대한 판사로 추앙받는 경우가 더 많다는 사실을 강조하며 그 대표적 인물로 마샬 대법원장을 꼽는다.
17) 건국 당시부터 현재까지 주 헌법조항에 대한 개정은 10차례(일리노이 주)부터 800차례(캘리포니아 주) 또는 900차례(앨라배마 주)까지, 헌법의 전면적 개정도 1차례(조지아 주)부터 11차례(루이지애나 주)까지 있었다. 즉 대다수의 주가 50회 이상 주 헌법조항을 개정했다.
18) 연방의회의 수권법(enabling act)을 통하지 않고 델라웨어, 메릴랜드, 뉴햄프셔, 뉴저지, 노스캐롤라이나, 사우스캐롤라이나, 펜실베이니아, 버지니아 주 헌법은 1776년, 조지아, 뉴욕 주 헌법은 1777년, 버몬트, 매사추세츠 주 헌법은 1778년에 인준되었다. 이 중 버몬트 주는 처음에는 연방헌법을 인준하지 않았으나, 후에 1791년 의회법령에 의해 주 정부로 인정되었다. 연방헌법을 인준한 최초 13개 주 중에서 코네티컷 주 헌법은 1818년, 로드아일랜드 주 헌법은 1841년에야 처음 제정되었다. 그 이전까지는 코네티컷 주와 로드아일랜드 주는 1662년 식민지 시절의 헌장(Charter of 1662) 체제를 받아들였다.

19) 주민발의나 주민투표와 달리 소환은 입법행위에 해당되지는 않으나 선거를 통해 선발된 대변인이 그 직무를 제대로 수행하지 못하는 책임추궁의 경로를 인민에게 부여했다는 점에서 인민주권주의의 기반을 유지하는 주요 기제이다. 따라서 건국 초기부터 주민발의나 주민투표와 더불어 직접민주주의의 주요 요소로서 활용되었다.

20) 대표적 운동가로 최초로 주민발의를 도입한 사우스다코타 주의 Robert Haire (Knights of Labor 회원), Henry Loucks(Farmer' Alliance 회장), 뉴저지 주의 Benjamin Uner(People's Power League 창립자), Joseph Buchanan(Marxist International Workingmen's Association 지도자), Eltweed Pomeroy(Direct Legislation League 지도자), 뉴욕 주의 James Sullivan(New York Typographers' Union 회원), 오리건 주의 William Simon U'Ren(Farmers' Alliance 대표), George Shibley(Non-Partisan Federation for Securing Majority Rule 창립자) 등 들 수 있다.

21) 진보성향의 개혁가는 자영농업인을 착취하는 대기업을 포함해 산업 및 무역을 통해 부를 축적한 신흥 부유층을 제재하기 위한 정부의 대응이 절실하다고 역설했다. 예컨대 철도국유화, 독점철폐, 가중소득세, 통화 팽창 등 정부 주도의 급진적 개입 조정정책을 요구했다. Grangers, Farmers' Alliance, Henry George School, the People's Party 등이 대표적인 만민평등주의 단체다.

22) 1914년 이후 직접민주주의 요소를 제도화한 주는 미시시피, 매사추세츠, 알래스카, 플로리다, 와이오밍, 일리노이 등으로 알래스카는 미국 연방에 편입되기 직전에 직접민주주의 요소를 도입한 주 헌법을 채택했다.

23) 예컨대 〈표 2-3〉에서 볼 수 있듯이, 미시시피 주의 주민발의는 1915년에 채택되었으나 1922년 주 대법원에 의해 번복되었고 70년이 지난 후인 1992년에서야 복원되었다. 그러나 이와 반대로 초기 제한적 주민발의를 보완한 미시간 주(1913년 개정)나 노스다코타 주(1918년 개정)도 있다.

24) 2년 선거주기 평균회수를 기준으로 주민발의 빈도를 보면 1900년대 8건, 1910년대 54건, 1920년대 37건, 1930년대 51건, 1940년대 32건, 1950년대 25건, 1960년대 19건, 1970년대 35건, 1980년대 50건, 1990년대와 2000년대에 각각 76건에 달한다.

25) 1904년부터 2001년까지 2년 단위 주기로 주민발의를 괄호 안에 빈도순으로 나열하면 1996~97(103), 1914~15(92), 2000~01(79), 1932~33(76), 1994~95(75), 1990~91(70), 1992~93(68), 1912~13(67), 1998~99(66), 1988~89(61), 즉 진보운동 시기보다 더 강도 높게 직접민주주의가 호황을 누리는 현상이 표면적으로 보인다.

26) 소위 "populist paradox"란 직접민주주의에 대한 전폭적 지지를 표하는 소수가 강력한 자금과 조직 동원력을 소지한 특수이익집단인 반면, 정부의 공공서비스 예산을 우려하는 대중들과 그들의 대변인인 주 의원들이 직접민주주의의 폐단을 염려하는 역설을 가리킨다.

27) 〈표 2-4〉에서 전문화 지표로 첫째, 의정활동, 대민 서비스, 선거유세 등에 80% 이상 시간을 할애하는 경우 전임제, 2/3 정도 할애하면 중간 정도, 절반 정도에 그치면 비상근제로 분류한다. 둘째, 평균 연봉이 2008년 현재 $68,599이면 높은 보수,

$35,326이면 중간 정도, $15,984이면 낮은 보수에 해당한다. 높은 보수는 별도의 부수입이 없어도 정상적 생계유지가 가능한 반면에 낮은 보수는 생계유지를 위해 추가 부수입을 필요로 한다. 셋째, 보좌관 대 의원 비율이 8.9명이면 많은 편, 3.1명이면 중간 정도, 1.2명이면 작은 편이다.

28) 19개 주가 임기제한제를 채택했으나 4개 주는 이후 임기제한제를 시행 전에 번복하거나 폐지하여 현재는 15개 주가 시행 중이다. 주 명칭 다음 괄호안의 연도는 임기제한제가 시행된 해이다. 애리조나(2000년), 아칸소(1998년), 캘리포니아(1996년), 콜로라도(1998년), 플로리다(2000년), 아이다호(2004년 시행예정이었으나 2002년 번복), 루이지애나(2007년), 네바다(2004년), 메인(1996년), 미시간(1998년), 미주리(2002년), 몬태나(2000년), 네바다(2008년), 오하이오(2000년), 오클라호마(2004년), 오리건(1998년, 2002년 폐지), 사우스다코타(2000년), 유타(2006년 시행예정이었으나 2003년 번복), 와이오밍(2006년 시행예정이었으나 2004년 번복).

29) 만약 주 하원이 주민발의 내용에 대해 관여할 수 있는 법적 구속력을 가지면, 주 하원의 개입으로 인해 주민발의의 효력을 무력하게 만드는 역효과가 가능함을 의미한다.

30) 스캐로우는 최근 직접민주주의 요소를 도입하는 증가 추세를 주 차원 및 하위정부 차원을 망라해 헌법과 법령에 시민의 직접참여 명기를 전 세계적 현상으로 결론짓는다. 물론 직접민주주의 요소는 정부의 불신 정도와 정비례해서 부각되기는 하나, 정부에 대한 불신이 회복된 이후에 직접민주주의 요소에 대한 신뢰가 사라지는 것은 아니다. 또한 정부신뢰도가 낮은 주가 직접민주주의 요소를 더 빈번하게 활용한다는 명확한 증거가 있는 것도 아니다. 결국 유권자의 관점에만 경도되어 직접민주주의의 수요측면에 편향되기보다 직접민주주의 요소를 적극적으로 활용하는 정치행위자의 관점, 즉 공급측면을 동시에 관찰할 것을 촉구한다.

31) 빔버는 또한 정보통신기술의 발달로 탈관료적(postbureaucratic) 정치조직이 가능해지면서 중앙집권적 집단행위를 주도하는 패턴에서 벗어나 특정안건별로 축약된 집단행위가 오히려 더욱 효과적이라고 지적한다.

32) 이는 바로 건국 시조인 매디슨이 우려한 파벌의 해악이 구체화된 형상이라고 볼 수 있다. 그러나 거버는 소수의 돈 많은 이익집단들이 공익을 해하는 것도 서슴지 않을 정도로 직접민주주의가 피폐해졌다는 주장을 조목조목 반박한다.

33) 대다수 주민소환은 지방정부 차원에서 발생한다. 최초로 주민소환을 도입한 지방정부는 LA 시(1903년)였으며, 주 차원에서는 미시간과 오리건 주가 1906년에 처음 도입했다. 미네소타 주는 1996년에야 주 차원에서 주민소환을 도입했다. 최초로 주민소환에 의해 면직된 주지사는 노스다코타 주(1921년)의 린 프래지어(Lynn Frazier)였다(http://www.ncsl.org/programs/legismgt/elect/recallprovision.htm). 캘리포니아 주 헌법은 2조 13-19항에서 주민소환을 명기한다.

34) 캘리포니아 주 헌법 4조 1항. 또한 주민발의안에 대한 주지사 거부권도 없으며 유권자의 과반수가 주민발의안에 찬성하면 그 즉시 법적 구속력을 지닌다.

35) 또한 루피아와 마츠사카는 직접민주주의 요소가 보편참정권이나 상원직선보다 더 오

랜 기간 동안 미국의 정치풍경을 장식해 왔다는 사실 자체만으로도 그 정통성과 효율성을 인정해야 한다고 주장한다.

36) 결국 직접민주주의에 대한 비판은 유권자의 지적 수준, 정치자금 특히 선거자금의 영향력, 정책방향과 내용 반영 여부, 그리고 전 국민 수혜 여부의 질문에 대해 불만족스런 답을 얻는 데 있다. 특히 마지막 질문이 "populist paradox"의 핵심에 해당하는데, 이는 직접민주주의 도입의 역사적 배경과 밀접하게 연결된다. 즉 대의민주주의 기관인 주 의회가 특수이익집단의 농락에 넘어가자, 이에 분개하여 정치제도와 정치과정의 개혁을 주도한 결과 직접민주주의 요소가 채택되었다. 그러나 결과적으로 직접민주주의 요소는 모든 유권자의 실질적 권한을 고르게 증대시켜주기보다 소수 조직과 자금동원력이 탁월한 이익단체의 편의만 도모하는 패러독스를 낳았다는 것이다. 단적인 예로 투표용지에 발의안을 올리기 위해 필요한 일정한 수의 서명을 확보하는 일은 시간적·금전적으로 높은 비용을 요구한다.

37) 특히 자동차보험처럼 기술적으로 복잡한 내용을 다루는 법안에 대해 전문적 지식정보를 완벽하게 습득하지 못하는 유권자들도 법안후원자가 보험업자를 대표하는 이익단체인지 소비자단체인지를 구별하는 단서를 통해 자신에게 유리한 법안을 정확하게 판별할 수 있었다.

38) 그러나 스미스와 톨버트는 비록 직접민주주의 요소의 도구적 효과는 논쟁의 대상이 될 수 있으나 교육적 효과, 즉 선출직 공직자들에게 통치의 책임을 추궁하는 민주주의 거버넌스를 상기시킴으로써 보다 효율적이고 민주적인 결과가 가능해진다고 반박한다. 더불어 프레이는 직접민주주의 요소는 유권자의 정치참여 동기도 바꿔 정치결정과정 자체를 근본적으로 바꾼다고 주장한다.

39) Proposition 187은 1994년에 발의된 법안으로 과반수 찬성(58.8%)으로 채택되었으며, 불법체류자들에게 교육이나 건강보험을 포함한 사회보장 서비스를 받지 못하도록 금하는 내용이었다. 이후 연방순회법원에서 위헌여부를 판결하기 전에 데이비스 주지사가 번복하여 법 자체가 말소되었다. Proposition 209는 1996년에 발의된 법안으로 역시 과반수 찬성(54%)으로 채택되었으며 인종, 성별, 민족에 의한 소수자 혜택정책의 철폐를 골자로 했다. 이후 연방순회법원에서 위헌으로 판결하여 번복하였다. 두 경우 모두 다른 주에서도 유사한 주민발의안이 제기되는 결과를 낳았다. 더불어 2008년 통과된 Proposition 8은 동성결혼을 금함으로써 동성애자를 차별한다는 반발을 불러일으켰다. 이후 연방사법부가 다른 근거로 이를 위헌이라고 판결함으로써 동성애자 간 결혼은 다시 합법화되었다.

40) 그리고 국가 차원에서는 상원의원의 직선과 대통령 지명후보의 정당 경선이 제도화되었다.

41) 극단적 예로 인디언 부족의 카지노 권한 확대에 관한 Proposition 5(1998)는 투표용지에 올리기 위한 서명확보에 필요한 절차상 비용 이외에 발의안에 대한 찬반 유세비용으로 총 9,200만 달러가 소요되었다. 이는 1996년과 2000년 대선에서 각 정당의 대통령후보 지명자가 지출할 수 있는 공적 자금의 한계선을 초월하는 수준이다.

제3장

사회적 보수주의와 정교분리

I. 서론

　미국의 정치풍경에서 종교에 대한 논쟁은 크게 두 가지로 나뉜다. 하나는 정치적 '영향력'으로서 종교와 종교집단의 역할에 대한 논쟁이고, 다른 하나는 정치적 '쟁점'으로서 종교와 종교집단의 역할에 대한 논쟁이다. 서로 밀접하게 연관되어 있는 이 두 가지의 논쟁은 종종 혼재되어 정치적 화두로 떠오르곤 한다. 예컨대 보수적 기독교인들의 평균 정치참여율이 미국 전체 유권자의 평균 정치참여율에 준하거나 오히려 상대적으로 다소 낮은 편임에도 불구하고, 근래에는 유독 보수적 기독교인들이 잠재적으로 선거 판세를 결정할 수 있는 집단으로 인식된다. 일부 학자들은 1970년대 말을 기점으로 보수 종교집단들이 정치적 침묵을 깨고 세상으로 나왔다고 주장하곤 한다 (Dionne 1991; Marsh 2007; Wald 2003; Wilcox 1998).[1] 그러나 1970년

대 이후 보수 종교집단이 전체 인구에서 차지하는 비율에 그다지 큰 변화가 없었다는 점에서, 보수 종교집단의 세력팽창 자체는 타당한 이유가 되지 못할 것이다(Lindsay 2007: xi).[2] 그렇다면 보수 종교집단은 영향력 있는 정치세력으로 어떻게 부상할 수 있었는가? 또는 그들이 중점적으로 강조하는 사회 보수주의적 가치관이 어떻게 주요 정치쟁점으로 부각되었는가? 3장에서는 이에 대한 대답을 찾는 과정에서 정교분리의 원칙을 천명하는 미국의 헌정주의와 미국의 정치풍경에서 나타나는 정치와 종교의 밀접한 관계에 대한 보다 명확한 이해를 제고하고자 한다.

일찍이 1630년 아라벨라(Arabella) 호 선상에서 후일 초대 매사추세츠 총독이 된 존 윈드롭(John Winthrop)은 미국, 구체적으로는 보스턴을 가리켜 "언덕 위 도시로 우뚝 설 것(We will be as a city upon a hill)"이라고 선언했다. 이 선언은 구대륙(유럽)의 구태의연한 권력다툼에 개입하지 않겠다는 의지와 더불어 만약 구대륙으로 인해 미국의 국익이 저해될 경우 이를 저지하겠다는 의사를 분명하게 전달하는 정치적 성명이었다.[3] 300여 년이 지난 후에도 "언덕 위 도시(City upon a hill)"에 대한 인기는 시들지 않아 레이건 대통령은 1974년 연설에서 "언덕 위 빛나는 도시(The Shining city upon a hill)"라는 용어를 재인용하기도 했다.

그러나 존 윈드롭의 정치적 성명에서 간과하기 쉬운 사실은 미국이 세계에 우뚝 선 도시로서 "온 세계 사람들이 우리를 지켜보고 있으므로, 만약 우리가 도모하는 원대한 사업에 임하시는 신의 가호를 경시하면 신께서는 우리에게 베푸는 은혜를 거둬들이시고 결국 우리는 세계로부터 손가락질을 당하는 수모를 겪게 될 것"이라는 내용에서 알 수 있듯이, 그의 선언이 종교와 정치의 유기적 관계를 강조했다는 점이다.[4] 윈드롭의 선언 구절을 즐겨 인용한 레이건 대통령 역시 공립학교에서의 공식적 기도 금지에 대한 연방최고대법원의 판결이 부당함을 간접적으로 비판한 바 있다. 이러한 판결이 가능해질 만큼 사회가 변했음에도 불구하고, 미국은 여전히 신의 섭리에 대해 순종하는 모습을 보인다.[5]

그러나 미국에는 건국 이전부터 종교와 정치의 분리를 주장하는 전통도 동시에 존재했다. 1657년 뉴 네덜란드의 네덜란드 식민지 총독이었던 피터 스타이베슨트(Peter Stuyvesant)가 네덜란드 개혁교(the Dutch Reformed Church)를 식민지의 공식 종교로 지정하고 퀘이커 교도들을 포함한 비신도들을 핍박하자, 이에 저항한 존 브라운(John Browne)을 체포 구금하여 네덜란드로 압송했으나 네덜란드 법정에서 무죄판결을 받은 플러싱 진정서(Flushing Remonstrance) 사건이 대표적이다. 침례교파 신학자이며 로드 아일랜드 식민지를 건설한 로저 윌리엄스도 일찍이 종교라는 정원과 세속이라는 야생의 세계를 분리하는 울타리가 필요함을 역설했다(Howe 1965).[6] 또한 헌정회의에서도 종교와 정치의 유착은 신생공화국에게 긍정적 기여보다 해악을 끼칠 것이라는 공감대가 형성되었다. 예컨대 헌법전문의 작성에 참여한 토마스 제퍼슨(Thomas Jefferson)이나 권리장전의 원안 작성에 참여한 제임스 매디슨(James Madison)은 대통령 재직 시절 백악관에서 공식적으로 명절기도를 발표하거나 의사당에서 종교적 식순에 참여하기도 했지만, 기본적으로 정교분리의 원칙을 지지했다(Dreisbach 2003: 131, 137-139).

그렇다면 정치와 종교의 분리를 천명하는 원칙은 구체적으로 어떻게 연방헌법 조문으로 정립되었는가? 또한 그러한 원칙에 대해 사법부는 어떻게 유권해석을 했으며 이러한 사법심사권은 어떠한 정치적 영향을 끼쳤는가? 더불어 근래에 들어 부각되는 보수 기독교집단과 보수 정치세력의 긴밀한 유대관계, 보수 기독교집단들이 강조하는 사회적 보수주의 중심의 의제들이 주요 정치이슈로서 선거와 공공정책 등에 중대한 영향력을 미치는 현실 등은 어떻게 설명할 수 있는가? 구체적으로 정교분리의 원칙과 정치적 현실과의 관계를 어떻게 이해할 수 있는가?

이러한 질문에 대한 답을 구하기 위해 3장은 먼저 기존 문헌 검토를 통해 미국에 이주민들이 정착한 이후 연방체제로 전환해서 발전시킨 헌정주의에서 정교분리의 원칙이 어떻게 드러나는지를 살핀 후, 그에 대한 정치적 해석, 특히 종교적 보수주의와 정치적 보수주의 간 밀접한 관계를 사회적 보수주의의 정치논리에 주력하여 분석하고자 한다.

II. 미국의 종교와 정치 관계: 원칙과 해석

잘 알려져 있듯이 1787년 미국의 연방헌법이 채택되기 이전에 연맹헌장(Articles of Confederation)이 존재했고, 그보다 이전에는 주 헌법이 존재했으며,[7] 그보다 더 이전에는 식민지 시대의 헌장과 그 전신인 규약(covenant)이 존재했다. 따라서 헌법에 기초한 정부체제, 즉 헌정주의를 이해하기 위해서는 연방헌법보다 이전에 존재했던 주 헌법의 기원을 거슬러 올라가야 할 필요가 있다.

이는 1600년대 당시 신대륙에 건너온 이민자 집단의 다수를 차지한 급진적 신교도들이 가져온 유대-기독교 전통에 뿌리를 둔 규약(covenant)에 나타난 종교와 정치 간 관계에 초점을 맞추어야 정교분리의 원칙과 현실에 대한 이해를 제고할 수 있음을 의미한다. 더불어 13개 주가 연방헌법체계로 편입되면서 결과적으로 유사한 주 헌법체계로 수렴되었다는 현상에 집착한 나머지 공동의 언어, 법제도 및 관습 등의 공통점을 지나치게 강조하는 단순화된 설명 틀에 한계가 있음을 분명하게 지적할 필요가 있다. 왜냐하면 이러한 단순화된 설명 틀은 한편으로 미국의 헌정주의 전통을 1787년 기원으로 고정시키는 오류를 범하기 때문이다. 다른 한편으로는 미국의 헌정주의가 영국의 헌정주의에서 그 핵심을 전수받았고 그 이전에는 고대 그리스부터 중세와 르네상스 시기를 거쳐 축적된 헌정주의로부터 간접적 영향을 받았다는 사실 때문에, 자칫 미국의 헌정주의를 비미국적 기원에 국한해서 찾는 또 다른 오류를 범할 수도 있기 때문이다.

결국 미국의 헌정주의를 이해하는 작업은 오랜 시간에 걸쳐 다양한 경로로 발전한 헌정주의 전통이 어떠한 형태와 내용으로 미국에 결합되었는지에 대한 설명을 요구한다. 즉 이는 미국의 헌정주의를 미국 내부의 맥락에 초점을 맞춰 재조명하는 분석을 가리킨다.[8]

그렇다면 미국의 건국 당시 주 헌법들은 어떻게 구대륙의 헌정주의 전통과 차별화될까. 우선 식민지 정착 후 공동체를 구성하는 과정에서 17세기 이민자들의 다수를 차지하는 칼뱅 교도들에게 종교적 규약(covenant)이 자연스럽게 쌍방 간 법적 구속력을 가지는 맹약(compact)이나 정부가 거주민들에게 공표하는 포고령(ordinance), 나아가 식민지 헌장(charter)의 토대를 제공했다는 역사적 사실에 주목할 필요가 있다(Lutz 1988: 17-34).[9] 더불어 내용적으로 종교적 규약은 현대 헌법이 보편적으로 지향하는 목적을 대체로 담고 있다(Lutz 1988: 16).[10] 특히 주목할 점은 그러한 목적을 정당화시키는 권위체로서 신이 증인으로 언급되고 정부가 국민의 동의에 근거해 가능하다는 내용이 명시되어 있으며, 이러한 내용이 단일한 성문양식에 담겨 있다는 사실이다.[11] 그러나 이와 동시에 신을 배제하고 피치자인 국민의 동의에 근거한, 즉 인민주권을 천명하며 정교분리의 원칙을 명시하는 미국에서 양면적인 헌정주의의 전통이 비로소 모습을 드러냈다(Lutz 1986: 115).[12] 결과적으로 정치와 종교의 관계를 설정하는 데 있어서 바로 이 양면적 관점의 혼재가 건국과정까지 지속되면서 정교분리의 원칙과 현실 간 간극에 대한 이해 혹은 오해가 깊어졌다. 또한 연방헌법보다 먼저 출범한 일부 주 헌법에서 공직의 조건으로 명기한 종교조항이 연방헌법체계로 수렴된 이후에도 잔존함에 따라, 이러한 오해는 보다 심화되었다.[13]

따라서 연방헌법 조문은 이러한 역사적 배경을 바탕으로 정치와 종교 관계의 이중성을 내재하고 있다. 미국헌법 수정조항 1조는 종교의 자유('free exercise' clause)와 더불어 정교분리의 원칙('no establishment of religion' clause)을 명시한다.[14] 구체적으로 정교분리를 원칙적으로 천명한 수정헌법 1조 전반부 구절은 특히 국교 신봉을 거부한 대가로 주어지는 종교적 핍박을 피해 신대륙으로 이주한 이주민들에게 절박한 안전장치로서 도입되었다. 건국 시조이자 연방대통령을 역임한 토마스 제퍼슨도 종교와 정치 간의 가상적 벽을 공식화하려 했다. 주목해야 할 사실은 정교분리가 원칙적으로 엄격하게 적용된다는 공감대에도 불구하고 실제로 종교와 정치를 분리하는 벽이 얼마나 높아야 할지 또는 그 벽이 얼마나 견고하게 만들어져야 하는지 등에 대해서는 상당한 이견이 존재했다는 점이다(Hamilton 2005: 306-311).[15]

더불어 헌법 6조는 공직수행의 조건으로 종교에 의거한 자격심사를 금한다.[16] 나아가 수정조항 14조는 수정조항 1조를 포함해 모든 권리장전에 명시된 권한이 주 정부에게도 적용된다고 규정한다. 그러나 동시에 종교 신봉/비신봉의 자유를 천명한 수정헌법 1조 후반부 구절은 종교적 신념의 자유와 그러한 신념에 근거한 행위의 자유 사이에 분명한 차별을 두는 연방 최고대법원의 판결(*Employment Division v. Smith*, 494 U.S. 872, 1990)을 기점으로 정교분리의 원칙을 천명한 전반부 구절과 대치되며, 궁극적으로 종교의 자유 구절과 정교분리의 원칙 구절 간 균형을 찾으려는 정치적 노력이 이어지게 되었다(Hamburger 2002: 479-492; Jeffries and Ryan 2001: 368-370; Kurland 1975: 16-18).

이처럼 미국 정치제도와 정치과정의 지주에 해당하는 헌법이 정교분리를 천명함에도 불구하고 종교와 정치를 미국의 정치 풍경에서 분리할 수 없는 현실은 일종의 아이러니라 할 것이다.

이와 같이 종교와 정치의 관계에 대해 모순되는 관점이 병립하는 현상은 미국 연방 최고대법원(Supreme Court)의 판결에서도 표면적으로 엿볼 수 있다. 수정조항 1조의 정교분리의 원칙과 수정조항 14조의 정당한 절차를 근거로 종교학교에 다니는 학생들에 대한 정부의 재정적 보조를 허용하는 주법이 정교분리의 원칙에 위배되지 않는다는 1947년 에버슨 대 교육협의회(*Everson v. Board of Education*) 판결은 정교분리에 관한 사법심사권의 근거를 마련했다. 또한 이러한 사법심사권을 1997년에 재차 확인함으로써[17] 종교적 주장과 공공정책에 근거한 주장이 상치하는 경우 양자 간 균형을 찾는 업무가 사법부에 제한된다는 사실을 각인시켰으며, 무엇보다 입법부가 법령을 제정해서 사법부의 판결에 불복하는 행위를 용납할 수 없음을 분명히 밝혔다.

이후 사법부는 공립학교에서 종교적 가르침을 금하지만[18] 그 학교구역을 벗어난 장소에서는 허용하고,[19] 공공장소에서 기도, 묵도 및 주기도문 암송을 금하지만[20] 종교 계통의 학교에 근무하는 교사들의 봉급과 교재구입에 주 정부 예산의 책정을 허용하는가 하면,[21] 진화론과 창조론을 반드시 병행해서 가르칠 것을 규정한 법령(the Creation Act)을 위헌으로 판결하거나 한 가지의 종교만을 묘사하는 종교적 전시나 공립학교 졸업식에서 성직자의 기도 주도를 금하지만22) 종교적 전시의 목적과 그 맥락이 세속적인 경우 십자가나 십계명 또는 예수탄생의 전시를 허용했다.23) 이처럼 피상적으로 엇갈리는 미국 최고 대법원의 행보는 종교와 정치의 관계가 단순하게 규정될 수 없음을 보여주는 단적인 증거이다.

물론 종교와 정치의 불가분 관계에 대해 모든 종교 집단이나 구성원들이 하나의 의견을 가지고 있지는 않다. 오히려 성경의 원전 해석에 충실할 것을 주장하는 근본주의 성향의 종교 집단과 인본주의적 해석을 허용하는 진보 성향의 종교 집단 사이에 이견이 상당할 뿐 아니라 보수적 종교집단 내부의 갈등도 심각하다(Woodberry and Smith 1998; 김선욱 2003).24) 다만 여기서 구별해야 할 점은 이러한 종교 집단 내 분열이 점차 정치적 기반세력의 계층분화와 일치해 가면서, 한편으로는 종교영역에 해당하는 도덕과 가치관이 주요 정치쟁점으로 부각되고 다른 한편으로는 종교 집단이 특정 가치관을 지지하는 계층과 연합하면서 정치세력으로 부상하는 현상이다. 단적인 예로 이러한 현상은 1960년대를 거쳐 1970년대 이후 본격적으로 드러나기 시작했으며, 1980년 당시 공화당 대통령후보 지명자였던 레이건의 당선은 도덕성과 미국적 가치관을 강조하는 사회적 보수주의의 정치세력화로 귀결되었다(Knuckey 1999). 뿐만 아니라 미국의 양극화(polarization)에 대한 공방이 달아오른 2004년도 미국 대선에서 대다수의 유권자들이 선거에서 항상 주요 이슈로 거론하는 경제에 버금갈 정도로 도덕적 가치관(moral values)이 중요한 투표결정 요인으로 작용했다(CNN Election Results 2004; 미국정치연구회 편 2005). 결국 종교영역과 정치영역은 헌법에서 강조하는 정교분리에도 불구하고 정치과정에서 실제로 중첩되어 나타날 뿐 아니라 경우에 따라서는 결정적 영향력을 행사하기까지 한다.

그렇다면 종교와 정치의 관계를 미국의 사상적 근간과 어떻게 연계해 이해할 수 있는가. 단적으로 압축하자면, 케네디 대통령이 정확하게 지적했듯이 "대통령이 '신'이라는 용어를 정당하게 사용할 수 있는 이유는 정교분리의 원칙이 반드시 정치적 영역에서 종교적 차원을 배제시켜야 함을 의미하지 않기 때문이다(Bellah 1967)."[25] 이를 위해서는 미국의 대표적 정치, 경제, 사회적 기조인 보수주의가 종교와 정치의 관계를 어떻게 이해하는지를 검토하는 작업이 필요하다. 그러나 종교와 정치의 관계 자체에 초점을 맞춘 논의는 흔하지 않으며, 무엇보다 미국적 가치관과 정치이슈를 연계하는 사회적 보수주의의 부상과 그 정치적·정책적 함의에 대한 연구는 비교적 드물다.[26] 대조적으로 정부의 역할 및 기능에 초점을 맞춘 경제적 보수주의나 미국적 민주주의의 옹호에 적극적인 신보수주의에 대한 연구는 국내에서도 발견된다(남궁곤 편 2005). 이러한 대조적 양상은 최근에 연이어 출간되는 해외 저서에서도 공통적으로 강조된다(Noll 2007; Posner 2008). 더욱 흥미로운 점은 1990년대 이후 종교와 정치의 불가분 관계를 강조하는 논의가 쏟아져 나왔다는 사실이다. 심지어 종교 소식지들조차 신학적 논의나 개인적 신앙고백보다 전국적 정치이슈에 더 많은 지면을 할애한다(Djupe and Neiheisel 2008).[27] 대표적인 성직자도 홍보서신에서 성경공부나 신도간 교류를 다루기보다 미국 최고대법원 법관의 임명과 인준을 둘러싼 근황, 낙태에 대한 헌법 개정 논의, 때로는 대선후보로 선거유세를 펼치는 성직자 소식 등의 정치적 이슈를 논한다. 결과적으로 도덕적 가치관에 관해 종교적 설법에 충실하던 집단이 주요 정치이슈로서 도덕적 가치관을 구호로 내세우며 이에 대한 정치후보들의 입장표명을 요구하고, 그에 따라 투표를 결정하면서 사회적 보수주의에 대한 관심이 높아지게 되었다.

그렇다면 왜 최근에 사회적 보수주의에 대한 연구가 늘어났는가. 이는 1990년대 이후 미국 정치의 일번지인 워싱턴에서 종종 목격되는 양대 정당 간 양극화가 과연 사회 전반에 걸쳐 나타나는가에 대한 논란이 세간의 이목을 끌었기 때문이다. 동시에 이러한 양극화는 전통적으로 미국 사회에서 숭배되어 오는 자유주의와 이와 밀접하게 연관된 다원주의의 근간을 통째로 뒤흔들 수 있는 파괴적 잠재력을 지녔을 뿐 아니라(김선욱 2003: 179),[28] 종교와 정치 간의 불가분 관계, 혹은 유기체적 관계를 공적 영역인 정책분야에서 구현할 때 발생하는 부작용을 동반한다. 종교-정치 관계는 의도적으로 양자 간 유착으로 인해 나타나는 해악을 미연에 방지하려는 제도적·절차적 노력에도 불구하고 건국 이전부터 지속적으로 미국의 정치무대에서 배경으로 존재해왔다. 예외적 사례이긴 하나 미국 역사에서 간헐적으로 종교와 밀접한 이슈가 정치적 조명을 받아 심지어 통치체제의 원칙을 명시한 헌법의 수정조항으로까지 이어진 적도 있다.29) 흔히 제2차 세계대전의 종결 이후 자유주의가 휩쓸고 지나간 1960년대를 정점으로 미국의 정치 엘리트들과 유권자들이 서서히 종교영역과 정치영역을 교차시켜 도덕과 가치관을 정치무대의 중앙으로 옮겨왔다고 평가된다(이선철 2005: 274).30) 그러나 자유주의가 풍미하던 시절에 마틴 루터 킹 목사가 성경구절을 적절하게 인용하며 민권운동을 이끌었던 점은 종종 경시된다. 민권운동을 옹호한 자유주의 세력이 정치와 종교의 "벽"을 단단하게 높이 세웠기 때문이다.

결국 백악관이나 의회를 어느 정당이 장악했느냐에 관계없이 미국의 정치풍경에는 정치와 종교의 밀접한 관계가 지속적으로 목격될 것이며, 최근에 민주당 천하가 이루어졌음에도 앞으로도 미국정치의 저변에서는 정치무대에서 종교의 역할에 대한 논의가 지속될 가능성이 높은 만큼, 이를 보다 체계적으로 설명할 수 있는 연구가 필요하다. 350여 년 전에 구대륙을 뒤로하고 신대륙에 정착해서 새로운 통치형태를 구상하는 과정에서 정교분리의 원칙을 명문화할지 고심했던 건국 시조들에게 이러한 변화는 충격으로 다가올까. 아니면 이미 성숙한 사회의 자연적인 변환을 내다보면서 다만 신생공화정이 전진하는 항로에서 맞닥뜨릴 풍파에 대한 일종의 방파제로서 정교분리의 원칙을 헌법적 근거로 마련했기에 느긋하게 바라보고 있을까.

3장은 미국 사회를 이해함에 있어서 최근의 정치 풍경을 보다 명확하게 설명하기 위한 작업의 일환이다. 또한 보수주의에 대한 기존의 연구에서 치명적으로 결여되어 있는 사회적 보수주의를 채워 미국을 좀 더 포괄적으로 파악하려는 시도이다. 구체적으로 사회적 보수주의의 세력들이 자신들의 근간을 이루는 가치 이슈를 활용해 은둔하던 종교집단에서 벗어나 보수주의 정당인 공화당의 주요 지지기반으로 성장하고, 결국 자신들의 신념에 근거한 의제를 주요 정치이슈로 공론화시키기까지 과정을 설명하고자 한다(미국

정치연구회 편 2008).31) 그리고 결론으로 그러한 변신의 결과로 미국의 정치풍경은 어떻게 변화하고 있는지, 구체적으로 이러한 정치적 변화를 거치며 통치의 기본질서와 이상을 천명하는 헌법과 이에 대한 유권해석을 내리는 최고 대법원은 어떻게 정교분리의 원칙을 영위할 것인지에 대한 전망을 도출하고자 한다.

III. 미국의 종교와 정치 관계: 응용과 정당화

 미국의 종교와 정치 관계를 이해하는 데 있어 이분법은 그다지 도움이 되지 못한다. 예컨대 정교분리를 옹호하는 입장에서는 개인의 자유를 구속하는 종교를 정치로부터 배제함으로써 국교숭배라는 명분으로 자행되는 국가의 공권력에 의한 폭정의 가능성을 제거할 수 있다고 주장한다. 구대륙에서 국교신봉을 거부한다는 이유로 박해를 받은 청교도들이 신대륙으로 이주해서 유토피아인 미국을 건국한 역사적 사실을 감안한다면, 계몽과 자유사상이 전파되면 신앙을 내세운 종교적 열정은 식는다는 논리적 전개가 가능하다(Mayer 1966: 295; Kramnick and Moore 2005: 21).32) 즉 구대륙의 사고 틀에 의하면, 인간의 자유를 중시하는 삶의 방식에 기반을 두는 자유주의의 발전은 신앙에 의존한 삶을 숭배하는 종교와 대치되기 때문에, 신앙생활과 개인의 자유는 항시 대립적인 관점에서 접근할 수 있다. 이는 복고주의적 보수주의(reactionary conservatism)의 대표적 사상가들에게서 엿볼 수 있는 주장으로, 종교적 가치관을 고수하는 이들에게 혁명이론의 핵심인 사회계약, 인민주권 등을 강조하는 자유주의는 근본적으로 구질서 사회, 즉 신에 절대적으로 복종해야 하는 사회질서의 근간을 파괴하는 주범이었다. 그러나 구대륙에서와 달리 신대륙인 미국에서는 자유주의보다 보수주의가 시대적으로 앞설 뿐 아니라, 자유주의는 보수주의에 대한 대안 사조로서 발전했다(Hartz 1955; 이봉희 1995: 550).33) 또한 미국적 보수주의는 자유주의와 상치하는 패러다임을 형성하면서도 동시에 상호보완적인 묘한 양상을 띠며 미국 사회의 형상을 드러내 주었다.34)

자유주의가 퇴조하기 시작한 1960년대 말부터 보수주의가 재부상하며 엘리트 사이에서 주류 사조로 자리잡았고, 특히 1970년대 이후부터는 대중에게도 정치적 영향력을 행사하는 주요 요인으로 나타나고 있는 현상을 보면, 미국의 종교와 정치 관계는 단편적으로 이해될 수 없는 측면이 많다. 그러나 간과하기 쉬운 사실은 이러한 보수주의의 재부상이 강조점에 따라 미묘한 차이를 보인다는 점이다. 흔히 개인 보수주의는 경제적 보수주의를 가리키며 이는 정부의 역할에 대한 논의와 그에 연관된 자산소유에 대한 가치판단을 근간으로 한다.35) 이와 대조적으로 1960년대부터 재부상한 새로운 유형의 보수주의는 개인에게 능력과 자질에 관계없이 보상하고 복지를 중시하는 자유주의로 인한 사회적 혼란에 반발하며 일부 자유주의자들이 전향적으로 내세운 신보수주의(new conservatism)를 가리킨다. 결국 신보수주의는 급진적 개혁으로 인한 사회적 피폐를 극복하기 위해 미국식 보수주의의 원형을 회복하자는 복고주의 성향이 강한 보수주의다.36) 따라서 부시 행정부에서 맹위를 떨친 '네오콘(neo-conservatism)'은 근본적으로 미국 사회가 중시하는 가치를 보존·회복하려는 전통주의적 성향을 띠는 신보수주의의 근간을 이루는 사회적 보수주의(social conservatism)의 일개 분파다.

그렇다면 사회적 보수주의를 근간으로 신보수주의파는 어떻게 미국 사회의 가치관 회복을 구상하는가. 우선 사회적 보수주의는 이혼, 범죄, 도심지의 경제기반 침체, 도시지역 소요사태, 정부지원 생활보호 대상자, 애국심 쇠퇴, 마약사용, 낙태 등 미국 사회 제반에 걸친 병리현상의 폭증 원인을 미국적 전통가치와 생활방식의 상실에서 찾는다(Teles 2007). 즉 자구(self-help)를 소중한 사회규범으로 간주하는 미국적 전통가치와 생활방식이 전염성이 강하고 결과의 평등에 집착하는 자유주의의 창궐로 인해 파괴되었다는 것이다. 따라서 이를 치유하기 위해서는 보수주의의 원칙을 현실정치에 구현시켜야 하는 당위성을 주장한다(이봉희 1995: 562).37) 특이한 점은 이

최전선에 정부와 사회의 도덕성 회복을 주장하는 복음주의 기독교 목사들이 위치해 있다는 사실이다. 또한 기독교 우파의 후원을 받는 이익단체들은 정치과정에 대거 참여하여 도덕적 가치관을 유권자들의 주요 투표결정 요인 중 하나로 부각시키는 데 주력한다. 더구나 그러한 조직적 정치동원을 통해 1960년대 자유진보주의가 지배하던 미국 사회를 최소한 가치·규범적 측면에서 뉴딜시대 이전으로 돌려놓으려는 사회적 공감대를 구축하고 있을 뿐 아니라, 보수주의의 재등장을 가능하게 한 주도세력은 경제, 정치, 사회, 문화 엘리트를 형성하며 미국의 엘리트 저변마저 바꾸고 있다(Campbell 2004; Zelizer 2007).

물론 이러한 정치참여의 변환이 하루아침에 갑자기 이뤄진 것은 아니었다. 미국의 진보자유주의가 추구해온 뉴딜정책, 구체적으로는 '위대한 사회'는 1980년대 이후 공화당 후보인 레이건의 당선뿐 아니라 심지어 1990년대 민주당 후보인 클린턴의 당선공약인 복지개혁으로 인해 정책상 퇴조를 맞이했다. 그러나 이는 사회복지 자체에 대한 거부라기보다는 연방정부가 주도하는 사회복지 프로그램에 대한 반발이 더 근본적인 원인이었다(Miller and Schofield 2008). 무엇보다 사회적 보수주의를 주창하는 신보수주의파는 복지를 중시하는 자유주의를 비판했고 이를 정치과정에서 효과적으로 선거쟁점화시킨 결과, 연방정부 주도의 복지정책에 불만을 가지는 유권자를 새로운 공화당 지지층으로 끌어들이는 데 기여했다(Layman 1997; Sweetman 2006).[38] 즉 신보수주의파는 낙태 합법화, 동등권한법(Equal Rights Act) 등 연방정부가 주도하는 사회복지법안이나 프로그램을 미국의 도덕적 가치관을 쇠퇴하게 만드는 주요 요인으로 낙인찍는 데 성공한 것이다(유성진 2008: 160-161).[39]

결국 1994년 중간선거에서 공화당이 의회 양원다수당으로 등극하면서 50여 년에 걸친 민주당의 지배가 표면적으로 막을 내렸지만, 사회적 보수주의는 진보자유주의를 대체하는 정치쟁점으로 재등장했고 무엇보다 미국의 정치풍경을 뒤흔들어놓았던 충격은 아직까지도 지속되고 있다. 특히 이 "정치예술의 창작"에 기여한 기독교 우파 이익집단은 여전히 정치세력으로 활동하고 있다(Fowler et al. 2004).[40] 이들은 과거의 은둔주의를 지양하고 오히려 사회적 보수주의를 대중운동의 쟁점으로 만듦으로써 유권자들에게 도덕적 가치관을 정당이나 정치후보의 판단준거로 각인시키는 정치적 동원 및 정치이념화 노력에 적극 참여한다. 그 결과 도덕적·사회적 가치의 정치쟁점화는 미국 정치의 풍경을 바꿔놓았을 뿐 아니라, 이러한 발상의 전환은 자유주의를 근간으로 한다고 믿어온 미국 사회와 문화의 형상을 근본적으로 바꿔놓을 수 있는 잠재력을 가지고 있다.

사회적 보수주의가 지속적으로 미국 사회와 문화의 저변에 확고하게 자리를 잡게 된 데는 시대적 여건도 일조했다. 단적으로 9/11 테러 발생을 계기로 미국이라는 국가의 정체성, 구체적으로는 미국인들이 자부하는 미국적 생활양식과 미국적 민주주의 가치에 대한 애착심이 크게 증가했다(*The Economist*, Dec. 1, 2001: 35).[41] 정치적으로 특이한 점은 부시 지지표의 1/3 이상이 종교적 보수주의의 근간을 이루는 근본주의자이며, 특히 백인 복음주의 혹은 근본주의자 중 5명당 4명 꼴로 2004년 대통령선거에서 부시를 지지했다는 사실이다(Kohut et al. 2000).[42] 이라크 전쟁이 장기화되면서 신보수주의는 다소 쇠퇴했지만 사회적 보수주의 가치를 둘러싼 이슈들은 지속적으로 강조되었다. 이는 미국 정치풍경에서 사회적 보수주의가 추구하는 가치관이 이라크 전쟁의 장기화라는 불리한 상황변수에도 불구하고 유권자에게 공감대를 제공하는 이슈로 정착했음을 가리킨다. 또한 이들의 표를 얻기 위해 후보자들도 전략적으로 사회적 보수주의가 지향하는 가치에 대한 분명한 입장을 표명해야만 유권자의 지지를 확보할 수 있었다. 2008년 미국 대선에서도 미국적 가치관을 강조하는 선거이슈가 주요 결정변수로 작동할 가능성이 컸지만 부동산 대출위기로 시작된 금융위기 확대로 인해 우선순위에서 밀려났다.

그럼에도 불구하고 사회적 보수주의의 정치적 효과에서 여전히 관찰이 필요한 점도 있다. 예컨대 공화당의 지지기반이 재편성되는 과정에서 '신우파(New Right)'와 핵심 기독교 우파 이익집단인 '도덕적 다수(Moral Majority)' 간의 연대형성이 구심적 역할을 수행했는데, 이들의 연대형성은 종교가 정치무대에서 되살아나는 일종의 '미국판 종교적 동맹'이라 할 수 있었다. 즉 사회적 보수주의에 공감하는 보수층을 결집해서 보수적 다수를 구축하기 위한 이익집단들의 선거연합전략이 성공했던 것이다(Conger and McGraw 2008; Fiorina 2004).43) 이 미국판 종교적 동맹은 다양한 보수주의 세력을 폭넓게 규합하기 위해 미국적 가치를 경시하는 사회적 이슈(예컨대 낙태나 동성애 또는 동성결혼 등)에 대한 반발과 이를 정책적으로 지원하는 연방정부에 대한 분노를 정치쟁점으로 틀짓기하는 데 성공했다.44) 구체적으로 1960년대 미국 사회와 문화를 지배한 소위 진보좌파 엘리트와 그들이 지지하는 복지자유주의에 반발했던 신우파는 미국 사회가 숭배하는 전통적 가치관을 회복하고 보존하기 위해 거국적 우파 이익집단 형성에 종교지도자들의 참여를 촉구했다.

주목할 점은 당시 종교적 보수주의와 진보주의 간의 갈등이 심화되면서 보수적 가치를 추구하는 종교지도자들도 마침내 미국판 종교적 동맹에 동참했다는 사실이다. 결국 이들은 20세기 초반부터 1960년대까지 미국 사회를 잠식한 책임을 진보좌파와 그들의 활동을 조장한 연방정부에게 묻고, 도덕성 회복을 명분으로 내건 사회적 혁명을 거국적으로 전개하게 되었다. 1990년대 기독교 내 주류(mainline)의 약세를 계기로 주류와 근본주의파 사이의 갈등이 심화되었고,45) 남부 침례교(Southern Baptist), 기독교하나님의 성회(the Assemblies of God), 성령강림교회(the Pentecostal and Holiness churches) 등 보수적 근본주의자들이 증가하면서 신기독교 우파 단체들(New Christian Right, NCR)이 거대 이익집단으로 성장했다. 정치는 더럽고 부패한 야만의 영역으로 생각하는 주류와 대조적으로 이들 보수적 근본주의자들은 정치참여란 신이 부여한 고귀한 의무임을 강조하면서 정치에서 종교가 살아나는 데 중추적 역할을 했다. 그 결과 종교를 정치적 동원에 이용하는 데 성공했지만, 한편으로는 미국 정치풍경에서 보수와 진보 간 양극화에 기름을 부어 미국 민주주의가 추구하는 자유와 평등을 손상시켰다는 개탄도 나왔다(Wilcox 1996).46)

이들 우파 이익집단이 공통적으로 지향하는 사회적 보수주의 가치는 주로 결혼과 가족을 중시하는 전통적 도덕적 가치, 인간 생명의 고귀함, 애국심 등이다.47) 또한 이들은 사회문제를 해결하는 데 정부의 정책보다 기독교 보수주의 집단이 주도하는 사회운동이 적합하다고 주장하기도 한다. 따라서 신기독교우파를 자유민주주의 전통을 위협하는 사조라고 공격하는 반대의 목소리도 높다.48) 더구나 미국 사회의 근간을 구성하는 사회적 이슈가 도덕적이고 종교적인 색채를 띤 채로 논의된다면, 타협이 쉽지 않은 도덕이나 종교 가치관의 특성을 감안할 때 정치적 타협의 가능성도 덩달아 낮아질 가능성이 크다는 우려의 목소리도 높다(McCarty et al. 2006: 191-202).49) 이는 결과적으로 기독교 우파가 미국 대중의 소외감과 분노를 자극하는 공포의 정치를 극대화할 위험성도 안고 있다. 특히 미국 사회가 치명적인 위기에 노출되었을 때 극단적 정치의견을 통해 유권자의 불안감을 자극하고, 타협이 어려운 가치갈등 이슈를 중심으로 사회가 양분된다면 공멸로 치달을 가능성도 배제할 수 없다. 다행히 미국은 위기의 순간에 변화를 통해 희망을 약속하는 새로운 정치판 짜기에 응함으로써, 21세기의 정치적 기적을 창출해내며 일단 파국을 면했다(미국정치연구회 편 2009: 13).50)

그렇다면 2008년 대선결과에도 불구하고 과연 사회적 보수주의가 지속적으로 미국의 정치풍경 중앙무대에 등장할 수 있을까. 앞서 지적했듯이 미국의 기본 통치이념인 민주주의가 구현되는 정치과정을 흔히 현상유지를 선호하는 보수주의와 개혁을 통해 진보를 추구하는 자유주의로 구분하는 이분법적 사고의 오류가 미국의 정치와 종교 관계를 이해하는 데 가장 큰 장애물로 작용한다. 분명하게 인식해야 할 점은 보수와 진보 진영의 근저에는 공통적으로 미국 사회에 깊숙이 침투해 녹아 있는, 정치적 정당화를 가능하게 하는 도덕적 가치 판단이 작동한다는 사실이다. 더불어 이러한 도덕적 가치 판단은 구대륙의 이주민들이 정착한 후 건국을 거치며 통치원리의 기제로 종교를 얼마나 적극적으로 정치제도에 접목했느냐에 따라 종교와 정치 관계의 성격을 결정해왔다.

그 결과 역사적으로 미국의 정치과정에서는 종교와 정치를 분리시켜 유착관계를 단절하려는 의지와 헌법에 명시된 원칙에서 완전히 벗어나지 않을 정도로 종교와 정치를 교차시켜 상호의존 관계를 강화하려는 의지가 경합했고, 집권세력들은 자신의 의지와 합치되는 방향으로 정치제도를 운용하고 있음을 쉽게 목격할 수 있다. 이러한 이유로 미국의 종교와 정치 관계는 시대적으로 변화하면서 그 성격이 매우 복잡해지고 있음도 또한 쉽게 목격할 수 있다.

IV. 단순화된 정치현실의 실상

지난 70여 년 동안 미국은 대외적으로는 강대국으로 부상했고 대내적으로는 국가의 정체성을 재조명하려는 사회변동을 겪었다. 제2차 세계대전의 승전에 이은 냉전의 고착화는 민주주의와 자본주의 체제의 수호자로서 미국의 위상을 공고하게 만들었다. 그러나 이러한 반공열풍은 심각한 사회적 부작용을 야기했고, 결국 1960년대에는 반공으로 무장한 보수주의를 극단주의라고 비판하는 진보세력이 대항세력으로 부상했다.[51] 이들 자유주의 지지층은 자유와 평등 이념에 기초한 미국 사회의 허상에 대한 자성과 다양성 존중을 목표로 하는 혁신을 도모하며 미국 사회를 재구성하려 했다. 그 후 월남전과 유가파동으로 인한 경제·사회적 소용돌이와 구소련의 붕괴를 목격하며 미국 사회는 다시 한번 대내외적인 변화를 겪었고, 21세기의 길목에서 9/11 사태와 테러와의 전쟁을 기점으로 또 다시 변환의 기로에 서 있다. 그리고 가장 최근에는 이러한 일련의 변화에 대응한 공화당 주도의 정책에 낙제점을 준 유권자들의 지지에 힘입어 집권한 민주당이 새로운 도약을 준비하고 있다.

비록 2008년 대선 이후 표면에서 사라진 것처럼 보이지만, 미국 사회의 저변에는 종교와 정치의 관계설정을 둘러싼 정치풍속도가 끊임없이 그러지고 있다.[52] 무엇보다 미국의 종교와 정치 관계가 발전한 과정을 검토해 보

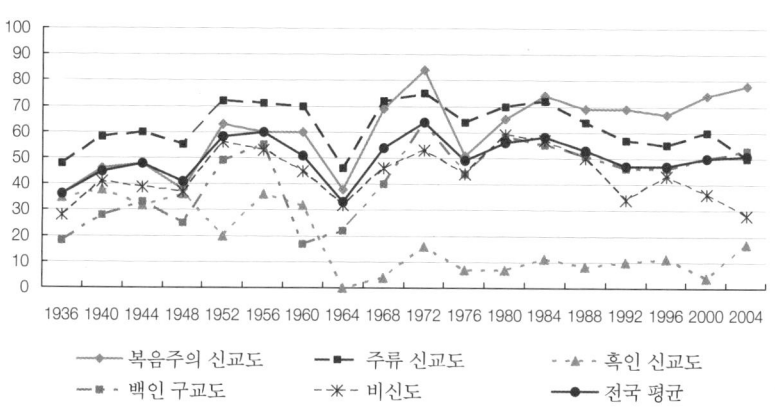

〈그림 3-1〉 종파별·인종별 공화당 대선후보 지지율, 1936~2004

출처: Kellstedt, Green, Smidt and Guth in Noll & Harlow, eds.(2007), Table 12.1, pp.272-273을 그림으로 전환함

면 공화당의 정치적 재편성을 통해 종교와 정치가 밀착되었다는 피상적 상관관계를 관찰할 수 있지만, 이러한 밀착 관계는 실제로 복합적 양상을 띠면서 변화해 왔음을 알 수 있다.

〈그림 3-1〉은 1936년부터 2004년 대선까지 종파별·인종집단별로 공화당 후보에 대한 득표율 변화의 추이를 보여준다. 이러한 추이를 통해 보수주의를 대변하는 공화당 대선후보에 대한 지지가 어떻게 변화했고 특히 종파와 인종집단별로 어떠한 차이가 나타나는지 등의 미국 사회 내 정치풍속도의 변화 경로를 추적할 수 있다.

첫째, 공화당 대선후보 지지율의 전국 평균을 살펴보면, 양대 정당후보 간 정권교체가 정기적으로 이뤄지고 있으나 1980년대 이전에는 변동 폭이 큰 반면 이후에는 감소했다. 이는 한편으로는 보수주의를 대변하는 대선후보와 소속정당인 공화당이 상대적으로 지지층을 넓힌 결과, 진보주의를 대변하는 민주당을 지지하는 유권자와의 간극을 줄이는 데 성공했음을 가리킨다. 다른 한편으로는 보수주의 지지세력 내 응집성이 증가하여 일시적으로 민주당 대선후보를 지지하는 공화당 유동층이 감소함으로써 공화당 지지층과 민주당 지지층 간 양극화가 발생했음을 가리킨다.

둘째, 가톨릭의 공화당 대선후보 지지율은 1970년대 이전에는 대체로 전국 평균보다 밑돌았으나 이후에는 전국 평균에 근접한다. 이는 민주당에 대한 가톨릭교도들의 절대적 지지가 감소하면서 미국 사회의 다수를 형성하는 신교도와 대비되는 정치세력으로서의 독자성을 상실함을 의미한다.

셋째, 비신도의 공화당 대선후보 지지율은 가톨릭교도 수준에는 못 미치지만 1980년대 이전까지 대체로 전국 평균을 밑돌다가 1980년대에는 전국 평균에 가까워졌고, 1990년대 이후에는 다시 전국 평균 이하로 급감했다. 이는 비신도가 수적으로 열세라도 정치세력으로서 독자성을 유지함을 뜻한다.

넷째, 흑인신교도의 공화당 대선후보 지지율은 전반적으로 전국 평균보다 훨씬 밑돌고 있으며 특히 1960년대 이후 격차가 심화되었다. 이는 흑인신교도의 민주당 지지도가 절대적으로 높음을 의미하며, 진보적 혁신이 시도된 1960년대를 거치며 오히려 기대치에 못 미치는 성과에 대한 반발로 민주당의 정권장악에 대한 열망이 더욱 강화되었음을 의미한다.

다섯째, 주류 신교도의 공화당 대선후보 지지율은 일관적으로 전국 평균보다 높으며 2004년 대선에서만 예외적으로 전국 평균 수준으로 다소 감소했다. 이는 같은 신교도 집단 내에서도 흑인신교도는 보수주의를 대변하는 정당인 공화당 소속 대선후보를 거의 지지하지 않는 차별성을 보여줌을 가리킨다.

여섯째, 복음주의 신교도의 공화당 대선후보 지지율은 1960년 이전에는 전국 평균 수준이었으나 자유진보주의가 풍미한 1960년대를 거치며 미국 주류문화와 가치관의 상실을 개탄하면서 전국 평균을 앞질렀다. 다만 남침례교도가 복음주의 신교도의 다수를 구성하므로 남침례교도인 민주당 카터 후보에 대한 지지율만이 전국 평균 수준을 일시적으로 회복했을 뿐, 그 이후에는 전국 평균과 극심한 격차를 보였다. 특히 조직적 선거동원을 통해 레이건 대통령의 당선과 재선에 가장 크게 기여한 이후 복음주의 신교도의 공세적 정치참여는 미국정치판에서 주요 변수로 작용한다. 더욱 흥미로운 사실은 1990년대 이후 주류신교도도 여전히 민주당보다 공화당을 지지하지만 그 지지도가 다소 감소한 반면, 복음주의 신교도의 지지도는 1980년 수준을 유지한다는 점이다. 더불어 이는 공화당 대선후보에 대한 지지율이 복음주의 신교도와 흑인 신교도 사이에서 1960년대 이후 꾸준하게 극심한 격차를 보여줌을 의미한다.

〈그림 3-1〉을 구체적으로 살펴본 결과 다음과 같은 결론을 얻을 수 있다. 다인종·다민족의 복합사회를 토대로 하는 미국 사회에서 종파-정치의 유착 관계는 자칫 걷잡을 수 없는 중층적 균열을 초래해 사회·정치적 양극화를 악화시킬 가능성이 있다는 사실을 확인할 수 있다. 또한 이러한 결론을 근거로 여러 형태의 복합사회에 최소한 정교분리의 원칙을 수립하고 이를 준수하려는 노력이 장기적이고 지속적인 정치·경제·사회적 발전을 위해 유익하다는 점을 재확인할 수 있다. 더구나 1960년대 진보적인 자유주의 지지세력들이 자신들이 선호하는 이슈가 제도화되는 것을 관철시키기 위해 사용하던 폭력적 방법, 예컨대 공공건물 점거 시위 등이 1980년대 중반 이후 사회적 보수주의 지지 세력들에 의해 모방되면서 정치적 대립은 미국의 정치풍경뿐 아니라 시민사회조차 피폐하게 만드는 부작용을 낳았다. 따라서 3장의 분석결과에 근거해 종교와 정치의 유착관계 단절의 필요성을 논리적으로 제시할 수 있다. 그러나 동시에 미국의 종교와 정치는 실질적으로 불가분의 관계 속에서 발전되었기 때문에 도식적인 유착관계 단절 제안이 야기하는 혼란도 감안해야 한다(Djupe and Neiheisel 2008).[53] 결과적으로 미국의 종교와 정치 관계에 대한 당위성 논란보다 그 본질에 대한 파악이 우선되어야 비로소 미국의 정치풍경을 제대로 그려낼 수 있을 것이다.

3장은 미국의 정치과정을 움직이게 해주는 역학 중에서 현상유지를 선호하는 보수주의에 역점을 두고, 특히 지난 25년여간 행정부든 입법부든 꾸준하게 공화당이 다수세력으로 정권을 유지하는 데 결정적으로 기여한 신보수주의와 그 정치적 이슈의 구심적 역할을 한 사회적 보수주의, 그리고 이를 대변하는 공화당의 지지기반으로 부상한 보수적 종교 집단의 정치세력화에 대해 분석했다. 그러나 모든 종교집단이 한 목소리로 종교와 정치 관계에 대한 의견을 표출하지 않는다는 사실에도 초점을 맞출 필요가 있다. 주류신교, 복음주의 신교, 구교, 유태교 이외 비신도 집단 간 이견의 간극은 때로 극심하여 특정 이슈를 둘러싼 정치적 타협을 불가능하게 만들기도 하기 때문이다(Floyd 2007).54) 더구나 사회분열구조, 특히 인종을 중심으로 정치적 지지기반이 형성되는 경향이 종교적 분열구조와 중첩되는 경우 정치적 간극은 더욱 심화된다. 그 결과 동일한 정당에 대한 지지의 간극도 심각할 정도로 벌어지며, 이는 유사한 지지층 내의 양극화를 초래하여 주류에서 동떨어진 집단의 이탈현상을 촉진한다(Emerson and Smith 2001; Emerson and Hawkins 2007).55) 예컨대 1960년대 이후 각 종교집단에 속한 유권자들의 투표행태에서 나타난 공화당 지지율을 시대적으로 추적하여 그 시간적 추이에서 어떤 공통점과 차이점이 있는지를 검토한 연구도 있다(Kellstedt et al. 2007).56)

그러나 미국의 양극화 현상이 단순하게 보수주의의 정치적 세력 확대로 인한 파생물이라는 주장은 신기루에 가깝다. 3장에서는 정치지지 기반의 우경화로 인해 미국의 양극화가 대다수 행위자들에게서 공통적으로 발견된다는 단선형 설명모델을 지양하고자 한다. 지난 다섯 차례의 대선과 네 차례의 중간선거를 거치며 나타난 정당일체감의 추이를 보여주는 〈그림 3-2〉는 단선형 모델의 설명력이 다소 미흡하다는 점을 보여주는 한 예이다. 정당일체감의 추이를 검토해보면 클린턴 민주당 대통령이 집권하던 시절인 1992년부터 1996년까지 민주당과 공화당의 지지기반은 거울을 놓고 반사시킨 형상과 유사하다. 다만 1994년 중간선거에서 공화당이 연방하원을 장악하면서 민주당 지지층이 4% 감소했지만 이 중 절반인 2%만 공화당으로 잠정적으로 돌아섰고 이 잠정적 변심도 1996년 대선에서 누그러졌다. 흥미로운 점은 소위 네오콘이 미국 정치무대를 안팎으로 종횡무진하던 2000년부터 2004년까지 양대 정당의 지지기반은 더 이상 거울반사 형상을 띠지 않는다는 사실이다. 공화당 지지층이 30%를 웃돌며 증가한 현상은 기존의 많은 연구물에서도 반복되어 확인되지만, 그렇다고 그 증가가 민주당 지지층의 감소에서 기인한다고 보기는 어렵다. 9/11 사태 이후 무소속 지지층이 일시

〈그림 3-2〉 정당일체감의 추이, 1992~2009

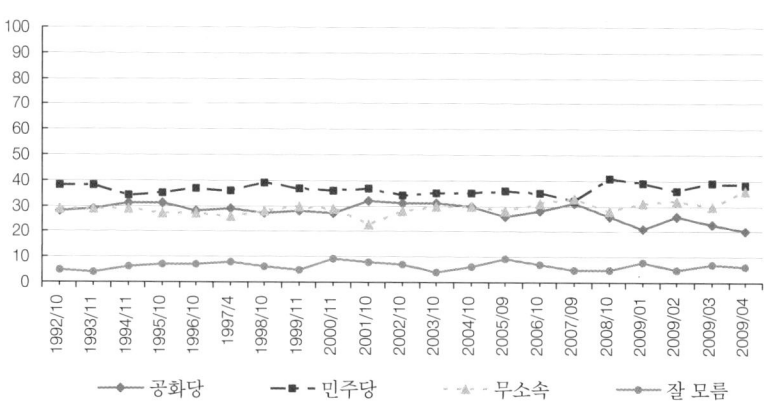

출처: New York Times/CBS News Poll, April 22-26, 2009. http://graphics8.nytimes.com/packages/images/nytint/docs/new-york-times-cbs-news-poll-obama-s-100th-day-in-office/original.pdf에서 "Generally speaking, do you usually consider yourself a Republican, a Democrat, and Independent, or what?" 설문문항에 대한 응답 분포를 선별적으로 발췌함
1. 구체적으로 선거가 있는 해를 기준으로 선거 이전 가장 근접한 달에 실시된 설문조사 결과를 선정하여 그림으로 전환함

적으로 공화당으로 쏠렸지만 이내 곧 제자리로 돌아왔다. 그렇다면 9/11 사태를 계기로 정치현황에 대해 일관되게 냉소적인 유권자들이 신보수주의파가 내세우는 가치갈등 이슈에 동조하면서 공화당에 잠정적으로 합류하게 되었다고 볼 수 있다. 그러나 이라크 전쟁을 포함해 공화당의 지도부와 그들의 일방적 대외정책에 반발한 냉소적 유동층이 제자리로 돌아오면서 공화당에 대한 지지는 예전 수준으로 돌아왔다.

결과적으로 보수주의 내 지지기반의 균열이 정치영역에서 다소 동떨어져 존립하던 종교영역을 동원하고 기존 사회균열구조와 중첩되어 나타남에 따라, 정치현장에서 개인적 정치행위자(정치엘리트, 유권자) 및 집단적 정치행위자(이익단체, 싱크탱크)의 인식과 행태의 양극화를 심화시켰다는 증거를 보여줄 필요가 있다(유성진 2008: 163-164).[57] 그러나 정치적 의견을 드러내는 가장 단순한 지표인 정당일체감의 추이를 보면 최소한 집합적 단계에서는 그러한 극단적 변화가 관찰되지 않는다. 오히려 세기의 금융위기 속에서 치러진 2008년 대선 이후 민주당의 정권탈환이 이뤄지면서 민주당 지지기반이 클린턴 행정부 초기 수준을 회복했고 공화당 지지층은 1990년대에 비해 10~15%가량 축소되었다. 그러나 이러한 이탈층이 모두 민주당으로 이탈하지 않고 일부는 무소속으로 빠져나간 현상도 관찰할 수 있다. 이런 맥락에서 보수 종교집단과 보수 공화당 엘리트는 정치동원에서 그다지 우수한 성적을 받기 어렵다. 더구나 그들이 지속적으로 추진하는 학교 바우처(voucher) 안과 교회부속 학교에 대한 재정지원 안의 합헌 여부에 대해 연방 최고대법원은 판결을 보류하고 있다.[58] 따라서 사회적 보수주의를 기반으로 하는 신보수주의파의 돌풍이 모든 정부 부처, 특히 공공정책 분야에 고르게 원하는 방향으로의 변화를 가져오는 데 성공했는지는 유보적이다.

V. 결론

미국 연방헌법전문에는 공직 채용조건으로 종교를 준거로 삼을 수 없다고 명시되어 있고 후에 수정조항에서도 정교분리의 원칙을 추가로 명시하였다. 3장에서는 이러한 헌법조항 명시에도 불구하고 실제로 미국 사회가 정교분리 원칙과 다소 동떨어진 정치현실로 발전하게 된 배경과 경로를 추적했다. 그리고 이러한 정교유착이 초래할 위험성에 대해 간략하게 논의하고, 정교분리에 대한 헌법조항 명시가 이루어지기까지 건국 과정에서 오고간 논쟁과 이를 근거로 연방 최고대법원이 사법심사권을 행사한 결과물인 정교분리에 대한 판결을 검토했다.

그리고 이를 근거로 법적 논리에 근거한 유권해석이 구체적으로 법적 설득력뿐 아니라 실제로 정치적 파장효과를 거두었는지, 만약 정치적 파장효과가 있다면 정교분리의 원칙이 최고 대법원의 사법심사권을 통해 어떻게 미국의 정치풍경을 구성하는지에 대해 논의했다. 더불어 단순화된 정치현실을 그려내곤 하는 기존의 연구들을 비판적 시각으로 검토함으로써 미국의 정치와 종교 관계가 복합적 양상을 띤다는 사실을 제시하였다.

비록 공화당이 12년 치세를 끝으로 의회 다수당 지위를 잃고 민주당에게 하원 다수당 지위를 내준 뒤 2008년에는 백악관마저 내주었지만, 지난 40여년에 걸쳐 미국 사회에 깊숙하게 침투한 사회적 보수주의의 정치적 영향력은 여전히 적지않게 미치고 있다. 다만 논의의 초점이 종교와 정치의 유대관계 자체보다 어느 정도까지 그 유대관계가 용인될 수 있으며, 나아가 용인되는 것이 바람직한지의 문제로 재구성될 뿐이다. 그리고 이렇게 재구성된 논의가 정치판에서는 민주당보다 공화당 내부의 갈등을 첨예화시키고, 종교의 뜰에서는 주류를 이루는 보수 기독교 집단 내부로부터 정치세력과의 야합을 질타하는 목소리가 높아진다.

분명한 사실은 보수 종교집단과 보수 공화당 엘리트는 지난 20여 년간의 동거를 끝내야 하는지를 두고 고심하지만, 그렇다고 미국의 병폐를 치유하려는 의지마저 꺾지는 않고 있다. 오히려 민주당의 정권장악을 계기로 보수 세력의 전의(戰意)는 이전보다 더 높아질 가능성도 배제할 수 없으며, 나아가 연방최고법원 최초의 히스패닉계인 소냐 소토마이어(Sonia Sotomayor) 전 연방항소법원판사에 대한 상원 사법상임위원회의 인준과정에서 보듯이 전투장소가 정치무대보다 무대의 '조명'에 해당하는 사법부로 옮겨지는 정치의 사법화 현상도 유심히 지켜볼 필요가 있을 것이다.

미주

1) 이보다 앞선 1960년대, 특히 골드워터(Goldwater) 대통령 후보에 지지를 표명한 시점으로 거슬러 간 Lisa McGirr, *Suburban Warriors*(Princeton: Princeton University Press, 2001)도 있다.
2) 구체적으로 Lindsay는 1976년 "다시 태어난(born again)" 기독교인을 자처한 카터 대통령 당선 시 35%의 유권자가 자신을 보수적 기독교인이라고 규정했고, 이는 1996년에 39%, 그리고 2006년에 41%로 미미한 증가를 보이는 데 그쳤다는 사실을 지적한다.
3) 이후 이러한 고립주의 원칙은 선별적 개입을 천명한 먼로 선언(Monroe Doctrine)으로부터 현재에 이르기까지 국무부에서도 존중하는 미국의 대외정책 기조가 되었고 나아가 미국 예외주의의 근간이 되었다.
4) "… The eyes of all people are upon us, so that *if we deal falsely with our God* in this work we have undertaken and so cause him to withdraw His present help from us, we shall be made a story and a byword throughout the world …" (*이탤릭체*는 저자가 더함)
5) "Well, *we have not dealt falsely with our God*, even if He is temporarily suspended from the classroom." (*이탤릭체*는 저자가 존 윈드롭과 레이건을 비교하기 위해 더함).
6) "… a hedge or wall of separation between the garden of the church and the wilderness of the world …"
7) 1787년에 연방헌법을 인준한 13개 주 대다수는 이보다 앞서 주 헌법체계를 먼저 갖추었다. 상세한 내용은 부록을 참조하기 바란다.
8) 예컨대 단일한 성문헌법체계, 다양한 방식의 선거구역 획정에 의한 선출직 구성, 다양한 선출직 임기, 주권재민(popular sovereignty) 등을 들 수 있다.
9) 계약(contract), 맹약(compact), 포고령(ordinance), 헌장(charter), 규약(covenant) 등의 개념상 차이와 역사적 연원 등에 관한 상세한 논의를 참조할 수 있다.
10) 일반적으로 인민의 법령이라고 칭하는 헌법은 창립이나 건국 또는 재건국 등과 연관되며 그 목적은 대체로 다음의 여덟 가지로 나눌 수 있다.
    1. 삶의 방식, 즉 도덕적 가치관, 주요 원칙, 사람들이 목표하는 정의 등을 규정한다.

2. 그러한 삶의 방식을 좇는 공동체의 구성원에 대해 규정한다.
3. 그러한 삶의 방식을 성취하는 데 주요 기제로 작동하는 집합적 결정과정을 구성하는 정치제도, 즉 정부의 형태를 규정한다.
4. 레짐, 국민, 시민권을 규정한다.
5. 레짐의 권위를 제공하는 토대를 정립한다.
6. 정치적 권력을 분배한다.
7. 갈등을 해소할 수 있는 구조를 구상한다.
8. 정부의 권력을 제한한다.

11) 1681년 순례자 법전(Pilgrim Code of Law)이 대표적 사례이다. 본국인 대영제국의 무관심과 신대륙의 열악한 환경으로 인한 피폐한 생활에 반발하며 식민지 거주민들은 가장 자연스럽게 접할 수 있는 종교적 규약에 따라 공동체를 체계적으로 구성하고자 했다. 결과적으로 식민지들 간 지리적·경제적 장애로 인해 상호교류가 그다지 빈번하지 않았음에도 불구하고 종교적 규약이라는 공통의 기반에 근거해 거주민들의 필요에 부응하며 발전한 주 헌법 간 유사성이 높아졌다.

12) 1637년 Providence(현재 로드아일랜드) 협의서가 대표적 사례이다. 이 협의서는 신에 대한 맹세를 대신해서 협의서에 조인하는 피치자, 즉 인민으로부터 계약의 법적 구속력과 더불어 정당성·합법성의 소재지를 확보하는 종교성이 없으나 종교적 규약에 연원을 두는 맹약에 해당한다. "… We whose names are hereunder, desirous to inhabit in the town of Providence, do promise to subject ourselves in active and passive obedience to all such orders and agreements as shall be made for the public good of the body in an orderly way, by the major consent of present inhabitants, masters of families, incorporated together in a Towne fellowship, and others whom they shall admit unto them only in civil things …"

13) 예컨대 1776년 혹은 1777년에 연방헌법보다 앞서 주 헌법체계를 출범시킨 펜실베이니아는 1790년, 델라웨어, 조지아, 사우스캐롤라이나는 1792년에 종교조항을 폐기했으나 뉴저지는 1844년, 뉴햄프셔는 1877년에야 폐기했다. 1961년 *Torasco v. Watkins* 대법원 판결로 메릴랜드가 종교조항을 폐기하면서 비로소 모든 주 헌법에서 종교조항이 사라졌다.

14) "Congress shall make no law respecting an establishment of religion, or prohibiting the free exercise thereof."

15) 그렇기 때문에 최종적 유권해석의 권한을 행사하는 연방 최고대법원이 결과적으로 권리장전에서 보장하고자 하는 개인의 자유를 확대시킬 수도 있지만 반대로 의도적으로 축소시킬 수도 있다.

16) "… no religious test shall ever be required as a qualification to any office or public trust under the United States."

17) *City of Boerne v. Flores*, 521 U.S. 507(1997).

18) *Abington School District v. Schempp*, 374 U.S. 203(1963).
19) *Elk Grove Unified School District v. Newdow*, 542 U.S. 1(2004).
20) *Engel v. Vitale*, 370 U.S. 421(1962); *Wallace v. Jaffree*, 472 U.S. 38(1985).
21) *Rosenberger v. University of Virginia*, 515 U.S. 819(1995); *Agostini v. Felton*, 521 U.S. 203(1997).
22) *Lemon v. Kurtzman*, 403 U.S. 602(1971). 특히 이 판결을 통해 연방 최고대법원은 소위 'Lemon test'를 책정해서 종교계파 학교들에 대한 정부재정 지원이 만약 1) 세속적 목적을 지향하고, 2) 특정종교의 전파나 금지를 결과적으로 도모하지 않으며, 3) 정부기관과 종교기관을 상호간 밀착관계로 발전시키지 않을 경우 가능하다는 판례를 남겼다.
23) *Lynch v. Donnelly*, 465 U.S. 668(1984).
24) 특히 주목할 점은 개신교의 주류에 해당하는 장로교, 감리교, 루터교도 미국적 가치관 정립에 지속적으로 가장 중요한 기여를 해 왔음에도 불구하고 근본주의적 성향의 보수적 기독교 단체들의 정치세력화로 인해 오히려 정치역풍의 피해를 본다는 사실이다.
25) 미국의 정치와 종교 관계의 이중성 또는 양면성을 설명함에 있어 벨라는 '시민종교(civil religion)'를 도입하여 한편으로는 정치와 종교의 밀접한 관계를 수용하고, 다른 한편으로는 이러한 관계에도 불구하고 종교의 정치참여가 토크빌이 경탄했던 것처럼 해악보다는 민주주의의 발전에 기여한다고 주장한다. 토크빌의 미국 내 종교와 정치 관계에 대한 상세한 논의는 de Tocqueville, Alexis, *Democracy in America* ed. by J. P. Mayer(Garden City: Anchor Books, 1966), pp.294-301을 참조하기 바란다.
26) 예외적으로 국내 연구 중 권용립, 『미국의 정치문명』(서울: 삼인, 2003)은 기독교를 정치철학의 관점에서 바라보면서, 종교와 정치의 밀접한 연관성을 종교의 내면적 이해와 기능적 이해를 통해 검토한다.
27) 특히 저자들은 보수적 기독교단체가 자생적으로 근본주의 기독교 신념에 대해 도전을 제기하는 개인, 공직자, 기관 등을 비난하거나 정치적 제재를 도모하는 운동을 주도하였는지의 여부와 단지 그러한 의견을 개진하는 데 그쳤는지의 여부 사이의 차이점을 분명하게 규명해야 한다고 강조한다.
28) 김선욱은 미국의 기독교사에서 종교집단의 정치참여 행태가 18세기 말부터 자유주의와 보수주의로 본격적으로 나뉘어지기 시작했으나 기독교 내 자유-보수 간 갈등은 20세기 초에 표면으로 드러났다고 주장한다.
29) 예컨대 1917년 의회가 제안해서 이듬해 주 의회들이 인준한 수정헌법 18조는 금주를 통치레짐으로 끌어들이는 결과를 초래했으며 수정헌법 21조에 의해 번복되었다.
30) 이선철은 특히 대표적 기독교 우파 이익집단인 "도덕적 다수(Moral Majority)"와 "기독교 연맹"이 대통령선거 때마다 선거의 판도를 바꿀 정도로 결정적 역할을 수행한다

고 주장한다.

31) 물론 낙태, 동성애 및 가족 등에 관한 도덕과 가치관이 정치행위의 결정적 변수로 작용한 경위와 이러한 변환과정에서 종교적 결사체가 정치적 이익집단으로 변신한 과정도 중요하지만 이에 대한 연구결과는 이미 기존에 많이 나와 있으므로 생략한다.

32) 앞서 언급한 대로 토크빌은 구대륙에서는 신앙심이 약한 사람이 무지몽매하다는 인식이 지배적이지만, 신대륙에서는 반대로 신앙심이 돈독한 사람의 인식이 가장 깨어있으며 동시에 진정으로 자유로운 인격체라는 모순을 민주주의에 대한 기여와 연관해서 설명한다. 그러나 동시에 토크빌은 종교와 정치제도, 시의성을 지닌 정치 과제를 연계시키려는 유혹에 대해 경계하면서, 종교의 긍정적 영향력은 민주주의적 삶을 영위하고 공동체의 관습을 고양시킴으로써 정치적으로 구현된 민주주의에 내재된 요동(agitation)과 변덕(mutability)에 휘말려들지 않게 하는 데 있다고 지적한다.

33) Joseph de Maistre, Louis de Bonald 등을 대표적 복고주의 보수주의자로 들 수 있다. 이외에도 체제의 지속성을 위협하는 급진혁명에 대한 해결책으로서 부르봉 절대왕정의 복고와 가톨릭의 프랑스 국교 지정을 주장했던 프랑스 학자로 Francois-Rene de Chateaubriand 등을 들 수 있다. 하츠가 지적하듯이 미국의 건국역사에서 미국식 보수주의의 전통은 지나치게 평가절하 되었다. 미국식 보수주의는 유럽의 근대 보수주의보다 더 확대된 형태의 평등사상을 수용하지만, 이는 법적 평등이나 균등한 기회 제공을 중시한다는 점에서 유럽의 근대보수주의보다 개인의 권리 증대에 초점을 맞춘다. 이러한 미국적 예외주의가 자유주의의 근간을 제공했지만, 동시에 인성에 대한 비관론적 관점을 고수하는 미국식 보수주의는 과도한 자유주의에 대한 우려를 피력함으로써 자유주의와 대치하는 측면을 보이기도 했다. 이러한 이유로 보수주의는 자유주의가 풍미했던 60년대 이후 정치적으로 "틀렸다(incorrect)"는 오명을 뒤집어쓰기도 했다.

34) 구대륙에서도 프랑스 혁명으로 상징되는 개인주의적 성향에 극단적으로 치우친 자유주의의 위험성을 우려한 유럽의 근대 보수주의 창시자인 에드먼드 버크(Edmund Burke)가 있었다. 그는 한편으로는 미국의 독립혁명을 지지하면서도 다른 한편으로는 급진적인 프랑스 혁명을 거부했다. 즉 원칙으로서 자연권이나 인권을 수용하지만 이러한 이념을 정치적 또는 도덕적으로 정당화하는 위험에 대해서는 경고한다.

35) 즉 구체적으로 자유경쟁원칙에 입각한 시장 및 '자본주의적 가치'에 대한 신념의 여부에 따라 경제적 보수와 진보로 나뉘게 된다. 경제적 보수는 개인의 경제활동을 저해하지 않는 범위 내에서 정부의 기능을 인정하므로 '큰 정부'에 부정적이며, 개인의 경제활동으로 얻은 대가는 정부운영을 위해 필요한 세금을 제외하고는 전적으로 사유라고 주장한다. 다만 예외적으로 시대적 상황논리에 따라 군사방위를 목적으로 하는 강력한 정부를 인정하기도 한다.

36) 따라서 신보수주의는 기본적으로 정부 지원의 복지정책에 동의하지만 정부 지원은 개인의 자립능력을 보완해주는 잔여복지로 제한해야 한다고 주장하며, 이 때문에 경제적 보수보다 경제적 진보에 가깝다고 평가된다.

37) 이봉희는 이러한 신보수주의자들, 특히 레이건 정권의 탄생을 가능하게 한 노력을 "현대정치에서 찾아보기 드문 정치예술의 창작"이라고 평한다.

38) 특히 이러한 우경화 현상은 대통령선거 시 투표행태에서 유독 두드러지게 나타나지만 중간선거에서는 혼재되어 나타나는 경향이 있다. 더불어 보수적 종교집단의 정치참여는 종교집단의 특성에 따라 복합적 양상으로 나타난다. 예컨대 종교집단의 조직이 위계질서에 근간을 두는 가톨릭의 경우, 종교적으로 열성적일수록 정치적 참여도가 낮아지는 경향이 있다. 또는 종교집단 내 치밀한 사회적 네트워크는 종교 이외에 정치참여에 대한 관심이나 시간 및 재정기여도를 낮추는 효과를 발생시킬 수 있다. 결과적으로 종교와 정치참여의 상관관계는 보완하는 요소와 대치되는 요소가 어떻게 작동하는지에 따라 결정된다.

39) 특히 유성진은 2000년 선거에서 최후의 승자인 부시가 중간층의 유권자들을 포섭하는 기존의 선거 전략이 아닌, 보수주의 세력을 결집해서 공화당의 지지기반으로 끌어들이는 데 성공한 새로운 선거전략을 구사했다고 평가한다. 사회적 보수주의를 토대로 가치갈등 이슈를 강조하여 보수층의 응집력을 투표행태에서 표출하도록 유도하는 선거 전략은 2004년 재선에서도 다시 확인되었다.

40) 종교와 정치참여가 불가분의 관계로 정착한 1980년대 공화당 우파의 지지 기반이 된 대표적 기독교 우파 이익집단으로 "도덕적 다수(Moral Majority)"를 들 수 있다.

41) 당시 부시 행정부 혹은 의회가 주창하는 테러와의 전쟁에 대한 지지율은 각각 89% 또는 78%에 달했다.

42) Pew Research Center 2004. 그러나 반면에 대통령선거를 제외하고 종교 내 균열구조에 따라 정치참여가 극명하게 대립적으로 나타나는 현상이 점차 감소하고 있다는 반론도 있다.

43) 보수 종교집단과 보수 정치세력이 공화당의 핵심 지지기반을 형성하며 결집하자 이에 위협을 느낀 진보세력들이 민주당으로 모이는 반동적 양상을 소위 '문화전쟁(cultural war)'으로 규정하는 움직임에 대해 반론을 제기한다.

44) 역사적으로 복음주의 기독교 목사들은 무신론을 근간으로 하는 공산주의를 반대했기 때문에 기독교 우파를 중심으로 전개된 국가구원(National Salvation)운동을 통해 '뉴딜 이전의 미국(pre-New Deal America)'으로 되돌아갈 것을 촉구했다. 이러한 도덕주의 운동은 궁극적으로 좌경화와 세속화를 저지함으로써 빈민, 범죄자, 마약중독자, 동성애자 등으로부터 미국을 구원하여 청교도, 애국시민, 중산계급을 중시하는 원래의 미국으로 되돌리자는 복고주의적 성향이 강한 사회운동이었다.

45) 1950년대에는 감리교, 루터교, 장로교, 감독주의 교회 등을 포괄하는 주류가 기독교인의 60%를 구성했고 1970년대에 이르러서는 기독교인의 다수를 차지하기도 했으나 1990년대에는 40% 수준으로 감소했다.

46) 이 배후에는 보수 정치가들의 당선을 도모하기 위해 선거자금을 모으고, 유권자들을 설득시키는 제리 포웰 목사가 이끄는 도덕적 다수(Moral Majority), 팻 로버트슨(Pat

Robertson) 목사가 이끄는 기독교연합(Christian Coalition), 존 해럴(John Harrell)에 의해 조직된 기독교애국안보연맹(CPDL) 등 조직이 활발하게 활동하고 있었다.

47) 1968년 독수리 포럼(Eagle Forum) 이후 1971년 미국보수주의협회(American Conservative Union), 1977년 가정중심(Focus on the Family), 1979년 도덕적 다수(Moral Majority)와 전통적 가치연합(Traditional Values Coalition), 1982년 연방주의자 사회(Federalist Society), 1983년 가족연구이사회(Family Research Council), 1989년 미국기독교연합(Christian Coalition of America), 2001년 미국적 가치(American Values) 등 여러 사회적 보수주의 단체가 속속 창설되었다.

48) 혹자는 심지어 이러한 과격성으로 인해 이들을 이슬람 근본주의자와 동등하게 간주하기도 한다. 실제로 사회적 보수주의를 근간으로 하는 정치적 계파 중에는 이슬람 근본주의도 포함되어 있다.

49) McCarty 외 저자들은 "Where Have You Gone, Mr. Sam?"에서 민주당과 공화당 의원들의 이념간극이 심화되면서, 특히 공화당의 지지기반이 우경화되면서 깊어진 불평등에 대한 해법을 둘러싸고 의견차를 보였다고 본다. 그들은 2000년 대선과 2004년의 대선을 거치며 불거진 정치적 양극화 현상에도 불구하고 당분간 미국의 통치레짐은 다원주의에 기반을 둔 안정된 민주주의를 유지하겠지만, 문제는 정치적·경제적 위기상황이 돌발적으로 발생할 때 미국의 취약성이 노출될 수 있다고 경고한다.

50) 특히 정치적 양극화로 분열된 미국 사회를 치유하기 위한 오바마 대통령의 행보를 경제공황을 극복한 루스벨트 대통령이나 남북전쟁을 종결한 링컨 대통령의 재건 노력에 비유할 수 있다. 그러나 동시에 공화당의 실정을 질타하며 집권한 민주당 대통령의 공공정책에 대해 대립각을 세우며 비판하는 공화당의 반론이 자칫 위기를 정치적으로 활용하여 국론의 분열을 가중시키는 시나리오도 예상해볼 수 있다.

51) 1950년대 냉전이 고착되면서 미국의 사회기반을 위협하는 공산권의 확대나 그 추종세력의 침투를 방지하거나 색출하려는 매카시즘(McCarthyism)이 대표적인 반공주의 열풍이다.

52) 예컨대 가치갈등 이슈를 주요 정치쟁점으로 공론화하는 데 성공했지만, 정치의 무대로 진출한 종교집단이 공세적으로 선거유세를 도운 정치후보가 패하는 사례도 발생하는 등 정치세력화 측면에서는 엇갈린 평가가 나온다. 결국 2008년 대선 당시 유권자로부터 얻은 낮은 점수의 정치성적표로 인해 한편으로는 보수 기독교 지도부의 내분이 일어나 정치세력으로서의 결집력이 감소될 가능성이 높다. 다른 한편으로는 보수 종교집단과 우파 이익집단의 도움으로 공화당의 재편성이 가능해졌지만, 공화당 지지층의 주류가 사회적 보수주의 가치관을 수용하는 공통점 외에는 달리 유사성이 없는 보수 종교집단과의 불편한 동거에 불만을 제기하면서 공화당 지도부 내에서도 분열조짐이 가중된다.

53) 예컨대 복음주의 기독교인들의 정치참여 확대와 관련하여, 그 배경에는 소속교회를 중심으로 하는 신앙에 근거한 결집력이 정치적 동원으로 이어졌는지 아니면 소속교회를 중심으로 넓게 형성된 연계망을 통해 가치갈등 이슈를 주요 쟁점으로 부각시키

며 정치판도에 결정적 영향력을 행사했는지에 대한 구별이 필요하다. 다수의 연구결과가 기독교 내 계파를 준거로 삼아 복음주의 기독교인들의 지지기반 확대를 강조하는 반면, 오히려 복음주의 기독교인들의 치밀한 정치적 동원이 역으로 주류 보수 기독교인을 포함한 일반 공화당 지지층의 불안을 고조시키는 부작용을 낳는다는 주장도 있다.

54) 또는 계파가 다름에도 불구하고 정치참여에 있어서 수렴되는 양상을 띤다고 주장하는 학자도 있다. 플로이드는 노스캐롤라이나 주 샬롯 시의 성 프란시스 통합감리교회, 오하이오 주 델라웨어 시의 콘코드 장로교회, 텍사스 주 휴스턴 시의 제이 침례교회, 그리고 뉴욕 주 브룩클린 시의 파크 슬로프 통합감리교회의 신도들을 대상으로 한 설문조사에 근거해 종교계파와 정치적 입장의 피상적 관계를 설정하는 일부 연구의 결과를 정면으로 반박한다.

55) 예컨대 흑인 신교도의 공화당 지지율과 복음주의 신교도의 공화당 지지율 간의 극심한 간극은 극단적인 경우 두 집단의 정체성과 밀접하게 연결된 가치관이나 규범에 대한 가치 판단으로 이어져 극렬한 대립을 야기할 수 있다.

56) 이러한 재구성을 통해 신보수주의가 사회적 보수주의의 도덕적 가치관을 바탕으로 정치무대의 중앙에 등장하게 되는 정치적 성공담을 엮어낼 수 있다.

57) 오히려 과도하게 강압적인 선거유세에서 근본주의 종교집단은 공화당의 핵심 지지층과 유리된 정치의견을 노출시켜 공화당의 주류 지지층과 멀어지는 극단적 일화도 종종 들을 수 있다. 또한 공화당의 주요 정치의제에 대한 의견차가 극도로 벌어지는 것에 대해 공화당 내 근본주의 종교집단과의 연립에 대한 우려도 커졌다.

58) 제반시설이 열악한 공립학교 구역에 거주하는 학령기 자녀를 둔 학부모들에게 정부예산으로 지원하는 바우처(voucher), 일종의 쿠폰을 나눠주어서 보다 우수한 사립학교에 등록할 때 발생하는 차액을 보완하도록 허용하자는 보수단체들의 제안이 주요 골자이다. 이 경우 기도나 종교적 교습을 주요 교과목으로 채택한 종교성이 강한 학교에 공적자금이 투입되면 이는 수정헌법 1조를 위배할 소지가 있다. 재정상황이 불량한 교회부속 학교의 입장에서는 정부예산으로 지원하는 바우처를 부족한 재원으로 활용할 수 있기 때문에 이 매력적 재원을 어떻게든 확보하려 한다.

제4장

교육복지와 미국 연방주의

I. 서론

'이민자 국가'로 불리는 미국에서 다양한 출신의 국가 또는 민족의 지표는 바로 구성원이 사용하는 언어다. 흥미로운 사실은 미국의 공용어가 연방 차원에서는 공식적으로 존재하지 않으나, 주 정부 차원에서는 수직적 권력분립을 통치질서로 채택한 연방체제에 부합하듯이 다양하다는 점이다. 수도인 워싱턴 DC를 비롯한 22개 주에서는 연방과 마찬가지로 공식적 공용어가 없지만 나머지 28개 주에서는 영어를 공용어로 지정하고 있다.[1] 또한 5세 이상 전체 인구 중 가정에서 영어 이외의 언어를 사용하는 비율이 2011년 인구통계조사 결과 국가 전체 평균으로는 20.8%였지만, 10%에도 못 미치는 주가 25개 내외인 반면 국가 전체 평균보다 웃도는 주는 10개 내외였다.[2]

대체로 민족이나 언어의 동질성이 작을수록, 교육 및 교육복지 체계는 이러한 이질성을 반영하기 위해 연방사회와 연방체제 간 간극을 줄이려는 비대칭적 연방주의로 발전하는 경향을 보인다. 반대로 민족이나 언어의 동질성이 클수록, 교육 및 교육복지 체계는 사회구조에 그다지 예속되지 않고 정치 질서를 정립하는 대칭적 연방주의로 발전한다. 그러나 미국은 민족·언어의 동질성이 크지 않음에도 불구하고 대칭적 연방주의로 발전했고, 그 부산물로서 헌법에도 명시되지 않은 교육 권한이 비록 제한적이기는 하지만 점차 연방정부로 이전하는 양상을 보인다.

사실 미국 연방헌법은 수직적 권력분립에서 교육 권한의 소재지에 관해 함구하고, 다만 수정헌법 1조와 10조에서 주 정부의 통제와 종파 중립적 공립학교를 보장하는 데 그친다. 그 결과 양질의 교육을 제공할 사회적 필요에 대한 공감대가 형성되었음에도 불구하고 교육 권한을 근본적으로 개인의 자유와 연계하는 인식이 팽배하다. 특히 공교육에 관해서도 연방정부가 지방정부와 주 정부의 의도를 무시하고 보편적 교육 체계를 강요하는 것에 대한 반발이 심각하다.[3] 4장에서는 이러한 좁은 의미의 제도 중심적 관점에서 벗어나 연방체제와 연방사회 간 합치(congruence) 여부에 초점을 맞춰 연방주의가 어떻게 구체적으로 구현되는지를 조명하고자 한다. 구체적으로 공식적 제도에 근거한 연방체제와 영토에 근거한 다양성이 표출된 사회구조를 가리키는 연방사회가 불합치할 경우 어떠한 결과가 초래하는지 검토하고자 한다. 이러한 맥락에서 교육 및 교육복지는 지역 간 사회경제적 차이가 연방제 운용에 어떻게 영향을 주는지를 설명하는 데 적합한 사례이다.

주지하듯이 연방주의(federalism)란 용어는 맹약(compact)을 의미하는 라틴어(*foedus*)에서 유래되었다. 즉 연방주의는 결사체에 자발적으로 참여하는 구성 집단 간에 결성한 정치적 맹약에 근거하여 맹약 당사자들 사이에 공유된 주권(shared sovereignty)을 인정하는 연합체를 유지하는 통치원칙을 가리킨다. 이를 구현한 정치체는 일찍이 스위스 연맹이나 네덜란드 연합체에서도 찾아볼 수 있으나, 의도적으로 중앙 정부에게 직접적 통치 권한을 부여한 정치체는 미국이 최초이다. 그럼에도 불구하고 미국에서조차 통치원칙으로서 연방주의는 강력한 정치조직을 정립하는 데 미흡한 과도기적 조치

로 치부되는 경향이 2차 세계대전 종료 때까지 지속되었다(Erk 2010: 3).[4]

이에 4장은 연방주의를 작동시키는 주요 동력으로서 사회적 요인, 보다 정확하게 민족·언어적 동질성에 일차적으로 초점을 맞춰 교육 연방주의의 정치사회학을 비교하고자 한다. 우선 안정된 연방국가 7개국을 사례로 선정하여 사회적 구조가 한편으로는 타집단과 구분되는 분층으로 표출되기도 하지만, 다른 한편으로는 집단 내 분열을 초래할 여타 사회적 여건을 극복하고 내부 결집력을 증대하는 기제로도 활용되는 실제를 대조한다. 아울러 이러한 집합적 정체성의 결성에 기여하는 교육 및 교육복지가 수직적 권력분립의 기반을 저해함으로써 연방체제의 불안정을 초래할 가능성이 있음을 미국의 교육복지 연방주의 발전사를 통해 살펴보고자 한다.[5]

II. 교육 연방주의의 이론적 틀에 관한 일고(一考)

어크(Erk)는 정치적 권한과 사회적 권한 간 합치가 큰 국가일수록 안정적 민주주의 체제라고 주장한 엑스타인(Eckstein)을 인용하며, 연방주의 연구에서는 엑스타인과 유사하게 공식적 제도에 국한된 분석을 경계해야 한다고 경고한다.[6] 그리고 경직된 제도주의의 취약점을 극복하려면, 공식적 제도로서 연방주의를 표명한 연방국가라도 그 기반이 되는 사회 구조와 무관한 비연방(non-federal) 사회의 요소에 특히 유의해야 한다고 주장한다.

왜냐하면 사회 이질성을 정치적으로 표현하려는 요구와 이를 저지하려는 공공정책 간에 충돌이 발생해 민주주의 체제의 불안정이 발생할 수 있기 때문이다. 구체적으로 단일국가의 개헌과 비교했을 때, 연방주의 헌법 개정 작업은 권력구조와 통치 질서로서 수직적 권력분립을 천명하기 때문에 개헌 과정이 훨씬 복잡하다. 따라서 연방체제와 연방사회 간 불합치는 곧 법률상 연방주의 헌법과 사실상 연방주의 실행 사이의 불일치, 즉 공공정책 분야에

〈표 4-1〉 연방제 간 정부-사회 구성 비교

		미국	스위스	벨기에	캐나다	오스트리아	독일	호주
사회 동질성		아니오				예		
권력구조		권한 분산	권한 융합					
헌법	명시 권한	연방의회	연방정부 일부 주 정부 일부	주 정부 (비대칭)	주 정부 (일부 비대칭)	주 정부	연방정부	
	잔여 권한	주 정부	연방정부			주 정부		
	입법	권한 위임 부재	권한 위임		권한 위임 부재		권한 위임	
조세	관세	공동(연방 우위)	연방정부	공동	연방정부	연방정부	연방정부	
	법인	공동	연방 + 주 정부		연방 + 주 정부		공동	
	소득							
	판매		연방정부					
	재정 조정	헌법상 부재	연방정부			헌법상 부재	연방 + 주 정부	헌법상 부재
교육	초등 중등	주 정부	공동 (주 집행)	주 정부 (언어 공동체)	주 정부 (연방법 보완)	연방 + 주 정부	주 정부	
	상급		연방우위 주 집행			연방정부	공동 (주 집행)	연방 + 주 정부
사회 정책	실업 보험	연방 + 주 정부	공동(연방 입법- 주 집행)	연방정부	연방정부	연방정부	공동	
	급여 보장	헌법상 부재	공동(연방 우위)		연방 + 주 정부			공동
	복지 사업	주 정부 (실제 연방정부)	공동(연방 입법- 주 집행)	주 정부 (언어 공동체)	주 정부 (실제 연방정부)	주 정부	공동(연방 입법- 주 집행)	
	연금	공동		헌법상 부재	공동 (비대칭)	연방정부		

출처: Watts(2008), Appendix A 일부와 Erk(2010)의 내용을 축약해 재정리함

서 드러나는 정치적 선택 간의 불일치로 나타나기 마련이고, 이는 궁극적으로 체제 불안정으로 비화될 가능성이 크다. 4장은 연방주의를 이해하는 데 있어서 헌법상 명시된 제도적 구조에 초점을 맞추는 이론 틀을 보완하는 정치사회적 접근을 제시한다.

그렇다면 연방체제와 연방사회의 합치(congruence) 여부를 판단하는 기준은 무엇인가. 〈표 4-1〉은 미국, 스위스, 벨기에, 캐나다, 오스트리아, 독일, 호주 등 연방국가 7개국을 대상으로 사회 동질성 여부, 수평적 권한분산 여부 및 헌법상 권한 명시, 입법 권한 위임 여부, 유형별 세수 권한, 등급에 따른 교육 권한, 항목에 따른 사회정책 권한 등을 비교한다. 사회 동질성 중에서 집단 내 민족·언어적 동질성은 집합적 정체성을 형성하는 주요 요인으로, 스위스, 벨기에, 캐나다 등 복합국가에서는 언어 공동체를 존중하지 않는 민주주의적 대변은 무의미하다. 언어는 공적 영역에서 심의를 가능하게 하는 기제이고 그 자체가 공공 토의의 대상이 되기 때문에 정치 공동체의 경계선을 규정하는 효과를 낳는다. 만약 민족·언어적 구획에 합치하는 공식적 제도가 채택되면, 종교나 경제 계급, 심지어 정치 이념도 이 사회적 구획에 흡수되어 그 공동체에 근거한 민의의 대변이 가능해진다. 결국 민족·언어적 구획에 기반을 두는 연방사회는 이를 제도화하는 연방체제로 합치된다고 예측할 수 있다.

복합연방국가와 대조적으로 오스트리아, 독일, 호주는 민족·언어적 동질성이 높다. 이러한 사회적 동질성은 자칫 지배적 종교나 경제 계급, 정치 이념에 근거해 새로운 사회적 구획으로 부각될 위험성을 안고 있다. 특히 높은 사회 동질성을 근거로 연방정부의 개입이 강화되어 교육 및 교육정책을 주도하고 보편적 국가 교육 체계를 정립하는 경우, 새로운 소수 집단의 이질성을 배척하는 부작용을 초래할 수 있다. 결국 경우에 따라서는 완벽한 합치가 오히려 극소수 집단에게 단일화를 강요하는 역효과를 가져올 수도 있는 것이다. 구체적으로 오스트리아는 세수 권한뿐 아니라 복지를 제외한 모든 사회정책과 교육 권한을 연방정부에게 부여한다. 특히 교육 권한에 대해 헌법이 침묵하기 때문에, 시민의 대다수가 가톨릭인 사회구조를 바탕으로 종교가 교육에서 주도적 역할을 수행했다.7) 그 결과 새로운 이주민 집단인 무슬림에게 보편적 국가 교육 체계를 강요하려는 대중영합 정당의 강령이 대다수 유권자에게 지지를 받는 양상을 보인다.

국가 교육체계를 연방정부에게 위임한 오스트리아에 대조적으로 독일은 주 정부 간 협의를 통해 독일어 중심의 교육 체계를 수립했으나 교육복지와 직결되는 초중등 교육 권한은 전적으로 주 정부에 위임했다.8) 따라서 주 정부와 그 협의체는 연방정부에게 보편적 교육 체계를 주도할 수 있는 권한을 주는 데 대체로 긍정적이었다. 그러나 공식적 제도가 동질적 사회구조를 반영하지 않자, 정책결정자가 자발적으로 사회구조의 동질성에 수렴하는 교육 체계를 도입하는 방향으로 선회하는 결과를 가져왔다. "단일 민족, 단일 국가"를 주창한 호주는 오스트리아나 독일보다 훨씬 사회 동질성이 높은 탓에 연방제를 유지하는 이유에 대한 논란마저 빈번하다(Erk 2010: 92-3).9) 결국 독일과 마찬가지로 동질적 사회구조를 반영하지 못하는 헌법의 한계를 극복하려는 공통점을 지니지만, 호주는 독일과 달리 연방정부가 주 정부를 설득하여 단일한 국가 교육 체계에 동참하도록 유도했다. 즉 독일이나 호주의 경우, 교육정책의 수렴을 주도한 정부 단계는 다르지만 교육에 관한 한 동질성을 지향하는 연방사회에 합치하는 통합된 교육 연방체제를 구현하고자 했다.

입법과 집행 권한의 융합에 근거한 의원내각제를 채택한 비(非)미국식 연방주의는 "집행 연방주의(executive federalism)," 즉 정부 단계간 관계에서 집행부를 이끄는 집권 정당이나 집권 연립이 정당 강령에 충실하게 정책 이슈를 결정하는 양상을 보인다(Watts 2008: 89). 따라서 독일, 호주, 캐나다를 포함해 오스트리아와 벨기에의 경우 교육과 교육복지는 사회 구조의 복합성 또는 동질성을 반영하는 형태로 나타난다. 이와 대조적으로 스위스는 직선 하원의 정당별 분포에 의거한 공식에 따라 집행부 연대를 구성한다. 또한 연방과 주 의회 간 의원 겸직을 허용해 교육과 교육복지에서 한편으로는 주 정부의 관할구역을 인정하고, 다른 한편으로는 주 정부의 승인하에 연방정부가 주 정부와 별도로 상급교육에 관해서는 종교의 구속으로부터 자유로운 교육과 연구 체계를 정립함으로써 절충된 교육 연방주의를 구현한다(Erk 2010: 82-85). 따라서 스위스식 연방주의는 연방사회를 완벽하게 반영하는 교육과 교육복지의 필요성을 인지하고 있음에도 불구하고, 공식적으로 차별된 교육 체계를 인정하면 균등한 교육과 교육복지의 제공을 저해할 수 있다는 부담을 동시에 껴안고 있다.[10] 즉 스위스는 연방사회와 연방체제의 합치로 인한 부작용을 인지하고 있기 때문에 교육에 관한 한 절충을 모색한다.

미국은 다른 연방주의 국가와 비교해도 예외적이다. 다층적인 정책결정 과정으로 인해 개헌이 어려운 연방주의의 속성 때문에, 연방체제에서는 흔히 융통성과 조정을 도모하는 기제로서 정부 단계간 권한 위임이나 유보(opt-in 또는 opt-out) 조항이 있다. 그러나 미국 연방헌법은 유보 조항이나 입법 권한 위임을 금하고 있으며, 그 대신 광범위한 공동 관할구역(concurrent jurisdiction)을 설정해 공동권한(concurrent powers)을 적극 활용할 수 있는 경로가 있다. 미국은 바로 이 공동권한을 활용해 지방, 주 및 연방정부가 교육과 교육복지에서 재정 연방주의를 입법 연방주의로 연계시키는 소위 바둑판 모양(marble-cake)의 연방체제의 특징을 지닌다.

또한 연방사회 측면에 있어서도 미국은 사회 동질성에서 특이하게 민족적 이질성이 높지만 언어적 이질성은 세대가 지날수록 낮아지는 경향을 보였다. 이는 한편으로 이민자 집단을 융화시키려는 공교육의 성과이기도 하지만, 다른 한편으로 낮은 사회 동질성을 극복하고 인위적으로 국가 정체성을 각인시키려는 건국 과정의 결과물이었다. 구체적으로 미국의 교육과 교육복지 연방주의는 다음의 두 가지 특징을 보인다. 첫째, 건국 이전부터 존립한 지방교육구역의 교육 권한을 인정하면서도 주 의회는 이를 통제하기 위해 노력했고, 그 결과 주 정부 주도의 교육 체계가 이어졌다. 둘째, 교육 권한에 관해 연방헌법이 함구함에도 불구하고 연방정부는 인종을 포함한 각종 차별 철폐를 명령하는 사법부 판결을 실행에 옮기고 연방재원으로 지원하는 프로그램을 규제하는 등의 노력을 계속하였다(Wright 2006).

그 결과 미국의 교육과 교육복지의 통제를 둘러싼 지방, 주 및 연방정부 간의 경합은 건국부터 현재까지 지속되고 있다. 따라서 최종 담판은 종종 정당 간 경합에 의존한 선거 유세를 비롯해 정치과정에서 드러나는 경향을 보인다. 또한 이는 입법부와 집행부 사이의 견제와 균형에 의해 작동하는 대통령제를 채택한 미국식 연방주의의 특징이기도 하다. 바로 그러한 연유로 민의 대변의 장(場)으로 대통령선거와 의회선거가 다층적으로 활용된다(Robertson 2012: 8-9).[11] 그렇다면 연방국가와 연방사회의 연결고리 여부를 드러내는 교육과 교육복지의 연방주의에서의 공통점은 무엇인가?

연방주의를 통치 원칙으로 채택하는 모든 연방제는 세 종류의 관할권 위반(transgression) 문제를 해결하는 안전장치(safeguard)를 구축해야 한다. 베드나(Bednar)는 이러한 역학을 "연방주의의 삼각형(triangle of federalism)"으로 명명한다.[12] 구체적으로 연방정부의 주 정부 관할구역 침범(encroachment), 주 정부의 연방정부 명령 이행 태만(shirking), 그리고 주 정부 간 외부효과(externality)를 떠넘기는 세 가지 유형의 편의주의(opportunism)가 존재하며, 이러한 세 가지 경로를 통해 주와 연방정부, 또는 주 정부 간의 편의주의적 도발이 가능하다. 이 도발이 관할권 위반을 야기하지 않도록 강구하는 기제가 안전장치이며, 베드나는 온건한(mild) 형태의 구조적, 대중적, 정치적, 사법적 안전장치가 중복되어 작동하면 강건한 연방제(robust federation)가 정립된다고 주장한다(Bednar 2009: 191-195). 더불어 베드나는 낮은 수준의 편의주의적 도발은 상이한 선호도를 각인시켜 혁신을 가능하게 한다고 덧붙인다. 따라서 "완벽한 일치"는 연방주의를 통치 원칙으로 채택한 정치체제에게는 "바람직하지 않으며" 나아가 "과도한 공동 정체성은 장기적으로 연방제에 위해를 가할 수 있다"고 강조한다.

베드나가 제시한 "연방주의의 삼각형"과 어크가 사용한 연방주의의 정치사회학적 접근법을 연계하면, 다음과 같은 교육 연방주의의 이론적 틀에 관한 비교 분석이 가능하다. 첫째, 명시된 권한, 삼권분립 및 견제와 균형, 양원제, 정부 단계 간 관계조정 등 구조적 안전장치는 연방정부 단계에서 거부권 행사자의 수를 늘려 연방정부의 주 정부 관할구역 침범을 방지할 수 있다.[13] 그러나 주 정부의 연방정부 명령 이행 태만이나 주 정부 간 외부효과를 전가하는 도발 행위는 방지하기 어렵다. 연방사회를 완전하게 반영하는 연방체제를 선호하지만 전적인 도입을 주저하는 스위스의 교육 연방주의가 이에 해당한다고 볼 수 있다. 또는 재통일을 통해 연방사회보다 연방체제를 앞세운 독일의 교육 연방주의의 경우, 교육 연방주의의 역사적 유물을 보존하려는 관성에서 자유롭지 못한 양상을 보인다.

둘째, 불충분한 구조적 안전장치를 보완하는 조치로서 대중적 안전장치는 정부에 대한 민중의 규제를 의미하지만, 유권자에게 주와 연방정부의 권한 영역에 대한 감시 업무를 맡길 경우 정보 부족 또는 사욕(self-interest)에 의한 정보 편향성의 문제가 발생되는 만큼, 그들이 자신들의 역할을 수행할 것으로 기대하기 어렵다.14) 민족·언어 동질성이 높지만 건국 이전부터 거주한 선(先)주민 소수집단과 근래 폭증하는 이질적 신이주민 집단을 완벽하게 반영하지 않는 비연방사회를 전제한 지엽적 연방체제를 유지하는 호주의 불완전한 교육 연방주의가 대표적이다. 제국의 소멸로 대부분의 영토를 상실한 오스트리아의 배타적 교육 연방주의도 이에 포함된다고 볼 수 있다.

셋째, 정치적 안전장치는 원론적으로 편협한 사욕을 극복하는 기제다. 즉 정당 조직에 의존해 유권자의 의견을 수렴·대변하는 정치인을 정강으로 결속시킴으로써, 소모적 편의주 도발을 차단하고 각 정부 단계의 잠재적 통치능력을 극대화시키는 것이다. 그러나 연방과 주 정부 간 극도로 분화된 정당제도는 역으로 지역에 한정된 사욕을 조장해 국가 전체에 위해를 가할 수도 있다. 하나의 국가 안에 둘 이상의 민족 운명공동체를 상정한 연방사회의 요구에 무력한 연방국가 캐나다의 교육 연방주의는 균등하지 않은 정치적 안전장치의 작동으로 인해 비대칭적 정책 집행을 고착화시키는 폐단을 낳는다. 유사한 맥락에서 벨기에의 교육 연방주의도 이에 해당하지만, 오히려 민족·언어 공동체에 위임한 권한을 연방정부가 번복할 수 있는 강력한 재정 집중화가 함께 나타남으로써 연방주의의 변칙(anomaly)적인 모습을 보여준다.

마지막으로 사법적 안전장치는 헌법에 대한 유권해석을 통해 권력분립의 임계치(threshold)를 설정할 수 있는 권한을 부여받지만, 사법부 이외 입법부나 집행부에 의존해야 징계를 실행할 수 있다. 더구나 사법부 구성원의 임명과 인준은 분점정부인 경우 특히 정치권의 영향력에 과도하게 노출되기 때문에 단독으로 편의주의 도발을 방지하는 데는 역부족이다.

미국의 교육 연방주의는 민족·언어적 이질성이 높은 이민국가의 장벽을 극복하고 국민국가를 건설하기 위한 영어 중심의 교육 체계에 대한 국민의 열망을 지방, 주 및 연방정부가 온전하게 담아내었다. 그러나 동시에 교육과 교육복지의 권한 영역에 관해서는 정부 단계 간 또는 주 정부 간에도 대립각을 세우고 편의주의를 도발할 기회만 노리는 형국이 지속되었다. 특히 사법적 안전장치를 원론적으로 중시하지만, 상황에 따라 급변하는 정치적 안전장치 및 구조적 안전장치, 그리고 직접민주주의 요소를 갖춘 주의 교육 체계가 문제가 되는 경우 대중적 안전장치까지 연대하여 오히려 연방정부의 보조금을 확보하려는 역주행이 나타나는 경우도 발생했다.15)

사법적 안전장치는 특히 주 정부 간에 외부효과를 전가하려는 유혹을 차단하는 데 효과적이라고 평가받는다. 그러나 이는 바로 연방정부의 이해관계와 직결되는 사안이기 때문에, 연방정부의 주 정부 관할구역 침범이나 주 정부의 연방정부 명령 이행 태만을 방지하는 데 역부족이라는 비판을 받기도 한다. 다음 절에서는 이처럼 예외적인 미국의 교육 연방주의가 전개되는 발전과정을 추적하며, 중복되어 작동하는 안전장치를 갖춘 정치체로서 견고한 연방주의를 제고하려는 노력이 좌충우돌과 시행착오로 점철되었던 일면을 그려내고자 한다.

III. 미국 교육 연방주의의 발전사[16]

건국 시조는 "진정한 의미에서 자유롭고 자치가 가능한 공화국"을 유지하기 위해 필요한 교육 체계에 대한 다양한 구상을 제시했다(Pulliam and van Patten 2013: 124).[17] 예컨대 매디슨(James Madison)은 공립 교육기관 구축과 유지를 위한 연방정부의 세금 징수를 주장한 반면, 제퍼슨(Thomas Jefferson)은 균등한 교육기회 제공을 위한 지방과 주 정부의 역할을 강조하며 매디슨과 대조적 주장을 펼쳤다. 건국 시조들은 건국 당시부터 교육에 관한 연방사회를 반영하는 연방체제를 제도화하는 데 있어서, 다양한 민족·언어 구조를 반영하기보다는 통합된 국가 정체성을 창출하는 연방체제를 선호했다. 하지만 이와 동시에 연방정부의 일방적 권한수행을 경계하는 주 정부의 의구심을 해소하기 위해 절충적인 형태로 교육 제도를 구비했다. 건국 시조는 지식 습득의 중요성에 대해 공통적으로 공감했지만, 교육권한에 관해서는 이견을 보였다. 구체적으로 학교 감독체계와 교사 양성 기관 수립의 필요성에는 공감했지만, 연방정부의 교육 권한은 교육기관 부설 토지 확보에 제한되어야 한다는 정도에 그쳤다.[18] 미진한 연방차원의 교육 권한과 대조적으로 독립 당시 13개 주의 절반이 넘는 7개 주는 이미 주 헌법에 교육 권한을 명시했다. 더불어 루이지애나 매입으로 새로 연방에 영입된 대다수의 주들도 교육에 관한 언급을 헌법에 명시하거나 교육기관 체계를 법제화했다. 그 결과 주 헌법은 교육 권한을 명시하고 주 의회에게 교육에 관한 입법 권한을 위임한 반면, 연방헌법은 교육 권한에 대해 침묵하는 대조적 양상을 보였다.

이렇듯 연방정부의 교육권한을 강경하게 부인한 주 정부의 교육 체계 정립 노력은 자금 부족 등 여러 이유로 지체되다가 1830년대가 되어서야 비로소 형태를 갖추기 시작했다(Pulliam and van Patten 2013: 134).[19] 사실 건국 당시에 연방이든 주 정부든 정부는 모든 사람에게 교육 권한을 부여할 의무를 지닌다고 상정되지 않았다. 오히려 교육권한은 일차적으로 학부모나 사설 기관, 그리고 종교 기관에게 주어진다고 상정되었기 때문에, 교육의 질, 특히 교사의 자격은 정부의 규제 대상이 아니었다. 따라서 교육 기관을 운영하기 위한 재원을 마련하는 데 있어서 세금 징수에 대한 반발이 클 수밖에 없었고, 결과적으로 소액의 사례비에 의존하는 열악한 교육 체계가 산발적으로 운용되었다(Pulliam and van Patten 2013: 147).[20] 특히 주 정부보다 지방정부 차원에서 교육 기관 지원을 목적으로 지방구획에 따른 세금 징수를 추진하고 주민의 동의를 이끌어내는 데 주력했다. 결국 19세기 전반까지 교육에 관해 다양한 연방사회를 충실하게 반영하는 연방체제가 구축되었다.

이후 펜실베이니아 주는 최초로 학교세 징수를 반대하는 가톨릭계와 독일어 상용 농부들의 저항을 극복하고 세법을 제정하는 데 성공했다. 또한 법 제정 이후 이를 번복하려는 주 상원의 시도를 물리치고 1834년에 마침내 무상 공립학교 법안을 통과시키는 데 성공했다.[21] 이후 매사추세츠 주를 포함해 다수의 주가 펜실베이니아의 무상 공교육 체계를 도입하기 시작했다. 더불어 이전에는 관심의 대상이 되지 못한 교육 내용의 보강과 체계적 교사 양성의 필요성, 그리고 학년제 도입 등 주 정부가 주도적으로 교육 체계를 정비한 결과, 남북전쟁 발발 이전까지 절반에 이르는 주 정부가 사설기관이나 지방정부를 대신해 교육 기회의 주요 제공자로 부상했다.

이와 대조적으로 교육 권한에 있어 연방정부는 교육 목적에 한해 주 정부에게 연방소유지를 최초로 양도한 1785년 북서 포고령을 공표한 이후, 남북전쟁 기간 중 1862년에 다시 모릴(Morrill)법을 제정해 대학 설립을 목적으로 토지를 공여하는 등 소극적 역할 수행에 그쳤다(Pulliam and van Patten 2013: 153).[22] 더불어 스미스-휴즈 법안을 제정해 직업 훈련을 포함한 특수 목적의 교육 기관을 설립하는 등 19세기 말까지 농부나 지방 거주자를 위한 교육 기관도 설립했다. 결국 19세기는 남북전쟁으로 인한 피해 복구와 산업혁명에 필요한 양질의 노동력 양성을 위한 공교육의 필요성에 대한 공감대를 형성하는 데 성공했지만, 연방정부의 개입에 대한 거센 반발로 인해 지방정부가 통제하는 교육 체계에 대한 수요를 더욱 강화시켰다. 더구나 이민의 증대는 오히려 영어 중심의 수업 체계를 강화시켰고 수업 내용에서도 교양 교육과 더불어 직업훈련을 강조하는 공공성을 요구함에 따라, 이 모든 교육 체계에 대한 재원을 정부 세수에서 확보해야 한다는 범사회적 공감대가 형성되었다. 영어 중심의 수업 체계와 직업 훈련을 중시하는 교육 내용, 무엇보다 정부 세수에서 공교육의 재원을 제공해야 한다는 대중 민주주의적 요구는 민족·언어적 이질성이 농후한 미국 이민사회를 동질화시키고 국가 소속감을 증대시키는 성과를 거두었다. 그러나 개척 시대가 진행되면서 세수 지원을 근거로 개입하려는 연방정부의 규제에 반발하여 지방정부의 교육 권한을 존속하려는 움직임도 동시에 확산되는 아이러니도 발생했다(McDonald 2000).[23]

국가 교육 체계를 정립하려는 연방정부는 앞서 모릴법에 의거해 한시적으로 1867년에 연방교육부(Federal Department of Education)를 설립했다. 그러나 대다수 주 정부의 반발과 앤드류 존슨(Andrew Johnson) 대통령의 탄핵 사태로 인해 정보 수집 역할에 국한되는 교육청(Office of Education)으로 격하되어 1939년까지 내무부 산하 기관으로 귀속되었다.[24] 그 결과, 교육부의 목표는 교육정책에 관여하는 것보다 산업발전이 초래한 교육에 대한 폭발적 수요를 충족시키기 위해 자료를 수집하고 주 정부 및 지방정부에 이러한 자료를 제공하는 기능으로 축소되었다. 심지어 상급 교육 권한에 관해서도 의회 집권세력의 정치적 목적에 따라 연방정부의 개입 여부가 결정되는 파행이 건국 초기부터 반복되었다.[25] 본격적으로 국가 차원의 교육정책이 수립된 계기는 2차 세계대전 종료와 함께 귀향한 재향군인을 위해 1944년 제정된 재향군인 권리장전(GI Bill of Rights)과 1958년에 제정된 현역 직업군인의 교육을 위한 국방교육법(National Defense Education Act)이었다. 그러나 근본적으로 미국의 연방헌법에 의거해 교육과 교육복지 권한은 연방정부보다는 주 정부 또는 지방정부에 일임되었다.[26]

무엇보다 교육복지 권한에 관한 결정은 교육 행정상의 필요성보다 정치적 수요에 따라 이뤄지는 경향이 컸다. 건국 당시부터 연방정부 권한의 비대화에 제동을 거는 시도는 정당 간 경쟁을 통해 구체적 정책분야에서 극명하게 대립하며 나타났다. 구체적으로 민주당의 모태인 민주공화당은 남북전쟁 발발 이전까지 주 정부에게 경제발전 권한을 부여해 도로, 운하 및 대학 설립과 운영에 연방정부를 개입시키려는 입법 시도를 저지했다(Robertson 2012: 78-79). 심지어 중앙은행에 준하는 미국은행의 재가를 거부해 주 정부의 재정권한을 존속하는 데 기여했고, 이는 궁극적으로 노예 문제가 정치의제로 비화되는 것을 차단하는 효과로 나타났다. 결과적으로 교육 권한을 포함해 연방주의를 보호하기 위한 정치적 안전장치가 오히려 연방사회와 연방체제 사이에 지나치게 "완벽한 일치"로 반영되어, 노예문제라는 시한폭탄이 내전을 통해 폭력적으로 해소되는 굴곡진 역사를 초래했다.

연방정부보다 주 정부나 지방정부에게 교육과 교육복지 권한이 편중되는 양상은 연방정부 조직편성의 변천사에서도 드러난다. 1953년에 설립된 보건교육복지부(Department of Health, Education and Welfare)는 1979년이 되어서야 카터 행정부의 주도로 보건복지부(Department of Health and Human Services)와 교육부(Department of Education)로 분리되었다. 그러나 1979년 분리 설립할 당시 대다수 주 정부와 주 교육청은 주 정부 권한 영역 침해라는 이유를 들어 격렬히 반발했다. 결국 연방 교육부는 현재까지도 가장 소규모의 소극적 정책 발안과 집행 기관으로 남아 있다. 더구나 분리된 두 개의 연방 행정부처의 발전 양상도 분리 당시의 카터 행정부의 의도와는 전혀 다른 방향으로 전개되었다. 〈그림 4-1〉은 연방정부 총 지출액 중 보건복지부와 교육부에 해당하는 지출액의 변화추세를 통해 두 부처의 명암을 보여준다. 연방정부 지출의 5%에도 못 미치는 교육부 지출에 비해, 보건복지부 지출은 '빈곤과의 전쟁' 당시 5% 수준에서 2011년에 5배 이상 증가하였다. 반면 연방교육부는 존슨 대통령의 '위대한 사회' 돌풍의 수혜를 제대로 누리기도 전에, 1990년대 레이건 대통령의 신연방주의 철퇴를 맞는 수모를 겪었다. 실제로 레이건 대통령은 연방 교육부 폐지를 선거공약으로 내세우기도 했다. 이러한 재정 추이는 정치적 안전장치가 있다 하더라도 교육 연방주의가 정권교체에 따라 불안정한 변화에 그대로 노출될 수 있다는 사실을 입증한다. 정당은 원론적으로는 정강을 공유하는 정치인을

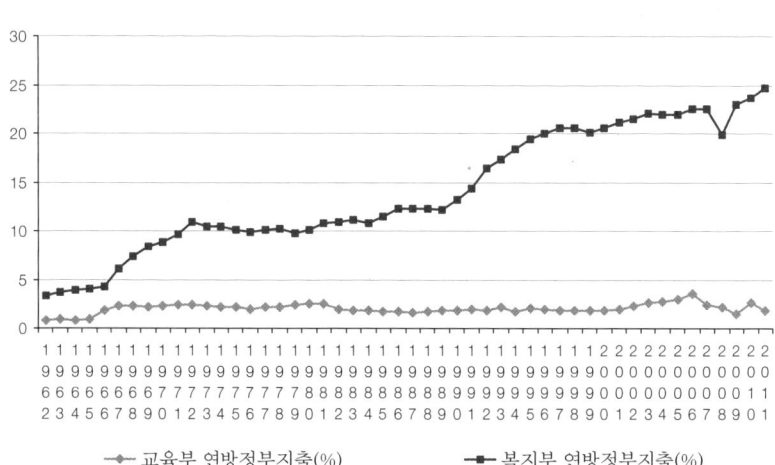

〈그림 4-1〉 연방 보건복지부와 교육부의 정부지출 대비(%), 1962~2011

출처: http://www.whitehouse.gov/omb/budget/Historicals, Table 4.1에서 발췌해 그림으로 정리함.

결속해 각 정부 단계의 통치 잠재력을 극대화시킬 수 있다. 그런데 예컨대 균등한 교육 기회 제공을 규제하려는 연방정부 명령에 반발하는 경우, 주 정부는 정당으로 하여금 정치적 안전장치를 활용하고 경우에 따라 대중적 안전장치나 구조적 안전장치까지 동원하여 연방정부 명령 이행에 태업이나 파업을 감행할 수 있다. 더구나 이 경우에는 사법적 안전장치마저 비민주적 태생의 한계로 인해 제대로 작동하지 않을 수 있다.

앞서 언급했듯이 수정헌법 제 10조는 보존 권한(reserved powers)을 주 정부에게 예속해 교육 권한도 주 정부에 부여한다. 그러나 연방헌법은 교육문제를 직접 규정하지 않을 뿐 명시적으로 금지하지 않기 때문에, 연방법령을 통해 연방정부의 역할을 규정할 수 있는 여지를 남겨 두었다. 특히 연방헌법 제1조 8항은 연방의회의 조세권(power of purse)에 관한 교육재정에 대해 입법권한을 지닌다고 해석되어, 연방정부가 주 정부에게 공교육의 방향을 설정하는 데 결정적 영향력을 끼칠 수 있는 선례를 마련했다. 그러나 연방정부는 근본적으로 교육정책에 관한 주 정부의 자율권을 박탈할 수 없기 때문에, 실질적으로 주 정부는 연방정부의 권고를 수용할지 여부를 결정할 수 있는 선택권을 지닌다. 따라서 연방정부는 교육재정 보조금을 통해 당근과 채찍을 번갈아가며 활용하는 우회적 개입 전략을 사용했다. 이는 특히 주 정부의 제한된 재원으로 인해 연방정부의 재정지원이 절실한 경우나 주 정부의 소관에서 벗어난 경우에 한해 유효하게 작용했다(노기호 2007).

고용, 연금, 의료보험이나 주택 등 공공구제를 포함한 사회복지와 마찬가지로 교육도 동등한 기회 부여의 기제로서 사회 통합에 중요하다는 인식은 미국 시민 대다수가 공감하는 바이다. 그러나 교육과 교육복지의 권한 및 관할구역에 대한 공감대는 정당 소속에 따라 극명하게 엇갈린다.[27] 물론 예외적으로 초·중등학교의 직업교육을 주 정부에 지원하는 스미스-휴즈(Smith-Hughes) 법(1917년 제정)이나, 연방정부 공무원이 다수 거주하는 지역이나 방대한 연방정부 소유지로 인해 지방정부의 재원이 잠식당하는 지역에 있는 학교를 지원하는 랜햄(Lanham)법(1940년 제정) 등 연방정부가 개입한 사례가 존재한다. 또한 구소련이 스퍼트닉(Sputnik)호를 미국보다 먼저 우주로 쏘아 보내는데 성공하자, 이에 경악한 아이젠하워 행정부가 소위 GI법을 제정해 수학과 과학교육 지원에 주력하는 방향으로 교육 내용을 전면적으로 재편성했던 사례에서 보듯이, 연방정부의 교육권한 개입이 초당파적으로 이루어진 경우도 드물게 있었다.

그럼에도 불구하고 미국의 교육 권한은 분권화된 교육제도를 통해 구현되었기 때문에, 1965년에 존슨 행정부가 주도한 초중등교육법(Elementary and Secondary Act, ESEA)이 제정되기까지 연방정부가 교육정책에 관여할 여지는 희박했다. 앞서 언급한 제반의 교육 관련 법안의 취지와 대조적으로 초중등교육법(ESEA)은 빈곤층 자녀가 다니는 학교를 집중적으로 지원하자는 취지에서 제정되었다. 그 배경에는 1960년대 이후 교육 수요가 증대하면서 1970년대에 이르러서는 이러한 폭발적 교육수요를 충당할 만한 교육재정이 부족하다는 공감대가 자리잡고 있었다(McGuinn 2006).

그 결과 연방정부 지출의 1%에도 미치지 못하는 교육정책 예산이 3%까지 증가했지만, 이 역시 교육환경과 여건을 개선하는 데는 역부족이었다. 이후 연방정부는 취약계층, 즉 소수민족, 저소득층, 도시 내부 빈민계층 자녀가 다니는 학교에 부족한 재원을 집중시키는 데 주력했다. 특히 공화당 레이건과 부시 행정부는 연방교육정책의 목표를 교육의 질 개선으로 한정하고, 주 정부에게 교육장려 방안을 주도적으로 모색할 것을 촉구했다. 그 결과 일정한 수준의 교육복지 제공 자체보다 표준고시 통과를 조건으로 교육재정을 지원한다는 성과주의에 역점을 두는 방식으로 방향 전환이 이루어졌다. 즉 산업사회 구조의 변화에 따라 발생한 연방사회의 다양성을 반영하는 교육 연방체제를 제도화하기 위한 일련의 노력이 결실을 맺기는 했지만, 재정이 악화되면서 우선순위에서 밀려 정책의 기본 취지가 왜곡되는 부작용이 야기되었다.

주목할 전환점은 복지 수혜자의 자립 증진을 통해 사회적 비용 감소를 목표로 설정한 민주당 클린턴 행정부의 교육복지정책이다. 특히 1996년에 제정된 개인책임 및 근로기회조정법(Personal Responsibility and Work Opportunity Reconciliation Act, PRWORA)은 복지 수혜자의 재취업을 위한 기술 획득과 직업 교육 간의 통합을 강조했다.[28] 이는 취약계층 자녀에게 박탈된 교육기회를 보완하는 동시에 취약계층 학부모의 자활을 도모하여 빈곤의 악순환을 탈피하도록 유도하기 위한 조치였다. 그러나 사회정책으로서 복지와 교육을 연계하는 교육복지정책을 연방교육부가 주관하기에는 조직, 인력, 재정 등 모든 면에서 역부족이었다. 무엇보다 교육정책에 관한 한 연방정부의 역할은 교육과 관련된 재정지원 프로그램을 실행하고 이에 따른 연방법을 집행하는 데 그쳤다.

이와 대조적으로 주 정부는 교육기관 인가 및 운영, 학위 자격과 수여 조건, 교육과정, 교직원 자격 및 지위 등에 관한 결정권을 가지고 있었다. 결국 1971년 *Serrano v. Priest* 판례나 비록 번복되었지만 1973년 *San Antonio Independent School District v. Rodriguez* 판례, 그리고 1974년 *Miliken v. Bradley* 판례 등 일련의 사법부 안전장치가 작동한 결과, 취약계층에게 집중된 교육 보상에 관한 연방정부의 역할 증대나 보상 차원의

〈표 4-2〉 23개국 아동 빈곤율[1]

	국가	빈곤율		국가	빈곤율
1	멕시코	26.2	13	독일	10.7
2	미국	22.4	14	헝가리	10.3
3	이탈리아	20.5	15	프랑스	7.9
4	영국	19.8	16	네덜란드	7.7
5	터키	19.7	17	체코공화국	5.9
6	아일랜드	16.8	18	덴마크	5.1
7	캐나다	15.5	19	룩셈부르크	4.5
8	폴란드	15.4	20	벨기에	4.4
9	호주	12.6	21	핀란드	4.3
10	스페인	12.3	22	노르웨이	3.9
10	그리스	12.3	23	스웨덴	2.6
12	일본	12.2		23개국 평균	11.9

출처: http://www.nationmaster.com/graph/eco_chi_pov-economy-child-poverty
1. 아동 빈곤율: 가정 수입 평균의 50%에 미치지 못하는 아동 가정이 전체 가정에서 차지하는 비율을 가리킨다.

교육에 대한 연방정부의 재정 지원이 실현되었다. 그러나 주 정부의 연방정부 명령 이행 태만(shirking)은 이러한 선례에도 불구하고 지속되었다. 즉 사법적 안전장치만으로는 "연방주의의 삼각형"에서 나타나는 편의주의 도발을 방지하지는 못했던 것이다.

연방 교육부 산하 9개 조직은 학생 지원, 시민권 교육, 교육 연구와 개발, 초중등교육, 영어 교육, 고등교육, 특수교육 및 직업·성인교육 담당부서로 구성되는 소규모 부처다. 결국 연방정부가 교육정책에서 영향력을 행사할 수 있는 가장 효율적 경로는 재정지원뿐이라고 해도 과언이 아니다. 한정된 사례이나, 초·중등교육에 대한 재정지원을 통해 1960년대 당시 급속한 도시화와 빈곤계층 학령기 아동의 증가로 인한 평등한 교육기회 박탈이라는 사회적 문제를 해결할 수 있었다. 바로 그 시발점이 된 1965년에 제정된 초중등교육법(ESEA)은 수입이 연 2천 불 미만이거나 부양아동가정부조(Aid to Families with Dependent Children, AFDC)를 받는 가정의 자녀를 수혜자로 선정하였다. 이는 〈표 4-2〉에서 볼 수 있듯이, 미국의 아동 빈곤율이 아직까지도 다른 서구의 안정된 국가에 비해 상대적으로 높기 때문에 포괄적 가족복지정책의 일환으로 교육복지정책이 절실하게 필요하다는 사실을 입증한다. 또한 2001년 제정된 학습부진아방지(No Child Left Behind, NCLB)법에 이르기까지 빈곤율이 수혜 대상을 선정하는 일차적인 기준이라는 점에서 교육기회의 박탈로 인한 국가적 손실에 대한 공감대는 여전하다고 볼 수 있다. 그럼에도 미국의 교육 연방주의가 극심한 변동에서 자유롭지 못한 이유는 무엇일까? 다음 절에서 그 원인을 역사적 전개과정을 통해 찾아보고자 한다.

IV. 1960년대 이후 미국의 교육복지 연방주의

초중등교육 정책은 사회복지정책과 교육정책이 접목된 형태로서, 주로 새로운 지식과 기술을 습득하고 활용할 수 있는 여건이 낙후된 취약계층의 자녀를 대상으로 한다. 이러한 취약 계층에 대한 재정지원이 시작된 1960년대에는 급속한 도시화와 20%를 상회하는 빈곤율이 학령기 아동인구의 증가와 중첩되었다. 민주당 존슨 행정부가 국부 분배를 목표로 '빈곤과의 전쟁(War on Poverty)'을 선포한 결과 1965년에 초중등교육법(ESEA)이 제정되어 연방정부가 교육에 직접적으로 개입할 수 있는 여지가 마련되었으나, 이는 주로 취약계층을 위한 재정지원의 방식으로 실행되었다. 구체적으로 흑인을 포함한 저소득층 자녀의 취학 전 교육을 지원하는 헤드스타트(Head

〈표 4-3〉 연방정부의 교육정책과 관련한 법안, 1965~2010[1]

연도	연방 교육정책 법안	대통령(정당)	의회 다수당 상원/하원
1965	Elementary and Secondary Education Act (ESEA)	존슨(민주)	민주
	Higher Education Act of 1965(HEA)		
1974	Family Educational Rights and Privacy Act(FERPA)	포드(공화)	민주
	Equal Educational Opportunities Act of 1974(EEOA)		
1975	Education for All Handicapped Children Act(EHA)		
1978	Protection of Pupil Rights Amendment	카터(민주)	민주
1980	Department of Education Organization Act	레이건(공화)	공화/민주
1984	Equal Access Act		
1990	The Jeanne Clery Disclosure of Campus Security Policy and Campus Crime Statistics Act(Clery Act)	부시(공화)	민주
1994	Improving America's Schools Act of 1994	클린턴(민주)	민주
2001	No Child Left Behind Act(NCLB)	W. 부시(공화)	공화/민주
2004	Individuals with Disabilities Education Act (IDEA)	W. 부시(공화)	공화
2005	Higher Education Reconciliation Act of 2005(HERA)		
2006	Carl D. Perkins Career and Technical Education Improvement Act		
2007	America COMPETES Act	W. 부시(공화)	민주
2008	Higher Education Opportunity Act(HEOA)		
2009	Race to the Top District(RTT-D)	오바마(민주)	민주
	Student Aid and Fiscal Responsibility Act		
2010	Health Care and Education Reconciliation Act of 2010		

출처: http://www2.ed.gov/policy/elsec/leg/list.jhtml; 미국정치연구회 편, 『2008년 미국 대선을 말한다: 변화와 희망』(서울: 도서출판 오름, 2008), 281-283; http://www.nilc.org/

1. 분점정부는 **굵게** 표시했다.

Start) 프로그램이 출범했고, 이는 후일 W. 부시 행정부가 제정한 학습부진 아방지법 프로그램에서 교육을 사회복지의 일환으로 선정해 집중적으로 지원한 전례가 되었다.29)

이는 인종이라는 축으로 양분된 연방사회를 반영한 기존의 교육 연방체제의 폐단을 시정하기 위해 연방정부가 주 정부에게 균등한 교육 기회를 제공하도록 종용함으로써 분리된 연방사회를 치유하려는 자구책이라고 볼 수 있다. 그러나 미흡한 조직과 재원으로 인해 결과적으로 보편적 국가 교육체계를 강요하려는 연방정부에 대한 주 정부의 반발을 불러일으키거나 연방정부 명령에 대한 이행 태만으로 이어졌다. 〈표 4-3〉은 1960년대 이후 교육복지의 변화를 정리하고 있다.

구체적으로 초중등교육법(ESEA)의 내용을 살펴보면, 교사 전문능력 향상, 교수학습 자료 및 교육 프로그램 자원 확보, 학부모 참여 독려 등 직접적 재정지원을 통해 취약계층 가정의 아동에게 초중등교육의 수혜가 닿을 수 있도록 하는 데 주력하였다. 더불어 우수한 교원 확보를 위해 고등교육에서 실시한 국가교사단(National Teacher Corps)을 초중등교육에까지 확대시켰다. 물론 학교 교과과정이나 학제 편성을 포함해 교육기관의 설립이나 운영에 관한 실질적 관여는 여전히 연방정부에게는 금기의 영역이었다. 그럼에도 불구하고 1965년의 초중등교육법(ESEA)을 계기로 연방정부는 교육정책에 개입할 수 있는 역할을 부여받았고, 특히 취약계층에 대한 재정지원을 추진해 교육복지정책의 주도권을 확보할 수 있었다. 그러나 동시에 연방정부의 교육복지정책 수혜 대상에 대한 논란이 야기되어 경제적 취약계층과 교육·문화적 취약계층(the educationally and culturally deprived) 간 차별화의 필요성에 대한 논쟁으로까지 비화되는 부작용도 생겨났다. 즉 인종차별을 철폐한다는 취지에 집착한 나머지 인종적 분류에 의한 취약계층 유형이 교육복지와 반드시 일치하지 않는다는 사실을 간과했던 것이다. 더불어 취약계층에 대한 재정지원 자체보다 학업성취도의 증진에 초점을 맞춰 정책 목표를 수정해야 한다는 주장도 제기되어 정책목표의 방향 전환 가능성이 제기되기도 했다.

이후 1968년 대선에서 승리한 공화당 닉슨 행정부는 민주당이 추진하던 사회정책 전반에 대한 정책평가를 도입했다. 이는 1960년대에 민권운동으로 촉발된 연방정부 주도의 사회정책 확대에 대한 주 정부와 여론의 회의적 반응에 따른 조치이기도 했다. 즉 대중적 안전장치가 오히려 주 정부의 연방정부 명령 이행 태만을 조장하는 역기능을 초래했다고 볼 수 있다. 그 일환으로 초중등교육법(ESEA)의 집행 프로그램에 대한 정책평가 보고서가 제출되었으나, 정책의 효율성에 대한 평가는 정당성향에 따라 엇갈렸다. 이러한 분점정부의 한계에도 불구하고, 민주당이 다수인 연방하원은 재정법안을 발의할 수 있는 제도적 이점을 활용하여 공화당이 장악한 집행부를 견제하려는 취지로 연방행정부가 재조정한 재정지원 사업을 3년간 유보시켰다. 수혜대상도 이미 가계수입 연 2천 불에서 3천 불로 상향조정했음에도 불구하고 연 4천 불로 올려 수혜 가정의 수를 오히려 늘렸다. 또한 가계 수입과 AFDC 수혜 여부에 한정된 경제적 기준에 더해 자녀 수, 가계 수입원 수, 농촌/도시 거주, 식량 소비량 등을 고려한 오생스키(Orshanksy) 지표를 도입했다. 더불어 우수한 교원확보를 위해 취약계층 지역의 학교에 재정지원을 집중하고, 근무 조건이 상대적으로 열악한 특정 지역의 교직원에게 추가 급여 지급을 통해 동기부여를 제공했다.

민주당이 수혜 대상과 범위를 확대하는 조치를 취하자 공화당은 이에 대항하여 연방정부의 교육 프로그램에 대한 총괄적 검증체계의 필요성을 주장했다. 이러한 시도는 교육단체의 격렬한 저항으로 불발에 그쳤으나, 아이러니하게도 연방정부가 주도하는 전국적 교육정책 평가제도 도입과 평가기준 제시를 요구하는 선례를 남겼다.[30] 주목할 점은 교육기회의 균등한 보장을 실현하기 위해 교육복지정책의 대상을 선정하는 기준에 대한 논란이 다시 불거졌다는 사실이다. 무엇보다 정당성향에 따라 수혜대상의 선정 기준이 달랐다. 즉 민주당을 지지하는 자유주의 세력은 경제적 기준에 따라 빈곤계층 아동에 대한 재정지원을 주장한 반면에, 공화당을 지지하는 보수주의 세력은 학습능력에 의거해 학업성취도가 낮은 아동에 대한 제도적 보조와 그에 따른 성적 향상 미비에 대한 제재를 강조했다(윤창국 2010).[31] 이렇게 당시 정치시장의 선호에 따라 포장된 '교육(정책)의 정치(politics of education)'는 정당성향에 따른 이견을 조장하는 역할을 했다. 결국 선(先)평가 후(後)수혜에 역점을 두는 닉슨의 교육정책을 옹호하는 정치 세력은 대중적 안전장치와도 연대해 구조적 안전장치가 교육 연방주의를 보호하지 못하도록 훼방을 놓는 공작을 펼쳤고, 부분적으로 성공도 거두는 소위 '연방주의의 변칙(anomaly)'을 낳았다.

이어 1976년 대선을 통해 집권한 민주당 카터 행정부는 닉슨 행정부가 번복하려던 존슨 행정부의 교육복지정책을 재계승하고자 하였다. 따라서 기본적으로 경제적 기준을 유지한 상태에서 교육복지 프로그램에 대한 재정지원을 존속시켰다. 동시에 1978년에 개정된 학생권리보호(Protection of Pupil Rights) 법안에서 연방정부의 재정지원을 평가하고 그 보고서를 대통령과 의회에 제출하는 취약아동교육 국가자문기구(National Advisory Council on the Education of Disadvantaged Children, NACEDO)를 설립했다. 이는 연방정부 주도의 재정지원을 지속하는 동시에 정책 효율성에 대한 평가제를 도입하여 정책주기를 조정하는 데 반영할 수 있는 피드백(feedback)의 기제를 마련한 것이었다. 흥미로운 점은 자유주의나 보수주의 간 정당성향의 차이에도 불구하고 1970년대를 거치며 미국의 교육복지는 선(先)평가 후(後)수혜의 틀을 고정시키면서 교육 및 교육복지 분야에서도 연방주의를 미국식 잔여적 복지 모델에 합치시키는 모습을 보였다는 사실이다.

그리고 1980년 대선에서 압승한 공화당 레이건 대통령은 취임사에서 "정부는 문제 해결사가 아니라 바로 문제 그 자체이다(Government is not the solution to our problem, government is the problem)."라는 유명한 말을 남겼다. 1981년에 제정된 일괄예산조정법(Omnibus Budget Reconciliation Act)은 이러한 작은 정부 예찬론을 실행에 옮긴 결과물로서 연방정부의 지출 삭감을 최대 목표로 설정하였다(Cohen 2000). 특히 교육 분야에서 연방정부는 주 정부와 지방정부의 권한 영역을 침해했기 때문에, 연방정부의 개입 자체를 제어해야 할 뿐 아니라 재정지원도 축소해야 한다고 주장했다. 왜냐하면 교육정책에 대한 연방정부의 개입은 곧 불필요한 규제의 증대와 그에 따른 인력과 재원의 낭비를 초래하며, 이는 오히려 공교육의 질 향상에 악영향을 끼칠 수 있기 때문이다. 따라서 교육 권한을 포함해 예산권한도 주 정부와 지방정부에게 돌려주도록 촉구하고, 교육지출을 삭감하고 포괄보조금(block grant)을 통한 연방정부의 개입 또한 최소화하려고 노력했다. 특히 권력분립의 임계치(threshold)를 설정하는 데 있어서 연방행정부, 특히 행정부 수반인 대통령의 집행권을 부각시키기 위해 우회적으로 사법적 안전장치를 활용해 교육 권한에 대한 연방정부의 참여 범위를 확대시킨 후, 재정지원을 극도로 축소시켜 연방정부의 개입 자체를 봉쇄했다.

구체적으로 1981년에 제정된 교육통합 및 개선법(Education Consolidation and Improvement Act)은 초·중등교육에 대한 연방정부의 재정지원을 12% 삭감하고, 중복된 학교 보조 프로그램을 조정해 수혜 대상 범위를 저소득층으로 제한했다. 동시에 1983년에 발간된 「위기의 국가(A Nation at Risk)」 보고서를 통해 과거 행정부가 교육의 기회 평등에 편중한 결과 수학과 과학 같은 핵심과목의 학력저하를 야기했다고 비판했다(윤창국 2010). 이후 1984년 재선에 성공한 레이건 행정부는 저소득층 출신 학생에게 개별로 지원하던 방식 대신 저소득층 출신 학생이 75% 이상인 학교에 간접적으로 지원하는 방식을 채택했다. 이는 개개인에 대한 재정지원보다 교육기관에 대한 투자를 통한 학력 상승이 비용 대비 효과 면에서 훨씬 탁월하다고 판단했기 때문이다. 더불어 교육기관에 대한 재정지원은 곧 학업성취도의 목표점을 끌어올려야 한다는 책임감을 고취시킬 수 있다고 보았다. 그리고 연이어 1988년 대선에서 공화당의 부시 대통령이 집권하자, 교육복지 정책의 목표는 국부의 분배를 통한 평등한 기회 제공보다 학업 성취도를 기초로 한 교육복지의 수혜 자격 결정에 맞춰졌다. 그 결과 1980년대를 기점으로 교육안전망의 시대가 종말을 고하고 국가경쟁력 고취를 위한 교육혁신이 교육복지정책의 핵심 목표로 자리매김했다. 즉 교육에 관한 한 '책임 있는 작은 정부 예찬론'이 연방사회 내에서 지속되는 인종 간 괴리(racial divide)를 시정하기 위한 연방체제 도입에 대한 필요성보다 우선시되었다.

결과적으로 레이건과 부시 행정부를 거치며 연방 교육 프로그램의 범위는 취약계층에 대한 재정 지원을 벗어나 교육 기관에 대한 직접투자를 강조하는 방향으로 확대되면서 정책의 취지가 변질되었다. 그러나 동시에 이에 대한 연방 보조금을 삭감함으로써 실질적으로 연방정부의 교육 권한 자체를 감축시키는 결과를 초래했다. 초중등교육법과 조기 교육보조 프로그램인 헤드스타트는 이러한 신연방주의의 타격에서 살아남기는 했으나 연방정부의 교육 권한 영역 축소로 인한 직격탄을 맞아 심하게 손상되었다고 볼 수 있다. 게다가 비록 주 정부의 교육과 교육복지 관할 권한이 확대되었다고 하지만, 교육복지에서 연방보조금에 의존하는 대도시 지역 취약계층의 피해는 더 극심해졌다. 결국 주와 연방정부 간 편의주의 도발이 한계점에 도달한 시점에서 중복되어 작동하는 안전장치의 필요성이 절실해졌다.

1992년 대선에서 신승한 민주당 클린턴 대통령은 대선 공약으로 중도 노선인 '제3의 길(Third Way)'을 표명하며 정부의 혁신을 주창했다. 교육정책도 예외가 아니어서 교육의 평등한 기회를 보장하기 위해 재정지원에 의존하는 민주당과 학습능력의 제고와 그에 대한 평가제 도입을 강조하는 공화당 사이에서 절충안을 채택했다. 그 결과 1994년에 제정된 미국학교개선법(Improving America's Schools Act)은 연방정부의 재정지원을 유지하되, 앞서 공화당 부시 행정부가 도입한 교육에 대한 책임감 부여를 위해 저소득계층 출신 아동이 속한 학교를 수혜 대상으로 선정했다. 이러한 새로운 재정지원 방식에 대한 지침은 연방정부의 역할을 강조했다는 점에서 큰 정부를 강조하는 민주당의 정당성향에 부합했다. 그러나 동시에 국가 교육 기준을 책정하는 데 주 정부의 참여를 독려함으로써 재정 지출과 정책의 책임 추궁을 연계하려는 공화당의 정당성향을 접목했다.[32] 주목할 점은 학업성취도에 대한 평가의 근거가 되는 기준을 만들거나 그 평가 결과에 따라 상대적으로 미진한 학교에게 제재를 가하려는 발상을 했던 것은 오히려 전임이었던 공화당의 부시 대통령이었다는 사실이다(O'Toole, Jr. and Christensen 2012; Stephens and Wilkstrom 2007).

2000년 대선에서 사법부의 판결로 집권한 공화당 부시(W. Bush) 대통령은 학습부진아방지법(No Child Left Behind Act)을 제정하여 기존의 자유주의 대 보수주의의 대립 논리를 획기적으로 바꿔놓았다. 책임 있는 작은 정부 예찬론 대신 절제된 큰 정부 옹호론을 내세우며 연방정부가 선제적으로 미국의 학교문화를 개혁할 수 있다는 주장을 펼쳤다. 또한 연방정부의 재정지원은 주 정부와 교육기관의 성과에 따라 조건부로 제공된다는 단서를 추가했다. 그러나 동시에 구체적 정책프로그램의 운용에 있어서 주 정부와 교육기관의 재량권을 독려하는 유연성을 허용하기도 했다. 특이한 점은 경제적, 사회적, 문화적 취약계층 가정에게 선택권을 부여한다는 취지에서 주 정부와 교육기관에게 학업성취도 자료를 공개하도록 요구하는 동시에, 연방정부가 정한 기준을 충족하지 못한 학교 대신 다른 학교로 전학할 수 있도록 허용한 사실이다. 더불어 학습성취도를 높이기 위한 최상의 교육환경을 제공하기 위해 읽기 프로그램을 포함해 검증된 교수법을 채택한 프로그램을 집중적으로 지원했다.

결과적으로 첫 시행부터 40년이 경과하기까지 교육복지정책의 기조인 연방정부의 재정지원을 통한 교육환경의 개선 원칙은 집권정당의 성향에 관계없이 유지되었다고 볼 수 있다. 그러나 집권정당의 성향에 따라 수혜대상은 개인에서 주 정부나 교육기관으로 바뀌었다. 더불어 정책목표도 빈곤문제 해결을 통해 학업능력을 증진시키기보다 표준화된 전국적 학업성취 기준과 그 측정 기제를 개발하여 교육복지정책의 재정지원에 대한 책임을 추궁하는 방향으로 전환했다. 결과적으로 2014년에 종료를 앞둔 현 시점에서 NCLB(학습부진아방지)법에 대한 평가는 성과에 관한 한 일부의 부작용을 제외하곤 대체로 긍정적이지만, 집행 절차에 관한 이견의 골은 정치적 양극화만큼이나 한층 깊어졌다. 특히 보수주의 세력인 공화당 W. 부시 행정부가 제시한 표준화된 학업성취 기준과 측정 기제는 명분상 주 정부와 교육기관에 자율성과 유연성을 허용했으나, 실제로 연방정부의 통제를 더욱 심화시켰다는 비난을 받았다(노기호 2007). 이는 다양한 연방사회의 수요를 충족시키기 위해 주 정부에 위임한 권한을 연방정부가 임의로 번복시킬 수 있는 단초를 제공했다.

무엇보다 아직까지 경제적 취약계층에 속하지 않은 교육·문화적 취약계층을 규정해 교육복지정책의 수혜 대상을 결정하는 문제가 완전하게 해결되지 않았다. 게다가 재정지원의 효율성을 평가해 우선순위를 결정하는 문제가 경기 침체로 인한 연방정부의 재정악화와 (불법) 이민자 급증의 문제와 겹침에 따라, 미국의 교육과 교육복지 연방주의는 초기에 축적한 연방정부의 정책 개입 필요성에 대한 공감대를 상실한 상태이다. 2008년 변화와 희망을 약속하며 당선된 오바마 대통령은 곧 최상경쟁(Race to the Top) 정책을 발표하며 주 간 경합을 통한 연방보조금 지급을 실행했다. 그러나 이러한 연방정부의 교육과 교육복지 통제를 비판하는 보수 집단, 특히 개인의 자유 보장과 제한된 정부를 근간으로 하는 건국이념에 충실하자는 티파티(Tea Party) 운동세력과 그 위협에 끌려 다니는 공화당 추종세력과의 극한 대결로 나타났다.

결국 중복되어 작동하는 안전장치가 제대로 작동하지 않아 "연방주의의 삼각형"에 나타나는 모든 형태의 편의주의 도발이 빈번할 뿐 아니라, 그 강도가 심해지면서 정부 단계 간 보복행위가 정파적 대립과 결부되어 벼랑 끝 접전이 반복되는 양상을 보인다. 이는 비록 빈약한 성과에도 불구하고 20여 년 전 선거 공약으로 "교육대통령(education president)"과 "2000년 미국 교육대계(America 2000: An Education Strategy)"를 주창하며 집권한 부시 행정부 시대와 대조된다.

저학년 교육 보급에 주력하는 교육복지는 사회·경제적 신분상승의 사다리인 교육과 평등한 기회의 제공을 보조하는 사회복지를 접목한 복합적인 성격의 정책이다. 동시에 아동의 학습능력 제고를 통해 국가의 경쟁력을 향상시킬 수 있는 공공정책이며 국가대계이다. 미국은 다른 연방체제와 마찬가지로 교육의 공공성에 관한 폭넓은 공감대를 가지고 있다. 그러나 다른 연방체제와 대조적으로 교육 및 교육복지 권한에 관한 헌법적 해석에서는 예외적으로 교조적이다. 더불어 지난 40년간 교육정책과 그 일환인 교육복지정책의 책임소재지에 대해서는 정당성향에 따라 큰 차이를 보였다.

교육 불평등 구조를 해결하는 방법에 있어서 자유주의 세력은 교육의 균등한 기회 보장을 명분으로 연방정부가 주도적으로 소외계층에 대한 직접적 재정지원을 수행해야 한다고 강조하는 반면, 보수주의 세력은 연방정부 대신 주 정부의 재량으로 학업성취도가 낮은 교육기관에 대해 집중적으로 투자해야 한다고 주장했던 것이다. 특히 정치적 양극화는 연방사회의 다양성보다 교조적 이념성향에 치중함으로써 교육 연방체제의 존재 가치 자체를 침해하고 연방주의를 후퇴시켰다. 인종 간 교육 격차를 해소하기 위해 연방주의가 주도한 교육복지가 결과적으로 교육을 통한 다양한 문화 전수를 제고하는 교육 연방주의를 부인하는 부작용을 낳은 사실은 아이러니하다.

V. 결론

그렇다면 자유주의 세력의 대변인인 오바마 행정부는 교육 및 교육복지를 둘러싼 미국의 연방사회를 연방체제로 반영하는 가운데, 연방주의의 변칙으로 인한 역기능을 어떻게 차단할 수 있을까? 일찍이 1965년에 급작스럽게 변화하는 연방사회의 간극을 메우고 인종차별을 강제하는 수단으로 연방정부는 본격적으로 교육과 교육복지에 개입했다. 그 결과 교육 기회를 균등하게 제공하려는 취지에서, 연방정부는 초중등교육법을 제정해 주 정부에게 재정지원을 하고 이를 통해 학업성취도를 증진시키고자 했다. 또한 1975년에는 사법적 안전장치를 역으로 활용해 수정헌법 제14조의 평등 보호(equal protection) 조항에 근거해 장애자교육법(Individuals with Disabilities Education Act)을 제정함으로써, 연방정부가 재정지원을 통해 주 정부의 공조를 유도함으로써 장애로 인한 교육기회의 박탈을 방지하고자 했다. 그러나 1990년대를 거치며 연방정부는 주 정부나 지방정부의 의견을 구하지 않고 교육개혁을 주도하기 시작했고 이러한 개입은 연방과 주 정부 및 지방정부 간 관계설정에 파란을 예고했다.

무엇보다 집권 정당의 성향에 따라 교육정책에서 연방정부의 권한 범위에 대한 이견이 점차 심화되었다. 민주당을 중심으로 한 자유주의 세력은 교육복지에서 연방정부가 국부의 분배를 통해 교육정책의 방향 설정에 주도적 역할을 해야 한다고 주장했다. 반면에 공화당을 중심으로 한 보수주의 세력은 교육에 관한 권한이 주 정부에 있기 때문에 연방정부의 역할은 주 정부의 재량권을 최대한 보장하도록 보조하는 선에서 그쳐야 한다고 주장했다.[33] 그러나 집권을 목적으로 경쟁하는 정당의 속성으로 인해, 교육과 교육복지의 혁신은 요원할 뿐 아니라 교육 연방주의의 근본적 취지에서 멀어지는 변칙마저 목격할 수 있다. 구체적으로 초중등교육법이 시행된 지 35년이 경과한 후, 교육복지는 정책적으로도 낙제점이라는 평가를 받고 있다. 외국과 비교해 미국의 학업성취도는 현저하게 낮았고, 경제계층뿐 아니라 인종집단 간에도 교육성과의 격차가 심화되었으며, 빈곤계층 출신 자녀들의 중도 탈락률은 더욱 치솟았다.

그런데 심지어 그에 대한 원인 규명에 있어서도 정당에 따른 의견차가 컸다. 자유주의 세력은 연방정부의 재정지원에 한계가 있기 때문에, 연방정부가 주도한 정책수행의 의무를 주 정부에게 부과하는 강력한 중앙집권형 교육복지를 역설했다. 반면에 보수주의 세력은 연방정부가 주 정부로부터 교육의 고유 권한을 빼앗아 규제 강화나 관료체제의 비대화로 변질시킨 결과 프로그램의 중복과 비효율성이 증대되었으므로, 교육 권한을 다시 주 정부에게 환원시켜야 한다고 주장했다.

오바마 행정부에게 부담스러운 현실은 2001년 NCLB를 계기로 절제된 연방정부의 역할에 대한 초당파적 절충안이 마련되어 생산적 복지를 지향한 교육복지정책 개혁의 발판이 생겼다는 점이다. 더불어 NCLB를 계기로 정책의 효과를 측정할 때 표준화된 기준에 의해 균등한 교육기회를 보장하는 대신, 정책의 실효성을 판별할 수 있는 교육과정의 균등을 강조하기 시작했다. 무엇보다 사회적 합의뿐 아니라 연방과 주 정부 간 공조를 이끌어내는 정부 단계의 역할에 대한 논의도 활발해졌다. 특히 교육복지를 포함한 공공정책 제 분야의 관련법이 제정되는 단계에서 연방정부 역할에 대한 상반된 관점이 논쟁의 핵심이 되어 이견 조정을 이끌었다. 그 결과 단기적이지만 양당 간의 합의와 타협을 거친 공공정책이 연방정부와 주 정부 간의 책임분할이나 협력적 책임 구도로 제도화되었다.

다만 이러한 책임분할과 협력적 책임 구도는 미국의 공공정책에 있어서 연방과 주 간 주도권을 둘러싼 갈등의 불씨를 남겼다. 그런데 정부 단계 간 편의주의적 도발로 인해 관할권 위반 여부를 둘러싼 정쟁이 과열된 결과, 강건한 연방제를 도모해야 할 각종 안전장치가 오히려 "과도한 정부 역할 축소"를 강요하며 궁극적으로 연방체제를 위협하기에 이르렀다.

교육복지는 설령 그 관할권이 연방정부에 있다 할지라도 시행의 당사자는 주 정부이기 때문에, 시행과정에서 주와 연방정부의 권한이 중첩되는 부분이 많을 수밖에 없다. 따라서 주와 연방정부의 권한분할이 제도화된 경우에도 현실적으로 공공정책 영역에서 주와 연방정부의 책임 소재 및 권한을 명확히 구분하기 힘들다(이소영·이옥연 2011: 197-235). 이로 인해 정책과정에서 주와 연방정부 간 관할권을 둘러싼 논쟁은 끊임없이 이어지고 있다. 무엇보다 이러한 끊임없는 건강한 논쟁은 강건한 연방제를 추동하는 자극제이며, 교육복지에 관한 연방정부의 역할을 둘러싼 보수주의-자유주의, 공화-민주, 그리고 연방-주-지방 간 이견을 다차원의 거버넌스를 통해 조정하려는 운용의 묘(妙)를 요구한다.

바로 이러한 이유로 미국의 교육 연방주의는 극심한 변동에서 자유롭지 못하며, 무엇보다 이 극심한 변동은 연방제의 불안정을 초래하기보다는 다양한 형태로 변화하는 연방사회를 반영할 수 있는 정책 실험의 장을 제공함으로써 결과적으로는 장기적 안정에 기여한다고 할 수 있다.

미주

1) 공식적 공용어가 부재한 22개 주는 코네티컷, 델라웨어, 루이지애나, 메인, 메릴랜드, 매사추세츠, 미시간, 미네소타, 미주리, 네바다, 뉴저지, 뉴멕시코, 뉴욕, 오하이오, 오리건, 펜실베이니아, 로드아일랜드, 텍사스, 버몬트, 워싱턴, 웨스트버지니아, 위스콘신 등이다.

2) 상세한 내용은 http://www.census.gov/prod/2013pubs/acs-22.pdf을 참고하기 바란다. 지리적으로 가정에서 영어 이외 언어를 사용하는 5세 이상 인구비율의 분포도를 표시한 지도는 p.12, Figure 5를 참고하기 바란다. 간략하게 비교하면, 국가 전체 평균을 웃도는 주는 대체로 히스패닉 인구가 집중된 애리조나, 캘리포니아, 플로리다, 뉴멕시코, 텍사스, 그리고 이민자가 주로 거주하는 뉴저지, 뉴욕 등이다. 영어 이외 언어를 사용하는 5세 이상 인구비율과 비교해 2009년 수치로 전체인구 중 외국태생인구 비율은 12%다. 이옥연, "이민자 국가 미국과 연방-주 정부 관계," 『국제정치논총』 제51집 4호(2011), p.204 〈그림 1〉.

3) W. 부시 행정부의 학습부진아방지법(NCLB)을 대체하기 위해 2009년에 도입한 오바마 행정부의 최상경주(Race to the Top) 정책은 교육의 질을 향상시키는 개혁안 채택을 유도해 그 성과에 따라 연방 보조금을 확보하는 주 간 경쟁을 부추겼다. 이는 보편적 성과 평가기준을 채택하도록 주 정부에게 강요하는 부작용을 낳았고, 그 결과 연방정부의 개입에 반발한 텍사스, 알래스카 등 몇몇 주는 결국 불참을 선언했다.

4) 어크는 A. V. Dicey, Harold Laski 등 당대 대표적 헌법학자나 정치역사학자가 수직적 권력분립에 기반을 두는 연방주의보다 의회우위를 강조하는 영국식 의원내각제의 우월성을 주창했기 때문에 연방체제와 연방사회 간 합치를 당연시했다고 지적한다. 연방체제와 연방사회 간 합치 여부에 초점을 맞추는 접근법도 넓은 의미에서 제도주의라는 지적은 타당한 주장이다.

5) 따라서 교육 및 교육복지와 연방주의를 연계하는 본 논문의 주요 취지는 인과관계를 규명하기보다 교육 권한에 있어서 연방주의가 어떻게 작동하는지를 시대적으로 살펴보고, 연방사회의 다양성을 반영하는 연방체제 간 합치에 따른 정책 효과를 검토하는 데 있다.

6) 어크가 인용한 엑스타인 저서는 Harry Eckstein, *Division and Cohesion in Democracy: A Study of Norway* (Princeton: Princeton University Press, 1966)이다.

7) 2013년 현재 오스트리아 인구의 70% 이상이 가톨릭신자다.

8) 교육 권한을 둘러싼 대표적 주 정부 협의체로 문화장관 상임이사회(KMK)를 들 수

있다.

9) 어크에 따르면, 1890년 헌정회의에서 당시 의장이었던 헨리 파크 경이 언급한 이후 "단일 민족, 단일 국가"는 친연방주의 세력에게 일종의 구호가 되었다고 한다.

10) 현재 스위스 전체인구의 64%가 독일어, 20%가 프랑스어, 6.5%가 이탈리아어, 그리고 0.5% 미만이 고대 로망어를 공식어로 상용한다. 대다수 캔톤은 이러한 4대 공식어에 따라 경계가 설정되어 있으나, 프리부르크(Fribourg), 베른(Bern)과 발레(Valais)는 공식적으로 이중언어 지역이고, 고대 로망어를 상용하는 인구가 거주하는 그라우뷴덴(Graubünden)은 독일어, 이탈리아어와 더불어 3중 언어 지역이다.

11) 공공 토의는 표면적으로는 통치 원칙으로서 수직적 권력분립에 초점을 맞추는 양상으로 나타난다. 그러나 실제로 양대 정당인 민주당과 공화당은 정부 역할이라는 명분을 앞세워 노동, 환경, 교육, 낙태, 동성애자 권리 등의 정책 이슈를 중심으로 논쟁한다. 그리고 철저하게 비용-혜택 분석에 의해 연방, 주 및 지방정부의 역할을 논하는 소위 "연방주의의 정치경제"를 펼친다고 로버슨은 주장한다.

12) Jenna Bednar, *The Robust Federation: Principles of Design* (New York: Cambridge University Press, 2009), p.68, Figure 3.1. 안전장치에 관한 상술은 동서 "The Safeguards of Federalism," pp.97-127을 참조하기 바란다.

13) 매디슨은 『연방주의자 논고(*The Federalist Papers*)』, No.51에서 이를 "보조적 예방책(auxiliary precautions)"이라고 명명했다.

14) 매디슨은 『연방주의자 논고(*The Federalist Papers*)』, Nos.10 & 49에서 특히 편협한 열정에 사로잡힌 다수의 폭정을 우려하며 제퍼슨의 제안대로 대중이 직접 참여해 결정하는 개헌절차를 반대했다.

15) 예컨대 1988년 캘리포니아 주에서 평등한 교육 기회 보장에 제동을 건 주 정부에 반발한 주민발의(Proposition) 98호를 들 수 있다. 1911년부터 2012년까지 지난 100년간 주민발의 내용은 http://library.uchastings.edu/research/online-research/ballots.php을 참고하기 바란다.

16) 4장의 III절과 IV절은 미국정치연구회 편, "제16장 공공정책," 『미국 정부와 정치 2』, pp.517-529를 바탕으로 논지에 맞게 편집했다.

17) 대표적 사례로 미국사상학회(American Philosophical Society)에서 국가교육체계에 관한 수필 경연대회를 개최해 선정된 수상작을 통해 공교육에 대한 통제 및 재정지원, 실리 위주의 수강체계 정립, 학교출석 의무화 등의 다양한 계획안을 제시했다. 그러나 궁극적으로 헌정회의에서 교육 권한에 대한 연방체제는 채택되지 못했다.

18) 1785년과 1787년 북서령 포고(Northwest Ordinance)에 의거해, 최초로 모든 공유지 내 타운십(township)에 공립학교 설립과 운영을 의무화하는 연방법이 제정되었다. 이 연방법에 의거해 이후 미국 연방으로 합류하거나 병합한 주는 교육 목적의 연방 소유지를 증여받았다.

19) 당시 매사추세츠 하원의원인 조세프 리차드슨은 주 교육체계를 조정하는 연방 교육위원회 정립을 제안했으나 1830년 앤드류 잭슨(Andrew Jackson) 대통령 당선 이후 선거결과를 둘러싼 정쟁에 휘말려 묵살되었다.

20) 코네티컷, 뉴욕, 버지니아 주 등은 주 교육체계를 정립하기 이전부터 공유지 매매로 발생한 자금을 교육기관 재원으로 활용하거나 영구 학교지원금을 설립해 교육기관을 지원하는 등 교육 목적의 자금 운용 방안을 구상했으나, 오히려 이런 국부적 해결책이 보편적 세수 지원 방안에 대한 지지를 이끌어내는 데 장애가 되었다.

21) 평등사상을 강조하는 급진 개혁가로 평가되는 펜실베이니아 출신 하원의원인 쌔디우스 스티븐스(Thaddeus Stevens)는 공립학교가 감옥이나 복지시설보다 운영비에서 저렴하다고 역설하면서, 당시 팽배한 무상 공립학교안에 대한 반발을 무마시키고 무상 공교육 체계를 법제화하는 데 일조했다.

22) 이 관례는 지속되어 현재 69개의 대학이 주 정부로부터 연방소유지를 양도받은 학교로 등록되어 있다.

23) 맥도널드는 20세기 이후 연방정부의 개입 증대 요인으로 국민의 수용, 연방정부의 선점, 그리고 헌법적 논쟁의 유일한 유권해석자로 자리매김한 연방대법원을 꼽는다.

24) 이후 이 교육청은 신설된 연방안보기구(Federal Security Agency, FSA)에 부설기관으로 이관되었다가 FSA가 보건교육복지부로 승격되면서 1972년까지 합병된 형태로 존치되었다.

25) 예컨대 1776년 펜실베이니아 대학의 전신인 필라델피아 대학 총장인 윌리엄 스미스(William Smith)가 영국성공회 목사라는 이유로 토리당을 지지한다는 의혹을 품은 의회는 학교 임원단을 해체하고 교수진을 파직하기도 했다. 이보다 200년 후 조세프 맥카티 상원의원은 국가에 대한 충성 맹세를 교사에게 강요하는 것을 서슴지 않았다.

26) 결국 교육부는 창설될 당시에도 각료급의 행정부처가 아니었고, 조직이 산하 기관으로 격하된 이후에는 교육정책의 입안과 집행 자체보다 교육정책에 관한 자료 수집과 배포에 주력하는 통계청에 준하는 역할을 수행했다.

27) 예컨대 최근 2012년 대선에서 교육에 관해 Education Next와 Program on Education Policy and Governance(PEPG)가 공동으로 실시한 설문조사에서 민주당 지지자의 79%는 공립학교 예산 증액에 찬성했지만, 공화당 지지자의 50%만 찬성했고 무당파의 찬성도 그와 비슷한 수준에 그쳤다. 상세한 내용은 http://educationnext.org/reform-agenda-gains-strength/를 참조하기 바란다.

28) 1996년 대선에서 진보정당인 민주당 클린턴 후보는 1994년 중간선거에서 공화당이 주창한 '미국과의 계약(Contract with America)'의 핵심 안건을 자신의 선거 공약 중 하나인 사회복지정책의 재편성으로 내걸어 재선에 성공했다. 그리고 이듬해 연방법으로 공표해 AFDC를 TANF로 대체함으로써, '탈복지(workfare, welfare to work)'를 유도하는 데 주력했다. 또한 교육복지정책 모델로 취학 전 프로그램(예: Early Head Start), 학교사회사업 프로그램(예: 학교 부적응 청소년 가정 방문), 평생교육

프로그램(예: 지역사회 학습센터 통합), 직업교육 프로그램(예: 학교-기업 파트너십) 등을 도입해 교육복지정책의 개혁을 추구했다.

29) 1965년 창설될 당시에는 저소득계층 초등학교 입학 직전 아동을 대상으로 하는 여름 방학 보충학습으로 시작되었으나 곧 3~5세 아동의 교육, 의료, 영양공급 제공을 총체적으로 보조하는 프로그램으로 확대되었다. 이후 1994년에는 0~3세 아동을 대상으로 한 Early Head Start가 추가되어 현재까지 0~5세 저소득층 아동과 장애아동에게 교육의 기회를 균등하게 보장한다는 취지에서 추진되는 대표적 교육복지정책 프로그램으로 자리잡았다.

30) 교육복지정책에 대한 공화당의 구상은 1974년과 1975년 세 차례에 걸친 법안 제정으로 실현되었다. 그리고 모든 시민에게 균등한 교육기회 보장, 주 정부 및 지방정부에 대한 재정지원 약속, 교육개혁을 구현하기 위한 연구 개발 지원, 변화하는 사회의 요구를 충족시키는 교육제도 구축 등을 목표로 설정했다.

31) 실례로 민주당이 주도해 1975년에 제정된 장애아동교육법(Education for All Handicapped Children Act)은 단순한 학습능력 부진학생 이외에 장애 아동과 이민자 출신 가정 아동 등 제한된 교육적 환경으로 불이익을 받는 학령기 아동으로 수혜 대상을 확대했다.

32) 또한 주 정부는 연방정부로부터 재정지원을 받아 교육정책을 자율적으로 집행할 수 있게 허용했지만, 단 주 정부가 연방정부에게 5년간 학업성취 표준을 제시하고 1년 단위로 구체적 실현 방안을 제시한 보고서를 제출하는 조건을 두었다. 이는 연방정부가 주 정부에게 교육의 책무를 추궁할 수 있다는 의미를 가진다.

33) 물론 연방주의를 명분으로 내세운 정치적 안전장치는 이에 동조하는 유권자의 반향에 따라 대중적 안전장치와 결합해 절충안을 내놓는 데 기여하는 경우도 있었다.

제5장

이민자 국가와 미국 연방주의

I. 서론

최초의 연방귀화법(United States Naturalization Law of March 26, 1790)은 미국 영토 내 최소 2년 이상 거주한 "자유 백인남성(free white person)"을 시민으로 규정했다. 즉 노역계약에 종속되지 않고 "품행이 방정(方正, good character)하며" 미국헌법에 대한 충성을 서약한 경우를 시민권의 자격으로 명시한 것이다. 그러나 주지하듯이 연방정부가 미국 시민의 자격을 명시한 법을 제정하기 이전부터 이 업무는 주 정부의 소관이었다.[1] 연원을 따지면 미국이라는 국가에서는 건국보다 이주가 먼저였고, 이주민을 수용하는 총괄적 이민 정책의 주요 책임은 연방정부보다 먼저 존재했던 주 정부 또는 그 하위 정부체계에 있었다. 때문에 미국 연방법을 채택하고 연방주의를 통치의 주요 원칙 중 하나로 구현하는 건국 과정에서 이민 문제는 연방-주 정부 관계를 구성하는 정치 또는 정치경제 의제 중 하나였다. 5장에서는 미국의 연방-주 정부 관계를 이민 문제를 통해 검토해 본다.

그렇다면 그 이전에 정착한 이주민은 어떠한 동기에서 미국행 이민을 택했을까. 일찍이 토크빌은 청교도 집단이 미국으로 이주한 동기를 다음과 같이 묘사했다.

"그리하여 그들[청교도 집단]은 11년 이상 보금자리로 삼으며 정착했던 신실한 레이든(Leyden, a goodly and pleasant city)을 떠났다. 그러나 정든 곳을 뒤로 하고 미지를 향해 떠나는 자신의 소명이 순례자와 이방인임을 되새기며 험난한 처지에 개탄하기보다는, 하나님이 마련해주신 신령한 도시(히브리서 11장 16절)를 꿈꾸며 스스로 용기를 북돋았다 … (de Tocqueville 1851/2006: 16)."[2]

주지하듯이 청교도 집단은 영국의 종교 탄압을 벗어나 미국이라는 독립국가가 존재하기 이전에 이주하여 이민자 국가인 미국의 선조가 되었다. 물론 이주 이전에 네덜란드 암스테르담을 거쳐 레이든(Leyden, a fair & bewtifull citie)에 정착했지만, 당시 구대륙 정세의 격변으로 인해 새로운 정착지가 절실해졌다. 그러나 청교도 집단은 구대륙에서는 더 이상 종교의 원론에 충실한 순화(purification)를 실천할 수 없음을 통감하고 위험천만한 이주를 감행하게 되었다. 그럼에도 불구하고 이 동질적 집단마저도 미국이라는 국가를 구상하는 데 있어서 정교분리(separation of church and state)를 주장하는 분파와 종교와 정치의 유대관계를 주장하는 분파로 대립했다. 또한 순례자(pilgrim)로 지칭되는 소집단과 신대륙행 이주에는 동참했으나 그 동기를 차별하려는 의도가 다분히 담긴 이방인(stranger)이라는 소집단으로 나뉘어졌다.[3]

이렇듯이 동일한 국가 출신임에도 불구하고 이주 초기부터 이주민의 배경과 이주 동인(動因)은 다양했다. 더불어 이주민의 출신국가도 다양해지면서 이민은 미국 사회 전반에 걸쳐 큰 파장을 일으키는 안건으로 빈번하게 등장했다. 따라서 미국을 흔히 이민 국가로 명명하는 데는 그 누구도 이의를 제기하지 않는다.

그럼에도 불구하고 인구 천 명 당 이민자 비율을 비교해보면, 최근에는 미국과 유럽연합 기존 15개 회원국 간의 격차가 그다지 크지 않다(Schain 2008: 3). 역사적으로 살펴보면, 미국은 1924년 이후 40년간 서반구를 제외한 지역으로부터의 이민을 제한한 반면 유럽 국가는 각기 다른 이유에서 최소한 1960년대까지 비교적 이민 수용에 개방적이었다. 그러나 1965년 이후 미국은 경제주기와 무관하게 공식적으로는 개방 지향적 이민 정책을 표방했으나 대다수의 유럽 국가는 1960년대를 거치며 경제주기나 국내정치의 틀 전환에 따라 폐쇄적 이민 정책을 공식적으로 표명했다. 결과적으로 미국은 명실상부한 이민자 국가의 위상을 지니게 되었지만 실제로 비이민자 국가인 유럽과의 격차는 오히려 줄어들었다.

결국 공식적으로 표방하는 이민 정책과 그 실제 간 격차가 심화되면서 이민자 미국에서도 이민 문제가 국내정치의 틀 전환에 의해 바뀌게 되었다. 따라서 이민 문제도 일반 공공정책과 마찬가지로 이민자 총수, 출신국가나 지역별 할당의 증감 여부와 그 폭 등에 초점을 맞추어 그 정치적 파장효과와 정치경제적 측면이 주로 논의되었다.

흥미로운 점은 이민 문제가 원칙으로나 내용으로나 국경통제 뿐 아니라 국가 정체성 및 시민권과 연계되는 고리에 주목하는 연구가 최근에 늘어나고 있다는 사실이다. 이민 정책은 출입국과 귀화를 다루는 국가 간의 문제인 동시에, 이주민의 통합과 수용에 관한 국가 내부의 문제, 즉 국가에 대한 구상과 직결되는 문제이기도 하다. 그러나 헌법은 이민자를 원론적으로 '열외'로 간주한다. 그렇다면 누가, 언제, 어떻게, 왜 특정국가의 시민으로서 자격을 부여받고 그에 수반되는 권리를 향유할 뿐 아니라 의무도 수행해야 하는지, 그리고 어떤 근거에서 특정 일부는 이러한 자격에서 제외되는지에 대한 심의는 필수적이라 할 것이다.

5장에서는 미국이 국가 구상을 위한 안건인 이민 문제에 대한 책임 부여를 어느 정부에게 할지를 역사적으로 어떻게 결정했으며, 최근에 이민 문제를 해결할 적절한 책임소재지가 주 정부라고 주장하는 주 정부 입법 활동주의가 어떠한 배경에서 부상했는지를 검토하고자 한다. 이민 문제는 수직적 권력분립에 근거한 연방주의를 통치원칙으로 수용한 미국이라는 국가의 구상과 밀접하게 연관된다는 점에서, 기존의 정치경제적 시각을 넘어선 발상의 전환이 요구된다. 결론에서는 미국이 구상하는 국가상(像)의 맥락에서 이민 문제에 대한 분석을 확대할 필요성이 있음을 논할 것이다.

II. 미국 이민에 관한 선행 연구

이민은 우선 유입의 사회경제적 요건, 즉 이주를 필요로 하는 견인(pull) 요인에 의해 결정된다. 즉 이민은 특정 이주 대상 국가의 공공정책에 의해 형성되는 경향이 크며 공공정책의 속성상 동일 국가 내에서도 시대에 따라 변한다. 또한 이주를 촉발시키는 압박(push) 요인은 주로 특정 사례국가나 역사적 상황에 의해 영향을 받는다. 결과적으로 한 국가를 떠나는 압박 요인과 다른 한 국가로 향하는 견인 요인이 별도로 또는 동시에 작동하게 된다. 따라서 선행 연구의 한 축은 이민 문제가 이주 대상 국가의 공공정책에 의해 영향을 받거나 출입국을 저해하는 정치 과정의 맥락 속에서 결정된다는 접근 방식을 취한다.

특히 국경통제는 근대 국가 개념, 즉 주권, 국민, 영토와 밀접하게 연계된 법제도적 문제이다. 따라서 이민 문제는 일찍이 구대륙의 근대 국가 형성과정에서 제기되었으며, 실질적으로 사법·행정 기제에 의존해 국경을 통제할 수 있는 능력을 지니게 된 지는 150여 년 정도가 된 셈이다. 예컨대 19세기 중반에 이르러서야 출입국 감독과 연계한 여권 체계가 정립되어 실질적 국경통제가 가능해졌다.4) 이렇듯이 사법·행정 차원의 짧은 발전에도 불구하고 이민 문제 중 국경통제 측면만큼은 국가안보와 직결되는 상징성을 지니며, 국경통제에 소요되는 순찰과 검색 인력에 대한 요구는 주요 정치쟁점으로 부각된다. 따라서 이민을 국경통제와 연계해 설명하는 데 있어서 안보(security) 담론으로 접근하는 선행 연구도 많이 있다. 특히 9/11 사태 이후 이민 문제를 접근하는 데 있어 국토(homeland)의 안보를 위협하는 외부 세력의 침투를 국경통제를 통해 차단해야 한다는 정치적 색깔론이 제기되기도 했다(유성진 외 2007: 159-61).

그러나 현실적으로 육로를 통한 국경통제는 비용-효과 측면에서 불합리하므로, 실질적 국경통제는 항공편을 통한 국경통제에 그친다. 더구나 국경통제의 효율성은 국경 순찰이나 검색 자체보다 현실적으로 출국 대상국의 사증 발급을 통해 제고할 수 있다. 결국 불법이민을 저지한다는 상징성은 이민 문제의 해결 자체보다 대중 영합적(populist) 정치쟁점으로서의 흡입력을 지닌다.

이민 문제가 국경통제의 연장선에서 국가 정체성 문제로 확대되는 까닭은 개인 또는 집단의 권리를 보장하려는 자유주의의 이상과 이민 규제라는 현실이 충돌하기 때문이다. 더욱이 안정된 민주주의 체제에서 이민자의 인권 문제는 법적 형평성, 나아가 정치적 형평성 문제와 직결된다. 그러나 대다수 안정된 민주주의 국가의 헌법은 이민자의 법적 지위를 원론적으로 언급하거나 이에 관해 침묵하며, 이러한 사법부의 소극적 행동주의는 이민자의 사회 및 정치적 권리를 정치적 논리로 결정할 수 있는 여지를 남긴다. 결과적으로 이민 문제는 수요와 공급 양면에서 조명해야 할 뿐 아니라, 그 비용효과와 상징성의 측면에서도 차별화하여 살펴볼 필요가 있다.

주목할 점은 이민 문제에 대한 여론과 그 변화에 초점을 맞춘 최근의 선행 연구들이다. 기존 선행 연구는 이민 증가에 관한 설문조사가 경제주기와 무관하게 항상 부정적 결과로 나타난다는 사실을 경시한다(Fetzer 2000: 93). 물론 이들 기존 연구도 연령층에 따라 이민 감소에 대한 반응이 다르며 대체로 청년층보다 노년층이 이민증가에 반발하는 경향을 지적했다. 즉 이민자 수가 증가할수록, 경제침체가 심각할수록, 최근의 이민자일수록, 이민 증가에 대한 반발이 거세지는 경향을 보인다(Pew Research Center 2004: 2). 그러나 최근 선행 연구는 국가에 따라 혹은 동일 국가 내에서도 집권정당이나 연립의 정치적 결단에 따라 이민 정책이 개방적이 된다는 사실에 주목한다. 그렇다면 여론을 결집하여 공공 정책에 반영해야 정치 경력과 정치생명을 유지할 수 있는 정치인이 단지 득표 또는 집권을 위해 공약(空約)을 남발한 후, 이민 문제에 관한 공공정책 집행을 여론과 별개로 자신의 통치 기제로 활용할 수 있다는 의미일까? 만약 그렇다면 대의민주주의 체제에서 어떻게 여론으로부터 독립된 이민 정책 집행이 존속될 수 있을까? 이에 답하기 위해 국가 정체성과 연계해 이민 문제를 능력(merit) 담론 또는 가치 준거(standards of worth) 담론으로 접근한 선행 연구도 있다(유성진 외 1997: 163-66; Lamont 2000: 212-13).

5장에서는 수사(rhetoric)로서 능력 또는 가치 준거에 초점을 맞추는 선행 연구에 더해 행위(action)로서 능력 또는 가치 준거가 어떻게 활용되는지에 초점을 맞출 것이다. 예컨대 속지주의(*jus solis*)나 속인주의(*jus sanguinis*)에 의해 부여되는 "시민권은 정치체(polity)의 가장 근본적이고 깊숙이 스며 들어 있는 제도로서 정치적 집합 정체성(collective identity)의 초석"을 제공한다(Karolewski 2010: 172). 따라서 선행 연구가 지적하듯이 시민권 개념의 형성은 자타(自他)를 구별하는 집합적 인지과정이다. 5장에서는 이민 문제가 바로 정치적 공동체의 구성원으로서 요구되는 행태를 규정하는 기술을 수반한다는 점을 강조하고자 한다. 이 정체성을 생산하는 기술(identity technology)에 따라 정체성의 정치가 탄생하는 것이다. 더불어 연방주의를 헌정질서로 채택한 미국의 경우 국가 정체성의 정치조차 수직적 권력분립에 의거한 법제도적 및 정치 논리로 연계될 소지가 크다.

그렇다면 이민자의 권한에 대한 미국 연방헌법의 규정은 어떠한가? 주지하듯이 미국 연방헌법 수정헌법 14조는 평등 보호(equal protection) 구절이다. 미국 연방최고법원은 인종이나 원 국적(national origin)과 마찬가지로 이민자 신분(alienage)에 대해 위헌의 개연성이 있는 기준(suspect classification)으로 분류한 판결을 내렸다. 따라서 평등 보호와 관련된 통치 행위의 위헌성 여부를 판단하는 사법심사에서 강도 높은 기준을 요구하는 "엄격 심사(strict scrutiny)"를 채택한 경우도 있다. 그러나 미국 연방헌법에 의거한 헌법적 관점에 따르면 이민자는 거주 기간과 상관없이 외지인 (alien), 즉 제3국에 소속된 국민이다. 따라서 이민자의 입국과 입국 후 정착 권한을 구별하지 않기 때문에 "엄격 심사"를 채택하지 않는 경우도 있다 (Rubio-Martin 2000: 138; 이우영 2009: 422).5) 결과적으로 연방정부에게 부여된 전권 구절에 근거한 정부 행위로 인해 이민자의 헌법이 정한 기본권이 유린되는 경우에 한해서만 평등 보호 조항을 적용하는 것이 지배적이다. 결국 특권에 해당하는 정치적 권한을 이민자에게 허용·제한하는 정부의 행위는 연방이든 주 차원이든 또는 두 정부 단계 간이든 입법을 포함한 정상적 정치과정을 통해 결정할 사안이라는 입장이다.

물론 헌법이나 사법심사가 모든 사회 문제를 해결해줄 수 없다는 점은 누구나 공감하는 바이다. 그러나 헌법이 침묵하거나 경직된 사법심사로 인해 정책 혼선이 야기된다면 정치과정은 이를 순화시키기보다는 악화시킬 가능성이 크다. 이민 문제는 바로 이 사법적 공백지대로 인해 그 해결책이 실질적 행위 자체보다 상징적 수사(rhetoric)로서 정치 시장에 지속적으로 동원되는 의제이다.

기본적으로 이민 문제는 출입국 관리나 국경통제에서 시작하지만 이주한 국가에 수용되는 과정 내내 지속된다. 따라서 이민 규제를 둘러싼 논란은 국가 정체성에 중대한 도전을 제기하는 문제로서 이에 어떻게 응전할지에 대한 집합적 고민, 즉 국가에 대한 구상이 중요하다. 이러한 맥락에서 이민 문제는 이민자의 통합 및 수용 방식과 밀접하게 연계되기 때문에, 이를 제대로 설명하기 위해서는 이민의 전체 주기를 총괄적으로 접근해야 한다. 즉, 이민자가 입국하는 순간부터 어떻게 이주국가의 구성원으로 포함되어야 할지, 그리고 어떤 결과가 예측되는지에 대한 일종의 이민 종합설계도가 필요하다. 그럼에도 불구하고 일사분란하게 정돈된 이민 정책 꾸러미, 즉 이민 레짐(immigration regime)이 제시되는 경우는 매우 이례적이라고 볼 수 있다(Zolberg 2006).

우선 이민자의 지위에 대한 헌법적 규정이 혼재한다. 더불어 이민 정책은 연방 또는 중앙정부가 세련되게 포장된 공공정책을 제공하기보다는, 대체로 공공정책의 집행방향을 제시하거나 "공공 철학(public philosophy)"을 정립하는 데 그친다(Lowi 1969). 따라서 만약 연방 또는 중앙정부의 주도로 이민 문제가 선점된다면 이민 정책의 처음과 끝에서 괴리가 발생하기 마련이다. 많은 선행 연구는 사회 균열구조를 정치적으로 동원하는 이익집단과 정당 정치에 초점을 맞추어 이민의 정치경제를 설명한다. 예컨대 사회의 균열구조를 활용하여 이민 정책의 추이를 살펴보면 이민자의 할당을 확보하려는 민족이나 인종 특정적 이익집단의 압력을 조명할 수 있다(Zolberg 2006).

흥미로운 점은 '이민자 규제의 권한소재지가 연방정부가 아닌 주 정부인가'라는 최근 설문조사의 문항에 대해 미국 총 응답자의 69%, 민주당 지지자의 66%, 공화당 지지자의 75%가 찬성했다는 사실이다(First Focus 2010). 헌법에 명시된 전권(plenary powers) 구절에 의하면, 이민 규제의 핵심이 출입국을 다루는 국가간 관계에 있기 때문에 이민 정책의 주체를 연방정부로 규정하며, 연방최고법원도 이에 동의하는 판결을 내렸다. 그럼에도 불구하고 이민자를 주류 사회로 포용하는 주체로서 주 정부가 적절하다는 공감대가 널리 형성되어 있다는 사실은 연방국가 미국 사회의 일면을 드러낸다. 나아가 미국의 건국 이래 이민법 개혁처럼 장기간에 걸쳐 정치 무대에 빈번하게 등장한 사안도 드물다는 사실에 주목할 필요가 있다.

특히 사회 전반에 걸쳐 파장이 큰 사안으로서 이민법 개혁을 제대로 수행할 주체가 연방정부인가에 대한 갑론을박은 궁극적으로 미국이라는 국가를 구상하는 주체가 어느 정부인지와 직결된다. 이러한 맥락에서 5장에서는 미국이 건국 이후 연방주의를 통치 질서로 채택하면서 이민 문제를 통해 연방-주 정부 관계가 구성된다는 점을 강조하고자 한다.

국내외 선행 연구는 대체로 연방정부 또는 연방의회 내 정치과정에 초점을 맞춘다. 특히 이민에 대한 여론이 투표행태에 미치는 영향 또는 이민에 관한 여론과 별도로 추진되는 이민 정책에 주목한다. 여기에서는 이민 문제가 어떻게 미국의 국가 구상에 영향을 주는지를 연방-주 정부 관계를 접목해 재조명한다. 미국은 연방주의를 헌정질서로 표명한 국가군 중에서도 건국이 이민 또는 거주민 이동보다 선행했던 유럽의 연방국가와 달리 국가 간 이민이 건국과 동시에 진행되거나 정책 차원에서 점진적으로 제도화된 경우에 속한다. 특히 미국의 이민 증가폭의 변동은 이민국가군 내에서도 극심한 편이었다. 그러나 연방정부는 포괄적 이민과 이민자 정책 개혁에 관한 근본적 해결책을 제시하지 못했다.

결과적으로 연방정부 차원의 정치과정에서 드러나는 이익집단의 "땅따먹기"에 대한 우려와 실망의 목소리가 높아졌고, 나아가 주요 통치원칙인 연방주의에 대한 현상 타개를 목표로 한 총력전이 전개되기도 했다.[6] 예컨대 상대적으로 포괄적이라고 평가되는 1990년 이민법은 "크리스마스 트리," 즉 모든 이권 관련자/집단이 제각기 마음에 드는 장식품을 법안에 추가시킴으로써 상정된 원안의 주요 목표인 이민 규제와 거리가 먼 법안이라는 혹평을 받았다. 더불어 이 과정에서 경제주기의 침체와 맞물리면 이민의 순기능보다 역기능을 강조하는 이민의 정치경제가 선거판을 달구게 된다.

5장은 이에 더해 "진정한" 국민으로서 권한을 행사할 수 있는 자격 또는 자질을 검증하자는 소위 "토착민 주의(autochthony)"로 치닫는 위태로운 정치풍경이 다름 아닌 이민자 국가 미국에서도 펼쳐진다는 점을 주시하고자 한다(Geschiere 2009).[7] 비록 그 광기를 상실했지만 예컨대 최근 오바마 대통령의 출생지를 검증하자는 소위 "미국영토 출생(birther)" 난상토론의 사례를 들 수 있다. 이러한 논의가 공론화될 수 있는 정치적 분위기는 이민자의 권한과 지위를 포함해 최근에 급부상하는 미국의 국가 구상, 즉 "미국 찾기"에 관한 논의의 전개방향과도 밀접하게 연관되어 있다.

다음 절에서는 이민자 국가 미국에서 연방주의가 이민과 이민자 정책의 방향을 설정하는 데 어떻게 구현되었는지 검토한 후, 1990년 이민법 개정 이후 연방정부 차원에서 통제 불능으로 낙인찍힌 이민 규제 문제에 대해 주 정부가 지난 10여 년간 어떻게 대처했는지 평가하고자 한다. 이는 미국의 이민 정책 주체가 실질적·규범적으로 연방정부로 정립되는 과정을 검토함으로써, 최근 30여 년간 이어졌던 책임소재지 논의가 재부상하는 배경에 대한 이해를 돕기 위함이다. 구체적으로 이러한 변화를 반영하는 지표로서 여론 추이와 객관적 자료인 인구구성도 및 실업률 간 상관관계를 중심으로 이민 문제의 실제와 허상을 검토하고자 한다. 결론으로 앞서 검토한 결과를 토대로 이민자 국가 미국에 대한 재고(再考)를 제시하고자 한다.

III. 미국의 이민 문제: 법제도적 발전 과정

1. 이민자 국가 미국의 건국과 연방-주 정부 관계

인권과 대조적으로 배타적 권리에 해당하는 시민권을 규정하는 권한은 모든 연방국가에 공통적으로 연방정부에 있다(이옥연 2011: 250). 그러나 원칙으로서 시민권을 규정하는 권한보다 실질적으로 시민권을 구현하는 권한, 즉 일정 기간 거주한 경우 시민권을 자동적으로 부여할지의 여부나 영구적인 시민권 취득에 따르는 수혜를 거부할지에 대한 결정권은 대체로 연방정부보다 주 정부 이하 정부 단계에 속해 있다. 따라서 이민인구의 현저한 증가추세, 그중에서도 특정 집단의 폭증은 연방-주 정부 관계 설정 또는 재설정에 영향을 끼칠 수 있다. 왜냐하면 미국 사회의 구성원을 실질적으로 규정하는 권한의 소재지 변동은 바로 미국이라는 국가를 구상하는 주체의 변동 가능성을 내포하기 때문이다. 특히 최근에 이민 문제가 국가 정체성 논의로 비화하는 양상을 띠면서 연방최고법원도 이민자의 권한과 지위에 관한 포괄적 유권해석을 기피할 수 있는 시점에 이르렀다고 주장하는 선행 연구도 있다(Rubio-Martin 2000: 132-34). 그렇다면 미국은 역사적으로 어떻게 이민 문제에 대처했을까?

앞서 강조했듯이 연방헌법체제에 의한 건국과 이민이 동시에 진행된 미국은 이민의 책임 소재지를 결정하는 논의를 세분해서 19세기에 이르기까지 다음과 같은 두 방향으로 차별화시켰다. 첫째, 미국 국내로 유입되는 이주자, 즉 이민자를 사회 구성원으로 통합하는 업무는 국가의 경제적 필요성, 즉 노동에 대한 수요에 근거하기 때문에 정치적 압력으로부터 구속받지 않도록 해야 한다는 기본 방침이 있었다. 이에 따라 연방정부는 기본 정책지침을 입법화하고 이에 대한 실질적 집행권한을 주 정부에게 부여하는 분업화를 택했다. 나아가 연방사법부는 인권 존중을 포함한 보편적 사법 논리에 근거해 집행방향을 판결문에 명시했지만, 동시에 이를 이행하는 정치적 공동체의 구성원 자격을 결정하는 책임 소재지에 대해서는 침묵했다. 따라서 이민자의 권한과 지위에 대해서는 양분되거나 상충되는 견해가 병존했다. 이러한 사법부의 지침은 궁극적으로 이민자가 미국의 구성원으로서 동등한 권한을 행사할 수 있느냐는 문제를 헌법에 명기하는 대신 입법과정을 통해 결정할 사안으로 확정하는 전례가 되었다.

결과적으로 사법부의 신중한 대응은 정치적 공동체의 구성원으로서 이민자의 권한을 헌법에 명기하지 않은 탓에 정치적 압력에 그대로 노출될 위험성을 내포했다. 다만 헌법이 보장하는 기본권을 침해할 가능성을 줄이기 위해 사법부는 배타적 소외의 범위를 명기함으로써 이민자의 최소한의 권리를 보장하는 데 주력했다. 그러나 헌법에 명기된 이민자의 권한과 지위가 어떤 근거를 통해 미국 사회의 구성원으로 포함되느냐에 관해 침묵하기 때문에, 원론적으로 미국에서 출생하지 않은 유입 인구 중 영구 정착의 의사를 표명한 이민자는 불법 여부와 무관하게 일괄적으로 헌법에서 "열외"로 간주된다. 바로 이 헌법의 침묵으로 인해 이민자의 정치적 권한을 설정하려는 정치 시장에서 이민 문제와 이민자를 대상으로 하는 정책은 빈번하게 등장한다.

〈표 5-1〉에서 볼 수 있듯이, 1790년에 최초로 연방 귀화법이 제정된 이후 19세기 중반까지 130년간 연방정부가 제정한 이민법은 크게 세 차례에 그친 반면, 유입인구가 폭증한 19세기 후반부터 1943년에 중국인 추방법을 철폐하기까지 연방정부가 제정한 이민법은 2배로 증가했다. 이러한 연방정부의 입법 활동주의는 미국이 남북전쟁의 종료, 산업혁명, 두 차례의 세계대전을 거치며 주요 강대국으로 부상한 위상에 걸맞은 권역 확장을 입증하는 것이었다. 즉 국제무대에서 주요 강대국의 입지를 확고하게 하려면, 미국의

〈표 5-1〉 건국 이래 제정-공표된 연방 이민법령과 연방정부 구조

연도	법령	대통령(정당)	의회다수당 상원/하원
1790	최초 연방귀화법 제정	워싱턴(무소속)	연방파
1798	Alien and Sedition Act	애덤스(무소속)	연방파
1819	Passenger Act	먼로(민주공화)	민주공화
1875	*Henderson v. Mayor of New York*	**그랜트(공화)**	공화/**민주**
1882	Chinese Exclusion Act; Immigration Act	아더(공화)	공화
1891	Immigration Act	**해리슨(공화)**	공화/**민주**
1906	귀화 조건으로 영어능력 필수화	테오도어 루스벨트(공화)	공화
1907	일본노동자의 미국 이민협정(하와이 제외)		
1917	문자해독능력 필수화; 아시아 이민금지지역 선정	**윌슨(민주)**	**공화**/민주
1918	Passport Control Act		
1921	Emergency Quota Act	하딩(공화)	공화
1924	Johnson-Reed Act		
1929	출신국적별 할당 공식 책정	후버(공화)	공화
1942	Bracero Agreement; Public Law 45(1943)	프랭클린 루스벨트(민주)	민주
1943	Chinese Exclusion Act 철회		
1948	Displaced Persons Act	**트루먼(민주)**	공화/**민주**
1952	Immigration and Nationality(McCarran-Walter) Act		
1965	Immigration and Nationality(Hart-Celler) Act	존슨(민주)	민주
1978	Immigration and Nationality Act 개정	카터(민주)	민주
1986	Immigration Reform and Control Act	**레이건(공화)**	공화/**민주**
1990	Immigration Act(IMMACT)	**부시(공화)**	**민주**
1996	Illegal Immigration Reform and Immigrant Responsibility Act(IIRIRA); Antiterrorism and Effective Death Penalty Act(AEDPA)	**클린턴(민주)**	**공화**
1997	숙련기술자 대상 잠정사증 확대		
2000	Legal Immigration Family Equity Act		
2005	Real ID Act	W. 부시(공화)	공화

| 2009 | Uniting American Families Act | 오바마(민주) | 민주 |
| 2010 | Development, Relief, and Education for Alien Minors Act(American Dream Act) — 상원보류 | | 민주/**공화** |

출처: Martin Schain, *The Politics of Immigration in France, Britain, and the United States: A Comparative Study* (New York: Palgrave-Macmillan, 2008), 184-185; 미국정치연구회 편, 『2008년 미국 대선을 말한다: 변화와 희망』(서울: 도서출판 오름, 2008), 281-283; http://www.nilc.org/(검색일: 11/6/30)
1. 분점정부는 **굵게** 표시했다.

대표 정부로서 연방정부가 국내에서도 주 정부의 정책을 통합하는 상위정부로서의 위상을 강화할 필요가 있었던 것이다. 그 결과 연방정부는 점차적으로 주 정부에게 부여된 권한에 대한 우위를 주장했다. 이를 통해 연방정부의 확대가 제도화되었고 이민 문제도 그 일환으로 포함되었다(Rodriguez et al. 2010: 6).

문제는 이민 문제에 관한 한, 연방정부의 비대가 주 정부의 의사와 무관하게 진행되거나 심지어 주 정부가 권한 이관에 반발함에도 불구하고 전개되었다는 불편한 진실이다. 또한 이민과 이민자 정책에 관한 권한이 연방정부에 이관되었음에도 불구하고 각종 이권을 내세운 압력단체의 영향력에 의해 연방정부는 이민 규제를 추진할 수 있는 통제력을 잠식당했다. 따라서 제2차 세계대전 종료 후 최근 오바마 행정부의 이민법 개정 시도를 제외한 십여 차례의 이민과 이민자를 겨냥한 법안은 공통적으로 "지속적 타협과 세세(細細)한 거래"에 매몰되었다는 평가를 받는다(유성진 외 2007: 140). 특히 주 정부는 이민 문제의 해결자로서 연방정부의 무능을 공세적으로 비판하기 시작했으며, 연방정부 차원에서는 정당 간 대결뿐 아니라 "정당 내부의 이합집산"과 건국 시조가 우려한 "파벌의 해악"에 준하는 각종 이익단체 간 "땅따먹기"가 횡행함을 강도 높게 공격했다. 나아가 연방정부는 이민을 규제하기보다 이민자 할당을 증가시키는 결과를 초래함으로써 결국 이민 규제에 역행하는 결과를 초래했다고 비난했다. 이러한 연방정부의 무능으로 인한 폐해에 더해 주 정부는 수직적 권력분립에 기초한 연방주의 원칙을 근거로 이민 문제를 연방-주 정부 간 관계 재설정에 활용하기 시작했다 (Perlmutter 1996).

2. 연방정부의 이민 문제 선점과 주 정부의 대응

그렇다면 단일한 이민 개혁을 표방한 연방정부의 입법 시도가 이민 규제를 단일화시키기는커녕 이민의 확대를 가져오기까지 주 정부는 어떻게 대응했을까? 더불어 대통령제를 통치 질서로 채택한 미국에서 대통령 소속정당과 의회 다수당이 다른 분점정부가 발생할 경우 이민 정책에는 어떠한 파급효과가 생길까? 심지어 대통령과 입법부 다수당이 모두 동일한 단일정부 (unified government)인 경우라도 견제와 균형의 통치 원칙에 의해 운용되는 미국에서 이민 정책이 과연 정치 과정을 거치며 온전하게 원안의 취지를 보존할 수 있었을까? 이 모든 질문은 연방주의를 채택한 국가 중에서도 특히 수직적·수평적으로 "권력분산을 통한 권력공유의 묘(妙)"를 요구하는 미국의 통치체제 내에서의 이민과 이민자 정책을 재조명해야 할 필요가 있다는 사실과 직결된다(이옥연 2008).

〈표 5-1〉에서 보면 19세기 말까지 크게 네 차례에 걸친 이민법 개정이 있었다는 사실은 주 정부가 실질적으로 제각기 출입국 관리를 관장하는 주체였음을 암시한다. 결국 연방주의가 권력분산과 권력공유를 동시에 요구하는 딜레마를 통치자에게 제시하기 때문에, 잠재적으로 연방정부와 주 정부는 항시 의견 대립의 상황에 처하지만 이를 타결하는 방안도 동일한 경로로 모색해야 함을 의미한다.

이민 문제에 관한 연방-주 정부 관계는 크게 1790년부터 19세기 말까지 연방정부와 주 정부 간의 이중 연방주의(dual federalism), 19세기 말 이후 1990년대까지의 연방정부 우위(superiority), 그리고 1990년대 이후의 신연방주의(new federalism) 시기로 나눌 수 있다(이옥연 2008).[8] 특히 이중 연방주의와 연방 우위 시대 사이에 분수령을 이룬 역사적 사례로서 서부 개척에 투입할 노동력 공급을 원활하게 하기 위해 1868년 중국과 미국 간에 맺은 중국인 이민을 도모하는 조약을 들 수 있다. 주목할 점은 이보다 앞서 중국 이민의 증가에 반발한 캘리포니아 주가 주법을 제정해 중국 이민자의 권한을 제한했다는 사실이다(Schain 2008: 181-82).9) 비록 연방정부와 중국 간 조약 체결이 시간적으로 캘리포니아 주의 이민 법안 제정 이후에 발생했으나, 1882년에 이르러서는 공화당 그랜트 대통령과 공화당이 주도하는 연방의회가 중국 이민을 향후 10년간 잠정 보류하는 법안을 제정했다. 급기야 1902년에는 영구 보류를 안건으로 하는 법안을 통과시키면서 중국 이민자의 귀화를 원천 봉쇄했다.10)

그러나 1882년에는 동시에 이민 문제, 특히 출입국 관리에 관한 연방정부의 권한 확대도 이뤄졌다. 더구나 이민 문제의 주요 영역인 출입국 관리를 연방정부 권한으로 이양하는 요구는 다름 아닌 뉴욕 주의 주도로 가능했다. 결국 이전까지 주 정부가 개별적으로 관장하던 이민자 입국절차와 관련한 규제를 뉴욕 주의 압력으로 연방정부가 전담함으로써 출입국 관리의 책임 소재지가 단일화되었다. 그 결과 1891년에 이민, 특히 출입국 관리에 관한 연방정부에게 모든 권한이 있음을 공표하는 연방이민법이 제정되었다. 마침내 이민 규제는 외국과의 통상을 규제하는 연방정부의 권한 영역이라는 1875년의 연방최고법원의 판결이 연방정부의 주도라는 정책집행의 실체로서 19세기 말에 구현되었다.

이러한 일련의 역사적 사례는 연방정부와 주 정부 간 이민에 관한 권한분산이 단순한 분업을 의미하는 것이 아니라 다층 거버넌스를 통한 이견조정을 권장하는 형태로 정책결정 과정이 유지되었음을 보여준다. 더구나 20세기 초까지 직선이 아닌 간선으로 상원 의원을 선출했기 때문에 각 주 정부가 연방정부 차원에서 자기 지역의 이권을 대변할 수 있었다.11) 따라서 주 정부의 관점에서 보면, 19세기 말까지 연방주의에 입각한 이민 정책의 결정 과정에서 한편으로는 연방과 주 정부 차원에서 선출된 대변인 간 네트워크가 형성되고 다른 한편으로는 연방정부 차원에서 주 정부 대변인에게 압력을 넣을 수 있는 경로를 통해 주 정부가 실권을 행사할 수 있는 권한 영역이 형성되었다. 그리고 그 압력은 특정 이민자 집단의 권한을 제한하는 입법안으로 결실을 맺었으니, 주 정부로서는 이 시기가 이민법 개혁의 황금기에 해당했다고 평가할 수 있다.

그러나 연방정부의 관점에서는 19세기 말을 기점으로 이민 문제에 있어서는 주 정부가 자발적으로 정책 집행의 주도권을 연방정부에게 이관했다고 볼 수 있다. 앞서 〈표 5-1〉에서 볼 수 있듯이 20세기 초에는 이민을 제한하기 위한 일련의 법안, 예컨대 영어구사 능력, 문자해독 능력 또는 출신 국가에서의 미국 사증 발급 등을 의무화함으로써 미국 영토 내에 들어오기 전에 사전 관리할 수 있는 방식을 법으로 제정했다. 이어 1921년에 출신국가별 할당을 재배정한 이후 이민법 개정 내용은 이민자 집단의 구성에 초점을 맞췄다. 즉 20세기 초부터 주 정부가 아닌 연방정부의 주도로 개방적 이민 정책을 폐쇄적 이민 정책으로 공식 전환했다. 또한 20세기 초부터 연방정부가 주도하는 이민 정책의 주요 의제가 이민자 집단의 구성이었기 때문에 이후 연방 이민법 제정의 목표는 포괄적 개혁보다 공평한 할당 조정에 역점을 두었다.

미국의 연방주의는 정책결정과정에서 거부권을 행사할 수 있는 행위자가 복합적 다층구조로 존재하기 때문에 정책 입안과정은 길고 경우에 따라 험난한 여정을 거친다. 이민과 이민자 정책은 수직적·수평적으로 복잡한 연대세력 간 이합집산을 동반한다. 따라서 이민법이 특정 집단이나 계층 또는 가족관계 간 할당 조정에 대해 개정을 시도하는 순간 모든 행위자의 거부권 행사 가능성도 커진다. 결국 이는 이민자 총수를 확대하는 방법, 즉 파이를 크게 만드는 미봉책으로 끝날 수밖에 없는 필연성을 의미한다. 그러나 불행하게도 여론은 일관되게 이민의 확대에 대해 부정적 반응을 보이고 있으며, 불법 이민자의 증가에 대해서는 심각한 우려를 표명한다. 결국 국민에 더 가깝게 존재한다고 자부하는 주 정부로서는 이민법의 주체로서 지위를 재탈환할 명분을 확보하는 셈이다(Fetzer 2000: 82).

1990년대 이후 주 정부는 마침내 입법 활동주의를 통해 이민 문제에 관한 책임 소재지를 재탈환하고자 하는 의지를 분명히 했다. 단적인 사례로 1994년 캘리포니아 주에서 주민발의로 입법안으로 채택되었다가 로스앤젤레스 연방구역법원에서 위헌판결로 번복된 주민발안(Proposition) 187호를 들 수 있다. 이 주민발안은 캘리포니아 주가 자체적으로 시민권 검증제도를 구비하고 불법이민자에게 공공구제와 서비스의 혜택을 제한할 수 있다는 내용을 주요 골자로 했다. 특히 캘리포니아 주민 중 히스패닉계 주민의 1/3과 아시아 및 아프리카계 주민의 과반수가 이 주민발안을 가결시켰다는 점에서 연방정부의 이민 정책에 대해 정면 도전장을 던진 사건이었다. 이는 이민 정책이 단순한 반이민 정서에 의해 좌우된다는 통념을 뒤집었다는 점에서 중요성을 지닌다.

다음 절에서는 반이민정서가 연방-주 정부 관계에 미치는 영향력을 여론 조사 결과, 인구통계학적 변화, 경제 침체 등의 요인과 연계해 추론하면서, 앞으로 이민 문제가 넓게는 미국의 국가구상, 좁게는 연방-주 정부 관계에 어떤 이정표를 남길지 논하고자 한다.

IV. 반이민정서와 연방-주 정부 관계

1. 반이민정서의 배경

그렇다면 캘리포니아와 애리조나를 위시해 남부 앨라배마 등 몇몇 특정 주에서 최근 대중영합적 반이민정서가 미국 사회를 뒤흔들고 때로는 정치적 지각변동까지 일으키게 된 이유는 무엇일까? 미국의 서부와 멕시코 접경지대에 근접한 주의 경우에는 다음과 같은 추론이 가능하다. 과거 서부개척의 대표적 주는 이민자가 창설한 동부 주와 달리 미국의 국가 정체성을 이민자 국가와 결부하는 데 그다지 공감하지 않은 채 별도의 정착과정을 거쳤다.[12]

즉 이민자가 주축이 된 동부 주들과 달리 서부 주들은 미개척지대인 변방(frontier)을 개척한다고 자부하는 토착민이 주축을 형성했다. 그러나 현재 멕시코나 태평양 연안과 접한 서부 주는 다른 어느 지역의 주보다 불법 이민자가 집중되어 있으며, 이로 인한 재정적 손실도 크다는 인식이 팽배하다.13)

이 불법 이민자에게 들어가는 공공구제와 서비스 비용, 출입국 관리 위반자 감금 시설 유지비 등은 결과적으로 주 재정에 압박을 준다는 점에서 반발이 크다. 문제는 이러한 비용을 대부분 주 정부나 이하 하위 정부에서 전적으로 부담하는 데 비해 이민자 집단을 대상으로 하는 세금의 대부분을 연방정부가 징수하는 데 대해 불만이 크다는 점이다. 결국 주 재정이 이중으로 압박을 받는 불합리함을 능동적으로 해결하겠다는 의지가 주 정부의 입법 활동주의로 나타나기 시작했다(Joppke 1999; 2008: 58).

더불어 과거 이민 규제가 노동시장과 최저임금 논의에 의해 정책 틀을 구상했다면, 1990년대 중반 이후에는 재정 건전성에 미치는 악영향에 관한 논의로 대체되었다. 특히 1994년 중간선거에서 연방하원의 다수당 지위를 확보한 공화당이 재정균형 논의를 개헌 논의로 '승격'시키는 분위기가 수용되면서, 이민 규제는 재정 건전성 회복과 직결된다는 주장이 설득력 있게 전파되었다. 그 결과 연방정부 법안은 불법 이민을 근절하려는 캘리포니아 주 법안보다 더 진일보한 형태로 이민자의 총수 제한에 주력함으로써, 이민자 국가로서 미국의 위상은 유지하되 실질적으로는 이민의 문을 닫고자 했다. 그러나 각종 이익단체의 이합집산으로 인해 오히려 이민자 할당이 증가했을 뿐, 불법 이민에 대한 근본적 해결책은 제시하지 못했다.

1952년 이민국적법 이후 거의 매 10년마다 이민법 개혁 논의를 입법화시키려는 시도가 있었으나 비교적 포괄적인 이민법 개정이라는 평가를 받는 1990년 이민법을 제외하고 이러한 시도들은 이민 규제와 거리가 멀거나 입법과정에서 소멸하는 경우가 빈번했다. 이는 불법 이민을 근절하려던 캘리포니아 주를 비롯해 불법 이민으로 가장 타격이 큰 몇몇 주에게 연방정부의 무능력을 확인시켜주는 결과를 낳았다.

물론 최근 자료는 이민과 이민자에 관한 주 정부의 입법 활동주의를 입증한다. 다만 유의할 점은 주 정부의 입법 자체가 반드시 이민자의 권한 제한에만 주력하는 것이 아니라, 오히려 이민자가 사회 구성원으로 정착하도록 보조하는 프로그램을 정책적으로 입안한다는 사실이다(Mitnik and Jessica Halperin-Finnerty 2010: 52).[14] 그러나 주 정부의 입법 활동주의가 단지 연방정부의 이민 정책 집행이나 보완입법에 그치지 않고 궁극적으로 연방 이민법을 대체하려는 범위로 확대되는 최근의 현실도 간과할 수는 없다(Provine 2010: 217). 더불어 대의민주주의 체제에서 목격되는 반이민 정서를 설명하는 기존 이론이 연방주의를 통치 원칙으로 표명한 미국의 경우에 불충분하다는 점에도 주목할 필요가 있다.

흔히 반이민정서의 원인으로 낮은 문화적 유사성과 관련되는 '문화적 주변성(cultural marginality),' 낮은 경제적 지위, 교육 수준 또는 기술 숙련도 등의 '경제적 사리추구(economic self-interest),' 그리고 직접적 대면보다는 가시성에 의한 '상호교류(contact)'의 세 가지를 꼽는다. 특히 경제적 사리추구 가설은 이질성에 근거한 문화적 주변성이나 가시성 증가로 인한 상호교류 자체보다 재정 손실로 인한 상대적 박탈감에 대한 공포에 초점을 맞춘다. 즉 이 공포심으로 인해 이민의 합법성과 무관하게 반이민정서를 부추기는 정치 현실이 반복된다는 것이다(이소영·이옥연 2011: 215).[15]

그러나 경제적 사리추구 가설도 궁극적으로 이질성과 가시성에 대한 반발심을 정치적으로 동원하여 금전적 타격과 정치 시장의 논리와 접목시킬 때 그 설명력이 확보된다. 연방주의를 헌정질서로 채택한 대의민주주의 체제에서는 바로 이 접목 과정에서 주 정부나 지방정부 등 하위 정부가 법제도적으로 행위자로서 거부권을 행사할 수 있다. 미국의 사례는 이런 점에서 기존의 설명을 보완할 필요가 있음을 단적으로 보여준다. 또한 이는 헌법상 연방주의를 채택하지 않더라도 실질적으로 수직적 권한분산에 의해 운용되는 정치 체제의 경우에도 이민의 정치경제를 설명하는 데 있어서 참조해야 할 점이다.

2. 인구 구성도, 경제 침체 및 반이민정서 간 상관관계

〈그림 5-1〉은 1952년부터 2009년까지 미국 인구 구성도 변화를 나타내는 외국태생 인구 비율 및 실업률, 그리고 이민에 관한 여론 설문조사 결과를 보여준다.16) 앞서 선행 연구에서 인용되는 문화적 주변성이나 상호교류 가설의 지표로 사용되는 외국태생 인구 비율, 그리고 경제적 사리추구 가설의 지표로 사용되는 실업자 비율과 함께 이민에 관한 정치적 체감온도 지표로 사용되는 설문조사 결과를 대비하면 다음과 같은 관측이 가능하다.17)

첫째, 외국태생 인구 비율은 1953년 6.8%에서 하향 추세를 보이다가 1986년 이후 상승세를 타면서 2009년까지 지속적으로 증가해 12%로 늘어났다. 합법적 이민자의 인구 비율도 1980년대 중반까지 2% 내외에서 보합

〈그림 5-1〉 미국 인구 구성도 변화, 실업률 및 반이민 정서 추세, 1953~2009

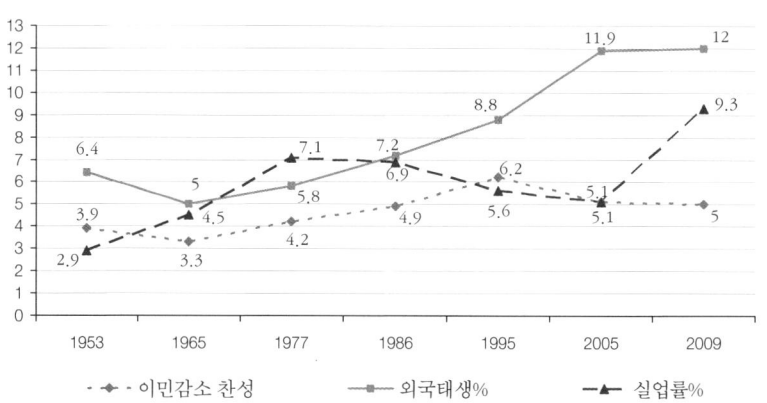

출처: http://www.census.gov/compendia/statab/hist_stats.html(Gallup Poll, 해당 연도), (검색일: 11/6/30).
1. 이민감소 찬성: 이민 감소에 찬성하는 설문응답자 천분율(해당 연도 수치는 표식 우측에 표기함)
2. 외국태생%: 전체인구 중 외국태생인구 백분율(표식 상단에 표기함)
3. 실업률%: 민간경제 분야 가용노동자 중 실업자 백분율(표식 좌측에 표기함)

추세를 보이다가 1991년에 이르러서는 7.2%로 폭증하는 양상을 보였고, 이후 급격한 하향 조정 국면에 들어서면서 다시 2% 내외 수준으로 감소했다. 그러나 2000년 이후부터 다시 증가 추세로 돌아서서 2009년 현재 3.7%에 달한다. 이는 이민자 국가 미국이 1900년대 초에 공식적으로 개방적 이민 정책을 폐기한 이후 1960년대 민권운동을 계기로 다시 개방적 이민으로 정책전환을 했다는 주장을 일부 입증한다. 이 현상 자체보다 중요한 점은 개방적 이민 정책의 전환 배경에 바로 연방정부 차원의 이민 규제 능력의 상실이 작동한다는 사실이다. 즉 개방적 이민 정책은 능동적 전환의 결과물이 아니라 이익단체의 로비에 밀려 수동적으로 타협한 미봉책에 불과하다는 것이다. 더불어 이민 규제를 요구하는 여론과 특히 불법 이민으로 인한 고충을 호소하는 캘리포니아를 포함한 국경지대 주 정부의 압력에 부응하는 차원에서 할당 조정이라는 방식을 채택했다. 그러나 결과적으로 할당 조정으로 인해 타격을 받게 되는 특정집단, 특히 히스패닉 이주자의 불법 이민을 조장하는 악순환을 초래했다는 비난을 피하기 어려웠다(Schain 2008: 220).

둘째, 민간 경제 분야의 가용노동자 중 실업자 비율은 경제 주기에 따라 등락을 반복하지만, 대공황 이후 최악이라고 평가받는 금융위기의 여파로 인해 2009년에는 급기야 9.3%로 치솟으면서 최악의 수준이었던 1982년 (9.7%)과 1983년(9.5%)에 달하는 상황에 처했다. 실업률과 합법적 이민 인구 비율의 증감을 대조해보면, 대체로 경제가 활성화되면 노동력 수요에 부응하려는 유입인구의 증가로 인해 합법적 이민 인구 비율도 동반 상승하는 추세를 보인다. 그러나 경기 침체기에도 이에 상응하는 유입인구의 감소가 반드시 나타나지는 않는다. 더구나 합법적 이민 인구 비율이 폭증한 1989년부터 1991년까지 실업률과 합법적 이민 인구 비율을 대조해 보면, 실업률의 증가에도 이민 인구 비율이 1990년까지 증가하는 모습을 보이는데, 이러한 역행은 이민 규제의 실패로 인한 부산물로 평가해야 한다. 결과적으로 1992년이 되어서야 1990년 이민법이 실행되면서 이민자 총수가 감소된 점을 미루어 볼 때, 경제적 사리추구 가설은 효과적 정치 동원이라는 전제 조건을 충족해야 설명력을 지닌다고 볼 수 있다. 특히 연방주의를 헌정질서로 채택한 미국에서는 수직적 권한분산을 헌법에 명기하고 있으며, 이는 재정 분산으로 인한 부담이 균등하지 않을 가능성이 크기 때문에 이를 정치적으로 동원하는 경우에 한해서만 경제적 사리추구 가설이 유효하다는 점을 의미한다.

구체적으로 국경통제나 불법 이민 근절에 대한 압박감이 상대적으로 큰 국경지대 주 정부로서는 집중된 비용부담을 연방정부가 분담해주지 않으면 자구책을 강구하겠다는 발상을 할 수밖에 없다(Waslin 2010: 98). 나아가 물리적 국경지대가 아니더라도 이질적 유입인구의 증가에 따른 비용부담을 느끼는 심리적 국경지대에서도 주 정부의 반발이 발생할 수 있다. 노스캐롤라이나 주의 샬롯 시가 심리적 국경지대의 대표적인 예이다. 이곳에서의 이민자 수용과정은 다음의 네 단계를 거쳐 나타났다. (1) 처음에는 주류와 모든 면에서 이질성을 보이는 히스패닉 집단을 호기심 어린 시선으로 바라보다가("Welcome, amigos") (2) 히스패닉 인구의 증가를, 샬롯 시 아메리카 은행 본부 건물 설립을 위한 일종의 노동력 유입 때문으로 보고 방관했지만 ("Bank of America Phenomenon"), (3) 은행 본부 건물이 완성된 후에도 이 유입인구가 그대로 상주하자 이에 대한 격앙된 반감이 표현되었고 ("Honk if you hate Spanish"), (4) 급기야 비이민자 도시인 샬롯 시마저도 이민 문제에 관해 선택의 기로("Charlotte at the immigration crossroads")에 서 있다는 정치쟁점화로 이어지게 되었다. 결국 이민자가 정착하는 곳으로 간주되지 않던 지역에서도 특정 집단의 규모가 확대되자 기회비용의 상실에 대한 우려가 격화되면서, 연방정부의 불충분한 이민 규제에 대한 주정부나 지방정부 등 하위정부 차원에서의 불신이 심화되었다(Furuseth and Smith 2010: 176).

셋째, 1999년 이전에는 일관된 설문 조사 문항이 없었기 때문에 10년 단위로 정리한 도표만 보았을 때, 이민 감소에 찬성하는 비율이 1965년 이민법 개정을 계기로 폭증하고 이 부산물로 불법 이민 증가에도 반발하는 추세를 보이다가 1990년대 중반을 기점으로 보합세를 유지하는 것으로 나타난다. 그러나 1999년부터 2009년까지의 설문 조사 결과를 검토하면 이민의 정치가 대선보다 중간선거 직전에 선거의제로 주로 활용된다는 점을 추론해 볼 수 있다.18) 즉, 중간선거가 있기 직전의 해당 연도(2001년, 2005년, 2009년) 설문조사에는 공통적으로 이민 감소에 찬성하는 응답률이 선거유세가 펼쳐지기 이전보다 올라간다.

예외적으로 2007년 대선 직전에도 이민 감소를 찬성하는 비율이 증가하지만, 이 경우는 민주당의 오바마 대통령 후보가 아프리카계임을 감안할 때, 최초로 유색인종 후보가 양대 정당 후보로서 대통령에 당선될 경우 발생할 향후 이민 정책의 선회에 대한 우려를 반영한 결과라고 볼 수 있다. 앞서 검토했듯이 시민권 자격을 부여하는 연방정부의 역할은 헌법의 전권(全權) 구절과 연방최고법원의 판결, 그리고 이후의 선례에 의해 규정되었다.19) 예컨대 텍사스 주의 1975년 교육법 개정은 주 정부와 납세자에게 부당한 비용을 부과한다는 이유로 불법 이민자 자녀에게 공교육 기회를 박탈하는 내용이었다. 결과적으로 *Plyer v. Doe* 457 U.S. 202(1982)에서 논란의 대상이 된 이 텍사스 주법은 위헌 판결을 받았다. 그러나 동시에 이민 규제는 위헌 여부에 관한 사안이 아니라 입법과정을 통해 해결해야 할 문제라는 의견이 판결문에 첨부된 점이 흥미롭다. 이는 이민 규제가 근본적으로 헌법에서 연방정부와 주 정부의 공유된 권한영역으로 규정된다는 점을 상기시키는 사법부의 판단이다(Nortman 2010: 32-35).

이민 문제가 정치경제의 의제일 뿐 아니라 국가 정체성의 의제로 부각되는 이유는 바로 연방정부가 주도한 이민법 개혁에 의해 더 이상 이민을 규제하기 어렵다는 판단하에서, 주 정부가 과거에 연방정부에게 위임했거나 연방정부의 선점을 묵인했던 이민 규제의 권한을 되찾겠다는 의지를 표명하기 때문이다. 그리고 살아있는 연방주의의 핵심은 바로 주 정부가 개별적으로 판단하는 "미국 찾기"에 있다고 믿기 때문이다. 이는 통치 원칙으로서 연방주의의 장점인 지엽적 정책의 실험(localized laboratories of policy)과도 일맥상통한다. 즉 효율적 정책 구상·집행이 이러한 정책의 전파와 확대를 통해 보급되었을 때 가장 민주적이고 효율적인 절차를 거쳐 정책 레짐이 형성된다는 주장이다. 결국 이민 정책은 이민의 주기를 총괄하는 이민 종합설계도면을 요구하지만, 연방정부가 주도하기보다는 정책의 집행방향을 제시하는 "공공 철학(public philosophy)"을 정립 또는 재정립하는 데 주력해야 할 것이다.

V. 결론

  1980년대부터 시작된 이민법 개혁 논의는 1990년대에 들어서 이민 정책 구상과 집행의 적절한 주체, 즉 국민의 의사를 존중해 이민 규제를 제대로 수행할 수 있는 주체에 대한 논의로 확대되었다. 그리고 9/11 사태와 이후 반테러전이라는 전례 없는 국가적 위기 상황을 거치면서 이민과 이민자 정책은 국가안보와 이를 받쳐주는 국가 정체성의 보존 문제로 변형되었다(이옥연 2014). 구체적으로 2010년 봄에 애리조나 주가 이민법(SB 1070)을 제정하자, 연방항소법원이 그 핵심조항의 이행을 제어하는 판결을 내렸음에도 불구하고 6개 주가 잇달아 유사한 법안을 상정했다. 이 중 애리조나를 포함해 네브래스카, 미시시피와 오클라호마 주에는 주민발의가 있는 반면에, 사우스캐롤라이나와 조지아 주에는 주민발의나 주민투표가 없다. 이는 이민 규제의 권한 소재지를 연방이 아닌 주 정부로 규정하려는 논쟁이 반드시 주 정부 단계에 허용된 주민발의 자체에 기인하지는 않는다는 의미이다. 오히려 주민발의가 없는 주에서도 이민 규제를 주 정부의 소관이라고 주장하는 정치인들과 그에 동감하는 유권자들이 증가했으며, 무엇보다 그러한 정치적 의지가 연방정부 차원의 입법과정을 통해 결실을 맺었다. 예컨대 2001년 애국법(Patriot Act)의 핵심 내용에는 테러집단과 연계되었다고 의심되는 이민자들을 구속하거나 추방할 수 있는 정부 부처—구체적으로 사법부나 이민국—의 권한을 대폭 확대하는 방안이 포함되었다. 2005년 이후에 폐지하기로 잠정적으로 합의했지만 여론의 압력에 밀려 이듬해 애국법 연장이 승인되었다.

아이러니는 이러한 연방정부의 정책방향 선회가 오히려 주 정부가 연방정부를 상대로 이민 규제 권한을 공세적으로 주장하는 데 필요한 비장의 무기를 제공했다는 사실이다(Preston 2010). 그 결과 이민과 이민자 정책이 연방정부에 대한 불신과 연방정부의 무능을 상징하는 징표로 통용되었고, 그 배경에는 연방주의를 통치 원칙으로 채택한 이민자 국가 미국의 연방헌법과 이에 대해 침묵하는 헌법의 빈자리를 제대로 채우지 못하는 연방최고법원이 자리하고 있다.

더구나 이민은 국가 정체성의 근간을 뒤바꿀 만한 파괴력을 제공할 수 있는 잠재력을 지니기 때문에, 정치인은 유권자를 동원하기 위해 이민 문제를 선거의제로서 끊임없이 활용하려는 충동을 느끼게 된다(Schain 2008: 10). 일례로 최근 오바마 행정부가 발안한 소위 드림 액트(Dream Act) 법안은 수혜대상이 이민자의 자녀들에 국한되지만, 그에 대한 찬반은 공화당 지지자와 민주당 지지자들 사이에서 큰 차이를 보였다.

이민을 설명함에 있어 이주 배경의 국제정치경제, 국경 통제, 국가 정체성과 시민권에 관한 여론, 당시 이민자 수용과 통합의 측면 등을 다각적으로 검토할 경우, 체계적 설명틀을 제시하는 새로운 연구가 가능하다. 예컨대 종교적 핍박으로 인해 영국을 떠나 이질적 이념에 개방적이었던 네덜란드에 정착한 이주민이 십여 년 후 더 위험부담이 큰 신대륙행을 결심한 역사적 사례를 들어 보자. 이에 대해 대다수의 선행 연구들은 정착 후 현지인으로 동화될 것을 우려하여 '순례자'인 청교도 집단의 사명을 완수하기 위해 험난한 항해를 감행했다고 분석했다(Bangs 2009: vii-xvii).

그러나 뱅스(Bangs 2009)는 당시 유럽의 국제정세의 변환에 따라 스페인의 끊임없는 침략위협을 저지하기 위해 앙숙인 영국과의 관계를 강화하려는 홀란드 연합주의의 선택에 압박을 느낀 청교도 지도자들의 판단에 주목한다. 동시에 홀란드 연합주의 통치자로서 권력을 다지려는 오라니예(Oranje) 왕족의 노력이 종교 분쟁을 격화시켜 영국의 간섭을 초래하자, 정교분리를 주장하던 이주민의 분파가 신대륙행을 주도한 점을 지적한다.

무엇보다 당시 홀란드 연합주 영토로 이주한 영국인의 후손에게도 속인

주의에 근거해 자동적으로 영국 시민권이 부여되는지 여부에 대한 법적 문제가 해결되지 않은 상태였다. 즉 시민권 문제는 영국 내 유산상속 문제와 직결되는 주요 정치경제 요건이었다. 따라서 종교적 핍박을 피해 영국 군주에 귀속된 영토가 아닌 홀란드에 정착했지만, 영국 군주에 귀속된 영토가 아닌 뉴 네덜란드, 지금의 뉴욕 맨해튼 정착을 고사하고 결국 영국령인 뉴잉글랜드 행을 결정했다(Bangs 2009: 512-73).[20]

이민 문제를 정책으로 구상하고 집행하는 이민의 정치는 이러한 이민의 배경을 설명하는 틀을 비롯해 이민의 전체 주기를 포괄하는 틀을 요구한다. 또한 미국 이민의 정치는 건국 당시부터 또는 그 이전에 구대륙 이주민이 신대륙에 정착하는 순간부터 기로에 서 있었다는 점에 유의해야 한다. 다만 인구통계적 변화와 경기 침체 그리고 이를 정치무대에서 선별적으로 때로는 왜곡된 형태로 동원한 결과물인 여론의 추세에 따라 이민의 순기능보다 그 역기능이 강조되는 양상을 띠었다. 결과적으로 5장에서는 이민자 또는 이민 정책에 대한 평가가 특정 요인에 치우쳐 있는 한계를 연방주의라는 통치 원칙을 보완함으로써 설명하고자 했으며, 특히 이민 문제를 미국의 국가 구상에 접목해 설명하기 위해서는 연방-주 정부 간 관계의 변화를 재조명해야 함을 강조했다.

미주

1) "Be it enacted by the Senate and House of Representatives of the United States of America in Congress assembled, That any alien, being a free white person, who shall have resided within the limits and under the jurisdiction of the United States of America for the term of two years, may be admitted to become a citizen thereof,…, that he is a person of good character, and taking the oath or affirmation prescribed by law, to support the Constitution of the United States,…" Statutes At Large, First Congress, Session II, Chap. III, Section 1, 103 (이탤릭체는 원전을 따라 인용함) http://rs6.loc.gov/cgi-bin/ampage?collId=llsl&fileName=001/llsl001.db&recNum=226

2) 정확하게 말하면, 토크빌은 성경 히브리서 11장 16절을 인용한 나다니엘 모턴(Nathaniel Morton)을 재인용했다.

3) "But now we are all, in all places, strangers and pilgrims, travellers and sojourners …" 레이든에 정착한 청교도 집단의 지도자인 Robert Cushman의 설교를 인용한 Mourt's Relation(저자는 레이든에서 플리머스로 이주한 청교도 집단의 지도자인 William Bradford와 Edward Winslow로 추정됨, 1622)에서 재인용했으며, 이는 미국으로 이주하기 전 레이든에서 사망한 청교도들이 묻힌 피터교회(Pieterskerk)의 기념비에 새겨졌다.

4) 그러나 산업혁명 이후 철도의 발달로 최소한 유럽대륙 내에서는 여권 관리가 비용 면에서 비효율적이었기 때문에 1차 세계대전 직전까지 대체로 여권검사에 의존한 국경통제는 그 실효성이 없었다. 상세한 논의는 John Torpery, *The Invention of the Passport* (London: Cambridge University Press, 2000)를 참조하기 바란다. 유럽에서는 1차 세계대전 직전 확립된 사증제도를 셍겐 협정(Schengen Agreement)을 통해 폐지한 결과, 국경 없는 셍겐 지역(Schengen Area)이 구축되었다.

5) 따라서 연방최고법원이 위헌의 개연성이 있는 기준에 대해서 "엄격심사"를 적용하면, 정부 행위가 "중대한 국가 이익의 달성에 필수불가결한 수단임이 입증되는 경우"에 제한해 합헌으로 판정한다. 반면에 성(性), 적서(嫡庶)는 위헌의 개연성이 있는 기준에 따라 "엄격심사" 대신에 보다 유연한 "중간심사"를 적용했다.

6) 1990년 10월 29일자 뉴욕타임스 기사("Two Reasons to Rejoice on Immigration")를 재인용함. 더불어 2010년 중간선거를 계기로 표면화된 티파티(Tea Party) 운동도 이민의 맥락에서 정치적 의미를 지닌다.

7) 인류학자인 헤쉬어는 탈식민(post-colonial) 아프리카 종족 간에 목격되는 토착민 논의가 선거라는 민주주의 기제를 통해 배타적 권한 부여의 정당화로 악용되는 사례를 분석한 후, 이를 네덜란드에 변형된 형태로 전개되는 "외지인 논의(allochtonen)"에 적용했다.
8) 이러한 분류는 대체로 연방주의의 변천과 유사한 준거에 의한다고 볼 수 있다.
9) 1848년 미국 서부의 골드러시는 유럽계 이민자 집단으로 하여금 중국인 이민자 증가에 대한 규제를 요구하는 계기가 되었고, 이에 부응하여 캘리포니아 주는 1850년과 1852년에 Foreign Miners' License Tax Law를 제정함으로써 시민권이 없는 중국인 이민자의 재산축적을 제어했다. 이후 1870년대 경제침체에 접어들면서 중국인 이민자에 대한 반감은 더욱 악화되어 전국적으로 확산되기에 이르렀다.
10) 1868년 미국과 중국 간 체결된 Burlingame-Seward 조약은 중국에게 최혜국(Most Favored Nation)의 특권을 부여하였고 미국에 이주하는 중국인에게 귀화의 특권도 부여하였다. 그러나 공화당이 다수당인 의회의 반발로 인해 공화당 헤이즈 대통령은 급기야 1880년에 귀화를 보류하는 조항을 삽입하여 조약을 개정했고, 결국 1882년 공화당 그랜트 행정부가 중국이민금지법을 제정함으로써 조약은 효력을 상실했다.
11) 주지하듯이 연방 상원의원 직선은 수정헌법 17조에 의해 1914년 선거부터 시행되었다.
12) 무엇보다 서부의 백인 개척자는 미국의 영토 확장에 참여함으로써 국가건설에 기여했다는 자부심이 상당했고, 이질적 집단인 이민자가 그 공로를 가로챘다는 불안감을 여과 없이 심지어 폭력적으로 드러내곤 했다.
13) 실제로 40%의 불법이민자가 캘리포니아에 거주하고 있으며, 나머지 35%는 애리조나를 포함한 5개 주에 분포되어 있다.
14) 구체적 자료는 이소영·이옥연, "의료보험개혁, 이민 규제, 그리고 2010 미국 중간선거," 미국정치연구회 편, 『2010년 미국 중간선거: 또 다른 변화』(서울: 도서출판 오름, 2011), p.223 〈표 5〉를 참조하기 바란다.
15) 문화적 주변성 가설은 주변 집단에 대한 주류 집단의 우호감 또는 적대감이 시공간적 변이를 보이는 현상을 체계적으로 설명하지 못한다. 반면에 상호교류 가설은 편견의 실재 자체보다 편견의 인지 여부가 설명력을 결정하므로 주류 집단과 주변 집단 간 우호감이나 적대감의 변이를 부인하는 모순을 지닌다.
16) 이민자 비율, 외국태생 인구 비율과 실업률이 백분율이므로 이민 감소에 대한 찬성 응답률을 천분율로 조정하여 추세를 검토하고자 했다는 점을 덧붙인다.
17) 특히 실업자 중에서도 27주 이상 실업상태인 장기 실업자 추세는 경제적 사리추구 가설의 주요 지표로 사용된다. 2010년 미국 중간선거와 연계한 연구결과로 김준석(2011), pp.172-173의 도표를 참조하기 바란다.
18) 구체적 수치는 이소영·이옥연(2011), p.213 〈그림 3〉을 참조하기 바란다.

19) "… it is for Congress, and not this Court, to assess the social costs borne by our Nation when select groups are denied the means to absorb the values and skills upon which our social order rests …" 상세한 내용은 http://caselaw.lp.findlaw.com/scripts/getcase.pl?court=US&vol=457&invol=202을 참조하기 바란다.

20) 이는 청교도 집단의 배경에 신정(theocracy)정치를 주요 요인으로 설정하는 주장에 대한 반박이다. 대표적 일례로 Russell Shorto, "The Island at the Center of the World," *The Epic Story of Dutch Manhattan and the Forgotten Colony That Shaped America*(New York: Doubleday, 2006)를 들 수 있다.

제2부

미국의 정치와 세계

제6장 • TV광고와 대통령선거,
       2004년 조지 W. 부시 대(對) 존 케리
제7장 • 민주주의의 사각지대, 대통령제의 권력분립과
       대외정책
제8장 • 전시 미국 민주주의, 1942년 일본계 미국인의
       강제 이주와 억류
제9장 • 미국, 유럽, 그리고 9/11 사태
제10장 • 미국 대통령제와 통일 후 한국

제6장

TV광고와 대통령선거,
2004년 조지 W. 부시 대(對) 존 케리

I. 서론

    미국은 지구상의 어느 나라보다도 가장 빈번한 선거를 통해 가장 많은 적임자를 선출하는 국가이다(Fiorina et al. 2004: 3).[1] 그렇게 뽑히는 수많은 공직 중에서 대통령직은 참정권을 행사할 수 있는 국민 전체가 참여하여 국가의 원수이자 행정부의 수반을 겸하는 최고 통수권자를 선택하는 유일한 선출직이다. 따라서 대통령선거가 없는 중간선거와 달리 대통령선거가 열리는 해에는 성대한 정치축제 분위기 속에서 11월 선거일 직전까지 1년 내내 선거유세가 지속된다. 특히 정보통신기술의 급격한 발달로 현대 유권자들은 다양한 경로와 방식을 통해 정당후보들에 관한 엄청난 양의 정보를 접하게 된다.[2] 특이한 점은 이러한 기술적 혁신에도 불구하고 후보 당사자들은 전문 선거전략가들까지 동원하여 서쪽 끝에서 동쪽 끝까지 섭렵하는 물리적 융단폭격식의 전문화된 선거운동을 펼치는가 하면(Hart 1987: 183),[3] 첨단 기술의 혜택을 충분히 활용하여 TV 공중파나 기타 전파매체를 통한 가상 융단폭격식 유세로서 정치광고를 대규모로 내보낸다는 사실이다(Corrado 1996: 151; TNS Media Intelligence/CMAG 2004: 4; TNS Media Intelligence/CMR 2004: 1).[4]

그러나 모든 축제가 관중을 흥겹게 하지 않듯이 모든 선거운동이 성공적으로 유권자들의 투표결정에 영향력을 행사하는 것은 아니다. 무엇보다 30초 (또는 드물게 60초) 안에 유권자에게 대선후보의 강렬한 인상과 주요 메시지를 동시에 전달해야 하는 TV광고, 일명 '스팟(spot)'은 양대 정당후보 간에 확실하고 뚜렷한 차별성을 부각시킬 경우 유권자들의 최종 선택에 지대한 영향을 끼칠 수 있지만,[5] 반대로 양 후보 진영 간 명확한 차별성이 결여되거나 유권자들의 우선순위와 동떨어진 이슈를 중심으로 전개될 경우에는 그 효력이 저하되기 마련이다.[6]

6장은 2004년의 미국 대선과정에서 TV광고가 과연 전자와 후자 중 어느 경우에 해당하는지를 살펴본다. 당선 여부와 선거운동의 상관관계, 특히 특정 선거운동의 효과에 대해 아직까지 이론적·실증적 검토가 완전하게 이루어지지 않았기 때문에, TV광고가 구체적으로 유권자에게 유형별로 어떠한 영향을 주는지, 어떠한 경로로 투표행위에 작용하는지, 또는 다른 요인들과 독립적으로 유권자들의 선택에 얼마나 결정적인 역할을 하는지에 대한 연구는 지속적으로 필요하다. 이에 6장은 이러한 실증적 연구에 앞서 양당 후보가 유권자들에게 선거이슈 중 무슨 메시지를 어떻게 전달했고 어떤 효과를 얻기 위해 그러한 선거 전략을 채택했는지에 대한 분석에 주력하고자 한다.

우선 선거운동의 독특한 유형인 TV광고의 효력에 대한 기존 논의들을 정리한 후, 2004년 대선에서 가장 빈번하게 언급된 9/11 사태 및 그 여파와 이라크 전쟁이 과연 유권자들의 인식을 어떻게 변화시켰으며, 만일 이러한 인식변화가 있었다면 대선후보들에 대한 유권자들의 평가에는 어떠한 영향을 주었는지를 검토한다. 다음 두 개의 절에서는 TV광고들의 주요 내용을 국내정책 이슈와 대외정책 이슈로 나누어 광고내용과 전달방식을 비교하고,

이 광고들이 유권자에게 얼마나 호소력 있게 전달되었는지 평가한다. 마지막으로 TV광고의 효과를 어떤 종속변수와 상관관계로 규정할 수 있는지에 관한 후속연구를 제시하며 결론을 맺는다.

II. 선거운동의 매체로서 TV광고 효력에 관한 이론적 접근

선거운동의 효용성 자체를 부인하거나 그 효과에 대해 의구심을 제시하는 연구들은 근본적으로 선거운동이 다른 요인들과 독립적으로 영향을 미치지 않는다는 부정적 관점을 채택한다(Campbell 1960; Fiorina 1981).[7] 또한 근래에 들어 선거운동을 보도하는 대중매체에 중점을 두는 경우에도 양대 정당후보들의 유세 내용을 전달하기보다, 그에 대한 사설과 이를 접한 여론의 반응에 관한 자체 설문조사를 통해 선거운동을 평가하는 데만 치중하는 양상을 보인다. 따라서 유권자들은 대중매체를 통해 후보의 메시지를 그대로 받아들여 자체적인 의미를 유추하기보다 대중매체가 제공한 해석에 노출되는 경우가 빈번하며, 선거운동을 통해 후보들을 판별할 수 있는 지식을 습득한 유권자들마저도 최종결정을 유보하고 마지막 순간까지 대중매체가 내놓는 설문조사 결과에만 집착한다고 비판한다(Hart. 1994: 107).[8]

심지어 미국의 유권자들은 설문조사를 좋아하지만 선거운동 자체는 싫어하며, 특히 선거운동이 후보 당사자보다 전문 선거유세 전략가들에 의해 주도되는 경향이 강해지면서 이러한 괴리감이 심화되었다는 주장도 있다(Just et al. 1996). 또한 전문 선거유세 전략가들이 점차 정당조직보다 대중매체를 통한 선거운동에 주력하고, 대다수의 대중매체가 선거운동을 보도할 때 지루한 선거이슈를 가급적 회피하고 즉각적인 흥미를 유발시키는 취재거리를 선호함에 따라 유권자들이 대중매체에 비춰진 선거로 인해 시민의식을 경험하지 못하게 된다는 연구도 있다(McWilliams 1995: 33; Stuckey 2003:

161).

럿트벡(Luttbeg)과 갠트(Gant)는 선거운동의 효용성을 전면적으로 부인하지는 않지만, 65%의 유권자가 여름 하순경에 개최되는 양대 정당의 전당대회 즈음에 이미 어느 정당후보를 지지할지 결정하기 때문에, TV광고가 집중적으로 방영되는 여름 이후의 선거운동은 결국 나머지 35%를 겨냥한 무의미한 낭비라고 주장한다(Luttbeg and Gant 1995: 10).[9]

이와 대조적으로 하트(Hart)는 35%의 나머지 유권자들이라도 ― 예를 들어 1996년 미국 대선의 경우에는 3천 4백만에 해당한다 ― 이들을 겨냥한 선거운동의 효과가 단지 수적인 열세라는 이유만으로 무의미하다고 말할 수는 없다고 주장한다(Hart 2000: 8, 9-11).[10] 바텔즈(Bartels)는 제한된 인지능력을 소지한 대다수의 유권자들에게 TV는 가장 효율적으로 정치에 관한 교육을 행하는 매체로서 선거운동 기간 중에 이러한 효과가 극대화될 수 있고, 특히 사춘기 청소년들은 TV를 통해 선거운동을 접하면서 정당성향을 결정한다고 주장하면서 TV에 대한 부정적 평가를 반박한다(Bartels 1997: 65; Neuman et al. 1992).

선거운동은 유권자들이 평소에 접하지 못하거나 접하지 않는 이슈에 주의를 기울이게 되는 교육적 효과가 있을 뿐 아니라, 특정 이슈에 대한 의견을 형성함으로써 사회의 일원이 되며 나아가 국가 수준의 정책대안이나 규범에 대한 평가를 내리는 데 도움을 준다는 연구도 있다(Kornberg and Clarke 1992). 이는 평상시에 방관자로서 국정을 관망하던 대부분의 유권자들에게는 고무적인 일로서, 선거운동이 시민의식을 일깨워주는 역할을 한다고 볼 수 있는 것이다(Bartels 1997: 55-56).[11] 이외에도 정기적으로 각 지역마다 개최되는 선거유세는 유권자와 후보가 교감할 수 있는 기회를 제공할 뿐 아니라, 투표권 행사를 민주시민의 중요한 의무로 인지하는 유권자들에게 자극을 줄 수 있다. 또한 대중매체를 통해 선거운동에 관한 보도를 접하게 됨에 따라 실질적인 확률에 관계없이 자신의 한 표가 선거결과에 중대한 역할을 할 수 있다고 믿는 유권자가 증가한다는 분석도 있다(Just et al. 1996: 236; Rahn et al. 1997).

제6장 | TV광고와 대통령선거, 2004년 조지 W. 부시 대(對) 존 케리 *181*

  그렇다면 30초 또는 60초라는 짧은 시간제약 속에서 후보의 이미지와 메시지를 동시에 전달해야 하는 TV광고의 효력에 대한 평가는 어떠할까? 현재까지 진전된 TV광고의 효과에 대한 실증적 연구결과를 살펴보면, TV광고 효과의 여부나 방향에 관해 확실한 입증을 하지 못해 왔다(Garromone 1984; Austin & Pinkelton 1995; Faber et al. 1993; Pinkelton 1997; Ansolabehere et al. 1994).[12] TV광고의 효과에 대한 연구는 방법상·이론상으로 한계를 가지므로 후속연구들은 이를 타개할 해결책을 모색해야 한다. 먼저 방법론적 관점에서 TV광고의 내용을 측정할 수 있는 직접적 지표와 광고방영 횟수, 광고시청자의 수 등 유권자의 TV광고 노출정도를 측정하는 지표의 부족, 그리고 전국적 네트워크 이외에 지방방송국이나 케이블방송국에 배포된 광고에 대한 자료 부재 등이 문제로 작용한다. 또한 이론적 관점에서는 연구의 주요주제, 즉 왜 특정 후보는 선거운동기간 동안 선전했음에도 불구하고 TV광고의 혜택을 기대만큼 누리지 못했는가, 또는 왜 다른 후보는 TV광고의 효과를 충분히 이용하여 유권자에게 자신의 확고한 이미지와 메시지를 인식시키고 당선될 수 있었는가 등의 주제가 자칫 선거결과가 공표된 시점의 사후 평가에 지나지 않는다는 비판을 받을 수 있다.
  일찍이 앤솔라베어와 이옌가는 비방광고가 국민의 신뢰를 저하시키고 냉소주의를 높이는 부정적인 결과를 낳는다는 주장을 제시하여 많은 공감을 얻었다(Ansolabehere and Iyengar 1995). 그러나 제이미슨은 모든 형태의 비방광고(negative ads)가 투표율을 저하시킨다는 기존의 가설을 반박하며 TV광고의 유형을 공략(attack), 비교(contrastive), 옹호(advocacy)로 나누어 그 효력을 구별해야 한다고 주장한다(Jamieson 2001: 99). 즉 공략광고나 옹호광고에만 의존하는 경우 TV광고의 설득력이 적을 뿐 아니라 정치판에 식상한 유권자들이 투표행위 자체를 포기함으로써 투표율이 감소하는 반면, 비교광고에 주로 의존하는 TV광고는 오히려 옹호광고에 의존하는 TV광고보다 유권자들에게 정책에 관해 토의하도록 유도할 수 있는 여지가 더 크다는 것이다(Bartels et al. 1998: 12-13).[13]
  또한 단순히 지지후보의 자질만을 추켜세우는 옹호광고에 비해, 다각적인 측면에서 경쟁후보를 대조하여 지지후보가 상대 후보보다 유권자를 대표할 수 있는 자격이 있다는 변별력을 높일 수 있는 비교광고가 유권자들에게 판단의 기준이 될 만한 정확하고 풍부한 정보를 제공할 수 있다고 지적한다. 나아가 핀클과 기어는 비록 비방광고라도 유권자에게 정책에 대한 정보를 단도직입적으로 전달하고 경쟁후보자들을 식별할 수 있는 단서를 제공하며 감정적인 몰입을 가능하게 할 경우 유권자들의 투표율은 오히려 높아진다는 가설을 제시한다(Finkel & Geer 1998).

2004년 미국 대선은 세계 최강국의 자부심을 흔들어놓은 9/11 사태의 재발을 막기 위한 대응책으로 반테러전이 미국의 가장 중요한 대외정책의 일환으로 부상한 가운데, 경기침체의 지속과 이라크 전쟁의 미결(未決)이라는 이중고 속에서 치러졌다. 부시 후보는 대권 도전자로 선거운동을 펼쳤던 2000년과 달리 현직 대통령으로서 재선을 겨냥하며 선거유세를 이끈 반면, 2003년 12월까지만 해도 설문응답자의 절반 가까이가 모를 정도로 잘 알려져 있지 않았던 케리 후보는 2004년 1월부터 10월 사이에 부시 후보의 지지율에 위협을 가할 정도로 인지도를 높여 나갔다.[14]

그렇다면 이라크 전쟁 수행과 경기침체의 와중에서 미국 유권자들의 인식은 어떻게 변했고 그 결과 정치후보들을 평가하는 기준은 어떻게 달라졌을까? 또한 이러한 인식 변화 또는 지속성을 감지한 양당 후보와 지원단체들은 어떠한 내용과 방법으로 TV광고에 메시지를 담아 유권자들에게 다가가려고 했을까? 다음 절에서 이를 상세하게 살펴보고자 한다.

III. 미국 유권자 인식과 정치후보 평가기준의 변화

9/11 사태가 발발한 후 미국 국민들은 유례없는 수준의 'rally-round-the-flag' 효과를 경험했다(Hetherington and Nelson 2003: 37).[15] 헤더링튼과 넬슨은 뮐러와 브로디가 정의한 개념을 일부 수정하여 9/11 사태와 반테러전 전개를 둘러싼 'rally-round-the-flag' 효과의 원인과 결과를 분석한다(Mueller 1973; Broday 1991). 즉 전대미문의 테러가 미국 본토에서 자행되었다는 충격에 휩싸인 미국 국민들은 이에 즉각적으로 대응한 부시 대통령의 반테러전 구호를 적극 지지함으로써 거국적인 일체감을 내세운 현직 대통령에 대한 열렬한 지지를 보였다.[16] 일단 9/11 지지효과가 명백하게 나타나자 의회 내 야당인 민주당 소속 의원들은 부시 대통령의 대외정책에 대한 비판을 삼가거나 자제했고, 그 결과 'rally-round-the-flag' 효과는 그 강도가 다소 약해지기는 했지만 오랫동안 지속되었다.[17]

이렇게 형성된 9/11 지지효과는 또한 부시 대통령의 반테러전 지지효과로 이어졌고 나아가 부시 대통령의 지지층에도 지각변동을 가져왔다. 이미 부시 대통령을 지지하는 유권자들은 예상대로 부시 행정부의 대외정책에 전폭적인 지지를 나타냈으나, 그보다 놀라운 것은 민주당 지지자들이나 무당파 유권자들의 지지가 폭발적으로 상승했다는 점이었다.[18] 즉 미국 국민들은 정당일체감에 관계없이 애국심을 발휘하여 부시 대통령과 그의 대외정책을 전적으로 지지했던 것이다. 민주당 소속 의원들도 부시 대통령의 반테러전 수행에 대한 비판을 회피했고 이처럼 민주당 정치인들이 주저하는 가운데 9/11 지지효과는 지속되었다. 그러나 국내정책을 둘러싼 정당 간 공방이 서서히 재개되면서 부시 대통령의 업무에 대한 민주당 지지자들의 호의적 평가도 급감하기 시작했다.[19] 또한 정부에 대한 신뢰도 9/11 사태 직후에는 다소 증가했다가 곧 평시의 수준으로 복귀했는데, 특이하게도 대통령 소속 정당에 대한 정당일체감의 증가는 나타나지 않았다(Hetheringtron and Nelson 2003: 41).[20]

따라서 헤더링튼과 넬슨은 9/11 사태와 이에 대한 대응책인 반테러전과 결부된 'rally-round-the-flag' 효과는 유권자의 근본적 인식변화를 가져오지 않았다고 주장한다(Hetherington and Nelson 2003: 42). 특히 정치 엘리트인 선거유세 조직원들이 대외정책에 대해 가지는 이념체계가 냉전시대 수준에서 그다지 크게 벗어나지 않는다는 연구결과나, 9/11 사태를 전후해서 대외정책을 둘러싼 정치엘리트의 인식변화조차도 부시 행정부의 정책이 점차 일방주의적 성향을 띠게 되었다는 통념과 다소 동떨어졌다는 홀스티(Holsti)의 주장은 주목할 필요가 있다(Aguilar et al. 2001: 102; Holsti 2004: 281). 또한 2003년 3월 이라크 전쟁 개시 직전까지도 일반 유권자들의 주요 관심사는 미국 경제의 침체였으므로 이라크 전쟁 수행과정에서 지속적으로 높은 부시 대통령에 대한 업무평가는 단지 반테러전과 대(對)이라크 군사작전 수행에서 보여준 영도력에 대한 지지일 뿐이며, 그러한 지지가 부시 대통령의 국내정책까지 모두 포함하는 것은 아니었다(Pew Research Center Nov. 5, 2003).

그렇다면 부시 대통령의 대외정책에 대한 전폭적 지지는 구체적으로 이라크가 소지한 대량살상무기로 인해 미국의 안보에 위협이 가중되고 있으며, 특히 이라크와 알카에다 조직 간 긴밀한 유대관계로 인해 이러한 대량살상무기가 테러조직으로 넘어가면 9/11 사태와 같은 테러가 또 다시 발생할 수 있다는 부시 행정부의 대중 홍보의 결과였다(Holsti 2004: 284).[21] 따라서 국내정책에 관한 한 유권자들은 부시 대통령의 영도력에 대한 지지와 별개로 의료보험, 실업, 범죄, 교육, 빈곤, 경제, 사회보장제도, 그리고 도덕성과 같은 문제에 대해서 적잖은 불안감을 가지고 부시 행정부의 정책들을 평가했다. 반면 케리 후보에 대해 유권자들은 기본적으로 그가 제시한 정책이 정치적 이념이나 신조에 근거하기보다, 단지 유권자의 요구에 부합하기 위한 단편적 미봉책에 지나지 않는다는 의구심을 떨치지 못했다.[22] 〈표 6-1〉은 유권자들이 케리 후보로부터 감지하는 자질 부족이 선거일 직전까지 지속된 반면, 유권자의 과반 이상이 부시 후보를 지속적으로 신뢰하고 있었음을 보여준다.

〈표 6-1〉 부시 vs. 케리 후보가 제시한 공약에 대한 유권자들의 신뢰감, 2004년 3~10월

	정치적 이념에 근거		유권자들에게 부합		잘 모르겠다	
3월 10~14일	**51**	33	**45**	57	**4**	10
3월 30일~4월 1일	**52**	29	**43**	54	**5**	17
4월 23~27일	**53**	29	**43**	61	**4**	10
5월 20~23일	**50**	33	**45**	58	**5**	9
6월 23~27일	**58**	34	**35**	55	**6**	11
8월 15~18일	**52**	30	**43**	57	**5**	9
9월 12~16일	**55**	35	**43**	63	**3**	6
10월 1~3일	**59**	37	**38**	60	**3**	4
10월 9~11일	**58**	37	**38**	58	**4**	5
10월 14~17일	**59**	37	**39**	60	**2**	3
10월 28~30일	**60**	37	**36**	60	**4**	3

출처: *New York Times*/CBS News 설문조사, November 1st 2004
1. 부시 후보에 대한 설문조사 결과는 **굵게** 왼쪽 칸에 표기되어 있다.

〈그림 6-1〉은 2001년 3월부터 2004년 10월에 걸쳐 실시된 New York Times/CBS News 설문조사에서 나타난 부시 대통령에 대한 평가를 업무 전반(세모점과 가는 점선), 대외정책(마름모점과 가는 점선), 경제(네모점과 굵은 점선), 반테러전(마름모점과 굵은 점선), 이라크 전쟁(동그라미점과 굵은 직선)으로 나누어 보여준다. 가장 눈에 띄는 사실은 업무 전반, 대외정책, 경제 분야 모두에서 9/11 사태 직후 급증했던 부시 후보에 대한 지지도가 2004년 내내 케리 후보와의 접전으로 주춤했으나, 선거일 직전에는 비록 9/11 사태 이전 수준보다는 다소 떨어졌지만 유권자의 지지를 어느 정도 회복했다는 점이다. 2002년 중반에 이미 50% 미만으로 지지율이 감소한 경제 분야와 대조적으로, 대외정책에 관한 업무평가는 2003년 중반까지도 최소한 50%의 지지율을 보였다. 그러나 대외정책에 대한 평가에 있어서도 이라크 전쟁 수행에 대한 비난이 심화되면서 이라크 전쟁에 대한 지지율이

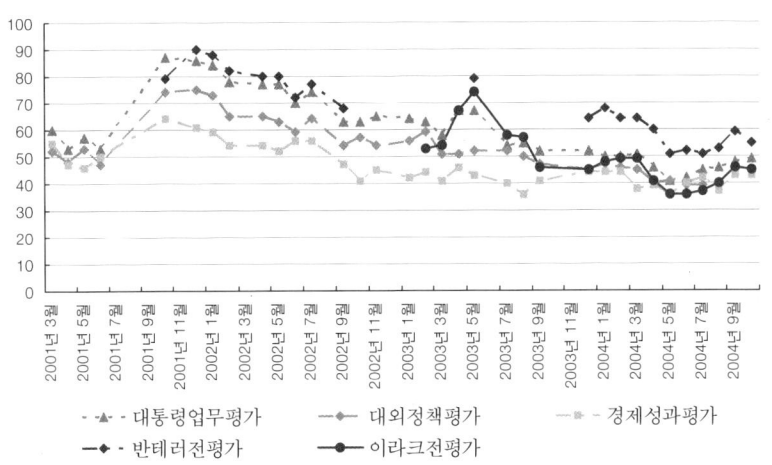

〈그림 6-1〉 부시 대통령의 업무평가, 01/3월~04/10월 설문조사 결과

- ▲ 대통령업무평가   ◆ 대외정책평가   ■ 경제성과평가
- ◆ 반테러전평가   ● 이라크전평가

출처: *New York Times*/CBS News 설문조사, 해당연도 자료 종합함

2004년 내내 경제 분야와 비슷한 40%에 머무른 반면, 반테러전에 대한 업무평가는 비록 2003년 중반을 정점으로 지속적으로 감소했지만 선거일 직전까지도 50% 이상의 지지율을 보인 점이 특이하다.

이상에서 살펴보았듯이 미국의 유권자들은 대외정책과 국내정책의 우위성, 또한 반테러전과 이라크전의 적절성에 대해 양분된 반응을 보였다. 그리고 양당 후보들은 우선 대외정책과 국내정책 중 어느 선거이슈를 집중적으로 부각시켜 선거운동을 전개할지, 그리고 대외정책 이슈와 국내정책 이슈 중에서 어떠한 내용을 중점적으로 공략하여 유권자들에게 자신의 공약이 미국의 안보와 번영을 위한 최상의 선택임을 어떻게 각인시킬 것인지 등에 관한 선거운동 전략을 구상했다. 다음 절에서는 이렇게 구상한 선거운동전략을 전당대회에서 정당의 공식적인 정강(party platform)으로 공표한 양당 후보가 구체적으로 무슨 근거에서 어떠한 주제를 선정하고, TV광고를 이용해 어떻게 유권자를 동원·설득했는지 검토하고자 한다.[23]

IV. 양대 정당후보의 TV광고

1. 대외정책과 국내정책

일반적으로 후보들이 대외정책을 주요 선거이슈의 쟁점으로 채택하는 이유는 구체적인 실현방안을 제시하기보다는 특정 대외정책 이슈를 통해 자신의 정책 스타일이나 영도자로서의 이미지, 또는 가치관을 상징적으로 대변할 수 있기 때문이다(Lau and Sigelman in Thurber et al. 2000: 14). 2000년 대선 결과가 미국 연방대법원에 의해 최종적으로 마무리된 후에야 당선이 확정된 공화당 부시 대통령에게 당시 연방상원 외무상임위 동아시아·태평양문제 소위원회 고위 의원이었던 케리 민주당 상원의원은 초당파적인 대외정책을 권유했다(Kerry 2001: 83).[24] 물론 이러한 국가안보 정책은 9/11 사태가 일어나기 이전의 미국, 즉 예상되는 위기사태가 현재 미국이 개입하고 있는 대외현안과 미국 영토 밖에서 전개될 분쟁이나 무력충돌 정도에 국한된다는 전제에 기초한 것이었다. 그러나 9/11 사태와 이후 급변하는 국제정세 속에서 기존의 안보에 대한 확신이 완전하게 무너졌다는 자괴감, 9/11 사태 직후 표출된 미국에 대한 전폭적 지지가 이라크 전쟁을 기점으로 사라지고 대신 미국을 향한 혐오와 조롱이 증가한 데에 대한 당혹감을 뼈저리게 느끼게 된 미국 유권자들은 초당파적인 대외정책을 절실하게 요구했다.

반테러전과 이라크 전쟁이라는 거국적이지만 평가가 엇갈리는 전쟁을 수행하는 와중에서, 2004년 대선 당시 양대 정당 후보는 전쟁을 성공적으로 매듭지을 영도자를 요구하는 유권자들에게 확신을 심어주어야 했다. 1952년 대선에서 제2차 세계대전의 영웅인 아이젠하워 장군이 공화당 후보로 나와 압승을 거둔 이래, 전쟁이나 무력사용에 관한 이슈에서만큼은 공화당이 민주당보다 해결능력이 탁월하다는 인식이 자리잡았다. 그 이후 군대와 결부된 이슈는 공화당이 선점한 의제로 치부되어 왔고, 2004년 선거운동에서도 예외없이 공화당 대통령인 부시 후보는 군 최고통수권자로서의 영도력을 강조하며 국방예산 삭감안에 찬성한 민주당 소속 케리 후보의 자질부족을 비판했다.

이에 대한 반박으로 케리 후보는 선거운동 초기에 자신의 베트남전 참전 경력을 부각시켜 장래 미국 대통령으로서 위기로부터 미국을 구하거나 위기로 인한 폐해를 최소화시킬 수 있는 영도자의 이미지를 구축하려고 노력했다. 그러나 부시 진영의 강도 높은 부정적 공격광고로 인해 용맹스러운 참전용사의 이미지는 오히려 크게 손상되었고,[25] 이에 대한 그의 반박은 역으로 치졸하다는 유권자들의 거부감을 불러 일으켰다.[26] 또한 선거운동 후반에 접어들면서 케리 후보는 국제사회와의 공조를 통한 반테러전 수행과 이라크 전쟁 종결을 대안으로 제시했지만, 미국의 안보를 담보로 미국의 발목을 붙잡는 우방이나 국제기구와 평화를 협상하는 '전형적인 진보주의자'라는 공화당의 공세에 시달리며 선거일 직전까지 수세에 몰려 있었다.

내용과 구체적 대안보다 스타일과 이미지에 초점이 주로 맞춰진 대외정책과 대조적으로, 국내정책에 있어서 부시 후보와 케리 후보의 공약은 주로 정책적 실현성에 관심이 집중되었다. 부시 후보가 제시한 경제, 조세, 예산, 사회보장, 의료보험, 교육, 민권, 이민 등의 국내정책은 대체적으로 신보수주의의 핵심주장에 부합한 반면, 케리 후보의 정책대안은 명확하게 자유주의라고 규정하기 힘든 중도파적 성향이 강했다.[27] 구체적으로 공화당 부시 후보는 흔히 공급측 중시 경제(supply-side economy) 이론으로 불리는 경기 활성화정책을 필두로 과도한 사회보장 및 정부주도형 의료보험 제도에 대한 개선을 통한 정부지출 축소를 주창했다. 반면 민주당 케리 후보는 부유층에 집중된 감세혜택보다 오히려 이들에 대한 과세액 인상을 의료보험과 교육제도 개선에 활용함으로써 연방정부가 적극적으로 부의 재분배에 개입할 것을 촉구했다. 다만 법인세 삭감, 정부 적자 감소, 연방정부의 교육예산 증가 등에서는 양 후보 간의 입장 차이가 크지 않았다.[28]

결국 부시 후보는 경기회복과 실업해소의 이중고를 극복하기 위해 선별적인 정부개입을 근간으로 하는 온정적 보수주의(compassionate conservatism)가 실질적으로 효력을 발휘해 오고 있음을 부각시켰다. 반면 케리 후보는 기업 활동에 대한 과세율 하향조정을 지지하는 전향자이지만, 여전히 폭넓은 연방정부 지출의 상향조정을 지지하는 전형적 자유주의자(liberal)일 수 있다는 확신을 유권자들에게 각인시키려고 노력했다.

  2004년 대선은 1990년대의 호황이 끝나가는 찰나에 9/11 사태라는 악재까지 겹쳐 미국경제가 걷잡을 수 없는 침체국면으로 돌아서며 성장 둔화, 고용 축소, 정부 적자 폭증 등이 심화되는 와중에 처리졌다. 결과적으로 앞의 〈그림 6-1〉에서 보듯이 부시 행정부에 대한 유권자들의 경제성과 평가는 9/11 사태 직전의 수준을 회복하는 데 2년 정도 걸린 대외정책 평가와 판이하게 1년도 채 걸리지 않았고, 심지어 선거 직전까지 예전의 수준으로 돌아가지 않았다. 따라서 도전자인 케리 후보에게는 제조업과 섬유산업계의 실업 증가로 인한 불만을 이용하여 부시 행정부의 실정(失政)에 책임을 묻는 대권교체가 필요하다고 유권자들에게 호소할 수 있는 기회가 충분히 있었다.29) 실제로 맥케인-파인골드 선거자금법을 교묘하게 피해서 케리 후보의 선거운동에 합세한 소위 527 단체들은 이 틈새를 집중적으로 공략하는 각종 광고물을 제작·배포해 비용과 빈도에서 부시 후보 진영을 능가하기에 이르렀다.30) 이러한 광고공세에 대한 법적 제재가 불가능해지자 부시 후보는 자유주의의 본거지인 매사추세츠 주 출신 케리 후보가 아무리 정부 적자 삭감이나 법인세 인하 등을 주장해도 이는 과세 인상과 정부지출 증가를 신봉하는 자유주의자에게는 근본적으로 불가능하다는 점을 집중적으로 공략했다.31) 그러나 다음 〈표 6-2〉와 〈표 6-3〉에서 볼 수 있듯이 결국 국내정책에서의 문제해결 능력을 부각시키려는 전략을 택한 부시 후보와 대조적으로 케리 후보는 대외정책에서의 영도력을 각인시키려는 전략을 선택했다.

2. 전당대회 이전과 전당대회 이후

  〈표 6-2〉는 각 정당후보가 전당대회 이전에 제작·배포한 TV광고를 주제

〈표 6-2〉 2004년 대선 양당후보의 TV광고 주제, 전달방식 및 내용(전당대회 이전)

부시(공화당) "Steady Leadership in Times of Change"	케리(민주당) "Stronger at Home, Respected in the World"
3/3/2004 "Safer, Stronger" • 대외정책; 옹호 미국이 당면한 도전들을 나열하고 이러한 변동에 대응하여 안전한 미국을 이끌 수 있는 부시의 강력한 영도력을 부각시킴	4/1/2004 "Ten Million New Jobs" • 국내정책; 비교 직장이 해외로 빠져나가는 데 대한 부시의 실책을 비난하고 천만 개 고용직창출을 공약함
3/30/2004 "Wacky" • 국내정책; 공략 케리의 석유세 인상안을 예로 들며 그가 제시하는 조세정책은 유권자의 선호도와 거리가 멀다며 공격함	4/21/2004 "Commitment" • 안보+국내정책; 옹호 고용창출, 교육과 의료보험 투자와 더불어 국토방위를 정책의 우선순위로 삼을 것을 공약함
4/21/2004 "Doublespeak" • 대외+국내; 공략 언론매체를 이용하여 케리의 조세정책, 이라크 전쟁안, 교육정책을 비판하며 클린턴이나 케네디 상원의원보다 더 자유분방하다고 공격함	4/21/2004 "Risk" • 대외정책; 옹호 이라크 전쟁의 조속한 종결을 위한 대안으로서 국제사회와의 공조를 유도하여 위험부담을 줄임으로써 재정과 인명의 손실을 줄이자고 제의함
4/26/2004 "Weapons" • 국방/안보; 공략 반테러전 수행에 필요한 무기구입으로 책정된 국방예산안에 반대한 케리는 궁극적으로 전쟁에 투입된 병사들에게 장비를 거부함으로써 반테러전을 저해한다고 공격함	5/3/2004 "Heart" • 지도력; 옹호 국가에 대해 충성스러운 케리 후보의 인성을 그의 베트남 참전시절 무공에 대한 참전군인의 칭송과 가족들의 자부심을 통해 부각시키고, 미국의 낙관적 미래를 자신하는 지도자로서의 자질과 역량을 강조함
6/4/2004 "Pessimism" • 국내정책; 비교 경제성장, 조세감면, 고용창출, 이율안정, 주택소유자 수 등 부시의 업무성과를 칭송하고 케리의 비관주의(대공황 언급)를 비난함	6/1/2004 "Optimist" • 국내+대외정책; 옹호 고용창출, 의료보험 비용절감, 중동산유에의 의존 탈피에 의한 국력강화와 군사비 증강, 군건한 우방관계 유지를 통해 성공적인 테러 격퇴를 제시함

7/6/2004 "First Choice" • 대외정책; 옹호 맥케인 상원의원이 미국은 현재 미국의 가치관과 국익을 위협하는 적들과 전쟁 중이며 이러한 악의 상징인 적들에게 단호하게 대응함으로써 좀 더 안전하고 자유스러운 세상을 구축하려는 부시 대통령의 영도력을 격찬함.	7/10/2004 "Three Minutes" • 지도력; 옹호 케리 후보의 30년 전 베트남전 부하와 단 3분만 대화를 해보면 케리 후보는 영도자로서 미국 국민의 기대에 부합하는 용기와 결단력을 가졌다는 것을 알 수 있다고 에드워즈 부통령 후보가 칭송함
7/30/2004 "Changing World" • 지도력; 옹호 격변하는 세계 속에서 미국인에게 소중한 가치관들, 즉 가족, 신념, 자유 등을 수호하고 정의를 추구하며 미국의 장래를 책임질 수 있는 지도자로서 부시를 부각시킴	7/30/2004 "Strength"(DNC가 지원함) • 지도력; 옹호 젊은 시절 군인으로서 미국을 수호했으며 이제는 대통령으로서 군대를 강화시키고 우방과의 유대관계를 돈독하게 함으로써 미국을 수호하겠다고 호소함
8/13/2004 "Victory" • 지도력; 옹호 1972년에 40개국에 불과한 민주체제가 120개로 증가했으며 올림픽 참가국 중 2개의 신흥 민주국가인 아프가니스탄과 이라크에서 테러정권을 축출하는 데 미국이 기여했다는 자부심을 일깨움	

출처: http://www.livingroomcandidate.org/commercials/2004에서 발췌하여 정리함

(국내, 대외, 지도력, 국방/안보), 전달방식(옹호, 공략, 비교) 및 내용별로 정리했으며 〈표 6-3〉도 동일한 방법으로 전당대회 이후의 TV광고를 시차별로 요약했다. 또한 각 정당후보가 재정적으로 광고를 후원하지 않은 경우 후원자/단체를 괄호 안에 표시했다. 우선 〈표 6-2〉와 〈표 6-3〉은 2004년 미국 대선운동이 대체로 의례적인 패턴, 즉 현직 대통령은 군 최고통수권자로서의 영도력을 강조하는 반면 도전자는 실질적인 생활의 고충을 이해하고 이에 대한 현실적인 해결책을 제시할 수 있음을 강조하는 방식을 따랐음을 보여준다.

구체적으로 〈표 6-2〉는 양대 정당의 전당대회가 개최되기까지 현직 대통령 정당인 공화당의 부시 후보가 난세에 군 최고통수권자로서 단호한 영도력을 발휘한다는 데 초점을 맞추어 "Safer, Stronger", "First Choice", "Changing World", "Victory" 등의 옹호광고와 더불어 케리 후보의 국내외 정책대안을 비방하는 "Wacky", "Doublespeak", "Weapons", "Pessimism" 등의 공략-비교광고를 동시에 제작했다. 도전자인 민주당은 초기에 TV광고를 통해 케리 상원의원이 일반유권자들의 일상적인 요구에 진정한 의미에서 귀를 기울일 수 있는 지성의 소유자로서 일반시민들의 고충을 충분히 이해할 수 있음을 "Ten Million New Jobs", "Commitmen", "Optimist" 등을 통해 강조했다. 그러나 곧 베트남전 참전 당시 부하직원이나 가족들을 내세워 자신의 베트남전 참전 무공을 강조하고 국가에 대한 봉사와 희생을 강조한 "Heart", "Three Minutes", "Strength" 등의 옹호광고를 통해 대외적 지도자로서의 이미지도 부각하려 했다.

〈표 6-3〉은 각 정당의 전당대회가 끝난 이후 양당 후보가 각기 주제 면에서 반테러전·이라크 전쟁과 경제를 포함한 국내정책 이슈 중 어느 쪽에 무게를 실을 것인지, 그리고 방법 면에서 자신의 자질을 강조하는 옹호, 상대후보에 대한 공격, 상대후보와 자신 사이 영도력의 차별성을 부각시키는 비교 중 어떤 방식으로 유권자에게 호소할 것인지 등에 관한 선거광고의 전략적 전환의 양상을 보여준다.[32]

케리 후보는 초반에 반테러전이라는 명분하에 이라크 침공을 감행한 후 완전한 종전이 확실하지 않은 시점에서 이라크 내 군사작전의 명분과 결과, 전지구적 테러리즘에 관한 문제 등 대외정책에 관한 주제를 경제, 의료보험, 고용창출 등의 일상적인 주제와 맞물려 거론하면서 자신의 역량을 알리는 데 주력했다. 그러나 후반부에서는 "Juvenile", "He's lost, He's Desperate", "Obligation" 등의 광고를 통해 국내정책보다 이라크 전쟁에 중점을 두고 부시 후보의 공방에 대한 응답으로 그의 인격과 실정을 공격하는 데 주력하였다.[33] 동시에 난세를 현명하게 헤쳐 나갈 영도자로서 자신의 이미지 구축과 비전 제시를 위한 "Ever Since", "Defend America", "Heroes" 등의 옹호

제6장 | TV광고와 대통령선거, 2004년 조지 W. 부시 대(對) 존 케리   *193*

〈표 6-3〉 2004년 대선 양당후보의 TV광고 주제, 전달방식 및 내용(전당대회 이후)

부시(공화당) "Steady Leadership in Times of Change"	케리(민주당) "Stronger at Home, Respected in the World"
9/8/2004 "Health Care Agenda"(RNC가 지원함) • 국내정책; 옹호 부시의 건강보험정책에 대한 상세한 소개 (영세사업고용주, 건강저축, 의사/병원에 대한 법률소송 중지, 빈곤지역의 보건소 설치, 유아의 진료혜택 등)	8/18/2004 "Rassman" • 지도력; 옹호 케리의 참전 경력과 무훈을 폄하하는 집단이 공화당 부시 진영의 재정적 지원을 받고 있다고 공격하고, 'Bronze Star' 훈장 수여와 다리에 아직 총탄이 박혀있을 정도의 용기 및 지도자로서의 기질을 부각시킴
9/8/2004 "Taxing Our Economy" • 국내정책; 공략 18회에 걸친 케리의 세금인상안 전력을 증거로 삼아 케리의 세금인상반대 공약이 근거없다고 공격함	9/5/2004 "Immediate Help" • 국내정책; 비교 부시의 17% 'Medicare' 부가료 인상조치를 비난하며 케리의 의료비부담 경감 정책을 강조함
9/20/2004 "Practical vs. Big Government" (RNC가 지원함) • 국내정책; 비교 부시의 건강보험정책을 상세하게 소개하고 케리와 자유주의자들의 관료통제식 건강보험은 예산낭비라고 공격함	9/16/2004 "Not True" • 국내정책; 비교 부시가 근거없이 케리의 건강보험 정책을 공격하고 있으며 오히려 부시의 건강보험 정책은 제약회사의 폭리를 도모하고 환자부담을 심화시키며 비보험자를 증가시킨다고 주장함
9/23/2004 "Windsurfing"('Progress for America Voter Fund'가 지원함) • 지도력; 공략 러시아와 스페인 내 테러소행으로 인한 참상과 국방비 및 정보수집비 지출을 삭감한 케리 후보의 경력 및 이라크 전쟁에 대한 입장을 번복한 사실을 연계하며 케리 후보의 테러집단에 대한 대응능력을 공격함	9/20/2004 "Defend America" • 국내+대외정책; 비교 우방과의 공조 없이 이라크 전쟁 수행에 2천억 불을 낭비한 결과 건강보험이나 교육에 투자할 재원을 고갈시킨 부시 대통령의 실정을 비난하고, 국외 군사작전과 국내 사회경제 현안의 균형 추구와 국제사회로부터의 존경 회복을 공약함
10/2/2004 "Global Test?" • 대외정책; 비교 안보위협으로부터 미국을 보호하려는 행	9/23/2004 "Juvenile" • 대외정책; 비교 이라크 전쟁으로 인해 곤경에 빠진 부시

동개시 여부는 국제사회의 승인을 전제로 해야 한다는 케리 후보의 TV토론 주장을 공격하고 부시가 주장하는 미국 주도의 안보대책을 강조함	후보가 청소년적 발상에 맞는 공격광고를 통해 케리를 공격한다고 비꼬며 대조적으로 케리는 지혜로운 성인답게 이라크 전쟁의 신속한 종결을 위해 우방의 공조를 유도하고 이라크 군대를 훈련시켜 자유선거가 내년 개최되기 위한 방안을 모색한다고 강조함
10/4/2004 "Thinking Mom" • 국내정책; 공략 케리의 석유세와 사회보장세 인상안을 비난하며 자유주의적인 성향인 케리가 일반적인 기혼유권자의 필요를 이해하지 못함을 부각시킴	10/2/2004 "He's lot, He's Desperate" • 대외정책; 공략 세 차례의 TV토론에서 케리가 이겼다는 평가를 접하고 당황한 부시 대통령이 케리의 말을 왜곡시키며 더불어 뉴욕타임즈 기사를 인용하여 부시 대통령의 대외정책 실정을 비판하고 새로운 출발을 호소함
10/18/2004 "Risk"(RNC가 지원함) • 대외정책; 비교 반테러전의 필요성을 강조하며 반테러전의 수행에 필요한 예산과 프로그램을 삭감한 케리를 질책함	10/11/2004 "The Truth on Taxes" • 국내정책; 비교 부시가 제시한 조세감면정책의 허상을 나열하고 중산층에게 가장 큰 혜택을 주는 케리의 조세정책을 강조함
10/22/2004 "Wolves"(RNC가 지원함) • 안보; 공략 9/11 사태에도 불구하고 정보수집비 지출에 반대한 민주당 의원들과 케리 후보 등의 진보주의자들로 인해 미국의 국방이 취약해지고 결과적으로 미국을 저해하려는 테러분자들에게 국가안보가 위협을 받는다고 주장함	10/19/2004 "Ever Since" • 안보; 공략 9/11 사태 희생자의 배우자를 통해 부시 대통령보다 케리 후보가 미국의 방어를 책임질 수 있는 적임자라고 주장함
10/26/2004 "Whatever It Takes"(60초) • 지도력; 옹호 이라크 전쟁으로 인한 인명희생이 위대한 미국의 미래와 미국의 안보를 보장하기 위한 희생임을 강조하고 어떠한 방법으로든 미국방어에 책임을 질 의지가 있음을 호소함	10/26/2004 "Obligation" • 대외정책; 비교 부시 대통령의 실책으로 이라크 전쟁이 장기화되었고 이라크 내 380톤의 폭발물에 대한 관리소홀로 이라크 주둔군의 안전이 위협을 받았으므로 군 최고통수권자의 주 임무인 국가안전보장에 소홀했다고 공격함

	10/27/2004 "Heroes" • 지도력; 옹호 이라크 주둔군을 영웅으로 치켜세우는 한편 이라크 전쟁의 조속한 타결을 위해 새로운 군 최고통수권자를 선출하여 새롭게 출발하자고 호소함

출처: http://www.livingroomcandidate.org/commercials/2004에서 발췌하여 정리함

광고도 주로 대외정책에 역점을 두고 배포했다.

반면에 부시 후보는 후반기 일부 광고에서 케리 후보의 취약성을 공략하는 동시에 이라크 전쟁을 포함한 자신의 대안을 최상의 국가안보 강구책으로 홍보하는 "Global Test?", "Risk" 등 비교광고에 주력하였으나, 대체적으로 대외정책보다는 국내정책을 강조하는 "Health Care Agenda", "Taxing Our Economy", "Windsurfing", "Thinking Mom", "Wolves", "Whatever It Takes" 등을 통해 케리 후보에 대한 유권자의 불안감을 자극하고 상대적으로 자신의 신뢰성을 부각시키는 데 주력하였다.34)

2004년 미국 대선에 나타난 이러한 복합적인 양상은 이전의 1992년, 1996년, 2000년 대선에서 주로 국내문제에 집중적으로 초점이 맞춰졌던 점과는 확연히 다르다. 무엇보다 반테러전과 이라크 전쟁에 초점을 맞춘 선거운동의 효과도 주목해야 하지만, 국내정책 이슈를 주제로 한 선거운동의 여파를 간과할 수 없는 이유는 대통령의 자질이 한 분야에 국한되지 않는다는 9/11 사태 이후 탈-탈냉전기의 현실을 피부로 경험한 미국 유권자들의 요구 때문이다. 또한 2004년 대선에 동원된 광고가 어마어마한 규모로 제작·배포되었고 그중에서도 양당 후보의 TV광고 기간과 비용이 어느 역대 선거보다 길고 컸다는 점도 앞으로 대선 전략을 구상하는 양당 후보 선거운동 진영에게 주요한 이정표가 되었다.35) 특히 특정 TV광고들이 광고 내용의 진위 여부와 관계없이 특정 유권자계층에게 감정적으로 호소하는 데 주력한 결과, 접전이 예상되는 경합 주(swing state)에서 중점적으로 방영되거나 특

정 연령대나 거지주역의 선호에 따라 선별적으로 방영되었다는 점에도 주목할 필요가 있다.36)

이미 2004년 대선 이전에 부시 후보가 현직 대통령으로서 여론이나 대중매체와 형성해 놓은 공감대를 활용하여 반테러전 정책과 그에 대한 군사적 작전으로서의 이라크 전쟁을 공화당의 주요 대외정책 이슈로 선점하고 있던 상황에서, 케리 후보는 정치광고를 통해 이에 대한 원칙적인 반론을 제기할 때 수반되는 큰 위험부담을 감수할 여력이 없었다. 그 결과 그는 대외정책의 원칙보다는 수행방법에 대한 공략에 주력하며 정책 스타일과 지도자의 자질에 대한 이미지 구축에 역점을 두는 차선책을 택했고, 이러한 케리 후보와 민주당의 고민은 〈표 6-2〉와 〈표 6-3〉에서 보았듯이 TV광고 주제 선정이나 전달방법에서도 잘 나타났다.

결과적으로 케리 후보나 민주당은 결국 군사 이슈에 관한 고정관념, 즉 민주당보다 공화당이 더욱 효율적으로 국방과 안보를 보장할 수 있다는 기존의 통념을 극복하지 못했다. 반면 부시 대통령과 공화당은 대외정책 이슈를 선점한 이점을 충분히 활용하는 동시에, 케리 후보 진영이 경제문제를 비롯한 국내정책 이슈를 선점했음에도 불구하고 대외정책 이슈에 대한 우위를 한 번도 획득하지 못한 취약점을 이용했다. 부시 후보 진영은 케리 후보가 이라크 전쟁을 확실하게 그리고 신속하게 종결시킬 수 있는 능력이나 구체적 대안이 없는 것처럼, 국내정책에서도 자신의 신념에 근거한 정책구상과 집행능력이 부족하리라는 의구심을 유권자들에게 집요하게 상기시켰다.

이러한 공략은 〈표 6-1〉에서 볼 수 있듯이 유권자들로 하여금 케리 후보의 자질을 근본적으로 확신할 수 없다는 인식을 지속시켰다. 무엇보다 국내정책보다 대외정책을 중점 선거이슈로 내세운 선거운동에서 케리 후보가 제시하는 대안이 일반유권자들에게 확신을 불어넣어주지 못한 결과, 유권자들은 양대 정당후보의 대외정책 관점을 확연하게 구별할 수 없게 되었다.37) 결국 개전의 명분에 대한 물증을 확보하지 못한 부시 행정부를 강도 높게 비난한 케리 후보의 선전에도 불구하고, 11월 2일에 과반수를 넘는 미국

인들은 다시 한번 부시 대통령과 공화당에게 통치권을 위임하기로 결정했다.38)

V. 결론

집권 이후 어떠한 국제정세를 접하게 될지에 대해 예측하기는 힘든 대외정책의 특성상 구체적 방안보다 스타일, 이미지, 상징 등이 부각되는 측면을 무시할 수는 없을 것이다(Sobel 2001: 17; Petrocik et al. 2003: 601).39) 2004년 미국 대선에서도 예외 없이 양 후보 간 정책의 차이점에 대한 내용 비교보다는 대통령에게 요구되는 품성(character)과 적성(competence)의 대조가 지배적이었다. 그러나 대외정책 이슈를 둘러싸고 실질적 정책과 상징적 성격이 복합적으로 혼재되었던 2004년 미국 대선은 베트남전에 대한 양대 정당후보 간 공방이 치열했던 1972년 대선만큼이나 첨예하게 전개되었다.

9/11 사태의 여파로 반테러전을 지지하는 여론이 지배적인 가운데 원론적인 정책 대결이 허용되지 않던 상황에서, 정책의 스타일과 최고 정책책임자로서의 이미지와 신뢰성이 대외정책 분야에서의 주요 화두로 떠올랐다. 하지만 이와 반대로 국내정책에서는 정책의 내용 면에서 양대 정당후보 간의 공방이 가능했다. 그렇다면 전당대회 이후 국내정책보다 대외정책에 주력하여 선거운동을 전개한 케리 후보의 선택이 결국 대선 패배의 원인이 된 것일까?

하트가 지적했듯이 토론이든 정치광고든 선거운동의 주요 기능과 역할에 대한 일반화된 평가는 모든 선거운동이 다른 후보로 구성되어 다른 시간대에 전개되는 특수성, 다른 요인들의 작용으로 인한 선거운동 자체의 효과 식별의 어려움, 그리고 선거운동으로 인한 자극과 결과 구별의 복잡성 등으로 인해 세심한 주의를 필요로 한다(Hart 2000: 75).40) 무엇보다 정치광고가 내용적으로 비방 위주이고41) 비용과 기간이 상식적인 선을 넘기 때문에 선거운동이 유권자들의 참여도를 감소시킨다는 우려에 지나치게 매몰된 나머지, 선거운동이 정보전달, 새로운 의제 제시, 유권자 투표동원 등의 긍정적인 효과도 가져온다는 점을 간과해서는 안 될 것이다(Hart 2000: 139).42) 6장은 TV광고에 주력하여 양 후보들이 유권자들에게 호소하고자 했던 메시지의 내용과 이미지의 전달방식을 비교했다. 이러한 서술적 자료 분석을 통해 선거운동이 어떻게 유권자들에게 정책적 적절성과 감정적 대응 사이의 혼란을 일으켰고 양당 후보는 이에 대응하여 어떠한 선거전략을 채택했는지, 그리고 이러한 선거운동이 궁극적으로 어떠한 효과를 가져왔는지 유추하였다.

무엇보다 6장에서 선거운동이나 정치광고가 바람직하지 않은 효과와 바람직한 효과를 동반한다는 사실을 2004년 대선에서 양당 후보가 동원한 정치광고를 비교·대조하면서 확인하였다. 즉 대외정책에 있어서 부시 진영의 선거운동이 9/11 사태 이후 미국의 영구적인 안전에 대한 신념이 흔들린 유권자들의 불안감과 긴장감을 성공적으로 자극함으로써 정권교체에 대해 심각하게 고려하지 않도록 만들었다. 이러한 충격요법은 국내정책에도 작용하여 전반적인 경기침체로 인한 불만에도 불구하고 케리 후보의 정책대안이 문제해결을 위한 진정한 노선전환이 아니라, 궁극적으로 자유주의자가 보수주의의 탈을 쓰고 유권자들을 현혹시키는 교란작전이라는 부시 후보 진영의 공세가 설득력을 얻게 되었다. 게다가 이러한 불안심리는 극우파 유권자들의 투표참여를 부추긴 반면 전형적인 자유주의파 지지자들의 의구심을 자극했다.

케리 후보는 이라크 전쟁의 주요 명분에 대한 물증 확보 실패, 국제사회와의 거리감 심화, 미국 내 경제상황의 악화 등 현직 대통령의 실정을 공박할 수 있는 여러 가지 쟁점들을 충분히 활용하면서 유권자들의 불안감과 긴장감을 진정시키고, 최고 지휘부 교체를 통해 새로운 출발을 시도해 보자고 설득하는 등 예상외의 선전을 펼쳤지만 결국에는 역부족이었다. 특히 TV

광고를 통해 9/11 사태로 인한 충격으로부터 벗어나 부시 대통령 대신 자신이 행정부 수반이자 국가원수, 최고 사령관으로서 적임자라는 확신을 유권자들에게 심어주지 못했다.43)

결국 승리는 부시 대통령과 공화당에게 돌아갔고, 부시 행정부는 수락 연설을 통해 국내에서 '정치적 자본'을 확보한 자신감과 이를 충분히 활용할 용의가 있음을 분명히 했다. 그러나 부시 대통령이 목격한 '정치적 자본'은 승자독식제를 근간으로 한 미국의 선거제도에 의한 결과이며, 대외정책과 국내정책, 그리고 반테러전과 이라크 전쟁에 대한 엇갈린 지지에서 볼 수 있듯이 유권자들의 요구는 매우 복합적이다.44) 게다가 선거 후 집계된 설문조사 결과에 따르면 유권자의 투표 요인 중 가장 중요한 이슈가 도덕적 가치(22%), 경제/고용(20%), 테러문제(19%), 이라크문제(15%), 사회보장/의료보험(8%), 조세(5%), 교육(4%) 순으로 나타났는데,45) 이는 유권자들의 투표행태에 영향을 주는 새로운 이슈의 등장을 예고하는 것이었다.

따라서 비록 부시 대통령 자신은 더 이상 재선을 위한 선거운동전략을 구상할 필요가 없지만, 집권정당의 지위를 계속 유지하려면 공화당 수뇌부는 2004년 대선과정에 나타난 유권자들의 행보를 면밀하게 재검토해야 할 여지를 남겼다. 그러나 결국 공화당은 2006년 중간선거에서 의회 다수당을 민주당에게 내주면서 부시 대통령의 '임기 말기(Lame duck)' 현상을 가속화시키고, 마침내 2008년 대선에서는 백악관마저 내주는 수모를 겪었다.

미주

1) 연방정부, 주 정부와 하위정부를 합해 대략 50만 개의 선출직이 있으며 이는 미국 국민 500명 당 한 명 꼴로 선출직에 임용됨을 의미한다.
2) 1996년 미국 대선은 웹을 통한 선거유세까지 가세하여 현대 선거운동의 분기점으로 평가되기도 한다.
3) 따라서 이러한 동서횡단의 유세일정으로 인해 지리적 중간지점인 오하이오 주가 모든 정당의 대통령후보에게 전략적 요지로 부상했다. 이는 2004년 대선에서도 예외 없이 작용하였고, 결국 2004년의 오하이오 주는 2000년의 격전지였던 플로리다 주와 더불어 치열한 선거유세의 무대가 되었다.
4) 1996년 대선에서 공화당과 민주당은 총 8억 8천만 불에 해당하는 선거자금을 모았으며, 이는 1992년 대선 선거자금보다 50%나 증가한 금액이다. 2004년 대선의 경우도 양당후보와 지원단체들은 4월부터 10월 말까지 총 3억 3천만 불을 들여 262개의 TV광고를 변형한 수많은 스팟을 약 42만 회에 걸쳐 방영하였다. 그러나 민주당 대통령후보 지명자가 케리 후보로 확실시된 3월에 양 후보 모두 유례없이 일찍 TV광고를 제작하여 접전지로 지목된 17개 주(애리조나, 아칸소, 워싱턴 D.C., 플로리다, 아이오와, 메인, 미시간, 미네소타, 미주리, 네바다, 뉴햄프셔, 뉴멕시코, 오하이오, 오리건, 펜실베이니아, 워싱턴, 웨스트버지니아, 위스콘신)에 집중적으로 배포하였을 뿐 아니라 케이블방송을 통한 광고도 주력했다. 또한 선거일 일주일 전 기간 동안에도 (market으로 불리는) 전략적 요충지인 도시들 주민들을 대상으로 TV광고가 집중되었다. 따라서 1월부터 10월 말까지 양당 후보는 TV광고 5억 5천만 불, 케이블방송광고 2천 4백만 불, 지방 라디오방송광고 2천5백만 불, 인터넷광고 4백만 불 등 총 6억 불가량을 들여 약 68만 회에 걸쳐 방영했다.
5) 성공적인 사례로서 1964년의 집권당인 민주당 존슨 후보("Vote for President Johnson on November 3. The stakes are too high for you to stay at home")와 공화당 골드워터 후보("In your heart you know it's right") 간의 TV광고는 핵전쟁의 위험성을 경고하는 존슨 진영의 'peace little girl(일명 daisy girl)' 광고에서 볼 수 있듯이, 극도의 보수주의인 골드워터의 고지식함과 경험미숙을 인권법을 통과시킨 존슨 후보의 노련하고 끈기 있는 측면과 대조함으로써 유권자들에게 분별력 있는 선택을 가능하게 했다. 마찬가지로 1980년의 집권당인 민주당 카터 후보("Re-elect President Carter on November 4th")와 공화당 레이건 후보("The Time is now for strong leadership") 간의 선거운동도 유권자에게 분명한 선별을 가능하게 했다. 이란 인질사태, 석유파동, 유가상승, 고(高)인플레이션 등의 난관에 봉착한 카터 행정부에 대해 같

은 당원인 케네디 상원의원이 한 말(민주당 후보 예비선거과정에서 언급된 "No more Jimmy Carter")을 통해 카터의 무능력을 효과적으로 공격한 스팟 광고(일명 "Democrats for Reagan"으로 통칭된)가 대표적이다.

6) 각 후보 진영이 지원한 TV광고의 유의미한 효력을 설득력 있게 제시하기 힘든 사례로서 1992년의 집권당인 공화당 부시 후보("Commander-in-chief")와 민주당 클린턴 후보("For people, for a change"), 그리고 제3당인 혁신당(Reformist Party)의 페로(Perot) 후보의 선거운동을 들 수 있다. 물론 1991년 성공적인 사막의 폭풍(Desert Storm) 작전 완수와 1989년의 소련 붕괴에 대한 기여까지 독점하면서 대외정책을 주요 선거이슈로 삼은 부시 진영과 경기침체를 빌미로 국내정책에 주력한 클린턴 진영의 선거운동 간의 차별성을 부인할 수 없다. 그러나 민주당의 국내정책 위주의 선거운동 전략이 탁월했기 때문에 민주당 후보인 클린턴이 대통령으로 당선되었다는 주장은 일면적인 평가에 불과하다. 현 행정부인 부시의 경제정책이 미국경제를 침체로 몰아넣었다는 페로 혁신당 후보의 집중 공세로 인해 집권당인 부시의 선거운동이 유권자들에게 호소력 있게 전달되지 못했고, 그 결과 클린턴이 어부지리로 당선되었다는 점도 고려해야 하기 때문이다.

7) 예를 들어 장기적 효과가 있는 정당일체감을 강조한 분석틀, 유권자의 독자적인 인지능력을 근거로 '소급투표(retrospective voting)' 행위에 초점을 맞춘 분석틀, 이외 경우에 따라 전국적 여파가 있는 사건이나 사태(national conditions), 즉 예를 들어 전쟁, 경제상태, 사회동요 등이 선거운동 자체보다 유권자들의 최종선택에 더 강력한 변수로 작용한다는 분석틀 등이 있다.

8) 시간이 경과할수록 대중매체가 스스로를 부동층(undecided voter)으로 규정하는 유권자들의 반응을 중점적으로 보도하자 양대 정당후보 간 대결양상에 대한 유권자들의 혼란이 가중되었고, 결국 이들 집단에게 느끼는 혐오감도 배가되었다. *The Washington Post*, Nov. 2nd, 2004에 게재된 톰 톨즈(Tom Toles)의 풍자만화가 전형적 예이다. 2004년 대선의 경우 2월 설문조사에서 70%의 응답자가 이미 어느 후보에게 투표할지 결정했으며 이 수치는 케리 후보가 민주당 대통령 지명후보로 확실시된 3월에 74%, 민주당 전당대회가 개최된 후인 8월과 공화당 전당대회가 개최된 9월에 77%, 그리고 선거일 직전인 10월 말에 90%까지 증가했다. 따라서 수적으로는 그들의 위세가 치명적이지 않음에도 불구하고 미디어의 집중보도로 그 세력이 과대평가된 셈이다.

9) 특히 TV광고가 쇄도하기 이전에 선택을 내린 65%의 유권자들의 경우, 선거운동과 여론의 반응을 끊임없이 보도하는 대중매체를 접하면서 통계적 수치나 증빙자료에 대한 자체적인 판단보다는 대중매체에서 선정해 준 틀(frame)에 따라 대선후보들의 자질을 평가하는 측면이 지배적이다. 예컨대 대중매체들은 1992년 대선 당시 현직대통령인 부시 후보가 이라크에서 군사작전을 성공적으로 종결했다는 업적에 초점을 맞추기보다 경기침체에서 벗어나기 위한 구체적인 경제정책을 제시하지 못한다는 점을 집중적으로 공략했다. 이를 클린턴 후보가 재빨리 수용하여 "It's the economy, stupid!"라는 표어를 내걸어 대중에게 호소했고, 제3당 페로 후보까지 눈덩이처럼 불어나는 재정적자에 대해 공격함에 따라 대중매체는 이러한 뉴스 소재를 반복적·집중적으로 보도하

였고 결국 유권자들에게 부시 후보가 적절한 정책대안을 구상하지 못했다는 인상을 각인시켰다.

10) 하트는 선거운동의 긍정적 기능을 유권자들을 대상으로 한 교육/홍보(teach), 설복/권면(preach), 주의환기(sensitize), 의식 활성화(activate)로 나누어 선거운동의 중요성을 강조한다.

11) 바텔즈는 특히 TV토론의 유권자들이 후보들에게 묻고 싶은 의문점들을 주요 논제로 선정하여 후보 간 이념이나 정책입지의 차이를 후보로부터 직접 들을 수 있는 장을 마련한다고 강조한다.

12) 일례로 비방광고의 경우 기억에는 오래 남지만 3/4이 넘는 유권자가 부정적으로 반응할 뿐 아니라, 정치광고에서 후보에 대한 새로운 정보를 얻지 못한다고 답했다는 연구결과가 있다. 또한 상대 후보에 대한 비방광고로 인해 그 후보보다 오히려 이를 배포한 후보에 대한 지지율이 떨어진다는 연구가 있는 반면, 비방광고가 상대 후보에 대한 호감도를 저하시키지만 이를 배포한 후보의 지지율에는 별다른 영향을 미치지 않는다는 연구결과도 있다.

13) 바텔즈와 일련의 학자들은 비방광고(negative ad)에서 '상대공격'과 '비교광고'를 구별하지 않는 기존 접근법을 반박한다. 비방광고의 내용이 조잡하고 거칠다는 것과 특정 주장이나 입장을 비판하고 도전하는 것은 구별되어야 하며, 비방광고를 경쟁후보의 단점을 공략하는 상대공격과 두 후보 간의 자질, 경력, 공약 등을 대조하는 비교광고로 나누어 양자 간 효과의 차이를 별도로 파악해야 한다고 주장한다.

14) 뉴욕타임스(*New York Times*)와 CBS News가 주최한 설문조사 결과에 따르면 2003년 8월 말 57%의 설문응답자가 케리 후보에 대해 아는 바가 별로 없다고 대답한 반면, 부시 후보는 2000년 대선에서 당선된 이후 2~9%(단 재임 초기 여름까지는 13~21%로 선거결과에 대한 유권자들의 당혹감이 반영됨)의 설문응답자만이 잘 모르겠다는 반응을 보였다. 그러나 2004년 3월에 민주당 대통령 지명후보로 케리 후보가 확실시되면서 10% 또는 그 이하로 감소했고, 선거일 직전에는 두 후보 모두 1% 안팎에 그치고 있다(*New York Times*/CBS News Poll, 여러 날짜).

15) 헤더링튼과 넬슨은 9/11 사태에 대한 미국 국민의 'rally-round-the-flag' 효과가 역사상 가장 높았을 뿐 아니라 그 지속기간도 가장 길었다고 지적한다. 'rally-round-the-flag' 효과란 전쟁 등 위기 상황에서 단기적으로 대통령에 대한 지지도가 급상승하는 현상을 가리키며 이는 정부 정책에 대한 반대 의견을 표출하길 꺼리는 결과를 초래할 수 있다. 2001년 갤럽 설문조사결과에 의하면 부시 대통령의 업무능력 평가는 9월 10일의 51%에서 9월 15일의 86%로 급증했고, 이러한 증가추세는 계속되어 9월 22일에는 90%에 달했다. 또한 9/11 사태 발발 이후 두 달이 경과한 11월 10일에도 68%를 보였고 이는 1년 전 지지율인 51%에 비해 아직도 높은 편이었다.

16) 밀러가 정의한 대로 어떠한 사안이 국제적 파급효과를 가진 경우, 이를 수습하기 위해 미국, 특히 대통령이 깊이 관여하는 경우, 그리고 이러한 사안이 구체적이면서도 극적인 측면을 지녔을 경우, 대통령의 지지효과가 형성되며 '애국심'이 이러한 지지효과를

17) 반면에 브로디가 정의한 대로 야당 의원들의 자제나 조심스런 지지 표명으로 인해 대중매체의 뉴스거리가 될 만한 화제가 없고 이로 인해 유권자들이 대통령의 업무능력에 대해 우호적인 평가를 내리는 경우, 대통령의 지지효과는 지속된다.

18) 9/11 사태 이전의 갤럽 조사 결과에 의하면 부시 대통령의 업무평가는 89%(공화당 지지자), 53%(무당파 지지자), 28%(민주당 지지자)인 데 비해, 9월 21일 결과에 의하면 98%(따라서 공화당 지지자들의 지지가 9점 증가함), 91%(따라서 무당파 지지자들의 지지가 38점 증가함), 84%(따라서 민주당 지지자들의 지지는 무려 56점 증가함)로 무당파와 민주당 지지층의 폭발적인 지지 증가를 보여주었다.

19) 10월 22일 갤럽 조사 결과에 의하면 공화당 지지자들의 대통령 업무평가는 95%로 3점의 감소에 그쳤으나 민주당 지지자들의 지지율은 45%로 39점이 감소했다. 그러나 9/11 사태 이전의 28%보다는 훨씬 높았다는 사실에도 주목할 필요가 있다.

20) Figure 3(Changes in Identification with the President's Party). 9/11 사태 전후와 비교해서 1991년 사막의 폭풍 작전 직후 집권정당인 공화당에 대한 정당일체감은 3개월 사이 30%대에서 40%대로 증가하였으나 곧 30%대로 감소했다. 반면 2001년 1월부터 2002년 6월 사이 집권정당인 공화당에 대한 정당일체감은 일관되게 30%대에서 크게 벗어나지 않았다.

21) 따라서 부시 대통령이 이라크 군사작전 종결을 공식 선언한 지 4개월 후에도 미국 국민들의 1/4 정도는 이라크가 대량살상무기를 소지했다는 증거가 발견되었다고 믿고 있었다. 또한 절반 정도는 사담 후세인 정권이 알카에다 테러집단과 긴밀한 관계를 유지했다고 믿고 있었다. 게다가 1/4 정도의 미국 국민들은 유럽 국가들이 이라크 전쟁을 지지한다고 믿고 있었다. 이러한 전폭적 지지에도 불구하고 부시 후보에 대한 평가기준이 복합적이라는 사실은 대외위기사태를 현명하게 대처하리라는 확신을 묻는 설문조항에서 반반으로 엇갈리는 데서 엿볼 수 있다.

22) "Poll Shows Tie; Concerns Cited on Both Rivals," *New York Times*, October 19 2004. 세 차례의 TV토론이 종결된 후 실시된 *New York Times*/CBS 설문조사에서 대다수의 응답자들은 케리 민주당후보가 부시 대통령보다 사회보장, 고용창출 심지어 이라크 전쟁 종결 등의 문제들을 훨씬 잘 해결하리라고 생각하지만 그의 영도력에 대해서는 확신이 부족하다고 실토함으로써 부시 진영의 공격광고(예를 들어 케리 후보가 정치적 이유로 입장을 자주 바꾸는 'flip-flop'행태를 보인다는 'windsurfing' 광고)가 유권자들이 케리 후보에게 갖는 불확신을 효과적으로 공략했음을 보여준다.

23) 민주당은 7월말에, 공화당은 8월 말~9월 초에 전당대회를 개최해서 각 정당후보를 공식적으로 지명하고 정당강령(party platform)을 채택하였다. 공화당 강령은 Republican Platform Committee, *Republican Party Platform: A Safer World and a More Hopeful America*(New York, 2004)를, 민주당 강령은 Democratic Platform Committee, *Democratic Party Platform: Strong at Home, Respected in the World*(Boston, 2004)를 참조바람.

24) 부시 후보는 일반투표에서도 과반수를 획득하지 못한 데다 결국 연방대법원의 판결에 따라 플로리다 주 선거인단표를 얻음으로써 당선되었다. 따라서 부시 행정부에 대한 정통성 또는 통치 위임(mandate)에 대한 논란이 끊이지 않았다. 이러한 논란은 정치과정, 특히 입법과정에서의 정체를 예고했다. 그러나 케리 상원의원은 당론으로 인한 논쟁은 국내정책 일부에 국한될 것이며 대외정책에 관해서는 마냥 통치 위임이 부여되길 기다릴 수 없고 오히려 상식적인 기대치보다 대외정책을 둘러싼 양대 정당 간 공조 가능성이 상당히 크다고 평했다(… "but foreign policy, like time, waits for no mandate … [a]t the risk of challenging conventional wisdom, the prospects for cooperation are greater than one might think." …).

25) 케리 후보는 자신의 베트남 전쟁 참전 경력과 부시 대통령의 불확실한 군 경력을 대조하여 영도자의 이미지구축을 시도했다. 그러나 오히려 그의 전력을 폄하하는 일부 참전군인들의 증언을 인용한 부시 진영의 깎아내리기 전략으로 인해 곧바로 변론과 반박으로 일관된 방어자세를 취하는 인상을 주었다.

26) 2004년 5월 초까지만 해도 부시 후보가 지원한 TV광고 내용 중 52%가 비방인 데비해 케리 후보의 경우에는 19%에 그쳤다. 대조적으로 케리 후보를 지지하는 단체들이 지원한 TV광고 내용의 86%가 비방 위주였다. 월남전 전훈에 대한 공방 이후에도 케리 후보는 자신의 TV광고 내용의 25% 정도만을 부시 후보의 비방에 할애했고, 나머지 3/4에 해당하는 광고는 지도자로서의 자질과 선거공약에 대한 소개와 설득 위주의 옹호광고로 구성했다. 반면 케리 후보를 지지하는 단체들의 TV광고 내용은 70%가 부시 후보에 대한 비방이었다("In Full Swing," STLtoday.com, May 9, 2004; "Bush Campaign Cranks Up Attack Ads on Kerry," *Los Angeles Times*, June 8, 2004).

27) 주지하듯이 신보수주의는 국내정책에 관해 적극적 자유실천을 목적으로 한 정부규제를 원칙적으로 수긍한다는 점에서 자유주의와 일맥상통하지만, 연방정부의 개입 정도를 놓고서는 현대자유주의와 이견을 보인다.

28) 특히 두 후보는 2002년에 시행된 "No Child Left Behind Act"를 근본적으로 지지하면서 연방정부 지출을 증가시킬 것을 주장했다. 그러나 부시 후보가 세수로 재정을 지원하는 바우처(voucher) 프로그램을 지지한 반면, 케리 후보는 이에 반대하며 대신 공립학교 교사훈련에 대한 재정 지원을 증가시켜야 한다고 주장했다.

29) "Kerry won't count VA out," DailyPress.com, July 25th, 2004. 보수주의 경향이 강한 버지니아 주에서 케리 후보는 이전 선거에서의 클린턴이나 고어 후보와 달리 상당한 자금을 투입하면서 정부 적자를 엄청나게 불린 부시 후보를 보수주의 원칙에도 충실하지 못하다고 비난하는 등 선전했다. 그러나 대량 실업에도 불구하고 버지니아 주민 대다수는 지난 40년간 공화당 후보를 지지해온 보수주의 편향성에서 벗어나지 못할 것이라는 관측이 지배적이었다.

30) 527 단체란 미국 국세청(IRS)의 조세법 규율조항 527에 명시된 단체들로서, 선거자금법에 저촉받지 않고 특정 정당이나 후보의 선거운동을 도울 수 있으나 운영은 독자적

으로 해야 한다. 선거운동 초기 공화당은 케리 후보를 지지하는 단체들과 케리 후보 진영의 광고 대상지역이나 배포일시 등이 너무 일치하기 때문에 규율조항 527을 위반했다고 비난했다.

31) 부시 후보는 2004년 초에는 지도자로서 자신의 자질을 선전하는 긍정적 광고를 주로 활용했으나, 이내 케리 후보를 일시적인 침체주기를 과장해서 미국 국민에게 좌절감을 안겨주는 비관주의자로 몰아세우는 공략광고로 전환했다. 그리고 후반에는 케리 후보가 의료보험제도 개선에 관한 오보를 퍼뜨리며 국민에게 겁만 주는 실격자이고 만약 그가 당선되면 과세증가는 불보듯 뻔하다고 비방하는 광고물이 주류를 이루었다.

32) "Events in Iraq Prove a Distraction and a Guide for Wisconsin Voters," *New York Times*, August 15, 2004. 국내정책에 관한 TV광고로 "Immediate Help"나 "Not True"를 통해 부시 후보와의 정책비교를 9월까지 시도했지만 곧 대외정책에 집중했다.

33) 케리 후보가 자신의 월남전 무공에 대한 시시비비에 대한 확답 없이 TV광고에서 더 이상 거론하지 않기로 결정하면서 이에 관한 문제는 9월 이후 부시 후보의 TV광고에서도 언급되지 않았다.

34) 비록 이라크가 9/11 사태 발발에 결정적인 역할을 했다는 명백한 증거가 부족했음에도 불구하고, 많은 일반시민들에게 이라크 문제가 9/11 사태 이후의 급격한 정세변화와 연계되어 인식됨에 따라, 이에 대한 해결책으로서의 전쟁에 대한 논의를 둘러싸고 유권자들 사이에 극한 감정적 분열 성향이 나타났다. 이는 앞서 〈그림 6-1〉에서 부시 후보의 대외정책, 반테러전 및 이라크 전쟁에 대한 엇갈린 지지율 추이에서도 나타난다. 결국 전당대회 개최 후 부시 후보 진영은 9월 이후의 선거 전략을 재구성했으며, 이러한 전략적 전환은 자신의 취약점인 국내정책, 특히 경제와 의료보험에 대한 정책대안을 제시하며 대외정책에서 입증된 영도력을 국내정책에서도 똑같이 보여줄 것이라고 호소하는 TV광고를 집중적으로 방영한 점에서 나타났다("Campaigns' Ads Go Separate Ways: Both Address Perceived Vulnerabilities: Bush on Domestic Issues and Kerry on Foreign Policy," *Los Angeles Times*, September 21, 2004).

35) "TV Ad Spending Soars as Messages Turn Shrill," *Los Angeles Times*, October 19, 2004.

36) 앞서 언급한 부시 대통령의 'weapons' 광고는 무기·장비 제작지를 주별로 명시하며 케리 후보의 예산 삭감을 공략했다. 또한 시청자들의 특성을 분석하여 노년층이 즐겨보는 프로그램에는 의료보험이나 연금에 관한 광고, 근로인구가 귀가하는 시간대의 프로그램에는 세제개혁이나 고용창출에 관한 광고, 가정주부의 애청프로그램에는 교육제도나 이민정책에 관한 광고, 청장년층이 주로 청취하는 스포츠 방영시간에는 반테러전이나 이라크전에 관한 광고를 집중적으로 방영했다. 더구나 부시 후보는 케리 후보와 달리 케이블 방송국의 공중파를 이용한 TV광고 방영에도 주력함으로써, 미국 유권자들은 TV광고에 광범위하게 노출되었다("Politics Tuning in to Voters' Favorite Shows," *Chicago Tribune*, March 30, 2004).

37) "In Debate on Foreign Policy, Wide Gulf or Splitting Hairs?" *New York Times*, September 30 2004. 예를 들어 대외정책 이슈에 한정된 1차 TV토론에서도 러시아의 무기통제를 위한 상세한 논의가 부족했다. 이외에도 이란과 북한의 핵개발 프로그램이 불가피하며 외교적 해결방안을 모색한다는 데 두 후보가 모두 동의했다. 케리 후보는 이란의 경우 경제제재를 주창했고 북한의 경우 미-북 양자접촉도 6자회담과 병행할 것을 촉구함으로써 부시 후보의 기존 정책 스타일과의 차별성을 강조했다. 그러나 두 후보 모두 외교적 방안이 실패할 경우 구체적으로 어떻게 대응할지에 대한 언급을 삼가는 모습을 보여 정책대안 제시에는 미흡하다는 평가를 받았다.

38) 4월부터 10월까지 실시된 설문조사 결과를 살펴보면, 비록 케리 후보를 지지하는 유권자라도 그에 대한 호의가 절대적이기 때문에 지지하는 응답자가 전체의 32%에서 50%로 증가한 반면, 케리 후보에 대한 지지가 유보적이라는 응답자는 전체의 30% 수준에 그쳤다(*New York Times*/CBS News 설문조사). 케리 후보의 지지율 상승은 부시 대통령에 대한 반발로 경쟁후보인 케리 상원의원을 선택한 유권자들을 포섭한 결과라는 점에서 그의 선거운동이 효과를 발휘한 측면이 있다. 하지만 케리 후보에 대한 의구심을 떨치지 못하는 잠재적인 지지층을 설득하는 데는 실패했고, 이를 통해 상대적으로 부시 후보의 비방광고가 효과를 발휘했다고 볼 수 있다.

39) 그 예로 2000년 대선에서 제3국의 '국가건설(nation-building)'에 미군이 참여하는 것에 강력하게 반대한 부시 후보가 9/11 사태를 접한 후 반테러전의 일환으로 이라크 전쟁을 수행하는 과정에서 자신의 종전 입장을 완전하게 철회해야 했던 사례를 들 수 있다. 결국 정세변동에 따라 선거공약을 수정하거나 심지어 전면적으로 번복해야 하는 경우도 발생한다.

40) 예로 1996년 대선의 경우 클린턴이 효과적인 선거운동 결과로 재선된 것인지, 호황 덕에 재선에 성공한 것인지, 또는 클린턴이 선거운동을 통해 유권자들에게 호황의 혜택을 상기시킨 결과 경제의 중요성이 대통령 선택의 우선적인 평가기준이 되었는지에 대해서는 명쾌한 결론을 내리기 어렵다.

41) 선거일 전에 실시한 설문조사에서 선거운동가 비방으로 가득하다는 응답자가 1988년 대선 10일 전에 전체 47%에서 바로 직전에 61%로 증가한 반면, 1992년 대선의 경우에는 한 달 전의 전체 34%와 선거 직전의 전체 39% 사이에 별다른 차이를 보이지 않았다. 대조적으로 1996년 대선은 선거운동이 비방 위주였다는 응답이 11~16%에 머무른 대신 유익했다는 응답자는 전체의 33~28%를 차지했다. 2000년 대선은 자료 부재로 비교할 수 없으며 2004년 대선의 경우에는 선거 2주 전의 41%에서 직전의 51%로 증가세를 보였다.

42) 무엇보다 대선 후보가 정치광고를 통해 복잡한 주요 선거이슈를 간결하게 제시함으로써, 유권자들의 판단을 도모하게 해준다는 점을 경시할 수 없다.

43) 케리 후보의 TV광고는 반테러전을 내세운 부시 대통령의 대외정책 이슈 우위권을 우회적으로 난해하게 공략하며 자신의 자질을 피력하거나, 부시 진영의 선제공박에 대한 방어에 주력하는 장황한 변명으로 점철되어 간결함과 명료성이 떨어지는 메시

지가 주를 이루었다. 결국 부시 후보를 지지하지 않는 유권자들에게도 케리 후보가 도대체 어떤 지도자이며 과연 앞으로 4년간 소신껏 미국을 이끌어 갈지에 대한 의구심을 완전하게 해소시키는 데 실패했다.

44) 또한 국제적인 정치적 자본이 부족한 현실을 어떻게 충원하여 대외정책마저 의도한 대로 구현할지 미지수다.

45) CNN election results, http://us.cnn.com/election/2004/pages/results(최종검색일: 04/11/24).

제7장

민주주의의 사각지대, 대통령제의 권력분립과 대외정책

I. 서론

　프리덤 하우스(Freedom House)가 정치적 권한(political rights)과 자유(civil liberties) 지표를 토대로 선정한 안정된 민주주의 국가는 58개국이며 이 중 2010년 현재 45개국이 대통령제를 채택하고 있다.[1] 이와 같이 통치체제의 주류를 이루는 대통령제를 채택한 국가의 경우, 유권자들은 대통령에게 어떻게 통치를 위임하는가? 입법과 집행의 기능적 구별이 헌법에 명시 또는 내재되어 있으므로 유권자와 위정자들은 그 지침을 따르기만 하면 되는가? 입법부 다수당과 행정부 수장인 대통령 소속정당이 서로 다른 분점정부에서는 어떻게 통치하는가? 또한 입법과 집행의 기능적 구별이 국내정책 분야뿐 아니라 대외정책 분야에서도 가능한가? 이러한 논란은 대통령제를 채택한 국가들은 물론 발원지인 미국에서조차 끊임없이 이어진다.

헌법상 명시가 불명확하거나 심지어 헌법이 침묵하고 있는 부분도 있지만 대외정책 분야는 연방정부, 즉 대통령과 의회가 공동으로 행사한다는 원칙이 수립되어 있다. 그러나 실질적으로는 견제와 균형보다는 대통령의 우위로 점철되어 있는 현상이 일상화되었다. 일찍이 헌정회의에 참석한 미국의 건국 시조들은 상호 경합하는 이해관계를 공익이라는 명분에 입각해서 효율적으로 중재할 수 있을 만큼 강력하면서도, 한편으로는 국민을 압제할 수 없을 정도로 유약한 정치제도를 만들어야 하는 난제를 두고 고심했다(권용립 1997: 25).[2] 본래 헌정회의 소집의 배경은 독립 후 채택한 연합규약 체제가 국내외적으로 정부로서의 기능을 만족스럽게 이행하지 못한다는 공감대에 있었다. 그리고 수많은 논쟁 끝에 '전문성, 신속성, 능률성'을 모두 갖춘 단일(unitary) 대통령제를 통치체제로 명시한 연방헌법 체제로 전환하는 데 성공했다. 그러나 이와 같이 험난한 체제전환의 경험에도 불구하고 미국 대통령과 의회 간 권력구조에 대한 논의, 특히 대외정책 권한을 둘러싼 논란은 여전히 현재진행형이다.

미국 대통령제는 발원지인 미국을 포함해 국내에서도 다양한 형태의 선행 연구가 있다. 헌법 및 유권해석의 관점에서 접근한 연구, 지역연구의 시각에서 소개한 연구, 대통령과 의회 간 관계를 외교권 강화에 초점을 두고 역사적으로 정리한 연구, 또는 대통령제와 내각제 및 이원정부제를 비교정치학적 관점에서 평가한 연구 등이 대표적이다(강원택 2006; 권용택 1997; 노기호·강승식 2002; 윤명선·박영철 1998). 이 같은 풍부한 선행 연구를 바탕으로 7장에서는 대외정책 분야에서 나타나는 미국 대통령제의 운용 방식에서 발견되는 이상 징후에 초점을 맞춰 미국식 민주주의의 사각지대를 보여줌으로써 선행연구와의 차별성을 추구한다.

즉 헌법이 천명하는 권력분립의 원칙에 따라 입법부 구성원과 대통령은 독자적 선거제도를 통해 각기 선출된다. 그러나 각 지역구에서 선출된 입법부 구성원이 내세우는 집합적 통치 위임과 대조적으로, 미국의 유권자 전체가 투표해서 선출한 대통령은 확연히 구별되는 단일한 공공 리더십(public leadership)을 주장할 수 있다(Edwards 2010: 241-254). 결국 미국 대통령제의 과제는 제한된 정부를 표명하는 미국식 민주주의 체제의 일환으로 권력분립을 중시하면서도 동시에 권한공유의 묘(妙)를 찾아야 한다는 데 있다.

그러나 이러한 난제는 특히 국내정책 분야보다 대외정책 분야에서 더 큰 어려움에 직면한다. 비록 선거인단이라는 제도적 제어장치가 있으나 미국 대통령제는 유권자인 국민이 직접 선출하는 대통령직이 중심이 되기 때문에, 혹시라도 대외정책 분야의 이슈가 선거이슈로 부상하면 그에 대한 통치위임 권역을 입법부가 선점하기조차 어렵다.[3] 설령 대외정책 사안이 선거쟁점으로 부상하지 않더라도 공공 리더십을 토대로 대통령직을 공세적으로 활용하는 선례들이 축적되면서, 대외정책분야뿐 아니라 국내정책 분야에서도 대통령의 통치 위임 권역의 확대시도를 목격할 수 있다. 이에 7장에서는 대외정책 분야에서의 미국 대통령제에 대한 평가를 법제도적 또는 정치참여 행태로 설명했던 선행 연구와 달리 권력분립의 양면성, 즉 권력분립은 권력공유를 전제로 한다는 패러독스를 중심으로 대통령의 우위에 대한 주장을 지지하는 법제도적, 정치적 근거를 이와 대조함으로써 미국식 민주주의의 사각지대를 조명하고자 한다.[4]

7장은 모두 4개의 절로 구성된다. 다음 절인 '미국 대통령제의 대외정책: 권력분립의 원칙과 기제'에서는 다양한 근거를 통해 주장되는 대외정책의 권한을 대통령과 의회 간에 비교하고 상호 견제와 균형의 기제를 대조한다. 그리고 3절 '대외정책 분야의 권력분립: 미국 대통령제와 민주주의'에서는 앞서 2절에서 다룬 미국 대통령제에 대한 법제도적 문헌을 바탕으로 하는 이론적 문헌정리에 이어, 건국 이후부터 지금까지 대통령의 대외정책에 대한 권한이 확대된 경로를 추적함으로써 대외정책 분야의 권력분립 실상을 역사적으로 고찰한다. 이어서 1952년 이후부터 2008년 대선에 이르기까지 총 20회의 대선을 연방 상·하원 선거결과에 의한 대통령 소속정당의 의석점유율, 대선의 선거인단, 총 국민투표 득표율과 대조한다. 그리고 통치 위임(mandate)에 대한 주장이 과연 집권 당시의 지지율에 근거해 대통령의 공공 리더십으로 창출되는지 아니면 선거결과 자체보다 공공 리더십의 토대를 구축하는 후속작업 과정에서 파생되는지 여부에 대해 논의하고자 한다. 마지막으로 앞서 2절과 3절에서 도출한 결과물을 엮어 대통령제에 기반을 두는 미국식 민주주의의 사각지대에 대한 함의를 논의하며 결론을 맺고자 한다.

II. 미국 대통령제의 대외정책: 권력분립의 원칙과 기제

흔히 권력분립은 "법과 정치의 중간영역에 있는 개념"으로 정의되는데 이 정의는 무슨 의미인가(노기호·강승식 2002: 118). 이러한 질문은 곧 대통령의 권한이 연방헌법 2조에서 명시적으로 규정된 권한에 제한된 것인가, 아니면 명시된 권한뿐 아니라 행정권에 속하는 모든 권한을 포괄하는 고유한 행정부의 권한인가에 대한 관점 차이로 이어진다. 만약 후자의 관점을 수용하면, 연방헌법 2조 1항이 행정부의 고유한 권한을 규정한 것이며, 비록 대다수의 대통령 권한이 의회의 협력에 의해 행사됨에도 불구하고 결과적으로 연방헌법 2조의 수권규정(Vestiture Clause)을 대통령이 의회보다 우위에 있음을 인정하는 근거로 활용할 수 있다.[5]

더구나 헌법이 대체로 대통령의 권한을 일반적(general) 용어로 명시한다는 점을 감안한다면, 대통령과 의회는 각기 권력분립 체제를 확립하려는 의지와 그 허용 범위를 두고 끊임없이 논쟁할 수밖에 없는 난관에 봉착한다. 그러나 전자의 관점을 수용하더라도 헌법의 문언과 권력분립의 원칙에 충실해야 한다는 명분에 얽매여 대통령과 의회를 "상호접근이 불가능한 폐쇄구역(air-tight compartments)으로" 편협하게 규정하는 것이 바람직하지 않다는 문제점은 여전히 남는다(노기호·강승식 2002: 99).[6]

결국 미국 헌법상 대통령과 의회의 권력관계에 대한 상반되는 해석은 상호 대치되는 함의를 지닌다. 즉 한편으로 대외정책, 특히 국가안보 관련 분야에서 대통령과 의회의 권력관계는 정치적 문제(political question)이기 때문에 헌법에 대한 유권해석을 요구하는 사법심사의 대상이 아니라는 주장이 가능하다. 따라서 린제이는 "태평시대에는 의회 활동주의론이 대세이고 난세에는 의회 순종론이 대세이다"라고 평한다(Lindsay 2004: 184). 그러나 다른 한편으로 미국의 연방헌법 체제는 권력분산뿐 아니라 견제와 균형을 통해 정부나 위정자들의 압제로부터 국민의 자유와 권리를 보호하는 민주주의의 이상을 구현할 의무를 지니므로, 대통령과 의회의 권력관계가 본질적으로 헌법상 문제(constitutional question)라는 주장도 가능하다(Shane 2009: 18).[7]

특히 전자의 주장인 형식주의적 접근법을 받아들여 대통령이 비록 잠정적이라도 특수한 상황에서 공세적으로 의회에 대한 우위를 집요하게 요구한다면, 권력분립에 대한 유권해석에 있어서 사법부의 개입 자제가 예측되기 때문에 대통령은 궁극적으로 행동보다는 수사에 의존하여 권한확대를 모색할 가능성이 높다. 그러나 후자의 주장인 기능주의적 접근법을 받아들이는 대통령이라도 오히려 연방헌법 2조가 고유한 행정부의 권한을 규정한다는 명분으로 사법부의 행동주의(judicial activism)를 정당화했던 과거의 선례를 공세적으로 활용할 가능성이 있다는 데서 아이러니가 발생한다. 나아가 이는 헌법에 의거한 대통령 권한에 대해 적극적 재해석을 주도함으로써 정치의 사법화(judicialization of politics)에 대한 우려를 자아낸다.[8] 즉 입법이나 행정 영역의 위헌성 여부를 판단하는 본래의 기능보다 그 합헌성을 제고하기 위한 비정상적 기능이 강화되는 부작용을 초래할 수 있다는 것이다.

그렇다면 대외정책에 있어서 대통령과 의회 간 권력분립의 근거는 어디에 있는가. 〈표 7-1〉은 대통령과 의회 간 대외정책을 권한 근거와 그 근거의 적용범위에 따라 분류한다. 〈표 7-1〉에서 보듯이 헌법에 명시된 대외권한은 대통령과 의회 간에 기능적으로 분리된 권한인 반면, 동시에 대통령과 의회, 특히 상원과 공유하는 권한 또한 존재한다. 표면상으로 공유된 대외권한은 상원의 권고와 동의(advice and consent)를 기반으로 하기 때문에 일방적·독단적 권한행사는 자칫 정국 경색을 초래할 가능성이 높다.[9] 예컨대

〈표 7-1〉 대통령과 의회의 대외정책 권한 분류

권한		대통령		의회
위임: 대외	국가 원수 및 행정부 수반	- 최고 군 통수권 (2조 2항 1절) - 외교사절 접수 (2장 3항) - [상원의 권고와 동의] 조약체결(2조 2항 2절) - [상원의 권고와 동의] 대외공관관리 지명 및 임명(2조 2항 2절)	입법 (1조 8항)	- 전쟁선포 및 물자 징발 - 군대징집 - 육군과 해군조직 지원 및 규제 - 조약 비준 (상원 2/3 찬성) - 대통령 지명자에 대한 임명 인준(상원의 동의)
공식적 암시: 내외 포괄	내재: 행정 재량	- 행정명령: "with a stroke of a pen" - 행정특권: 기밀유지 〉 의회보고	함축: 비입법	- 감독: 연방정부 기관, 프로그램 & 정책집행의 감사 및 청문회 요구 - 조사: 소환장 발부, 의회 모독 → 입법 및 감독에 필요한 정보 접근 허용 (증언 및 자료제출) 요구
위임: 내외 포괄		- 헌법수호 및 법 집행(2조 3항) - 의회보고: 연두교서(2조 3항) - 국정의제 선정(2조 3항) - 상원 휴회 중 행정보직 임명 (2조 2항 3절) - 특별회기 소집 및 양원 간 이견 시 휴회 선언(2조 3항) - 입법 거부(2조 3항) - 사면(2조 2항 1절)		- 조세 및 차관 - 주간 및 국제 통상 규제 - 통합된 귀화-이민규제 구축 - 국제법 위반 시 처벌 - 조폐 포함 통화 및 환율정책 규제 - 예산 심의 및 조정 - "유연성 구절": 다른 권한 수행을 위해 필요하고 적절한 법 제정 ※ 모두 1조 8항
비 공식적		- 대외: "rally-round-the-flag" - 내외포괄: "공공리더십(public leadership)"		- 내외포괄: 민의의 대변인

1. 위임된 권한(express powers): 헌법에 공식적으로 명시된 권한을 가리킨다.
2. 공식적 암시 권한: 헌법에 내재된 권한(inherent powers) 또는 함축된 권한(implied powers)을 가리킨다.
3. 비공식적 권한: 선출직에 위임되는 통치정당성에서 파생하는 권한을 가리킨다.
4. 최근 애리조나 주 의회가 제정하고 이에 대해 연방하위법원이 판결한 부분 집행중지 대상인 이민법은 연방헌법 1조 8항에 명시된 의회의 통합된 귀화-이민규제 권한을 침해 했다는 해석이 가능하다.

조약체결의 권한은 대통령에게 부여되나 이는 상원의 권고와 동의를 요구하는 일종의 공유된 권한이다(권용립 1997: 4; Auerwald 2003: 44).10)

예컨대 20세기 후반 이후 대통령과 상하원 간 상호필요에 따라 상원 비준을 전제하는 조약 대신 상원 비준이 면제된 행정협정(executive agreement)으로 대체한다는 신사협정(gentlemen's agreement)이 존재한다. 그러나 의회는 행정부가 절차상 또는 내용면에서 의회의 의견을 무시하거나 경시하는 독단을 보인다고 생각할 경우 행정협정의 국내적용을 위한 입법화를 거부할 수 있다.11)

흥미로운 점은 대통령과 의회 간 공유된 대외정책 권한을 대통령이 선점하거나 이를 위협함으로써 정국 경색으로 치닫는 경우가 비단 분점정부(divided government)에만 국한되지 않는다는 사실이다(Conley 2009: 168).12) 게다가 대통령의 서명이 필요한 입법절차의 특성에 따라 양원의 다수당 간에 정치적·이념적 분극화가 심화될 경우, 결과적으로 최선책보다 차선책에 그치는 타협을 초래할 수 있다. 의회는 대외정책 분야에서 대통령을 견제하기 위해 필수적인 기제를 효율적으로 활용할 수 없는 태생적 한계가 있기 때문에 대외정책 권한의 권력분립 원칙은 법제도적으로 원천봉쇄당한다고 평가할 수 있다. 게다가 권력분립 원칙에 대한 유권해석 권한을 가진 연방대법원도 헌법상 규정 여부와 별도로 "외교권을 헌법으로부터 독립된 행정부의 '본질적 권한'으로 파악"해서 "입법권의 광범위한 위임"을 제한하는 일반적 원칙이 대외정책 분야에서는 적용되지 않는다는 판결을 고수한다(노기호·강승식 2002: 110).13) 결국 대외정책 분야의 행정입법은 연방헌법이 권력분립 원칙을 천명하는 데 기반을 두나, 대통령의 대외정책 권한은 법률의 위임에 근거하기보다 연방헌법 2조의 기속조항에 근거한다는 주장에 따라 법외(法外)적 성격으로 규정할 수 있다.14)

이와 같이 다소 모호하게 규정된 공유된 권한과 대조적으로 연방헌법 2조 3항은 행정부, 특히 대통령에게 배타적으로 부여된 대표적 권한으로서 입법거부권을 명시하며 이는 국내정책뿐 아니라 대외정책에도 포괄적으로 적용된다. 구체적으로 입법부에 대한 행정부의 자기방어 기제인 입법거부권은 대통령에게만 부여하며, 만약 대통령이 법안에 대해 10일 이내에 서명이나 거부 중 어떠한 대응도 하지 않으면 법안은 자동적으로 확정된다. 그러나 예외적으로 의회가 법안을 통과시킨 후 10일 이내에 폐회하면 대통령에게는 유보거부(pocket veto)의 권한이 부여된다. 그리고 대통령이 거부한 법안을 의회의 2/3가 재의결한다면 대통령의 입법거부를 번복할 수 있다.[15] 반면 연방행정부를 최초로 제안한 버지니아(Virginia) 원안에는 "입법권은 의회에 기속"하는 기속조항(vesting clause)이 있지만, 이후 "이 헌법에 의해 부여되는 모든 입법권은 합중국 의회에 속한다."로 수정되어 연방헌법 1조 1항으로 확정되었다. 반면에 버지니아 원안에 규정된 "합중국의 행정권은 대통령 1인에게 기속"한다는 기속조항은 수정 없이 "행정권은 미합중국 대통령에게 속한다."는 연방헌법 2조 1항으로 확정되었다(손병권 2009: 36, 각주 3).[16] 결국 이렇게 상이한 기속조항은 대통령의 행정권이 헌법으로부터 직접적으로 연원한다는 주장의 근거를 제공했고, 결과적으로 대통령 1인 행정부가 실질적으로 행정권을 수행하려면 헌법이 부여한 열거권한(enumerated power)보다 폭넓은 행동범위를 허용해야 한다는 주장의 헌법적 근거가 마련되었다(Nelson 1793: 51-59).[17]

그러나 표면상 기능적으로 분리된 권한일지라도 대통령과 의회 간 권력분립은 근본적으로 권력공유를 전제한다는 점에 주목할 필요가 있다. 특히 국익 수호를 위한 전쟁 또는 국가적 위기가 고조되는 시점에서는 소위 대권(prerogative power)의 근거로 인용되는 대통령의 헌법적 권한 논의가 두드러진다. 국가원수나 행정부 수반으로서의 대통령의 권한은 입법을 통해 그 역할수행이 비로소 실체를 가지는 만큼, 원활한 대외정책 수행을 위해서는 의회와의 공조가 필수적이기 때문이다(윤명선·박영철 1998: 44-45; Neustadt 1990: 35).[18] 예컨대 전쟁 선포는 헌법에 의해 의회에게 부여된 명시권한이지만, 20세기 후반으로 오면서 대통령이 군 최고 통수권자로서 개전을 전후하여 의회에 정보를 제공하고 필요한 조치를 심의하도록 권고하는 경우가 더욱 빈번하다(Farrand 1967: 157).[19] 나아가 의회는 전쟁물자 징발이나 군대징집, 전쟁수행 예산 심의 및 조정 등 재정적 의미의 입법 행위를 고유권한영역으로 갖지만, 의회가 효율적 전쟁수행을 도모하지 않는다는 책임추궁을 회피하기 위해 대통령의 요구에 최소한 명분상으로는 순응해야 하는 부담을 느낀다.

결과적으로 대통령의 입법거부권이나 행정권은 배타적 고유권한임에도 불구하고 공유된 입법권 행사를 암묵적으로 전제하거나 수반하는 경향이 크다(Edwards 2010: 366).[20] 특정 입법과정 주기는 대통령의 펜 끝에서 종결되지만 통치행위 주기는 연쇄작용으로 이어지는 장주기에 의해 작동되기 때문에 입법과 행정은 통치행위의 양면에 해당한다고 할 수 있다. 즉 대통령의 대외정책에 관한 행정권이 의회의 재량에 의해 인정되는 것이 아니라 헌법으로부터 연원한다는 주장이 헌법적·논리적으로 수용될 수 있다. 그럼에도 불구하고 의회가 국내 집행을 위해 필요한 관련 법규제정에 협조하기를 거부하거나 대통령의 공공 리더십에 한계가 발견되어 긍정적 여론도출이 어려워질 경우 이는 대통령에게 정치적 치명타로 작용한다.

아이러니는 이러한 위험부담에도 불구하고 창업자적 리더십의 기지를 발휘하는 대통령은 건국 이래로 기회가 생길 때마다 적극적·공세적으로 광범위하게 자신의 권한을 활용하여 연방헌법에 의해 대통령과 의회에 분할된 대외정책 권한을 원론적으로 증대시켜 왔다는 점이다. 이는 공식적으로 명시된 권한(express power) 자체보다 암시적인 권한, 즉 내재된 권한(inherent power)이나 함축된 권한(implied power)을 효율적으로 동원할 수 있는 시대적 배경에 의해 가능했다. 더불어 비공식적 권한, 즉 잠정적이지만 재임기간 동안 선출직에 위임되는 통치정당성을 정치적 자산으로 전환할 수 있는 권한과 집행 대권(executive prerogatives)을 통한 대외정책 권한 증대도 가능했다.

한편 대통령의 국정능력에 대한 국민의 평가에 따라 대통령의 대외정책에 대한 의회의 반대 여부 및 강도가 달라진다는 점도 주시해야 한다. 일반적으로 의회보다 대통령에 대한 국민의 신뢰가 높기 때문에 대통령은 대외정책 분야에서 상대적 우위를 차지한다. 더욱이 대통령의 권한은 의회와 달리 복수가 아닌 단일한 선출직에 집중되어 있다는 점을 감안할 때, 대통령은 국내외 정책분야의 공공 리더십을 주장할 명분을 선거를 통해 확보할 수 있다(Cronin and Genovese 2004: 106-111).21)

그러나 그 주장의 실증적 근거 여부는 경우에 따라 다르다는 선행연구 결과들이 발견된다. 구체적으로 대통령이 선거결과와 연계해서 통치 위임을 주장하는지의 여부와 대선 당시 일반투표 득표율, 선거인투표 득표율, 연방 상원 내 대통령 소속정당 의원의 의석점유율, 연방 하원 내 대통령 소속정당 의원의 의석점유율 간의 상관관계는 그다지 높지 않다는 주장이 있다(Azari 2007: 3; Conley 2001: 10). 또한 대통령의 통치 위임에 대한 주장은 여론이 이미 그러한 주장에 부합하는 방향으로 조성되어 있는 경우에 한하고, 대통령은 자신이 주창하는 정책에 찬성하는 여론을 동원하는 데 성공하기보다 여론 집결을 도모하는 데 그친다는 주장도 있다(Buchanan 2004: 16). 다음 절에서는 제대로 입증되지도 않는 통치 위임을 상정하는 미국 대통령제가 실제로 어떠한 양상으로 권력분립을 변모시키고, 특히 대외정책 분야에서 입헌 대통령제(constitutional presidency)를 어떻게 구현하였는지 분석하고자 한다.

III. 대외정책 분야의 권력분립: 미국 대통령제와 민주주의

1차 세계대전까지 권한분산의 주요 쟁점은 종적 분권, 즉 행정부와 입법부를 모두 포함한 연방정부와 주 정부 및 개인 간의 권한 분산에 치중했고, 특히 대외정책의 집행 권한에서 원칙적으로 주 정부를 제외시켜 연방정부에 광범위한 권한을 부여했다. 따라서 대외정책 관련 문제를 두고 유권해석의 권한을 소지한 사법부는 〈표 7-2〉에서 보듯이 일관된 입장을 견지했다. 즉 단일문서인 연방헌법은 근본적으로 국내정책과 대외정책 간 법적 구별의 근거를 제공하지 않지만 연방의회와 대통령을 총괄한 연방정부에게 제한된 권

〈표 7-2〉 대통령 권한에 대한 헌법적 해석 비교

	Madisonian-Jeffersonian	Hamiltonian
대통령의 권한영역	- 연방의회와 대통령을 총괄해 연방정부 권한이 주 정부 권한보다 우위 - '피할 수 없는 사태'에 직면한 경우 대통령의 권한집행에 대한 사후 의회승인 필수	- 헌법에 금지되거나 제한된 권한 이외 영역에서 대통령의 권한집행에 대해 적극적 지지
권한집행 방법	헌법의 미비점을 제도적 절차를 통해 시정	비상사태 시 일시적 집행권 남용에 대한 의회의 지지를 전제한 국익 극대화를 위한 권한집행 권장
역대 대통령[1]	- 제퍼슨, 바바리(Barbary) 전투[2] - 타일러, 텍사스 미연방 가입[3] - 포크, 멕시코 전쟁[3]	- 제퍼슨, 루이지애나 영토 매입[4] - 제퍼슨, 교역금지법(Embargo Act)[4] - 링컨, 남북전쟁[5]
헌법적 해석의 공통점	- 헌법이 부여한 권한을 초월한 개인의 자유 침해 또는 헌법에 위배되지 않더라도 그러한 내용이 담긴 정책의 부당한 입안 및 집행에 한해 위헌 판결 가능 - 다소 논란의 소지가 있더라도 헌법적 원칙에서 벗어나는 예외적 경우에 대한 실용적 정당화 또는 국내와 국제 문제를 차별화를 통한 대외정책 집행 변호 - 대외정책 권한집행은 근본적으로 법적 소관이 아닌 정치적 소관이라는 판단	

1. Milkis & Nelson(2008)과 Nelson(2008)에서 발췌한 내용에 근거해 선별적으로 분류했다.
2. 지중해 연안 바바리 항구에서 반복되는 해적의 침략을 저지하기 위해 제퍼슨 대통령은 불가피한 상황이라는 판단 아래 의회의 개전 발안이 없는 상태에서 군사적 행동을 취했지만, 사후 의회의 승인을 요청하여 대통령의 군 최고통수권자 권한이 대권이 아닌 의회의 승인으로 발동한다는 점을 수용했다.
3. 조약 인준이 상원의 2/3 찬성을 필요로 한다는 헌법상 제약을 우회해서 타일러 대통령은 텍사스와 협약을 체결한 후 양원 합동결의안을 통해 연방 주로 받아들였다. 이러한 영토 합병이 곧 전쟁선포와 같다는 멕시코의 경고를 이미 숙지한 포크 대통령은 분쟁지역에 군대를 배치한 후 멕시코가 마침내 침략하자 미국 영토의 침략에 대한 응전은 의회의 개전선포가 불필요하다고 주장하였다.
4. 바바리 1차 전투는 의회의 사후 승인을 수반한 반면, 루이지애나 영토 매입의 경우 지출 승인과 국제거래에 관한 조약 승인을 동시에 추진한 결과, 연방정부의 영토 매입을 명시하는 개헌절차를 회피하는 의회의 요구를 수용하는 대가로 대통령의 집행권한 영역을 확보했다. 나아가 제퍼슨 대통령은 교역금지법의 하자로 인해 연방정부의 교역금지 집행을 금지하는 법령조항이 없다고 주장하여 의회의 반발 여지를 사전에 제거하고 선박출항 금지를 명하고 이를 시행하는 권한집행에 대한 의회의 승인을 확보했다.

5. 비록 헌법에 근거하는 대권의 헌법적 재해석에는 영향을 미치지 않았으나 링컨 대통령은 국가안보가 위협받는 상황에서 의회의 승인 없이 대통령이 헌법에 명시된 출정영장 제출 의무를 일시 정지시킬 수 있다고 주장했다. 이에 따라 노예해방선언은 분쟁지역인 남부에서 군 최고통수권자로서 대통령이 취한 군사적 조치였다고 주장했다.

한을 부여한다. 결과적으로 1920년대까지 미국 대통령제는 헌법에 명기된 권한의 의미 자체에 대한 재해석을 주장하기보다는 비상사태에 대응하기 위해 잠정적으로 초헌법적 권한 행사가 필요하다는 점을 강조하는 데 그치는 양상으로 발전했다.

그럼에도 불구하고 주목해야 할 점은 대통령 권한에 관한 헌법적 해석에서도 미세한 차이를 보이는 두 가지의 관점이 존재한다는 사실이다(Mead and Leone 2002: 99-131, 174-217).22) 즉 해밀턴(Hamiltonian) 관점은 강력한 대통령제의 목적으로 연방주의와 대외 국력 팽창을 강조하는 반면에 매디슨-제퍼슨(Madisonian-Jeffersonian) 관점은 공화주의와 국내 복리 증진을 우선시한다. 흥미롭게도 헌법에 명시되지 않은 집행 권한 영역을 제도적 절차, 즉 입법화를 통해 시정해야 한다는 제퍼슨 관점에 입각한 대통령제를 주창했던 제퍼슨 대통령도 재임 중에는 국익 극대화라는 명분을 내세워 권한 집행을 입법절차를 통해 순차적으로 실현하기보다 공세적으로 추진하기도 했다. 그러나 해밀턴 관점에 입각한 대통령제를 추구했던 대통령으로 꼽히는 링컨과 비교해보면, 제퍼슨은 입법 과반수를 확보한 정치적 자산을 기반으로 강력한 대통령제를 발전시켰다. 반면 링컨은 대선 승리에도 불구하고 남부 출신후보들의 선전과 남부 주들이 탈퇴한 반쪽짜리 선거로 인해 입법 과반수가 정치적 자산으로 연계되지 않은 상태였다.23) 결국 두 역대 대통령은 헌법적 대권의 기반을 유추하기 위한 헌법적 재해석을 거부했다는 공통점을 지니지만, 해밀턴 관점을 수용한 역대 대통령들은 매디슨-제퍼슨 관점을 취한 역대 대통령들보다 그 강도에 있어서 진일보한 입헌 대통령제를 구축했다.

나아가 대통령의 지지층에 초점을 맞추고 대통령제를 분류한다면, 앞서

〈표 7-3〉 대통령의 대외정책 권한에 대한 정치적 해석 비교[1]

	Jacksonian[2]	Wilsonian[3]
대통령의 권한영역	자국민들에게 국가안보와 경제번영 보장하는 대통령의 의무 강조	미국식 민주주의와 인권을 포함한 미국식 사회규범의 대외 전파를 통한 국익과 도덕적 이해 증대 강조
권한집행 방법	- 국제사회 참여 극소화 - 자립 능력 강조	- 법치에 토대를 두는 평화적 국제사회 구축에 주도적 역할
정치적 해석의 공통점	- 대통령 정당의 원내 지지 기반을 발판으로 대외정책결정 과정에서 대통령의 우위 확보 - 의회의 직접적 반대가 없으면 묵인 내지 승인으로 간주	

1. Mead & Leone(2002)와 Nelson(2008)에서 발췌한 내용을 재정리했다.
2. 대다수의 역대 대통령들이 잭슨 관점의 대통령제를 기준으로 삼았다고 볼 수 있다. 잭슨 대통령은 근대 정당체제를 창립하여 대통령의 이중적 직능, 즉 국가 지도자와 정치인의 역할을 동시에 수행하려는 선례를 남겼다. 국수주의적 성향 탓에 대외정책 분야에서는 족적을 많이 남기지 않았지만 미국의 자립 능력을 강조한 만큼, 만약 외국의 분쟁 또는 무력적 충돌이 발생하면 반드시 승리해야 한다는 입장을 취했다. 대조적으로 국내정책 분야에서는 연방정부가 주도하는 정부 개혁(예컨대 1832년 관세법을 거부하는 사우스캐롤라이나 주의 무효화 선언을 국가통합에 호소하면서 분쇄한 사례나 연방은행 인가 갱신 법안에 대한 거부권 행사 등)을 적극 추진하면서 이러한 이중적 직능의 근거를 헌법적 관점보다 정치적 관점에서 접근해 선별적으로 활용했다. 상세한 논의는 Azari(2009), 16-18, 특히 Nelson(2008), 91-94를 참조할 것
3. 대외정책 분야에서 흔히 이상주의로 명명되는 윌슨 관점의 대통령제는 실질적으로 미국의 이권에 연관된 국제관계와 그렇지 않은 국제관계를 철저하게 이분해서 규정하기 때문에 일괄적으로 이상주의로 통칭하는 것은 오류라고 할 수 있다. 그렇지만 국제법을 동등한 지위의 행위자 간 협약으로 간주하기보다 민주주의 원칙을 충족시키지 못한 행위자들 사이에 국제적 관습이 굳어진 규례로 규정하고, 조약의 효력이 국내법과 동등한 법적 구속력을 가지기 위해서는 입법절차를 반드시 거쳐야 한다는 일방주의적 국제주의 또는 보수적 주권주의와는 확연하게 구별된다. 따라서 윌슨 관점의 대통령제는 대외정책 분야에서 다자주의적 국제주의를 수용하고 미국식 민주주의와 사회규범을 적극 전파하여 평화로운 국제사회를 구축할 사명을 지닌다는 주장에 근거한다. 그렇다면 그의 주요 위업인 국제연맹이 상원 인준거부로 불발로 끝나는 불운을 겪게 된 근본적 이유는 그가 주창한 정부이론과 국정연설을 직접 의사당에서 전달하거나 기자회견을 정례화한 선례와 달리, 의회와의 균형관계 설정에 결과적으로 실패한 데 있다고 볼 수 있다. 특히 윌슨이 주장하는 이론적 논의는 Pestritto(2005), 127-203을 참조할 것

분류한 헌법적 해석과 더불어 정당정치의 역할에 대한 정치적 해석에 따라 분류해 볼 수도 있다. 대통령은 첫째, 유일하게 전 국민으로부터 선출된 공직이라는 점에서 국민의 대표로서 전국가적 호소력을 지니고, 둘째, 정당대회에서 대통령 후보로 지명되려면 전국 지지층보다 훨씬 편파적인 정당 지지층을 확보해야 하므로 정당을 장악하기 위한 정당성향을 지니며, 셋째, 선거유세에서 최후의 승자로 낙점을 받더라도 통치 위임을 실행하기 위한 입법과반수를 확보해야 유리한 통치의 입지를 다질 수 있으므로 집권당의 의회 통제를 전제한다.[24]

결과적으로 건국 시조들이 의도한 초당파적이고 거국적인 지지를 기반으로 한 대통령제는 선거인단 선출에 깊숙이 침투한 정당정치의 영향력과 나아가 정당의 지지 기반을 발판으로 원내 통제를 겨냥하는 입법부와 행정부 간 힘겨루기 양상으로 진화했다(손병권 2009: 40).[25] 〈표 7-3〉은 대통령의 대외정책 권한에 초점을 맞춰 정치적 해석을 잭슨(Jacksonian) 관점과 윌슨(Wilsonian) 관점으로 분류해 비교한다.

물론 제퍼슨, 잭슨, 링컨 등의 강력한 대통령들이 배출되기도 했지만 대체로 역대 대통령들은 공통적으로 의회가 원칙적으로 대외정책 결정의 우위를 확보한다는 공감대를 형성하고 있었다. 그러나 *United States v. Curtiss-Wright Export Corp.*, 299 U.S. 304(1936) 판결 즈음에 이르러서는 의회의 반대가 강력한 경우를 제외하고 대체로 행정부에게 대외정책에 대한 우선권을 허용하는 방향으로 선회했다(Stack and Campbell 2003: 25). 무엇보다 대외정책 권한이 헌법 이외의 원천에서 권위를 부여받은 연방정부의 고유권한이라는 전통적 관점은 시대여건의 변화와 더불어 연방의회와 연방대통령 간 권한 집행의 책임소재지를 규정하려는 정치적 해석으로 점차 변모했다. 이는 대외정책 권한 집행을 비상사태에 대처하기 위한 잠정적 헌법외 권한 행사로 규명하던 헌법적 해석으로부터 탈피해 헌법에 명기된 권한의 의미 자체에 대한 재해석, 즉 궁극적으로 정치의 사법화로 치닫는 방향전환을 가져왔다. 그 결과 1970년대 월남전과 워터게이트 사건을 기점으로 의회는 행정부의 대외정책 권한을 조절하기 위해 사법부의 관여에 앞서 법안의 내용 및 기술적 표현 등을 더욱 분명하게 작성해야 하는 부담을 안게 되었고, 이는 결국 의회가 스스로에게 족쇄를 채우는 결과를 낳았다(Koh 1996: 160; Silverstein 1997: 124).

그럼에도 불구하고 의회가 번번이 대외정책 권한의 재조정을 요구하는 근본적 이유는 대외정책의 구체적 사안의 내용 자체보다 대외정책 결정과정에서 대통령과의 절차상 권력 균형에 집착하기 때문이라는 점에 유의해야 한다(Preston 2004: 363).26) 즉 국내정책과 비교해 빈도나 강도에서 약하지만 대통령이 대외정책의 구상 및 집행에 있어서 헌법이 명시한 권한행사에 제약을 받지 않고 의회와 더불어 심의하여 결정해야 국민의 대표성을 온전히 구현할 수 있다고 주장하는 것이다. 비록 기존 연구들이 주장한대로 대통령과 의회 간 권력관계는 특정한 사안의 내재된 특성으로 인해 설정되지만, 점진적으로 테러리즘, 마약 거래, 환경파괴 등 복합적 사안들이 대두하면서 원활한 문제해결을 명분으로 각계각층의 행위자들이 대통령의 우위에 도전하기 시작했다(Jones 2005: 256-257).27) 따라서 의회는 대통령과의 권력 균형 재조정을 고안하여 이를 활용하려고 시도한다. 왜냐하면 다음 네 가지 요인이 연계되어 작용하는 의회의 권력 균형 재조정 시도 자체가 그 성사 여부와 무관하게 지속적으로 매력적이기 때문이다.

첫째, 대외정책 분야의 역할 분담에 관해서 헌법은 대체로 침묵하며 다만 주 정부가 연방정부에게 위임하거나 제한할 수 없음을 명시하고 있다. 결국 대외정책의 권한은 헌법에 기반을 두고 위임되는 것이 아니라 태생적으로 부여된다는 유권해석이 점차 대통령제에 내재화되었다.

둘째, 대외정책 분야에서 대통령과 의회 간 역할분담은 헌법적 문제가 아니라 정치적 문제라는 인식이 지배적으로 수용되었다. 그 결과 정치적 해결책을 모색하기 위한 방안을 강구하게 되었고 이는 권한(authority)과 영향력(influence) 간에 차별된 양상으로 구체화되었다(Neustadt 1990: 7).28)

셋째, 미국의 대통령제는 헌법을 통해 "권력공유 속의 권력분립(separated institutions sharing powers)"을 명시했다. 그러나 대외정책 분야의 권한집행에서 대통령은 의회보다 대민 의사소통의 우위를 선점하는 구조로 경도되

어 제도화되었다(Neustadt 1990: 34).29)

넷째, 그럼에도 불구하고 선출직인 대통령은 국가를 대표하는 정치인(statesman)인 동시에 정당에 소속된 정치인(politician)이라는 다소 상반된 이중적 정체성을 지닌다. 따라서 대통령의 리더십, 구체적으로 특정 정책 분야의 이슈를 의제로 선정하여 프로그램으로 정착시키는 정책 리더십을 발휘하기 위해 의회와 동반자 관계를 재설정해야 할 필요성이 대두되었다.

미국식 민주주의에서는 선거를 통해 통치권한을 한시적으로 위임하려는 유권자들의 대변인들이 의회구성원들과 국가 대표인 대통령을 선출하며, 의회와 대통령은 각자 국민들로부터 통치 위임(mandate)을 확보했다는 정당성을 선점하기 위해 경합한다. 따라서 의회와 대통령 간 관계설정에 있어서 대중과의 효율적 의사소통은 정치적 생명연장에 있어서 필연적이다. 주시할 점은 미국의 정치발전 과정은 유럽의 다른 민주주의 국가들과 비교해 다소 예외적이라는 사실이다(Aberbach 1990: 8-9). 즉 유럽에서는 행정부의 관료조직화가 입법부의 민주제도화보다 앞서 발전했기 때문에 통합된 국가기관으로서의 강력한 행정부가 주도적으로 정책 방향을 제시했다. 따라서 입법부의 역할은 대중의 의사에 부합하도록 압력을 가하는 역할의 수행자였다. 그렇다면 경력고위 관료에 대한 신망이 높은 상황에서 의회, 특히 야당 구성원들은 행정부 수장들에 대한 감독을 담당해야 하므로 그 감독권이 대체로 제한적일 수밖에 없었다.

반면에 미국에서는 정치적 대변이 국가통치의 근간이 된다는 건국이념에 기반을 두고 입법부의 민주제도화가 행정부의 관료조직화보다 먼저 발전하였다. 더구나 건국 시조들이 개인의 자유와 권리를 보장하기 위한 제한된 정부를 구상한 결과, 중앙정부 내 행정부의 존재가치는 의혹과 폄하로 점철된 채 출발했다. 결국 미국의 의회는 국민의 대변인들이 모인 성스러운 조직이자 최고 권한집행기관으로 자리매김했다.30)

문제는 대외정책에서는 대통령이 국가의 대표 즉 국가원수로서 역할을 수행해야 하며 유럽의 군주처럼 유일한 수장이면서도 그와는 달리 선거에 의해 선출·재선되어야 통치권한이 부여된다는 데 있다. 더구나 미국 연방헌법은 대외정책 분야, 특히 정책과정의 절차에 대해 침묵하는 경향이 강한 대신 권한 집행에 있어서 의회와의 공조를 취하도록 요구하는 데 그친다. 무엇보다 20세기 이후 미국은 국제사회에서 초강대국으로 주도적 역할을 늘려갔고 그 결과 연방정부의 권한, 특히 대통령의 대외정책 권한이 확대되었다. 그러나 엄격하게 말하자면 대외정책 분야라도 대통령은 의회와 마찬가지로 공식적 권한(powers)보다 영향력(influence), 그것도 조건부 영향력만을 확보하므로, 대외정책 분야가 의회의 간섭에서 벗어나는 영역임을 선포하는 권위, 즉 "헌법적 근거를 지닌 통치 위임(constitutional mandate)"과는 다소 멀다는 점을 주시해야 한다(Dahl 1990: 365).31)

게다가 대외정책 분야의 권한 확대를 근거로 국내정책 분야와 연계한 헌법적 대권(constitutional prerogatives) 논의가 불거진다면, 이는 입헌 대통령제의 근간을 침해하는 결과를 가져올 수 있다. 미국의 대통령제는 불행하게도 건국 시조들의 "악몽"을 실현했기 때문에 미국식 민주주의의 사각지대는 바로 권력분립이 대외정책 분야에서도 동등하게 적용되어야 한다는 통치원칙에 잠재되어 있다고 볼 수 있다(Shane 2009: 27-55).32)

대통령제를 통치체제로 헌법에 명시했다는 단순한 이유로 대통령선거가 곧 통치 위임(mandates)을 부여하는 기제라고 간주하는 것은 오판임이 드러났다. 또한 선거결과에서 나타난 호불호가 정책기조 및 방향 변화를 가리키는 신호임을 인지하라고 의회에 강요할 수 있다는 인식이 극도로 팽배해졌다. 결국 대통령이 의회를 제치고 언론을 선도하려는 시도는 통신기술의 발달에 따라 날로 첨단화되지만, 이러한 인식 자체가 환상일 뿐 아니라 자기 정당화라는 사실은 조직적으로 무시된다(Grossback et al. 2006: 190).33)

본질적으로 대통령선거의 결과에 근거한 통치 위임은 그 헌법적 근거가 모호할 뿐 아니라 정치적 근거도 애매하다. 〈그림 7-1〉은 전후 대선과 중간선거 결과, 그리고 취임 전후로 통치 위임을 부각시킨 대통령들을 보여준다. 이 중 부시(1988) 대통령을 제외한 모든 전후 대통령들이 대선 승리를 근거로 재임 기간 동안에 통치 위임을 주장하며 정책 리더십을 구축하려 시도했지만, 케네디(1960), 카터(1976), 레이건(1984), W. 부시(2004) 대통령은

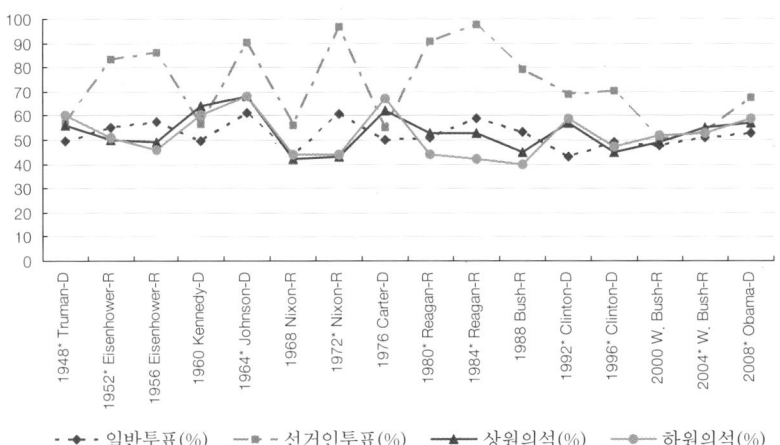

〈그림 7-1〉 전후 미국 대선 및 중간선거 결과와 통치 위임 간 상관관계

자료: *Guide to U.S. Elections*, 6th ed.(Washington, DC: Congressional Quarterly Inc., 2009)에서 발췌함
1. 일반투표(%): 대통령선거에서 당선된 후보의 일반투표(popular vote) 득표율
2. 선거인투표(%): 대통령선거에서 당선된 후보의 선거인투표(electoral vote) 득표율
3. 상원/하원의석(%): 상원/하원 선거에서 대통령소속정당의 의석점유율
4. 선거년도 다음에 별표(*)는 대선승리 전후로 통치 위임을 선포한 대통령을 가리킨다. 대체로 대통령은 취임 전후에 통치 위임을 천명하지만 재임 중에 대민소통전략으로 활용하는 대통령도 있다.
5. 1948~2008년간 분점정부(상하원 중 하나라도 대통령소속정당과 다수당이 다른 경우도 포함) 기간: 1946~1948(80대 공화당 의회), 1954~1960(84~86대 민주당 의회), 1968~1976(91~94대 민주당 의회), 1980~1992(97~102대 민주당 의회, 97~99대는 하원만 민주당), 1994~2002(104~106대 민주당 의회, 107대는 하원만 민주당), 2006~2008(110대 민주당 의회)

대선에서 승리했을 뿐 어떠한 형태로든 통치 위임을 주장할 수 있는 증거가 부족하다는 평가를 받는다(Conley 2001: 146-166). 또한 레이건 대통령의 재선을 제외하고는 대선승리와 더불어 단점정부라는 유리한 조건을 확보한 대통령들도 통치 위임의 특혜를 누렸다고 주장하기에는 설득력이 떨어진다(Gould 2009: 170-190).

반면에 박빙에도 불구하고 통치 위임을 가까스로 주창한 트루먼(1948)

대통령이나 그의 적법한 후예라고 역설한 클린턴(1992) 대통령도 있다. 게다가 대선 승리에도 불구하고 국가의 대표에게 부여되는 통치 위임의 정통성마저 위협받는 양극화된 정치풍경 속에서, 가장 공세적으로 "헌법적 근거를 지닌 통치 위임(constitutional mandate)"을 설파한 W. 부시(2000) 대통령도 있다(Hamburger and Wallsten 2006: 137-163).[34]

이 밖에도 미국식 민주주의의 안위를 위협할 수 있는 외부적 위험은 정권교체로 인한 권력공백 시점에 발생하는 대외정책의 단절에서 찾을 수 있다(Campbell and Steinberg 2008: 26). 이는 단일한 선출직인 대통령에게 통치를 위임하는 태생적인 한계로부터 기인한다. 그러나 무엇보다 선거라는 기제와 그를 통해 부여되는 통치 위임에 대한 주장 사이에 발생할 수 있는 간극이 미국식 민주주의의 사각지대를 만드는 내부적 위험으로 도사리고 있다. 예컨대 비민주주의 체제에 의해 자행된 전례 없는 위기사태로 인한 충격 속에서 권력분립을 수호해야 할 입법부마저 민주주의의 본토로서의 위상을 수호해야 한다는 명분으로 헌법에 근거한 대통령의 무제한적 권한 집행을 용인하고 나아가 사법부가 이에 대한 간섭을 자제하는 경우, 이는 심각한 헌법적 위기를 초래할 수 있다. 바로 9/11 사태에 대한 W. 부시 행정부 2기의 대응 양상이 그러했다. 더구나 선거결과의 내용보다 대선에서 승리했다는 사실 자체만으로, 당선된 대통령이 국민이 선출한 단일 국가대표로서의 대통령직을 발판으로 삼아 공세적으로 통치 위임을 창출할 수 있다는 새로운 대통령제의 모습을 보여주었다(Kumar 2007: 283).[35]

결국 21세기의 미국식 민주주의 체제에서 대통령의 언론활용 작업(communications operation)은 현대 대통령에게 단지 자신과 자신의 정당 지지 기반의 정치생명을 연장시키는 기제일 뿐 아니라, 헌법적으로 보장되지 않거나 정치적으로 확보하기 어려운 통치 위임을 스스로 생산할 수 있게 한다는 점에서 매력적으로 다가올 수 있다. 특히 견제와 균형이 열악하게 작동하는 대외정책 분야의 경우, 이러한 대민호소(going public)에 집착하는 대통령이 권력분립이 명확하지 않은 대통령제의 취약점을 남용 또는 악용하려는 유혹도 커지게 된다.

IV. 결론

흔히 대외정책과 국내정치 간 관계를 살핌에 있어, 양자가 각기 별도로 작동한다는 관점과 국내정치가 대외정책의 추동력을 제공한다는 관점이 크게 존재한다. 첫 번째 관점에 의하면 대외정책은 주어진 국제적 여건 속에서 국익 극대화를 목표로 하는 전략적이며 계획된 행동강령에 따르고, 정책의 성패는 자국의 능력과 외부 환경에 의해 결정된다. 이 경우 의회는 대외정책 분야에서 대통령이 주장하는 일방적 정책리더십에 대해 관심이 없거나 혹 있더라도 개입할 의사가 없는 경향이 있다. 왜냐하면 '정치는 물가에서 멈춘다'는 초당파적 규범을 수용하더라도 애국적 처신의 공을 인정받아 오히려 정치적 이득이 될 수 있기 때문이다.

두 번째 관점에 의하면 국내정치는 국익 극대화를 목표로 하는 대외정책의 중요한 매개이므로 대외정책의 주요 결정요인은 국내정치의 맥락에서 찾을 수 있다고 본다. 특히 의원에 대한 적절한 예우조치가 없는 경우, 대외정책 사안의 내용 자체보다 정책결정과정 절차의 미비에 반발하는 양상으로 나타난다(Spitzer 1996: 94; Silverstein 1997: 140).

따라서 대외정책 분야에서 대통령이 일방적으로 의제를 선정·발표하거나 국민의 대표라는 미명 아래 의회를 우회해서 국제조약에 준하는 행정협약들을 공표할 경우, 의회는 최소한의 심의절차도 없이 국운을 결정한 처사에 대해 민의를 저버리는 행위라고 대통령을 비판하기 마련이다.

미국식 민주주의는 제도적으로 전자에 더욱 가까운 상태에서 출범했으나, 정치발전을 거치면서 이념적으로는 전자보다 후자를 선호하는 방향으로 항로를 바꾸었다. 미국식 민주주의의 나침반에 해당하는 헌법은 지침을 세세하게 명시하기보다는 정부 전체의 행위와 의도가 개인의 자유와 권리를 유린하지 않도록 견제와 균형을 통한 권력분립을 제도화하여 제한된 정부를 구현하는데 주력했다. 동시에 헌법은 견제와 균형의 질을 제고하기 위해 권력공유를 전제로 하는 교묘한 절차를 명시했다. 결국 창업주 정신을 발휘하고자 하는 위정자들은 이러한 헌법적 침묵과 이중성을 활용해 정치적 효용의 극대화를 꾀했으며, 미국 대통령제는 이같이 풍부한 기회를 제공한 비옥한 정치토양 속에서 발전했다.

그러나 미국 대통령제에 기반을 두는 미국식 민주주의는 간혹 입헌 대통령제의 궤적에서 이탈하기도 했다. 특히 대외정책 분야의 경우 수많은 제어장치에도 불구하고 명확한 권한집행을 명시하는 절차가 없었으며, 절차에 대한 원칙적 합의보다 규범적 권고가 난무했다. 나아가 이러한 혼동 속에서 빈번하게 발생한 항로이탈은 대외정책 분야에서 일상화되는 것을 넘어 급기야 선례를 근거로 모호한 헌법적 근거를 공고화하는 조직적 노력, 즉 정치의 사법화로 이어졌다(Rozell and Sollenberger 2009: 209).

결국 대통령이 헌법적 근거를 명분으로 대권을 주장하며 개혁을 목표로 국내정책 분야에서도 집행권한 확대를 정당화하는 것에 대해, 의회가 이러한 확대해석을 묵인하거나 수용하고, 나아가 연방대법원이 이를 지지하거나 최소한 이에 대한 판결을 유보하는 양상으로 전개될 위험이 있다. 그러한 사태가 발생할 경우, 대외정책 분야의 권력분립은 제한된 정부와 상반되는 유명무실한 통치원칙으로 전락할 뿐 아니라 심지어 미국식 민주주의의 사각지대를 양산할 수 있다(Jentleson 1990: 146-147).36)

선거에 의존해 정기적으로 연방, 주 및 지방 차원에 걸친 복층의 정부를 교체하여 그 구성원들에게 정치적 생명을 불어넣기도 하고 빼앗기도 하는 미국식 민주주의는 궁극적으로 정치적 주기에 의해 작동된다. 그러나 건강한 정치적 주기를 생산해 내는 역사의 추(pendulum)에 간헐적으로 포착되던 정치적 분극화(polarization)의 이상 징후가 W. 부시 행정부를 기점으로 대통령제의 안위를 항시 위협하고 있다. 역사적 사건이라 평가되는 오바마 행정부의 출범 이후에도 이러한 위협은 건재하다. 정치적 주기가 정상화되려면 특단의 조치가 필요하다는 의견도 대두되고 있지만, 미국식 민주주의 체제는 태생적으로 강요된 해법을 거부하기 때문에 개헌 등의 극약처방에 대체로 회의적이다.

따라서 사안별 타협과 협상을 중시하는 고전적 정당정치가 돌아오는 순간 정치적 주기도 회복된다는 주장이 가장 현실적인 처방이라 할 수 있다. 물론 열정에 사로잡힌 파벌이 정파정치를 조장할 가능성을 가장 우려했던 건국 시조들에게는 경악할 만한 처방일 것이다. 그러나 이러한 정당정치에 의존하는 처방 역시 그러한 패러독스를 헌법에 근거해 정치제도로 구현했던 입헌 대통령제의 발전과정과 맥락을 같이 하는 것이다. 즉 연방헌법 체계는 건국과정에서 연방정부의 존재가치를 정당화하기 위해 주 정부와의 권력관계에서 조건적 상위성(superiority)을 연방의회와 대통령에 적용하였다. 이는 특히 대외정책 권한 분야에서 권력분립의 근거에 대한 정치적 논쟁으로 이어졌다.

그렇다면 고전적 정당정치로의 복귀가 성공하기 위한 전제조건은 무엇일까? 만약 대통령이 권한 확대를 은폐하려 하고 야당 주도의 의회가 이를 저지하기 위해 인사인준권이나 국정감독 조사권을 내세워 지나친 행정권 침해를 시도한다면, 이는 분명 건국 시조들이 우려했듯이 거국적인 대외정책 분야조차 당파로 인한 해악으로부터 자유롭지 못한 최악의 현실이 될 것이다. 이와 같은 해악을 차단하려는 의지와 능력에 따라 민주주의에 입각한 통치체제로서 미국 대통령제의 건전성이 결정된다고 볼 수 있다.

미주

1) 58개국의 명단은 LeDuc et al.(2002), Table 1.2: 10-12를 참조할 것. 원전에서 2000년 프리덤 하우스 자료를 기반으로 선정한 58개국을 www.ipu.org/parline(검색일: 10/9/5)을 참조해 재확인했음.

2) 이를 가리켜 "반국가권력적인 미국 건국의 이념을 강력한 국가권력과 조화시키는 문제" 특히 "미국을 지배한 자유주의적, 공화주의적 정치이념을 손상시키지 않으면서 강력하고 중앙집권적인 외교권을 연방정부에 부여하는 방법"이라 한다.

3) 대외정책 이슈가 주요 선거쟁점으로 부상하는 경우는 빈번하지 않다. 1828년부터 1996년 대선을 분석한 자료는 Conley(2001), 54, Table 4.1을 참조할 것. 또한 대외정책 이슈가 주요 선거쟁점으로 부상하기 어렵다는 주장의 입증 여부에 관해서는 Kernell 179를 참조할 것.

4) 비록 대외정책 분야 이슈가 주요 선거이슈로 부상하지 않더라도 선거결과는 향후 대통령의 통치, 특히 본 연구와 관련해서 대외정책의 기조변화에 적잖은 파장을 몰고 올 수 있다. 왜냐하면 대통령을 포함해서 대통령 소속정당의 입법부 구성원이 그 후광효과로 인해 통치의 동반자로서 힘을 얻을 수도 있고 잃을 수도 있으며, 이는 정치자산의 득실과 직결되기 때문이다.

5) 입법부 권한에 대해 연방헌법 1조 1항은 "All legislative Powers **herein granted** shall be vested in a Congress of the United States, which shall consist of a Senate and House of Representatives."이라고 명시한 반면, 행정부의 권한에 대해 연방헌법 2조 1항은 "The executive Power shall be vested in a President of the United States of America …"로 명시한다.

6) 헌법학자들은 전자를 형식주의적 또는 문언적 접근법, 후자를 기능주의적 접근법이라고 부른다.

7) 예컨대 쉐인은 이러한 비정상적 현상을 "뻔뻔스러운 정부의 작태(governmental audacity)"로 부르며 이에 친숙해져버린 작금의 실태를 비판한다.

8) "조지 W. 부시대통령의 위업 중 하나는 사법부와 사법문화의 쇄신이 될 것이다"(2005년 11월 10일 The Federalist Society 회의연설 일부를 Hamburger 209에서 인용함).

9) 문서에 근거한 좁은 해석에 따르면, 연방헌법 조문에서 "He shall have Power, <u>by and with the Advice and Consent of the Senate</u>, to make Treaties, provided two-thirds of the Senators present concur; and he shall nominate, <u>and by and</u>

with the Advice and Consent of the Senate, shall appoint Ambassadors, other public Ministers and Consuls,…" 앞뒤에 첨가된 ",(쉼표)"로 인한 해석의 논란 여지는 여전히 남는다.

10) 헌법회의 초기에는 조약체결권을 상원에게 부여했으나, 작은 주의 이익이 상대적으로 과도하게 작용한다는 우려 때문에 대통령과 공유하는 타협안이 채택되었다. 그러나 이 타협안은 의회의 태생적 한계, 즉 집단행동 문제로 인한 파생물일 뿐 대통령에게 대권을 부여하려는 의도와는 다소 거리가 멀다.

11) 북아메리카 자유무역협정(NAFTA)의 의회 입법예고를 둘러싼 클린턴 대통령과 의회 간 갈등이나 한미자유무역협정(KORUS FTA)의 세출위원회 상정여부를 둘러싼 부시 대통령에 이어 오바마 대통령과 의회 간 이견을 실례로 들 수 있다.

12) 근래에 한정해도 카터 대통령이나 조지 W. 부시 대통령(2002~2006, 108대와 109대 의회)을 반증사례로 들어 단점정부하에서도 순탄치 않은 의회-대통령 관계가 발견된다.

13) 대표적 판결인 *United States v. Curtiss-Wright Export Corp.*, 299 U.S.(1936)에 대한 정치적 함의는 Fisher 9를 참조할 것.

14) 물론 *Youngstown Sheet & Tube Co. v. Sawyer* 343 U.S.(1952)처럼 대통령의 행정입법 범위, 즉 법률이 성실하게 집행되도록 감독하는 권한이 부여되나, 이것이 대통령이 입법자로서 지위를 부여받은 것이 아니라는 이유에서 제한하는 취지의 위헌판결도 있다.

15) 대통령의 입법거부 기한은 헌법회의 초기에 제안된 7일에서 일요일을 제외한 10일로 연장되었다. 또한 입법거부 대상도 법규뿐 아니라 의회의 "모든 명령, 의결 또는 표결"로 확대되었다. 더불어 재의결 요건은 2/3에서 3/4로 강화되었다가 다시 2/3로 환원되었다.

16) 버지니아(Virginia)안은 단지 연방행정부 설치에 관한 제안을 했을 뿐이며 행정부 수반인 대통령(president)라는 용어는 이후 세부사항위원회(Committee of Detail)에서 최초로 언급되었다.

17) 특히 넬슨은 "The Pacificus-Helvidius Letters"에서 대통령의 대외정책 권한의 헌법적 근거에 대한 해밀턴과 매디슨의 논의를 다룬다. 이보다 앞서 반연방파가 제기한 대통령제의 위험에 관한 논의는 Nelson 10-14, "Letters of Cato, Nos. 4 and 5 (1787)"를 참조할 것.

18) 헌법이 천명하는 권력분립의 원칙이란 배타적 권한으로 분할된 엄격한 분업 자체를 의미한다기보다 "기관분리(separate institutions)"의 원칙을 유지하기 위한 대통령의 보수변경 금지와 공직자의 겸직 금지 이외에 입법권의 공유 근거를 제공한다.

19) 헌법회의 초기의 버지니아(Virginia)안이나 뉴저지(New Jersey)안은 대통령의 의회에 대한 "연방상황교서권"이나 "조치권고권" 등의 입법권 공유를 예상하지 못해 의회에게 배타적 입법권한을 부여하고 행정부에게는 입법거부권한을 부여하는 데 그쳤

다. 그러나 이후 입법권 공유를 골자로 하는 핑크니(Pinckney)안이 심의되어 마침내 연방헌법 2조 3항으로 채택되었다.

20) 대통령은 장기적으로는 우호를 공고하게 하기 위해, 단기적으로는 특정 법안의 통과에 필요한 찬성표를 확보하기 위해 부단하게 소속정당에 무관하게 의회 구성원들을 설득한다.

21) 대통령의 공공 리더십을 가능하게 하는 요소(building blocks)로 국민을 통합할 수 있는 매력적 비전 제시, 정치 및 경영, 대인관계의 노련미, 정치적 타이밍을 꼽는다.

22) 다만 미드와 리오네는 제퍼슨을 별도로 분리해서 해밀턴과 대조한다.

23) 1800년 대선까지는 대통령과 부통령의 별도 선거가 없었기 때문에 최다득표자가 대통령, 그 다음 최다득표자가 부통령으로 당선되었다. 제퍼슨과 아론 버(Aaron Burr)가 동일한 수의 선거인 표를 얻었으나 헌법에 명시한 대로 연방하원의 가결로 제퍼슨을 대통령으로 아론 버를 부통령으로 당선 확정했다. 그러나 대통령과 부통령의 소속정당이 다를 수 있는 최악의 사태를 우려한 민주공화당이 수정헌법 12조를 신속하게 통과시켜 단일 대통령제(unitary presidency)를 확고하게 정착시킨 결과, 1804년 대선은 제퍼슨과 민주공화당이 압도적으로 승리했다. 반면에 1860년 대선에서는 남부민주당(Southern Democrats)과 헌법연합파(Constitutional Union) 후보가 총 선거인 111표를 확보해 180표를 얻은 링컨 공화당 후보는 선거인투표와 국민투표 모두 과반수를 획득하지 못했고, 탈퇴한 남부 주의 선거인 81표를 제외한 채 치러진 1864년 대선에서는 링컨이 승리했다. 링컨의 논의를 검토할 수 있는 일례로 Nelson 95-99, "Abraham Lincoln's Letter to Albert G. Hodges(1864)"를 참조할 것.

24) 대체로 입법절차에서 야당의 지지가 40~50%에 그치는 반면에 여당의 지지는 80~90%로 두 배 가까운 지지 기반을 다질 수 있으므로, 대통령의 공약을 위업으로 남기기 위해서는 의회를 통제할 수 있는 입법 과반수가 필요하다.

25) 특히 "해밀턴은 선거인단 제도가 대중으로부터 일정한 거리를 둔 식견(information and discernment)있는 인사에 의한 대통령 선출을 가능하게" 하고, "각 주별로 대통령을 선출할 경우 파당이 조성되지 않을 것으로 보아 선거인단 제도를 적극적으로 옹호하였다." 그러나 건국의 시조이자 구 집권당의 반대당 소속인 제퍼슨의 취임으로 역사는 해밀턴의 기대와 어긋나기 시작했고, 급기야 정당제에 기반을 두는 잭슨 민주주의 체계의 정립으로 원래의 취지와 멀어졌다고 평가할 수 있다.

26) 탈냉전 시대에는 정부 부처뿐 아니라 이익단체나 비정부기구를 포함한 다양한 행위주체가 대외정책과 관련한 이해관계를 지니게 되면서 대통령이 대면해야 할 행위자의 수와 경로가 폭증했다. 그 결과 대통령 직속자문기구의 유형과 역할도 증대되었고, 이러한 조직비대는 역설적으로 의회의 의혹을 심화시켰다.

27) 특히 제2차 세계대전 이후 입법과정에서 중요법안이 법률로 제정되기까지 참여한 행위자들의 수와 유형이 다양해지면서 대통령과 의회 간 관계설정도 사례와 처한 맥락에 따라 결정되었다. 존즈는 28개의 주요 법안을 대통령 우위, 의회 우위, 대통령의

지배적 영향력, 그리고 대통령과 의회 간 휴전으로 분류했다. 상세한 자료는 Jones 254, Table 7-1을 참조할 것.

28) 뉴스타트는 법적 용어인 권한(authority)에 준하는 공식 권력(formal powers)과 개별 영향력(personal influence)에 유사한 능력(power)을 대조했다.

29) "권력공유 속의 권력분립"은 의회, 대통령 및 사법부 간 수평적 관계를 규정하는 대통령제뿐 아니라 연방과 주 정부 간 수직적 관계를 규정하는 연방제에도 적용되는 개념이다.

30) 물론 기구로서 의회에 대한 신뢰가 그 개별 구성원인 지역구 의원에 대한 신뢰보다 떨어지는 현상을 가리키는 페노의 패러독스(Fenno's paradox)가 있으나, 7장에서는 민의의 대변기구로서 입법부와 행정부를 대조하는 데 초점을 맞춘다.

31) 달은 대통령의 통치 위임 신화 자체보다 대통령제의 의사민주주의화(pseudo-democratization) 과정에서 파생된 국민의 유일한 대표로서 최고 권한집행을 창조한 결과 민주 공화국의 근본정신을 침해할 수 있는 가능성을 우려한다.

32) 의회와 대통령 간 관계, 특히 대외정책 분야의 권력분립을 주제로 다루는 수많은 선행 연구 대다수가 닉슨 행정부에 초점을 맞춰 이루어졌다. 그러나 헌법적 해석에 입각해 의회와 대통령 간 관계를 분석하는 선행연구는 그보다 훨씬 이전부터 심지어 건국과 정부터 그 진화 과정을 조명한다는 점에서 차별화된다.

33) 그로스백 등은 달을 인용하며 결국 이러한 통치 위임의 "신화(myth)"에 미혹되어 의회와 대통령 간 소모성 설전에 기력을 낭비한 나머지, 건설적 심의에 소홀해지고 타협을 거부하는 정국경색의 폐단만 초래했다고 비판한다.

34) 특히 보수 종교집단의 논리를 정치쟁점으로 재포장해 미국식 민주주의의 수호자로서 공화당과 그 수장인 W. 부시 대통령의 정책리더십을 정당화시키려는 노력이 입법화로 직결되었던 사례가 대표적이다.

35) 이러한 변화를 도모하지 않은 부시 대통령이나 카터 대통령은 결국 의회를 상대로 타협하거나 대중에게 호소하는 설득력을 잃으면서 재선에도 실패했다는 평가를 받는다.

36) 특히 레이건 대통령의 분점정부 시기에는 대외정책과 국내정치가 별도로 작동한다는 관점 또한 두 가지로 세분할 수 있다. 첫째, 시종일관 초당파적 공조가 가능한 경우와 둘째, 초기의 국내정치 분야의 갈등과 대외정책을 분리하는 데 합의하는 건설적 협상으로 타결되는 경우가 있다. 마찬가지로 국내정치가 대외정책의 추동력을 제공한다는 관점도 국내정치적 맥락에서 보면 한 치의 양보도 불가하다는 근본적 정면대결로 치달은 경우와 균형과 견제의 원칙에 입각해 정책주도권을 선점하려는 경쟁의 양상을 띤 경우로 나눠진다.

제8장

전시 미국 민주주의, 1942년 일본계 미국인의 강제 이주와 억류

I. 서론

매디슨(James Madison)이 제퍼슨(Thomas Jefferson)에게 보낸 1788년 10월 17일자 편지에는 정부의 위험성에 대한 다음과 같은 경고가 발견된다.

"정부의 실질적 권력이 공동체 다수에게 부여되기 때문에, 국민이 우려하는 사생활 침해는 정부 행위 자체에 기인하기보다 오히려 국민 다수가 정부를 도구로 활용하는 행위에서 비롯된다(1865: 425)."

평시체제의 민주주의에서 국민의 다수 또는 그 대의기관이 일부 국민의 권한을 침해할 수 있다는 사실은 이미 오래전부터 지적되어 왔다. 특히 다수결에 의거한 민주주의 맥락에서 다수의 이해관계로 인해 소수의 권익이 침해될 수 있는 위험이 크다. 매디슨 등 건국 시조는 바로 이러한 직선입법부에 의한 순수한 다수결주의에 우려를 표했지만, 8장에서는 미국 대통령제에서 연방헌법이 공식적으로 암시한 내재적(inherent) 권한, 특히 입법부를 거치지 않고도 입법 구속력을 지니는 행정명령(executive order)에 초점을 맞추고자 한다(Yi 2011).

미합중국에서 모든 국민이 참여하여 뽑는 선출직은 대통령뿐이다. 따라서 대통령은 전국 선거구를 기반으로 자신이 국민과 국가를 대변한다고 주장하고 싶은 충동을 항시 느낀다. 게다가 국민의 지지가 확실한 경우 대통령은 위기상황을 통치 위임 요구(mandate claim)를 강화시키는 시의적절한 기회로 활용할 수 있다(Stone 2004). 아이러니는 "법은 전쟁 기간 침묵한다(Inter arma enim silent leges)"라는 격언에도 불구하고 이것이 항시 불가결한 것은 아니라는 데 있다. 결국 모든 위기 상황에서 '법의 침묵'이 바람직한지, 아니면 특히 대통령이 군 최고통수권자인 대통령제에서는 '법의 침묵'에도 제한이 가해져야 하는지에 대해 생각해 볼 필요가 있다. 무엇보다 국가안보를 위협하는 위기상황과 위기를 가장한 경우를 구별해낼 수 있는 근거란 무엇인가? 또한 누가 또는 어떤 기관이 어떻게 그러한 결정권을 행사할 수 있는가?

1941년 12월 7일 일본의 진주만 공격 사건 이후, 프랭클린 루스벨트 행정부는 112,000명의 일본계 거주민을 강제 수용하였다. 이 중 3분의 2가 미국 시민권자임에도 불구하고, 거류 외국인 신분(alienage)인 그들의 미국에 대한 충성도를 확신할 수 없다는 이유로 강제 수용 조치가 내려졌다. 더불어 *Hirabayashi v. United States*, 320 U.S. 81(1943)과 *Yasui v. United States*, 320 U.S. 115(1943)에서 미국 최고법원은 "국민의 신변보호가 최고의 법이 된다"는 심리에 의거해 인신보호(*habeas corpus*) 권리의 유보를 명한 행정명령을 합헌으로 판결했다.[1] 1942년 일본계 거주민 강제 수용은 전시 상황에서 국민의 안위를 위협하는 요인을 제거하기 위한 불가피한 결정이었을 수도 있다. 그러나 루스벨트 행정부가 사회 구성원의 일부를 대상으로 자행되는 정치적 불관용을 인지하면서도, 대세를 거르지 않고 기습적으로 법치

제8장 | 전시 미국 민주주의, 1942년 일본계 미국인의 강제 이주와 억류   *237*

를 포기했다고 반박할 수도 있다.
  주지하듯이 40년의 세월이 경과한 후, 1986년도와 1987년에 시애틀 미국 지방법원(District Court)과 연방항소법원(Federal Appeals Court)은 각각 통행금지와 재배치 명령을 어긴 히라바야시(Hirabayashi)에 대한 유죄선고 판결을 번복했다. 강제수용은 단연코 "공평성과 상관없이 그때 당시를 반영하는 경악스런 흔적"이지만, 대체 어떻게 이러한 판결이 가능할 수 있었는가?(Ramsey 2005) 원칙적으로 전시 민주주의 체제에서 "우리 국민은(We the People)"에 대한 예외가 정당화될 수 있는 무엇이었는가? 아니면 단지 "특정 정책이 조악하다는 근거를 찾지 못한다면, 더 이상 그 정책이 좋다고 입증할 필요가 없는 것인가?(Caplan 2007: kindle edition 49)"
  8장에서는 진주만 공격 사건 직후 단행된 일본계 거주민 강제 이주와 억류 사례를 검토함으로써, 정치적 불관용으로 대표되던 여론이 당시 미국 내에서 어떻게 대변되고 궁극적으로 정책을 통해 구상되었는지 평가하고자 한다. 이 경우 국민들이 정치적 불관용을 수용했고 통치 엘리트가 이를 정책에 반영시켰다는 점에서 민주주의 원칙이 훼손된 것은 아니었다고 주장할 수 있다. 그러나 동시에 여론이 주요 정책 결정과정에서 영향력을 행사한다는 것이 드러내놓고 "칭송할 만한(Kinder and Herzog 1993: 360)" 일이 아니었던 사례였다고 반박할 수 있다. 전 국민이 참여해 선출한 대통령을 비롯하여 다양한 경륜을 지닌 통치 엘리트가 단지 거류 외국인 신분(alienage)을 근거로 일부 사회구성원의 충성도를 전면적으로 부인하는 데 일조했다는 사실은 분명 혼란스럽기 때문이다.
  이어지는 다음 절에서는 우선 기존 연구를 검토한 후, 강제 이주를 명한 행정명령(Executive Order) 9066호와 후속 조치로 강제 억류를 명한 행정명령 9102호를 상세하게 분석한다. 또한 두 행정명령에 대한 분석은 여론이 어떤 경로로 루스벨트 행정부의 정책으로 반영되는지 설명하기 위해 정책결정을 대변(representation)의 결과물로 도형화한 선제적 대변(preemptive representation)-반동적 대변(reactive representation)의 설명 틀을 사용하고자 한다. 또한 결론에서는 민주주의의 딜레마와 함의에 대해 논하면서 구체적으로 미국의 전시 민주주의가 민주주의 원칙에 충실했음에도 불구하고 왜 일부 사회구성원의 신뢰를 저버렸는지를 살피고, 무엇보다 1942년에 발생한 일본계 거주민 강제 이주와 억류 사건의 옹호자에게도 심지어 그 함의가 그대로 수용되기 어렵다는 점을 논하며 추후 연구 방향을 제시하고자 한다.

II. 여론의 이익대변과 정책결정과정

정부가 국민의 선호를 정책에 반영하는지의 여부와 그 방법은 대의민주주의 체제의 핵심이자 영구적 과제이다. 따라서 특정 정책에 미치는 여론의 구체적 영향력에 대한 연구나 대변(representation)에 관한 개괄적인 기존 연구는 풍부한 편이지만, 이러한 기존 연구는 그동안 상반된 결론을 도출해 왔다.[2] 그럼에도 불구하고 기존 연구는 공통적으로 정책에 미치는 여론의 영향력은 정책 속성, 정치체제 유형, 중요성(salience) 정도, 특정 역사적 시기 등 여러 다른 요인들을 전제한다는 데 동의한다. 예컨대 먼로는 외교정책과 연관되고 정치의제로서 중요한 쟁점의 경우 정책과 여론 간에 상당한 일관성이 발견됨을 주장한다(Monroe 1979: 3-19). 일부 학자는 거시적 단계의 반응(responsiveness)이 개별 입법의원의 원내 투표행위 변화와 반드시 일치하지 않기 때문에 기존 연구는 대체로 개별 입법의원에 대한 미시적 분석에 그친다고 비판한다(Weissberg 1978). 더구나 인종적 편견이나 이념적 일탈을 포함한 정치적 불관용이 정치적 태도에 미치는 영향 정도에 대한 학계의 폭넓은 공감대는 찾아보기 힘들다(Gibson 2007; Huddy and Feldman 2009).

사실 심리적 대가와 사회적 비용 측면에서 "관용은 불관용보다 더 고비용이다(McClosky and Brill 1983: 4)." 다양한 심리학 또는 집단행동 관련 연구 결과에 의하면, 기존 가치관에 위협이 된다고 인식되는 일탈적 의견이나 행동을 용인하는 것은 인간본성에 반한다. 더욱이 자유가 분배가능하다고 인식되면, 특정 집단의 권리 확장은 항시 영합적(zero-sum)이 아님에도 불구하고 다른 집단의 권리를 축소할 수도 있다. 학습이 그다지 요구되지 않는 불관용에 비해, 관용은 민주주의 원칙에 대한 교육을 통해 "민주주의적 게임 수칙(McClosky and Brill 1983: 15)"을 이해할 수 있는 능력을 요구한다. 스토퍼(Stoffer 1955; 1963)도 교육이 불관용 완화에 미치는 영향에 관한 맥클로스키와 브릴의 주장을 강하게 지지한다.3) 반면 프로도와 그리그는 추상적 개념에 대한 합의 자체보다 민주주의의 원칙과 절차를 실행하느냐의 여부에 보다 많은 중점을 두어야 한다고 경고한다(Protho and Grigg 1960: 296-294).

흥미롭게도 맥클로스키와 브릴은 불관용을 내포한 언행이 무지의 소치이거나 추상적 개념-구체적 행태 간 불일치에 기인하지 않음을 주장하면서, 전시에는 민주주의를 명분으로 오히려 목적 지향적 불관용이 자행된다고 지적한다(McClosky & Brill 1983: 18). 그렇다면 민주주의의 실천(practice)으로서의 관용과 단지 바람직한 신조(doctrine)로서의 관용을 구별하는 게 가능한가?(Caplan 2007: 62)4) 일부 학자는 "완전하고 보편적인" 관용을 실행 가능한 민주주의의 필요조건이라 주장한다. 예컨대 공화주의 개념은 규범으로서의 관용에 대한 추상적 수용보다 헌법에 의거한 다원주의적 구조를 통한 갈등 해소에 기반한다고 주장한다. 따라서 경우에 따라 민주주의 체제의 생존과 같은 보다 "더 중요한 핵심 가치"를 보존하기 위해 관용의 원칙과 타협할 수 있다는 입장이 가능하다(Gibson 2006). 그러나 공의(public will) 대변이라는 민주주의적 절차를 통해 결정된 사항이라도, 특정한 표현이나 행동을 제한하거나 심지어 그러한 발생 가능성을 염두에 두고 이를 원천적으로 차단하려는 결정이 과연 불관용의 소행인지에 대해서는 논란의 여지가 있다.

일반적으로 대중보다 엘리트가 일탈적 관념과 행동에 대해 관대하다는 것이 통념으로 자리잡고 있다(Lupia 2006).5) 이 통념이 옳다면 민주주의가 여론에 의한 정부에 기반을 둔다고 전제할 경우, 일탈적 관념을 가졌거나 일탈적 행위에 동조하는 세력/집단을 받아들이지 못하는 대중이 민주주의를 명분으로 내세워 엘리트로 하여금 이들 불온세력/집단을 억압하도록 추동하는 것이 원칙적으로 가능하다(Key 1967; Lupia 2006). 비록 조건적이긴 하나 드러크만(Druckman 2001)도 불온세력/집단이라는 근거가 확실한 경우에 한해 엘리트는 조작까지는 아니더라도 여론에 영향력을 미칠 수 있다고 강조한다. 이는 민주주의의 필연적인 딜레마인가 아니면 비정상적으로 특수한 상황에 발생하는 우발적 결과인가? 무엇보다 자유민주주의에게 "대외적으로 배타적"이면서 "대내적으로 포괄적"인 "민주적 합법성의 패러독스"는 어떤 결과를 낳는가?(Howard 2009: 3)[6]

위에 제기된 일련의 질문에 답하기 위해 8장은 우선 정황적 제약(circumstantial restriction)과 연계된 정치적 불관용과 이 같은 특수한 상황하에서 언론의 역할에 대해 상술하고자 한다. 불관용은 단순한 반감으로 인해 혹은 위협에 대한 인식을 통해 야기될 수 있다. 단순하게 반감으로 나타나는 불관용은 민주주의에서 정당성을 확보할 수 없다. 그러나 공공복지에 위협이 된다고 인식되었을 때 발생하는 불관용의 경우에는 정당성의 여지를 남긴다. 민주주의 체제의 생존을 위협하는 전쟁이 대표적 사례로서, 비민주적인 상대로부터 위협을 인지할 경우 대중과 엘리트는 민주주의 수호라는 고귀한 가치를 지키기 위해 정치적 불관용을 옹호하기도 한다.[7]

보다 근본적으로 다수의 학자들은 대중이 가지는 정보와 이해관계의 수준에 대해 의문을 갖는다(Lippman 1922; 1949; Converse 1975). 논란이 되는 "태도의 부재(non-attitude)"는 애매한 설문 문항으로 인한 인위적 결과임이 밝혀졌으나, 이들은 대중의 지식 부족과 추상적 사고력 결핍을 지적하면서 대중의 정치적 의견 형성 능력 자체에 대해 의구심을 제기하기까지 한다(Lane 1962; Kinder and Herzog 1993: 62).[8] 간략하게 말하자면 여론은 특정한 안건을 중심으로 형성되며 엘리트가 이를 취사선택해 정책결정에 반영한다고 볼 수 있다. 만약 여론이 정책결정에 유의미한 연관성을 지닌다면, 이어지는 질문은 정책결정자가 과연 여론을 어떻게 일관된 자세로 대변할 수 있는지의 여부, 다시 말해서 "여론 대변이 어떻게 정책으로 확정되는가?"가 될 것이다.

스팀슨 등(Stimson et al. 1995)은 선거와 공공정책 결정을 대변(representation)의 두 가지 기제로 제안한다. 유권자들은 민의의 대변인이 자신들의 기대를 충족시키는지 여부에 따라 "최후 무기"인 선거권을 활용하여 그를 선출하거나 탈락시킨다(Key 1967: 554). "악동"을 새로운 대변인으로 교체할 수 있는 합법적·민주적인 절차는 궁극적으로 유권자의 수요를 충족시킬 수 있는 가능성을 증대시킨다. "악동"을 축출함으로써 유권자의 의지는 사후적으로 대변되는데, 이는 정부 내 구성원의 변동이 여론의 반동적 대변의 결과로 나타나기 때문이다. 한편 이러한 대변 기제와 대조적으로, 공공정책에 있어서 완전한 기제를 설명하기 위해서는 엘리트가 주도하는 선제적 대변에 대해 상술할 필요가 있다. 기존 이론은 대체로 공공정책 결정을 여론의 변화에 대한 반응으로 간주한다. 그러나 스팀슨 등(Stimson et al. 1995)은 불충분한 기존 이론을 보완하기 위해 여론 대변에서의 선제적 요소로서 공공정책 결정에 초점을 맞춘다. 그리고 엘리트는 다가오는 선거를 염두에 두고 정책 결정을 여론에 부합하는 방향으로 조정하기 위해 노력한다고 주장한다.9)

스팀슨 등(Stimson et al. 1995)은 첫째, "시간이 경과함에 따라 여론이 유의미하게 변동하고," 둘째, "정부 관료가 이 움직임을 감지하며," 셋째, "이렇게 감지한 변동에 반응하여 정부 관료가 자신의 행동을 조정하는 경우(543)," 이 대변을 가리켜 역동적이라고 정의한다. 8장에서는 스팀슨 등의 설명 모델을 활용해 프랭클린 루스벨트 대통령이 행정수반(chief executive)으로서 차기 선거를 앞두고 높은 업무수행 지지도 확보를 목표로 여론을 선제적으로 대변하기 위해 어떻게 개입했는지 조명하고자 한다. 미합중국 연방헌법에 명시된 대통령에게 위임한 권한에 따라 이러한 권한 수행이 가능하다는 점은 주지의 사실이다. 대통령이 특정 상황에서 집행 권한 위임을 활용할 수 있는지의 여부는 여기에서 다루고자 하는 문제와는 별개이다. 다만 8장에서는 대통령제에서 나타나는 역동적 대변의 한 측면인 정책결정에 주력하고자 한다.

하워드는 27개 유럽연합(EU) 회원국 간 역사적·시대적 변이를 검토하고 소위 '시민권의 정치(politics of citizenship)'를 논하는 과정에서 다음과 같이 시민권을 정의한다.

> "시민권은 개인에게 한 국가의 정치적 공동체 구성원으로서 자격을 부여한다 … 시민권은 강력한 사회적 울타리(social closure)로 기능한다 … 국가는 자국 시민권 소지 여부에 따라 특정 권리와 특권을 연계해 자국민과 외국 거주민을 차별하는 대내적 경계를 구축할 수 있다(Howard 2009: 3)."

그러나 바로 이 "정치적 회원권"이 실질적으로 국경 내부에서의 배제를 내포할 수 있다. 특히 거류 외국인 신분(alienage)을 정치적으로 개연 가능한 범주(suspect classification)로 동원하는 경우, 누구를 혹은 어느 집단을 포함하거나 배제할지에 대한 결정이 정치쟁점으로 부상하기 십상이다.[10] 다음 두 소절에서는 1941년과 1942년에 연이어 내려진 결정 사례를 검토하며 미국의 전시 민주주의에서 "시민권의 선거구역 재획정 정치(politics of citizenship gerrymandering)"가 어떻게 전개되었는지 규명하고자 한다.

III. 행정명령 9066호, 서부 전선의 이상 징후

진주만 사건 직전 미국 국민은 어떤 생각을 했을까? 독일이 폴란드를 침공한 이후 미국 국민은 "심리적으로 전쟁에 대비"하는 중이었다(*The Fortune Survey* 1940, no.39). 임박한 전쟁에 대한 태도를 묻는 질문에서 응답자의 38.7%가 전쟁에 참여하는 것이 실수라 답했지만 53.7%는 군사적 개입을 지지하였다.[11] 전국적으로는 군사적 개입에 대한 지지가 반대보다 높지만, 동남중심부(East South Central)와 뉴잉글랜드, 그리고 태평양 연안과 동북중심부(East North Central) 간 지역 차이는 현저하게 나타났다.12) 동남중서부와 뉴잉글랜드에서는 3 대 1 또는 2 대 1 비율로 전쟁 위험부담을 지지한 반면, 태평양 연안과 동북중심부에서는 전쟁 개입에 대한 찬반이 양분되었다.13) 전쟁을 감당해서라도 방어하려는 지역 역시 상당히 광범위해서 호주 방어에는 40.9%, 파나마 운하 지역 방어에는 85.2%의 높은 지지가 나타났다. 이러한 군사개입은 사실 민간소비나 여가 축소 등의 측면에서 상당히 높은 수준의 가정생활 희생을 요구하는 결정이다.14)

갤럽 조사에서도 대중이 캐나다부터 유럽에 걸친 군사적 개입을 서서히 기정사실로 받아들였던 사실을 보여준다(The Gallup Poll, May-June 1940: 228-229).15) 일본에 관한 조사 결과에 따르면, 정부의 무기와 항공기, 가솔린 다른 전쟁물자 등의 판매금지 조치에 대한 지지율은 1940년 8월에는 73%였지만 1940년 10월에는 90%로 상승했다(The Gallup Poll, 208 & 246). 보다 적극적 개입에 관해서는 1941년 2월보다 11월에 지지율이 1.5배 증가했다.16)

그렇다면 서부 지역의 일본계 거주민에게는 어떤 일이 일어나고 있었는가? 스미스(Smith 1995)는 니세이(*nisei*)라 불리는 이민 2세대의 일본계 미국 시민권자, 이세이(*issei*)라 불리는 이민 1세대 및 이민 2세대 내에서 미국화된 일본계 미국 시민권자, 그리고 일본 내 교육을 통해 재일본화한 키베이(*kibei*)라 불리는 일본계 미국 시민권자 사이에서 나타나는 서로 다른 모습을 묘사한다. 일본계 거주민에게서는 소위 "합리적 의혹(reasonable doubt)"을 유발시킬 만한 특징들이 발견되었다. 일본계 이민자 집단과 다른 이민자 집단을 구별시키는 요인은 피부색 자체보다는 일본계 이민자 간에 형성된 독특한 "공동체"였다. 예컨대 일본계 거주민 112,000명 중 18%는 키베이(*kibei*), 즉 일본에서 교육을 받은 재일본화된 미국 시민권자였다. 일본계 거주민 총 인구의 60%가 이민 2세대, 즉 니세이(*nisei*) 시민이었다는 점을 감안하면, 10명 중 3명의 일본계 시민은 일본과의 유대감을 유지하고 있었던 것이다(McWilliams 1942).17) 이들은 미국 내 일본어학원을 통해 일본과의 유대감을 강화시켰고, 심지어 미국보다 일본에 대한 충성심을 맹세하도록 종용하는 단체도 존재했다. 이러한 단체의 친일적 성향과 군사적 침공을 포함해 일본 정부를 돕기 위한 적극적 모금 행위는 국제적 위기 상황에서 미국의 체제를 위협하는 존재로 인식되었다.

그러나 대다수를 차지했던 이민 2세대의 일본계 미국 시민권자 중 약 70%는 카이(kai)라고 불리는 친일 성향 단체의 이러한 행위에 대해 심각한 우려를 표명했다. 자신들에게 불이익이 가해지는 반동적 정책이 채택되는 것을 방지하기 위해, 일부 이민 2세대는 미국연방수사국(FBI)이나 해군정보사령부(Naval Intelligence Command)에게 친일 성향의 애국 단체 지도자들에 대한 정보를 제공하며 협조했다. 그럼에도 불구하고 대다수 미국인은 모든 일본인들을 동일하게 파악하고 있었다. 즉 미국인은 서부 지역의 일본인들 사이에서 미국에 대한 충성심이 극렬하게 양분되어 있다는 사실을 인지하지 않았고, 대다수는 일본계 거주민 간의 구별에 그다지 신경조차 쓰지 않았다. 다시 말해 미국인은 거류 외국인 신분(alienage)인 일본인들의 미국에 대한 충성심에 의혹의 눈초리를 보냈고, 이러한 입장을 폭넓게 받아들이며 일본계 전체에 대해 불관용을 용인해도 된다는 입장을 취했다. 따라서 위기 상황에서 정치적 자질을 근거로 시민의 자격 재부여 논의를 쟁점화하는, 전시 민주주의 체제에 드리운 "시민권 구역 재획정의 정치"를 전개하면서 그 합법성에 아무런 문제가 없다고 판단했다.

그렇다면 이러한 불관용은 어떻게 서부 지역의 일본계 거주민에 대한 강제 이주를 지시한 행정명령 9066호로 종결되었는가? 〈그림 8-1〉은 두 갈래로 나누어진 대변 모델을 보여준다. 행정명령 9066호는 첫째, 일찍이 1941년 12월 7일과 8일 양일에 법무부 장관이 발표했던 포고에 따라 금지 및 제한구역으로 설정한 지침을 대신하여, 전쟁부 장관에게 그 지역을 군사구역으로 규정하는 권한을 위임하고 전쟁부 장관의 권한을 법무부 장관의 권한보다 우위에 설정했다. 더불어 행정명령 9066호는 '간첩활동과 국가안보에 반하는 태업 행위로부터 보호'하기 위해 지정된 지역 내 거주민의 배제와 재배치를 인가했다. 이 재배치 정책이 어떻게 가능해졌는가? 8장에서는 대중의 불관용이 반동적 대변(reactive representation)(I)과 선제적 대변

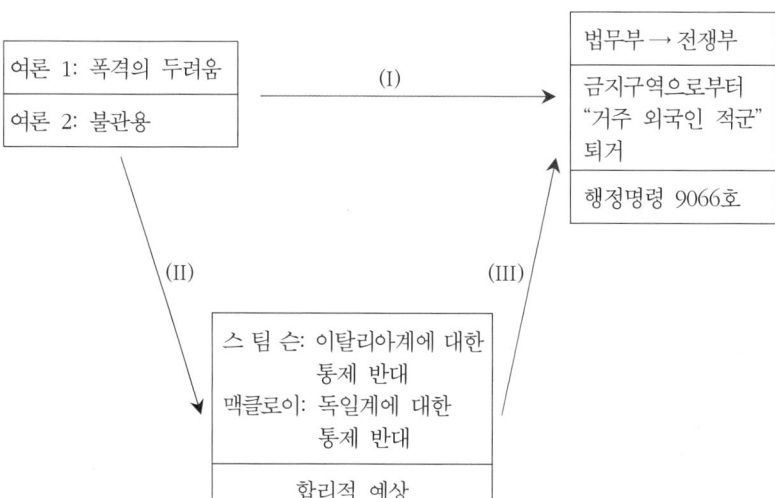

〈그림 8-1〉 행정명령 9066호, 대중여론의 메커니즘

1. 행정명령 9066호로 정책화된 (I)은 폭격을 우려한 민심을 반동적으로 대변한 경로를 가리킨다. 구체적으로 행정명령 9066호는 임박한 전쟁 대비 권한을 노동부로부터 법무부, 다시 법무부로부터 전쟁부로 이관했다.
2. 더불어 (II)는 유례없는 3선을 노리는 루스벨트 대통령이 "거주 외국인 적군(enemy aliens)"에 대한 일반 시민의 반감을 부추겨 불관용을 선제적으로 대변한 경로를 가리킨다.
3. (III)은 행정명령 9066호에 의거해 전쟁부의 주도로 "거주 외국인 적군"을 금지된 지역으로부터 재배치하도록 조치한 경로를 가리킨다.

(preemptive representation)(III)의 경로를 통해 행정명령 9066호(II)로 구현되었다는 점을 강조하고자 한다.

반동적 대변(I)은 여론에 대한 사후적 대응으로 발생했다. 엘리트들은 갤럽 조사와 포춘지 설문조사(*The Fortune Survey*)를 통해 여론에 대한 단서를 찾고자 했다. 이는 엘리트가 여론을 입증할 만한 구체적 증거를 발견하고 안도했다는 의미라기보다는, 민주주의 체제에서 엘리트가 여론으로부터 통치 방향에 대한 신호를 추론해야 하고 실제로 추론했다는 의미를 지닌다. 일례로 전쟁정보부(Office of War Information)의 전신이었던 연방 정부서

고부(Office of Government Reports)는 서부 해안지역에서 발행된 신문 사설들을 취합하고, 이를 분석한 내용을 정부 고위관료들에게 배포하는 방식으로 여론을 파악하고자 했다.[18]

전쟁의 임박과 그로 인해 불가피한 개인적 희생에 대해 거국적으로 대비해야 한다는 사실을 인식한 엘리트는 그에 상응하는 정책 결정을 수행했다. 정부는 초기에 모든 외국인 거주자에게 등록을 지시했고, 이러한 조치는 민의대변에 부합하는 방향으로 나타났다(The Gallup Poll 1940년 5월 24~30일, p.228).[19] 또한 진주만 사건 직후 외국인의 모든 은행계좌를 동결시켜 버렸다(Smith 1995: 95). 그리고 루스벨트 대통령이 외국인 거주민에 대한 권한을 노동부에서 법무부로 옮긴 뒤 다시 전쟁부로 이관하는 행정명령 9066호를 공포함에 따라 반동적 대변(I)은 마무리되었다. 결국 외국인 거주민에 대한 권한을 전쟁부로 이관함으로써 루스벨트 대통령은 국민이 감지한 공포에 반응했고, 그에 따라 전시 체제로의 개편이 이루어졌다.

국민들은 전쟁 위협을 인식했을 뿐 아니라 적이 도시를 폭격할 것이라고 확신했다. 예컨대 서부 지역 주민의 49%가 폭격 가능성을 믿은 반면 폭격 가능성이 낮다고 믿었던 주민은 40%에 그쳤다. 대조적으로 동부 지역 주민은 상대적으로 낮은 45%가 폭격이 가능하다고 믿은 반면 44%는 폭격 가능성을 부인했다(The Gallup Poll, 1941년 12월). 따라서 해안지역에 대한 접근 제한 및 금지는 군사적 필요성으로 정당화되었고, 결과적으로 "거주 외국인 적군(enemy alien)"의 재배치가 여론에 반응한 정부의 결정으로 성사되었다. 그러나 다수의 이민자 집단 중 왜 일본계 집단이 루스벨트 행정부에 의해 "거주 외국인 적군(enemy alien)"으로 지목되었는가? 이 질문에 답하기 위해서는 정부의 여론 대변에서 나타나는 선제적 요소(II)에 대해 살펴보아야 한다.

앞서 언급했듯이 미국 국민은 대체로 "유별난(peculiar)" 일본계 집단에 대해 강한 의혹을 가지고 있었다. 진주만 사건은 이러한 "합리적 의혹"을 더욱 강화시켰고 일본계 집단에 대한 불관용 또한 정당화되었다. 더불어 일본계 공동체의 특유한 연대의식과 함께 서부 지역 일본인의 주거지와 직업에서도 특이성이 발견되었다. 일본계 거주민들 대다수가 해안과 가까운 곳에 거주하고 있었던 것이다(McWilliams 1942: 245).[20] 서부방위사령부(Western Defense Command)의 사령관 드윗(DeWitt) 소장 또한 "고의인지 우연인지 모르겠으나 일본 지역사회는 거의 항시 주요 해안 시설, 전쟁물자 공장 등과 인접해 있다(Smith 1995: 106)"고 말하며 이러한 사실을 인정했다. 이같은 우려에 대한 진위 여부와 관계없이 미국 군 수뇌부는 일본계 공동체에 의해 자행될 수 있는 간첩 활동이나 태업 행위 등 최악의 상황이 발발할 가능성만을 염두에 두고 언론매체 및 정치 엘리트에게 공포심을 조장했다.

이러한 상황에 더해 1940년은 루스벨트 대통령이 유례없는 세 번째 임기를 시도한 해였다. 갤럽 조사에 의하면 응답자의 57%가 루스벨트의 삼선(三選)을 지지한 반면 43%는 반대했다(1940년 6월 6일). 무엇보다 남부를 제외하고 루스벨트는 공화당 대통령 후보인 윌키(Wilkie)와 그다지 많은 차이를 보이지 않은 상태였다. 이러한 박빙의 선거에서 패배하지 않기 위해 루스벨트 대통령과 민주당은 독일과 이탈리아계 시민권자의 표를 얻기 위해 노력했다. 그렇다면 그러한 수고를 들일만한 가치가 과연 있었던 것인가? 일본계 시민권자와 달리 독일과 이탈리아계 시민권자는 대체로 미국 주류사

〈표 8-1〉 잠재적 유권자 수: 독일계, 이탈리아계, 일본계

혈통	총	도시	지방(비농촌지대)	농촌
독일계	1,238	920	169	149
이탈리아계	1,624	1,430	148	46
일본계	127	70	12	45

출처: *Sixteenth Census of the United States*, 1940
1. 모든 수치는 1,000명 단위이고 시민권 소지자와 미소지자를 합한 총수를 가리킨다.
2. 1940년 당시 미국 총인구는 대략 131,669,000명이다.

회에 상당한 정도로 통합되었다는 인식이 확산되어 있었다. 따라서 이들 독일과 이탈리아계 시민권자를 대상으로 정치적 동원전략을 펼친다고 해서 미국 유권자가 등을 돌리지는 않을 것이라는 계산이 깔려 있었다(Smith 1995: 114). 게다가 〈표 8-1〉이 보여주듯 독일과 이탈리아계의 잠재적 유권자 수는 일본계에 비해 훨씬 많았다.

실제로 110만 명의 "외국 태생(foreign-born) 백인" 인구 중에서 이탈리아와 독일계 시민권자는 14.2%와 10.8%로 그 비중이 가장 높았고, 이 두 집단을 합하면 전체의 4분의 1을 차지했다. 스팀슨(Stimson)과 맥클로이(McCloy)는 이러한 인구통계적 특성과 일본계에 대한 전반적 불관용을 고려하여 독일과 이탈리아계 집단에 대한 관대한 배려를 요청하기도 했다.[21] 결국 정치적 영향력이 극도로 미미한 일본계를 배제하려는 정치적 압력으로 인해 2차 세계대전의 전쟁 주범인 세 국가 중에서 일본 출신 거주민만 "적군 외국인(enemy alien)"으로 낙인찍히게 되었고, 그 결과 "강제 이주의 거대한 파괴력 장치(relocation juggernaut)"가 작동하기 시작했다(Smith 1995: 115). 비록 비들(Biddle) 법무장관처럼 간간이 그 합법성에 반발한 경우도 있었지만, 일반 시민부터 지도층에 이르기까지 미국인 전체가 이 대규모 강제 이주(mass evacuation)를 지지했다.[22] 무엇보다 일본계 집단에 대한 대규모 강제 이주의 가능성은 차기 선거를 염두에 두는 엘리트가 여론을 반영한다는 명분으로 만들어낸 결과였다.

IV. 행정명령 9102호, 유타 주로의 강제 이주와 억류

"금지 및 제한"지역의 사람들을 재배치하고 이에 관한 모든 권한을 법무부에서 전쟁부로 이관하기로 하는 조치가 결정되자, 군부는 신속하게 집단퇴거 진행에 착수했다. 특히 캘리포니아 주에서는 군사적 압력뿐만 아니라 정치적 압력까지 증가했다. 일례로 리랜드 포드(Leland Ford) 공화당 캘리포니아 주의원은 자신의 선거구민의 요구를 다음과 같이 거침없이 서술했다.

> "… 이적 및 태업 활동(fifth column activity)을 방지하기 위해, … 시민권 소지 여부와 관계없이 모든 일본계 거주민을 내륙의 강제 수용소에 배치해야 한다. 만약 미국 본토 출생 일본계 시민권자가 자신의 애국심을 증명하고 조국의 안위와 복지에 기여하고자 한다면, 지금 당장 강제 수용소에 자발적으로 들어갈 것을 권고한다 …"23)

이런 정치적 분위기에 더해, 주로 농업에 종사하던 일본계 거주민을 재배치할 경우 농산품 생산에 차질이 발생할 가능성에 대한 현실적 우려도 제기되었다. 따라서 초기에는 캘리포니아 주 내륙 지방에 수용소를 건설해 일본계 거주민을 재배치한 후, 거주 비용에 상응하는 무보수 농산품 경작을 구상했다. 그러나 전쟁물자를 가지고 집단퇴거와 강제억류를 집행하는 것은 전시 상황에서 실행 가능성이 낮았다. 실제로 집단퇴거를 실행하는 과정에서 큰 혼란이 일어났다. 예컨대 재무부는 성명(communiqué)에서 새 지역으로 재배치된 일본계 거주민의 "재고용"에 대한 애로사항을 피력했고, 루스벨트 행정부의 헨리 모겐소(Henry Morgenthau Jr.) 재무장관은 일본인의 재정적 손실에 대해 경고했다(Robinson 2001). 그럼에도 불구하고 루스벨트 행정부는 재배치한 일본계 거주민의 재정착에 대해 어떠한 구체적 방안도 구상하지 않았다. 군사적 필요에 의해 지정된 지역으로부터 일본계 거주민을 퇴거시킨다면, 이 퇴거된 일본계 거주민이 자발적으로 내륙 지역으로 이동해 재정착하리라고 막연하게 기대했던 것이다. 과연 이 일본계 거주민이 어디로 가야 하는지 질문했을 때, 한 정부 관료는 심지어 퉁명스럽게 "유타 주든가 뭐 어디든지(To Utah or something)"라고 대답했다(Smith 1995: 137).

그러나 이러한 혼동을 악용하려는 업자들의 착취와 일본계 거주민 수용을 거부하는 내륙 지역 주민들의 반발로 자발적 퇴거는 곧 중단되었다. 하원의 톨란 특별위원회(Tolan Committee) 청문회 자료에서 관찰할 수 있듯이 퇴거민의 재산 보호 문제는 중대한 안건이었다.24) 키가 지적하는 것처럼 재산권 보호는 입헌민주주의 체제의 핵심 운영수칙이며(Key 1964: 539), 미국인은 이러한 운영수칙을 분명히 인식하고 이에 동의하며 기꺼이 준수할 용의가 있었다. 그럼에도 불구하고 이상하게도 대규모 강제 이주 자체는 그 연장선상에서 동일한 비판 대상이 되지 않았다. 비들(Biddle) 장관의 말처럼, 대통령의 집행권을 명시하고 있는 헌법이 전시상황에서 대통령의 권한을 방해하지 않는다는 것이 일차적인 이유이다. 그러나 더 근본적 이유는 여론이 서부 해안 지역으로부터의 일본계 거주민 대규모 강제 이주에 대해 찬성했기 때문이다. 그러나 대규모 강제 이주 결의안 실행에 있어서 문제는 강제 퇴거된 일본 거주민의 재배치를 여론이 반대한다는 데 있었다. 실제로 월터 립만(Walter Lippman)의 신문 사설이 대규모 강제 이주 결의안에 대

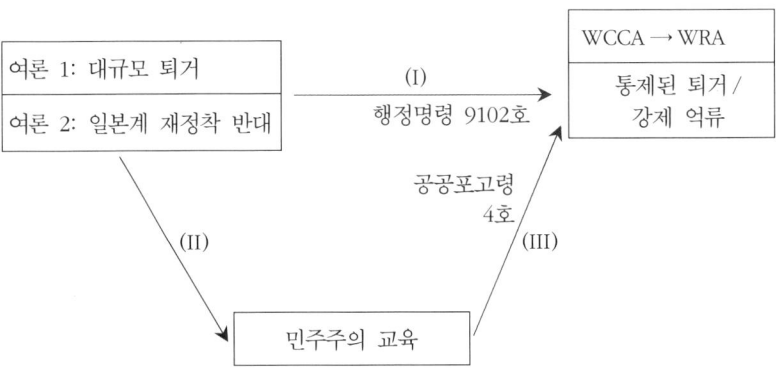

〈그림 8-2〉 행정명령 9102호와 공공포고령 4호, 여론의 메커니즘

1. 행정명령 9102호로 정책화된 (I)은 일본계 거주민을 서부 해안지역으로부터 대규모 퇴거시키기를 원하는 여론의 모호한 선호도를 반동적으로 대변한 경로를 가리킨다. 구체적으로 행정명령 9102호는 일본계 거주민을 대상으로 대규모로 전개한 퇴거 권한을 전시 민간인 통제 행정조직(WCCA)으로부터 전시 외국인 재배치 기구(WRA)로 이관했다.
2. 또한 (II)는 일본계 거주민을 향한 일반 시민의 불관용을 감지하고 "임시" 수용시설을 통한 "민주주의 교육(schooling of democracy)"이라는 명분을 내세워 궁극적으로 강제 억류를 정책화시킨 루스벨트 행정부의 선제적 대변 경로를 가리킨다.
3. (III)은 행정명령 9102호에 의거해 전시 외국인 재배치 기구(WRA)를 신설하고 공공포고령 4호에 의거해 강제 이주와 억류를 수행한 경로를 가리킨다.

한 결정을 부추겼다는 평가까지 나올 정도였다.25)

그렇다면 "자발적 퇴거" 개념이 폐기된 후 여론은 어떻게 대변되었으며, 결과적으로 어떻게 강제 퇴거라는 형태로 구체화되었는가? 이 질문에 답하기 위해 〈그림 8-2〉는 민의 대변(representation)의 서술 모델을 제안한다. 이 모델은 민의대변의 반동적 요소(I)와 선제적 요소(II)로 나눈다. 행정명령 9102호와 연이은 공공포고령 4호는 결과적으로 현실적 이유로 인해 자발적 퇴거를 폐기하고 강제 이주와 억류를 합법화시킨 조치였다.

앞에서 언급했듯이, 일반 시민은 일본인 집단 퇴거에 대한 완전한 이해 없이 그들의 퇴거를 명백히 찬성하고 있었다. 이 같은 여론을 따라 행정명령 9102호는 퇴거의 권한을 전시 민간인 통제 행정조직(Wartime Civil Control Administration, WCCA)에서 전시 외국인 재배치 기구(War Relocation Authority, WRA)로 이관시켰다. 자발적 퇴거가 일본계 거주민에 대한 재산권 침해와 이들의 재배치로 인한 내륙 지역 주민의 반발을 초래할 수 있다는 우려가 증가함에 따라, 정치 지도층들은 자발적 이주를 택했으나 이주 희망 지역으로부터 거부당한 사람을 비롯한 모든 일본계 거주민을 위한 임시 거주시설이 필요함을 인식하기 시작했다(Smith 1995: 150). 루스벨트 행정부는 임박한 강제 퇴거를 수행하기 위한 특수 목적의 행정국을 신설함으로써, 서부 해안 지역으로부터 대규모 강제 퇴거를 요구하는 여론에 반응했다.

마침내 행정명령 9102호는 모든 일본계 거주민을 질서 있고 신속하게 재배치하기 위해, 문제의 소지가 큰 자발적 퇴거 대신 통제된 퇴거를 단행하기로 결정했다. 그렇다면 뒤이은 강제 억류 결정은 "거주 외국인 적군(enemy alien)" 수용을 거부하는 여론을 선제적으로 대변하는 행위(II)였다. 억류 결정은 이것을 "강제 수용시설(relocation center)"에서 민주주의를 "교육"시키는 고결한 도전이라고 여겼던 당시 여론을 대표하기 위한 엘리트들의 선제적 행위였던 것이다. 무엇보다 일반 국민과 엘리트는 이 정책이 자국민과 "거주 외국인 적군" 모두의 시민권을 보호한다는 신념으로 일본계 거주민 전체를 강제 억류시키는 데 동의했다. 그들은 "거주 외국인 적군"을 일반 국민과 격리시키는 조치가 오히려 폭력적 불관용에 희생될 가능성을 줄인다고 주장하며 스스로를 합리화시켰다. 스트라우트(Strout)는 심지어 1차 세계대전 때의 기록과 비교했을 때 이러한 조치는 전반적으로 양호한 것이라고 주장했다(March 16, 1942).

그렇다면 당시에 이같이 지나치게 낙관적인 결론을 내렸던 근거는 무엇인가? 우선 재산권이 보장되었기 때문이다. 그러나 대다수 일본계 거주민은 강제 퇴거 조치가 내려지자 정부기구인 퇴거민 재산국(Evacuee Property Department)에 도움을 요청하기를 꺼렸다. 아이러니는 자구책을 강구할 수 없어서 할 수 없이 정부기구에 자산 보호를 요청했던 일본계 거주민이 오히려 자신의 재산을 지킬 수 있었다는 사실이다(Smith 1995: 142). 사유재산 의식이 강한 미국인은 "거주 외국인 적군"의 재산권 보호도 동등하게 취급했기 때문에 그 자체로서 민주주의 원칙에 대한 자국민의 진정성을 입증한다고 여겼다. 국민과 엘리트는 대체로 흡족해 했지만 이러한 결정을 내린 루스벨트 행정부에 대한 역사적 판단은 엄중하게 남아있다. 루스벨트 대통령이 그러한 결정을 내릴 권한이 충분히 있는 데도 불구하고 왜 논란의 여지가 생기는가?(Mayer 2009) 이에 대한 간단한 답은 대통령으로서 루스벨트가 내린 결정이 합법적이었는지의 여부와 그러한 결정을 과연 단행했어야 하는지의 여부는 전혀 다른 문제라는 것이다.

물론 위기상황에서 중요한 선택을 내려야 하는 기로에 처했던 대통령이 루스벨트만 있었던 것은 아니다. 집행권이란 미합중국 대통령에게 부여되는 권한이며, 특히 전시에는 국가생존에 관한 대통령의 판단이 다른 정부 부처보다 우선된다. 존 애덤스(John Adams) 대통령부터 토마스 제퍼슨(Thomas Jefferson), 앤드류 잭슨(Andrew Jackson), 에이브러햄 링컨(Abraham Lincoln), 우드로 윌슨(Woodrow Wilson), 프랭클린 루스벨트, 그리고 조지 W. 부시(George W. Bush)에 이르기까지, 미합중국 대통령은 언제나 국민의 안전을 지킬 헌법상의 권한을 가지며 대다수 대통령이 그 의무를 충실하게 수행했다.[26] 또한 대통령은 대체로 모든 국민을 대변하는 위임통치권(mandate)과 국가 생존을 위한 의지를 강력히 피력했다.

규범적 민주주의 이론에 따르면, 민주주의는 국민의 의견에 충실할 때 제대로 작동하므로, 민주주의가 제대로 작동하지 않는 것은 국민의 의견을 충분히 반영하지 못하기 때문이라고 주장한다. 그러나 때로는 국민의 의견을 충실히 따랐음에도 불구하고 또는 충실히 따랐기 때문에 민주주의가 실패하는 경우가 생긴다는 사실도 유념해야 한다(Caplan 2001).

> "대의정치는 제대로 조직되고 유지되지 않는 한 민의를 완벽하게 대변하지 못하는 속성이 있기 때문에 가장 좋은 이상적 정부형태다(Pitkin 1967; 1972: 240)"

행정명령 9066호, 행정명령 9102호 및 공공포고령 4호는 모두 여론을 합법적으로 대변한 결과물이었다. 이 세 가지 조치 모두에 대해, 여론은 위기 상황에서 현실적인 민주주의를 실행하기 위한 방도로서 불관용을 선택했고 엘리트들은 이러한 여론을 완벽하게 받아들였다. 그 결과 엘리트와 일반 국민은 일본계 거주민을 시민권 소지 여부에 관계없이 강제로 이주시키고 종전 직전까지 수용시설에 억류했다. 그러나 전시 상황에서 여론이 공공정책 입안에 충분히 반영되었음에도 불구하고 이러한 사실은 전혀 위안이 되지 않는다. 물론 1941년과 1942년 당시에는 일반 국민이나 엘리트에게 전시 상황에서 민주주의가 정상적으로 작동한다는 사실이 큰 위로가 되었는지 모른다. 실제로 전시 외국인 수용 기구(War Relocation Authority)는 일본인 강제 퇴거에 대한 전국 단위의 예비 여론조사를 실시하여 일본계 거주민을 대상으로 한 모든 정책의 지지도를 측정했다. 당시 여론조사 결과 92%가 이러한 정책을 지지했으나, 역사는 결코 과거의 과오에 대해서도 관대하지 않다.

V. 결론

1942년 포춘지 설문조사 결과는 정부가 위기대처 과정에서 국민들의 의견을 잘 반영한 데 대해 흡족해 하는 국민들의 의견을 보여주었다. 하지만 낯설고 험난한 산악과 사막 지대 모처에서 110만 2천여 명의 사람들은 시민권 소유 여부와 관계없이 그들의 출신과 혈통 때문에 강제 수용이라는 수모를 감수해야만 했다.27) 1942년 당시의 비상 상황에서 일어난 이 같은 정치적 불관용이 과연 정당했다고 말할 수 있을까? 갤럽 조사의 한 결과에 따르면, 이런 합법화의 정당성에 대해 의혹을 제기할 수 있다. 아래의 두 질문은 서부 지역의 주민에게 실시되었던 설문조사의 문항이다.

〈질문 1〉 종전 후 집에서 일본인 근로자를 채용할 의향이 있는가?
〈질문 2〉 종전 후 일본인이 운영하는 가게에서 거래를 할 의향이 있는가?

이 두 문항은 일본계 거주민에 대한 강제 이주와 억류 조치가 종결된 이후 실시된 설문조사라는 점에서 8장의 논제와 연관된다. 첫 번째 문항에 대해 69%의 응답자가 채용 의향이 없다고 답한 반면, 채용 의향이 있다는 응답은 26%에 그쳤다. 두 번째 문항에 대해서는 58%가 일본계 주민의 가게에서 물건을 구매할 의향이 없다고 대답했고 38%는 그럴 의향이 있다고 답했다. 미국인들이 민주주의 원리에 대한 확신을 가지고 있고 일본계 거주민의 수용소 억류를 이러한 원리를 학습시키기 위한 노력으로 정당화시켰다면, 왜 그들은 재탄생한 일본계 거주민에게 두 번째 기회를 허락하지 않았는가? 불관용은 위협에 대한 인식으로 포장되어 반감을 드러내지 않기 위한 단순한 눈속임에 불과했는가? 아니면 앞서 두 질문은 정당화된 불관용 정책이라기보다 그저 국민의 실질적 반감을 측정한 수치에 지나지 않는가? 아니면 당시 불관용은 명분 없는 단순한 반감 그 자체였는가?
8장에서 활용한 자료를 근거로 위 모든 질문에 대해 완벽한 대답을 제시할 수는 없으나, 적어도 대규모 강제 이주와 강제 억류에 대한 결정이 군사적 이유로 단행된 정책 입안의 결과가 아니었다는 추론은 충분히 가능하다. 더불어 1943년 갤럽 조사 결과에서 1942년의 결정을 재검토할 수 있는 문항을 발견할 수 있다. 다음의 세 가지 질문과 그 결과를 비교해 보자.

〈질문 1〉 종전 후 독일과 일본 중 어느 국가와 더 잘 지낼 수 있다고 생각하는가?
(1943년 6월 11일)
〈질문 2〉 독일과 일본 중 미국의 미래에 더 큰 위협은 어느 국가인가?(1941년 12월 23일)
〈질문 3〉 이 전쟁에서 독일과 일본 중 어느 국가가 주된 적이라고 생각하는가?
(1943년 2월 24일)

첫 번째 문항에서 67%의 응답자는 독일을, 8%는 일본을 선택했다. 두 번째 문항에서는 응답자의 64%가 독일을, 15%가 일본을, 그리고 15%가 두 나라 모두를 선택했다. 두 번째 문항을 변형한 세 번째 문항에서 53%의 응답자는 일본을, 34%는 독일을 선택했다. 흥미롭게도 진주만 사건 발발 직후에도 미국 국민의 안보 위협인식에는 큰 변화가 없었다. 오히려 진주만 사건 발생 후 1년 반이 지나 거의 모든 일본계 거주민을 강제 이주시켜 억류했던 즈음에 안보 위협인식이 3배 이상 상승했다. 일본과의 장기전 가능성에 대한 전망이 이러한 위협인식의 갑작스런 상승으로 나타났다고 해석할 수도 있다.[28] 또는 미국 국민이 불관용의 대상을 독일에서 일본으로 변경했을 수도 있다. 아니면 이런 현상은 설문조사에서 응답자가 "도식(schema)"에 의존해 특정 시기에 다른 태도를 보인 인위적 결과였을 수도 있다(Zaller 1992: 37).

70년이 지난 현재까지도 1941년과 1942년 당시의 조치가 여론을 대변했다는 이유만으로 과연 정당한 행위였는지의 여부는 여전히 논란의 대상이다. 어쩌면 여론이 모든 의사결정을 촉발시키면 민주주의의 퇴행이 불가피하다는 키(Key 1967)의 주장이 정확한지도 모른다. 건전한 민주주의 체제의 유지를 위해서 여론의 횡포를 제어해야 한다는 사실은 민주주의의 아이러니라 할 수 있다. 립만(Lippmann 1922)의 아래와 같은 지적은 분명 의미 있는 것이지만, 그가 일본계 거주민에 대한 철두철미한 불관용을 선동한 장본인 중 하나였다는 점을 고려하면 이는 전혀 위로가 되지 않는다. 그의 행위가 결국 언사와 배치되는 방향으로 나타났기 때문이다.

"우리가 가진 의견이 고정관념이나 편견을 통해 습득한 경험의 일부라는 사실을 인식하는 습관을 가져야만 적에게도 진정으로 관대해질 수 있다. 이러한 습관이 없다면 자신의 비전에 대한 절대성의 함정에 빠지게 된다(Lippmann 1922; 1949: 82)"

민주주의 체제에서는 인기 있는 정책이 반대로 역효과를 초래할 수 있으며 이러한 불합리는 흔하게 나타난다(Caplan 2007). 특히 언론이 대중의 공포를 조장할 만한 무시무시한 사건을 보도하고 정치인이 이러한 시류에 편승하며 문제해결을 약속할 때, 이러한 일련의 공포는 정책 변화로까지 이어지게 된다. 민주주의는 원칙적으로 정치적 관용과 정치적 반향(political responsiveness)의 소중함을 동시에 가르치지만, 극심한 위기 시점에 이 두 개념은 상호 모순된다. 게다가 대통령 및 정책결정자 엘리트는 민주주의를 명분으로 "바보짓(folly)"에 기꺼이 동참한다(Caplan 2007). 그런데 만약 민주주의의 이 같은 어리석음의 소치로 국민의 일부에 대한 정치적, 사회적 및 경제적 제명 또는 축출(excommunication)이 자행된다면, 누군가는 이러한 민주주의에 대한 강력한 반대의견을 피력할 수 있어야 한다.

민주주의는 대체로 유연하게 작동하지만, 그것이 엘리트와 일반 시민으로 하여금 민주주의의 신성함에 항시 의문을 제기해야 하는 의무를 덜어내 주는 것은 아니다. 특히 위기 상황에서 민주주의의 수호는 헌법이 명기한 집행권의 적절성에 상관없이 대통령도 예외가 아니다. 역동적 대변(dynamic representation) 과정에서 여러 정책대안들 중 하나를 선택할 때, 국민과 엘리트는 각각의 장점과 단점을 모두 검토한 뒤 이들을 비교하면서 심사숙고해야 한다. 문제는 이러한 숙의가 가능한지의 여부가 아니라, 위기상황에서 정치적·사회적 고비용을 감수하면서 이같은 심사숙고를 할 의지가 있는지의 여부이다. 1942년 일본계 거주민의 강제 이주와 억류 결정은 "민주주의적 근본주의(democratic fundamentalism)"에 편승하는 것을 주저한 대표적 사례이다(Caplan 2007). 민주주의 체제의 구성원에게 "민주주의에 반항할 줄 아는 태도(democracy with attitude)"가 없다면, 단지 민주주의의 결핍을 보완하는 것만으로는 민주주의의 병폐를 해결할 수 없을 것이다(Bartels 2003).[29]

미국의 민주주의는 외부의 적에 대한 폭력, 즉 전쟁을 선택함으로써 의식적이든 무의식적이든 자국의 정체성의 중심에 전쟁을 놓게 된다. 불행하게도 전쟁은 미국의 정체성이나 문화 패권(cultural hegemony)을 재확인시킴으로써, 외부뿐 아니라 내부의 적을 발본색원(拔本塞源)하려는 작전에 대한 지지를 이끌어내곤 한다. 8장은 1942년도 일본계 거주민의 강제 이주와 억류가 어떤 경로로 결정되고 수행되었는지 기술했지만, 그 함의는 당시의 과거에만 국한되지 않는다. 또한 미국이 위기상황에서 극악한 행위를 일삼는 유일한 국가는 아니지만, 적과 같은 민족/인종 거주민을 미국 내 구성원 중에서 쉽게 찾을 수 있다는 점에서는 독특한 측면이 있다.

8장은 전시라는 특수상황에서 대통령제라는 통치체제에 기반을 두는 미국이 1941년과 1942년에 걸쳐 국가와 국민의 안녕을 명분으로 추진했던 일련의 정책에 대해 어떤 이유로 정치적 불관용이 수용되고 마침내 입안되었는지를 추적한 초기 연구 결과물이다. 특히 일본계 거주민을 수용시설에 억류한 결정은 민주적 합법성이라는 명분으로 자행된 아전인수(我田引水)격의 시민권 구획 개정 정치(politics of citizenship gerrymandering)의 사례이기도 하다. "시민권이란 정치 공동체로서 한 국가의 구성원에게 개별적 자격을 부여"하므로 "사회 울타리(social closure)를 만들기 위한 강력한 도구"로 기능해야 하지만, 1941년과 1942년에는 그렇지 못했다(Howard 2009: 3). 8장에서는 엘리트가 거류 외국인 신분(alienage)이라는 이유로 일본계 거주민을 지목하고 이들에 대한 내부 경계를 획정함으로써 어떻게 여론에 반응했는지를 순차적으로 상술했다. 이러한 결정으로 인해 일본계 거주민은 시민권 소지에 따르는 기본적인 인권과 특권을 유린당했다.

어떻게 이같은 결정이 합법적으로 성사될 수 있었는지 답하기 위해 8장에서는 스팀슨 외(Stimson et al. 1995)가 제안한 역동적 대변(dynamic representation) 개념을 활용하여 정책 결정과정을 대변의 일부로 설명하였다. 그러나 본 연구는 여론과 대변의 한 형태로서의 정책 사이의 상관관계를 명확하게 규명하기에는 아직 부족한 초기의 결과물이다. 대신 8장에서는 1941년과 1942년의 조치 사례를 전시 대통령제의 집행권 범위와 민주적 합법성의 패러독스(paradox of democratic legitimacy)에 초점을 맞춰 대안적 관점에서 접근해야 할 필요성을 강조하고자 했다. 또한 이러한 민주적 합법성의 패러독스는 70년 전의 사례에만 국한되는 것이 아니라, 21세기 조지 W. 부시(George W. Bush) 행정부가 "적군 전투요원(enemy combatants)"이라는 모호한 분류에 의거해 특정 집단을 표적으로 삼아 통제하려는 일련의 정책에서도 발견할 수 있다. 이는 8장의 연구 결과와 연계하여 앞으로 시도할 연구 과제이기도 하다.

이러한 현상은 미국뿐 아니라 대서양 건너 유럽 국가에서도 여전히 현재진행형인 시민권과 이민의 정치에서도 유사하게 목격된다(이옥연 2009; 2013). 특히 유럽은 역내 국경을 폐지한 정치 공동체를 지향하는 과정에서 다른 층위의 국경 재건축이 논의되며, 이러한 논의가 다름 아닌 정치과정에서 선거라는 민주주의 기제를 통해 진행된다는 사실은 충격적이다. 시민권과 정치적 회원권이 정치의제로 부상하고 정치적 심의 과정에서 중요성이 부각되면, 대중적 인지도가 높아질수록 오히려 건전한 정책 심의가 어려워지고 때로는 민주주의 체제의 근간을 뒤흔들 정도의 위기의식을 촉발시킬 수도 있다. 이처럼 규정하기 어려운 속성을 지닌 '시민권의 정치(politics of citizenship)'는 앞으로 여론과 민의 대변의 한 형태로서의 정책결정에 관한 후속 연구를 위한 무대를 제공할 것이다.

미주

1) Ex parte Milligan, 71 U.S. 2(1866)에서 권리장전(Bill of Rights) 또한 "헌법의 평화 조항"이라고 심의하며 전쟁 기간 중의 유보를 합헌이라고 판결했다.
2) 경제학자도 다운즈(Downs)처럼 상당한 정도의 대응(responsiveness)을 옹호하는 측과 올슨(Olson)처럼 조직적 이해관계로 인한 편향에 근거해 대응을 비판하는 측으로 양분된다. 샤슈나이더(Schattschneider)를 포함한 정치학자 일군은 대응의 정보 및 업무처리 비용이 높다는 이유로 후자의 비판의견에 동조한다. 반면 키(Key)를 포함한 다른 부류는 인과관계 방향이 반대, 즉 정책 입안을 통해 여론 지지를 이끌어낸다고 주장하지만 여론과 정책 간 상관관계를 옹호하는 입장을 취한다.
3) 깁슨(Gibson 2007)은 1954년부터 2005년까지 설문조사 자료를 비교해 정치적 자유에 미치는 정치적 불관용의 영향력에 대해 상세히 분석했다.
4) 달리 말하자면 "유권자의 불합리성이 민주주의 실상의 단서"라는 캐플란의 평가에 수긍하는가?
5) 따라서 교육수준과 민주주의 원칙의 세련도가 정비례하는 상관관계가 흔히 전제된다. 그러나 깁슨(Gibson 1988)은 이러한 엘리트 편향의 민주주의 이론을 비판하며 냉전기에 자행된 매카시 이념논쟁(McCarthy Red Scare)과 같은 정치적 억압에 대한 주요 책임이 엘리트에 있다고 반박한다.
6) 하워드는 벤하비브(Benhabib 2002)를 인용하며 자유민주주의는 "근본적 인권에 대한 보편적 언급"과 "분명하고 준수할 수 있는 국경"을 융합해야 한다고 추론한다.
7) 칸트의 민주평화론을 차치하더라도 민주주의 국가 간 전쟁은 도덕적 정당성을 상실한다. 그러나 이러한 경우에 있어서도 교전국 간 민주주의 정도의 상대적 비교를 통해 민주주의 국가 여부가 결정된다. 예컨대 미국 독립전쟁 당시 영국은 오랜 역사를 거치며 진화된 민주주의 체제를 가지고 있었지만 신대륙의 신생 정치 체계를 억압하는 적국으로 인지되었다. 결국 자유와 평등 원칙에 기반을 둔 민주주의 체제의 건국 과정에서, 건국 시조는 영국에 충성을 맹세한 세력에 대한 조치에 있어서 민주주의와 불관용 사이에서 현실적 타협을 해야만 했다.
8) 여론은 이질적 대중, 복잡하게 뒤섞인 선호도와 가치관 등이 혼재된 속에서 풀어내는 일종의 수수께끼이다. 단서라면 다양한 대중과 엘리트 간에 상호 의사소통할 수 있는 '정교한 틀(artful frame)'에 있다. 예컨대 소수우대정책(affirmative action)에 대해 옹호자는 '과거 실책의 구제책'이라고 규정하는 반면, 반대자는 '인종에 근거한 부당한 이득' 또는 '백인에 대한 역차별'이라고 규정한다. 이러한 틀 규정을 통해 대중과 엘리

트 간에 메울 수 없는 간극이 사라져 여론과 공공정책에 미치는 여론의 영향력에 관한 연결고리가 가능해진다.

9) 반면 페이지와 샤피로(Page and Shapiro 1983: 175-190)는 비록 정책변화가 핵심적 쟁점에 대한 안정된 여론변화와 대체로 일치하더라도 민주주의적 반응(democratic responsiveness)이 미국정치에 전반적으로 스며들었다고 속단하는 데 유의할 것을 당부한다.

10) 헌법상 거류 외국인 신분(alienage)은 대체로 개연 가능한 범주(suspect classification), 즉 차별 대상이라는 제시 준거를 충족하는 법률적 집단 분류로 간주된다. 정부 행위로 인해 평등보호권한이 침해당했다는 위헌소송이 제기되는 경우, 사법부는 그 정부 행위에 대한 판결을 내릴 때 인종, 원출신국, 종교를 포함해 이 개연 가능한 범주에 따라 엄격한 사법심리를 적용한다.

11) 〈질문〉 다음 중 어느 진술이 임박한 전쟁에 대한 당신의 태도를 가장 잘 대변하는가?
〈답변 1〉 이 전쟁을 우리 일로 간주하는 사람은 잘못 판단한 것이고, 국가를 전쟁으로 내모는 선동가들에 맞서 국민 모두 끝까지 저항해야 한다(16.3%).
〈답변 2〉 우리 일이 아닌 전쟁에 개입한 실수가 여러 차례 있었으나, 전쟁 개입을 결정한 경우 정부의 전쟁 수행을 전적으로 지원해야 한다(22.4%).
〈답변 3〉 처음에는 우리 전쟁이 아닌 듯 했으나 히틀러가 패배할 때까지 영국을 지지해야 할 듯하다(41.3%).
〈답변 4〉 영국의 전쟁이자 우리 전쟁인데 좀 더 먼저 전쟁에 개입했어야 한다(12.4%).
〈답변 5〉 잘 모르겠다(7.6%).

12) 현 인구통계국 조사에 의거한 지역 분류는 9개의 소지역과 4개의 대지역으로 나뉜다. 뉴잉글랜드와 대서양중심부로 구성된 북동(Northeast), 동북중심부와 서북중심부로 구성된 중서부(Midwest), 대서양남부, 동남중심부와 서남중심부로 구성된 남부(South), 그리고 산간과 태평양으로 구성된 서부(West)이다. 1940년 포춘지 설문조사는 9개 소지역 중 4개를 사용했다. 켄터키, 테네시, 미시시피, 앨라배마 주를 포함한 동남중심부(East South Central), 메인, 뉴햄프셔, 버몬트, 매사추세츠, 로드아일랜드, 코네티컷 주를 포함한 뉴잉글랜드(New England), 워싱턴, 오리건, 캘리포니아 주를 포함한 태평양연안(Pacific Coast), 그리고 위스콘신, 미시간, 일리노이, 인디애나, 오하이오 주를 포함한 동북중심부(East North Central)이다. 현재 소지역분류에서 태평양연안에 포함된 알래스카와 하와이 주는 1959년에서야 주로 편입되어 1940년 당시 인구통계조사에는 빠졌다.

13)

	동남중심부	뉴잉글랜드	태평양연안	동북중심부
전쟁 개입 찬성	70.8	61.5	48.3	42.3
전쟁 개입 반대	22.6	30.9	48.9	49.9
잘 모르겠다	6.6	7.6	2.8	7.8

출처: *The Fortune Survey 1940*, no.39

14) 흥미롭게도 여가시간을 포함한 물질적 희생은 적극적으로 수용하지만, 방어 목적이나 징병을 위한 이사 또는 이직과 같은 정서적 희생은 강제될 경우에 제한해 수용한다는 입장이다.

15) 공격시 캐나다에 대한 군사원조 지원에 대한 문항에서 87%가 지지한 반면 13%는 반대했다. 영국과 프랑스 난민에 대한 문항에서 58%는 체류에 찬성한 반면 42%는 반대를 표했다. 군사개입 관련 문항에 대한 답변에서는 1940년 2월 32%에서 11월에는 68%로 지지율이 상승한 반면, 반대자 비율은 68%에서 32%로 급락했다. 이는 상당한 여론 변화를 입증한다.

16) 1941년 2월 당시를 보면 56% 찬성과 24% 반대로 정치개입을 더 선호했다. 반면 군사적 개입에 관해서는 40% 찬성과 39% 반대로 양분되었다. 그러나 1941년 11월에 이르러 64%는 일본과 전쟁 위험을 감수할 수 있다는 지지를 표명했고 25%는 반대를 표하는 등 급격한 변화가 일어났다. 이러한 변화는 1941년 12월 1일에 실행된 조사 결과에서 52%가 일본과 전쟁이 임박하다고 표명한 반면 절반 수준인 27%만 그렇지 않다는 의견을 보이는 등 정점에 달했다.

17) 맥윌리엄즈는 1940년 4월 1일 당시 "캘리포니아와 일본인들"에 대한 통계를 다음과 같이 보도한다. 총 126,947명의 일본계 거주민 중 47,305명은 영주권을 받을 수 없는 일본 출신 외국인이고, 79,142명은 일본계 미국시민권자로 일본계 후손이다. 캘리포니아 주에서만 93,717명(74%)이 일본계 후손들이고 그 중 33,539명이 외국인, 나머지 59,158명이 시민권자다. 이는 국가 전체 비율과 비슷한 상황이었다.

18) 서부 방위사령부(Western Defense Command)도 서부 지역의 신문사설을 취합해 유사한 여론 조사를 수행했다. 흥미롭게도 이 조사가 연방정부조사보다 군사 작전에 대해 더 높은 지지율을 보여준다.

19) 외국인 등록의 필요성에 대한 질문에 대해서 95%는 찬성하고 5%는 반대했으며, 이러한 추세는 전국적으로 유사하게 나타났다.

20) 맥윌리엄즈는 일본인이 집중적으로 거주한 생선통조림 제조공장들을 예로 들며 생선통조림 제조공장들이 일본인들에게 상당한 수입을 가져다 주므로 일본 정부를 위한 모금운동도 상대적으로 활발했으리라 추정할 수 있다고 보았다. 그렇다면 이는 일본 정보원이 자유롭게 활개치고 다니는 환경을 마련해주는 것이라고 할 수 있다. 그러나 재미 일본계 시민권자 연합(JACL)의 주요 회원은 어민이라 태평양 연안 폭격으로 인해 가장 막대한 피해를 입을 수 있었다(Smith 1995: 82). 참고로 다른 주요 회원은 농민이었다.

21) 존 맥클로이(John McCloy)는 루스벨트 행정부의 전쟁차관보(Assistant Secretary of War), 헨리 스팀슨(Henry L. Simson)은 전쟁장관(Secretary of War)이었다.

22) 프랜시스 비들(Francis Biddle)은 2차 세계대전 기간 동안 루스벨트 행정부의 법무장관이었다.

23) "제5열(fifth colum)"이란 시민권을 소지한 국가 내부에서 간첩 및 태업활동을 하는

집단을 가리킨다. http://www.digitalhistory.uh.edu/learning_history/japanese_internment/ford_statements.cfm(검색일: 11/9/27).

24) 상원의 머레이(Murray) 특별위원회는 전시경제 실시 기획을 위해 창설되었으며 하원의 툴란(Tulan) 특별위원회는 이에 상응해 창설되었다. 더불어 상원 트루먼(Truman) 특별위원회는 전쟁 수행기관에 대한 지속적 감독을 위해 창설되었다.

25) 1942년 2월 13일자 *Los Angeles Times*에 "제5열(The Fifth Column)"이라는 제목으로 사설을 기고한 월터 립만(Walter Lippmann)은 서부 해안 지역에서 일본인의 퇴거를 부추겼다. "… 일본 해군이 해안에서 정찰한다는 것은 사실이다 … 태평양 연안은 공식적으로 작전 지대이고, 누구도 타당한 이유가 없는 한 전쟁터에 머물러서는 안 된다 …" http://www.digitalhistory.uh.edu/learning_history/japanese_internment/lippmann.cfm(검색일: 11/9/27).

26) 예컨대 애덤스(Adams) 대통령은 외국인 금수령(Alien and Sedition Acts)의 통과를 주장했다. 이 법안은 정치적 이견표출을 범죄로 규정했으며, "미합중국의 평화와 안위에 위협"이 된다고 판단하는 모든 외국인을 강제 추방할 수 있는 권한을 대통령에게 부여했다. 또한 제퍼슨(Jefferson) 대통령은 이러한 금지사항을 어기는 사람을 반역죄로 기소하기 위해 입출항금지법을 실시했다. 더불어 앤드류 잭슨(Andrew Jackson) 대통령은 노예제 폐지론에 관한 문서가 유통되는 것을 막기 위해 남부 지역에서 우편 검열을 시도했고, 우드로 윌슨(Woodrow Wilson) 대통령은 전시 언론검열을 시도했다. 현대에서는 조지 W. 부시 대통령이 민간인을 군사 재판에 회부하는 링컨 대통령을 인용하기도 했다.

27) 드윗(DeWitt)의 "상황 보고서(Estimation of the Situation)"에 의하면, "지금까지 태업 행위가 없었다는 사실은 동시에 앞으로 태업 행위가 발생할 수 있다는 불편하면서도 확실한 증거다(Smith 1995)." 이렇듯 대단히 충격적인 결론이 가능한 이유는 무엇인가? [왜냐하면] 태업이란 유리한 기회가 도래하면 행동으로 옮길 준비가 된 조직된 행위이[기 때문이다] …"

28) 1943년 2월 26일 갤럽 조사는 독일 또는 일본과의 교전 기간을 예측하는 문항에 대한 설문조사를 실시했는데, 그 결과 61%의 응답자가 독일과의 전쟁에서 6개월에서 1년 정도를 예측한 반면, 58%의 응답자는 일본과의 전쟁이 1년에서 2년까지 지속될 것이라고 생각하고 있었다.

29) 1928년 대통령선거에 출마한 알 스미스(Al Smith) 민주당 후보는 "모든 민주주의 체제에서 발견되는 문제는 민주주의로 치유될 수 있다"고 주장한 바 있다. 이에 대해 캐플란은 민주주의를 어떠한 상황에서도 건드릴 수 없는 체제로 규정한다면 이는 종교적 민주주의라고 통렬하게 비난한다.

제9장

미국, 유럽, 그리고 9/11 사태

I. 서론

"… 전략적·국제적 문제에서 마치 미국은 화성 사람이고 유럽은 금성 사람인 양 판이한 인식 차이를 보이는 이유 … (Kagan 2003: 10)"

"… 미국과 유럽 간 갈등은 1950년대와 1960년대에 이미 겪은 의견 차이에 비해 뚜렷하게 전례에 없거나 위협적인 점도 없다 … (Cyr 2000: 3)"

위 두 인용문은 미국-유럽 관계에 관한 상반된 견해를 분명하게 드러낸다. 미국의 관점에서는 유럽과의 갈등이 심화되어 더 이상 협력을 기대하기 힘들며, 이로 인해 대서양 동맹의 의미 자체에도 회의를 가진다. 그러나 대서양 건너 유럽의 관점에서는 미국-유럽 간 반목과 의구심은 흔히 밀월기라 일컫는 냉전시대에도 존재했고 미국의 건국 역사만큼이나 유구하며, 단지

W. 부시 행정부를 주축으로 한 신보수주의자들에 대한 저항감이 강해지면서 불만의 표현이 거세졌을 뿐이라고 주장한다. 그렇다면 이 두 세계에 속하지 않은 한국의 관점에서는 상반된 두 주장 중에서 어느 쪽을 수용하여 미국-유럽 관계에 대한 전망을 내릴 수 있는가.

횡대서양 관계에 대한 미국과 유럽의 관점을 보다 명확하게 이해하기 위해서는 미국주의(Americanism), 비미국주의(un-Americanism), 그리고 반미주의(anti-Americanism)에 대한 역사적 고찰이 필요하다. 미국은 왕정 중심의 구대륙 유럽과 달리 공화정으로 출범했다는 자부심을 가졌기 때문에 건국 당시부터 유럽과 구분되는 독자적 위치를 추구했다.[1] 따라서 건국 초기부터 제1차 세계대전을 치르기 직전까지 구태의연한 유럽의 권력다툼에 휘말리지 않는 것을 미국 외교정책의 근간으로 삼았다. 그러나 고별연설에서 동맹회피를 통해 유럽과 일정한 거리를 유지할 것을 권고한 워싱턴 대통령부터 먼로 독트린(Monroe Doctrine)을 통해 미국의 고립을 주창한 먼로 대통령, 그리고 국제연맹의 창설을 주도했던 윌슨 대통령에 이르기까지 미국은 유럽과 이해관계에 연루된 사안에 있어 완전하게 불간섭주의를 실천하지는 않았다.

비록 불간섭주의를 외교정책의 원칙으로 내세웠지만, 미국은 만약 유럽의 개입으로 자국의 국익에 직·간접적으로 영향을 주는 사건이 발생하는 경우 이를 적극적으로 저지할 것임을 분명히 했다. 따라서 고립주의의 주요 목적은 미국이 유럽의 역내 갈등에 연루되는 가능성을 차단함으로써 유럽과의 갈등 요인 자체를 줄이는 것이었다.[2] 즉 미국의 불간섭주의는 자국의 국익이 위태롭다고 판단될 경우 독자적 결정에 의해 선별적으로 개입할 의지가 있음을 유럽에게 각인시켰다. 그리하여 미국과 유럽이 서로 연루되는 상황을 통제함으로써 미국의 독특한 이질성을 최대한 보존하는 동시에, 미국이 유럽의 여느 국가처럼 "타락"하는 것을 막고자 하였다.[3]

유럽과 일정 거리를 유지하려는 미국은 유럽과의 잠재적인 갈등 요소뿐 아니라 유럽과의 협력 역시 또 다른 형태로 유럽과의 갈등을 불러일으키는 잠재성을 내포한다고 상정했기 때문에 가급적 이를 회피하고자 했다. 특히 구대륙으로부터의 이주민들이 설립한 미국의 건국 특성상 유럽과의 협력은 곧 각기 집단의 선호도와 편견에 따라 누구와 협력할 것인가에 대해 의견이 나뉠 가능성이 컸다. 만약 이러한 이견이 첨예화되면 미국 내 분열을 초래할 수 있으며 이는 곧 "파벌의 해악(mischiefs of faction)"으로부터 국민의 자유를 옹호하려는 미국의 건국이념에 배치된다는 공감대가 형성되었다.[4] 먼로 독트린은 이러한 미국의 유럽관(觀)을 대변하는 정부의 공식적 선언으로서 미국의 외교정책에 지배적인 사고 틀을 제공하였다. 또한 유럽으로부터의 독자성을 모색하는 전통은 미국이 제1차 세계대전에 참전했음에도 불구하고 윌슨대통령이 제창한 국제연맹의 인준을 상원이 거부한 점에서 볼 수 있듯이 그 명맥이 계속 유지되었다. 분명한 사실은 제1차 세계대전을 통해 미국이 국제정세에 직접 참여하고 윌슨 행정부가 전후 복구과정에서 주도적 역할을 맡으며 새로운 세계질서를 제시하려는 와중에도, 건국 이래 유럽과 차별되어 내려온 미국의 가치관을 숭상하는 이념, 즉 미국식 국수주의를 국내외정책의 기본 노선으로 재정립해왔다는 점이다(Askew and Rippy 1942; Halper and Clarke 2004: 240).[5]

그렇다면 대서양 건너편에서 미국을 바라보는 유럽의 인식은 어떻게 변했는가. 미국에 대한 유럽의 반응은 건국 이전부터 한마디로 냉소적이고 고압적이었다.[6] 계급 간 유동성을 강조하고 자유와 평등 간 균형을 추구하는 미국식 가치관은 엄격한 계급사회를 유지하려는 유럽이 수용할 수 없는 문화였으므로, 초기 유럽의 반미감정은 문화적 인식차이에 대한 우월감에서 출발하였다. 그러나 건국 이후에 일부 유럽 지식인들의 비관적 예측과 정반대로 미국이 정치체제로서 건재함을 과시하자, 유럽의 엘리트들은 미국의 건국이념으로 추앙되는 사회적 평등과 유동성에 맞서 유럽의 가치관을 방어할 필요를 절실하게 느꼈다(Campbell 1974; Langford 2000).[7] 특히 산업혁명과 남북전쟁을 경험한 미국이 19세기 말과 20세기 초에 경제·군사·정치 강국으로 부상하면서 미국의 제품과 대중문화가 유럽대륙을 잠식하지 않도록 유럽 시장과 가치관을 보호하려는 노력이 유럽의 지식인들을 중심으로 전개되었다. 예컨대 니체와 베버는 미국 사회에 만연한 대중생산 기법과 그 파생효과로서 소비사회의 병폐를 꼬집으면서, 근로와 부를 수단으로 인식하기보다 그 자체를 목적으로서 지나치게 강조하는 기이한 가치관이 발달했다고 비판했다.

특히 윌슨 대통령이 주창한 '민족자결주의'와 '투명한 외교정책' 방침은 유럽이 주도해온 '제국주의'와 '은막외교'에 정면으로 도전하는 새로운 국제질서관이었다. 미국식 평등주의를 강조하는 신사고방식과 변혁을 요구하는 외교정책 노선에 대한 유럽의 반응은 냉담했다. 그러나 유럽으로서는 새로운 강국으로 부상한 미국과의 긴밀한 관계 유지의 필요성이 컸고, 무엇보다 미국과의 협력으로 전후복구과정이 비교적 순탄하게 진행되면서 반미감정은 조금씩 누그러졌다. 그럼에도 불구하고 1920년대 말과 1930년대 초에 전 세계를 강타한 경제공황의 여파로 반미감정은 또다시 대중문화, 대량생산 및 소비사회에 대한 비판으로 표출되었다. 니체와 베버에 이어 하이데거도 미국 사회가 질보다 양을 우선시하는 물질만능주의에 젖어 있다고 비판했다. 1, 2차 세계대전 기간 동안에도 유럽 지식인층은 종종 미국에 대한 불편한 심기를 드러냈고, 미국이 제시하는 관점이나 대안에 대한 회의적 평가는 정치 지도자들 간 근본적 이견으로 표면화되기도 했다(Halper and Clarke 2004: 250).[8]

9장에서는 횡대서양 관계(transatlantic relationship)가 시대에 따라, 집권하는 정당에 따라 갈등과 협조 중 한 쪽으로 치우치는 경향을 보였지만 근본적으로 갈등과 협조의 잠재요소는 큰 변동 없이 여전히 작용한다고 주장함으로써 앞서 제기했던 질문들에 답하고자 한다. 주지하듯이 미국과 유럽은 근대국가의 생성이나 발전의 측면에서 이질적 부분이 상당수 존재하나, 다른 국가들과 비교했을 때 서로 공유하는 동질성이 많으며 이를 창출할 수 있는 잠재적 기반도 매우 광범위하다. 그러나 이라크 전쟁을 계기로 세계질서 구상에 있어서 미국-유럽 관계가 돌이킬 수 없는 시점을 넘어섰다는 관측도 설득력이 있다. 따라서 구소련체제의 붕괴, 탈냉전시기의 도래, 9/11 사태와 이후 일련의 세계질서의 재편을 거친 미국-유럽 관계에 대한 정확한 진상을 검증해야 할 필요가 있다.

2차 세계대전을 치룬 후 미국과 유럽은 어떠한 상황에서든 공산주의의 확대를 저지해야 한다는 목표에 공감했다(Childs 2001: 38-39, 88-89; Schulzinger 2002: 201-230). 그러나 냉전의 소용돌이 속에서도 유럽은 소련 진영에 의한 포섭을 저지하기 위해 제3세계 국가를 표적으로 한 미국의 냉전시기 외교정책에 종종 반발했다(Cohen-Tanugi 2003: 25-28). 냉전기에는 공통 목표를 추구하며 미국-유럽 관계가 완벽한 조화를 이루었다는 기존 가설에 대한 반박이 상당히 많음에도 불구하고, 미국-유럽 관계에 대한 이분법적 관찰과 논평은 여전히 회자된다. 탈냉전으로 인해 공동의 적대국인 소련과 그 위성국가가 사라지거나 다른 정치체제로 전환되면서 미국과 유럽의 공통목표가 사라졌고, 그 결과 유럽의 집단안보나 역외 지역안보를 둘러싼 미국과 유럽 간 갈등이 심화되었다는 주장이 설득력을 얻었다.9) 반면에 9/11 사태 직후에는 미국-유럽 관계는 본질적으로 이질성보다 동질성의 요소가 많다는 논리가 지배적으로 수용되면서 조화를 기반으로 한 새로운 국제질서가 주창되기도 했다. 다만 이러한 논의가 충분히 이루어지기도 전에 새로운 국제질서에 대한 이견으로 인해 대서양 동맹의 와해가 임박했다는 주장, 심지어 향후 미국과 유럽 간 진정한 의미의 협력에 대한 비관론마저 대두하고 있는 것도 사실이다.

9장에서는 2차 세계대전 이후 정치-군사안보 영역에서 발생했던 사건들을 토대로 미국과 유럽 간 갈등과 협력 관계를 정리한 후, 9/11 사태 이후 나타난 세계질서의 변화와 관련하여 범대서양주의에 관한 항간의 논의를 재조명하고자 한다. 이를 위해 우선 2차 세계대전 종결 후 유럽 지역의 집단안보에 대해 미국과 유럽의 지도자들이 어떻게 의견을 규합하여 유사한 대규모 전쟁의 재발을 막으려 했는지, 또 그러한 노력이 실제로 어떤 성과를 거두었는지에 대해 검토한다. 그 다음으로 탈냉전과 9/11 사태 이후 일련의 사건들을 중심으로 미국과 유럽의 갈등은 새로운 현상이 아닐뿐더러 국제관계에서 갈등과 협력은 상호 대치되는 현상이 아니라는 점에 주목하고자 한다. 미국과 유럽 사이에 목격되는 불협화음을 해소할 방안이 없다고 주장하는 최근의 언론매체와 일부 학자들의 견해와 달리, 9장에서는 이러한 불협화음이 실제로는 미국과 유럽이 새로운 국제질서를 정립하기 위해 협력을 모색하는 과정에서 자연스럽게 각자의 이견을 표출한 결과라는 점을 강조한다.

오히려 미국과 유럽은 상호 이견에도 불구하고 주변의 안보정세가 급변하고 있다는 공감대를 형성하고 있으며, 무엇보다 사안에 따라 의견차이가 발생할 수 있음을 분명히 인식하고 이를 수용할 수 있는 여력이 있다는 것이다. 결론에서는 이처럼 미국과 유럽이 각자의 이견을 허심탄회하게 논의할 수 있기 때문에 상호 공조를 위한 합의점을 창출하려는 노력이 실질적으로 가능하다는 점을 강조하고자 한다.

II. 집단안보에 관한 이견의 실상

제2차 세계대전 종전과 함께 나타난 유럽의 쇠퇴는 유럽이 주도한 제국주의적 국제질서의 붕괴를 의미했으며 이를 대체한 미국식 국제질서는 유럽식 국제질서를 전면적으로 부인했다. 또한 미국은 어떠한 국가도 상대할 수 없을 정도의 막대한 부와 권력, 영향력을 누리게 되었다. 이러한 와중에 유럽은 어떠한 계기로 미국과의 갈등을 협력을 통해 해소할 수 있었는가. 제2차 세계대전 종결 후 유럽의 반미정서는 냉전기의 도래로 인해 또다시 완화되었는가. 궁극적으로 유럽은 미국의 경제적, 군사적 힘에 의존해야만 전후 복구가 가능하다는 현실적 필요성으로 인해 200여 년간 지속된 미국에 대한 냉소주의와 회의주의를 거두었는가(Lacorne et al. 1960).[10]

마찬가지로 오랜 기간 동안 유럽과 일정 거리를 유지하려던 미국의 대외정책 기조는 제2차 세계대전 참전과 전후 냉전시대의 도래로 과연 사라졌는가. 미국은 진정한 의미에서 자국 내 분열에 대한 우려를 떨치고 유럽의 문제를 해결하는 데 동참하려는 의지가 생겼는가. 또한 유럽에 대한 의구심을 떨치고 유럽과의 협력을 통해 완벽한 공조를 이루어낼 수 있다고 믿으면서 미국과 유럽의 협력관계, 즉 범대서양주의(Atlanticism)를 모색하게 된 계기는 무엇인가. 유럽과의 이질성에도 불구하고 상호간 동질성을 공유할 수 있는 가능성을 타진하면서 미국이 유럽과의 협력을 추구한 이유는 무엇인가.

주지하듯이 제2차 세계대전의 종결 후 전 세계는 친 미국 진영과 친 소련 진영으로 양분되었고 이러한 양극화에 반기를 든 일군의 약소국들이 '제3세계'를 형성하여 독자노선을 도모했다. 이러한 와중에서 미국과 유럽은 유럽의 신속한 전후 복구가 소련의 지지 혹은 강압 속에서 유럽 내에 급속히 확산되는 공산주의를 제지하는 가장 능률적인 길이라는 데 동의했다. 우선 막대한 전쟁비용으로 재정적 파탄에 이른 유럽에게 전통적인 반미감정을 극복하고 미국의 재정적 지원을 바탕으로 경제를 회복하려는 욕구가 강력했다 (Wolfers 1942: 656-666).[11] 결국 제2차 세계대전 직후 유럽에게는 소련에 대한 반감과 공산주의에 대한 의구심이 미국 및 미국예외주의에 대한 거부감보다 훨씬 더 중요한 문제였다. 더구나 동구권 소련 위성국가들이 서구권 유럽 국가들의 집단안보에 가하는 위협을 막기 위해서는 미국의 정치적·군사적·경제적 원조가 절대적으로 필요했다. 그 결과 NATO가 유럽지역의 집단안보를 보장한다면 정치·군사적 안정을 통한 유럽의 경제적 번영이 가능할 것이라는 공감대가 형성되었다.

또한 냉전시대 미국에 대한 유럽의 반감은 일부 엘리트 계층에 한정된 경우가 대부분이었다. 예컨대 미국의 '문화적 제국주의'에 근거한 외교정책에 노골적으로 반발한 대표적 유럽 정치지도자는 드골 대통령으로 미국이 프랑스령인 알제리 사태에 개입하는 데 강한 불만을 표시했다. 영국은 유럽대륙과 미국을 중재하는 역할을 하는 '특별한 관계' 이외에도 미국의 부상으로 인해 상당한 혜택을 누렸다. 일례로 1956년 수에즈 운하 사태에서 자국의 외교·안보정책을 미국과 조율해야 할 필요성을 절실히 깨달았던 영국은 일부에서 '미국의 51번째 주'라고 비난할 정도로 미국에 적극 동조했다 (Pells 1997: 159). 독일은 다른 유럽 국가와 달리 히틀러 정권의 종말과 독일의 재건에 결정적 기여를 한 미국에 대해 미묘한 감정을 가졌다.[12]

그러나 대규모의 미군이 주둔하던 서독에서 1957년부터 실시된 설문조사에 의하면, 미국에 대한 반감을 표현하는 서독 국민은 25%를 넘은 적이 없었으며 이러한 반감도 주로 주둔군에 대한 반감에 국한되었다(Halper and Clarke 2004: 235).[13] 프랑스도 1945년부터 1947년까지의 설문조사 결과에 따르면, 비록 대다수 국민이 친미 성향을 나타내지는 않았지만 대체적으로 반미 성향보다는 수적으로 훨씬 우세했다(Lacorne et al. 1990: 79; Lundestad 1986: 273).[14] 이러한 추세를 통해 볼 때 유럽의 지도층들은 마샬 플랜을 통한 경제적 원조뿐 아니라 국방·안보의 문제에서도 미국의 적극적 참여를 요구한 반면, 오히려 미국이 이러한 유럽의 자발적인 '초대'에 대해 주저했다(Lundestad et al. 1986: 270).[15] 즉 유럽은 종전 후 전후 복구와 집단안보를 위해 유럽 내 미국이 주도하는 국제질서가 정착되는 것을 용인하였고, 그 결과 유럽 내에서 미국의 영향력은 더욱 확고해졌다.[16]

흥미로운 사실은 로마조약을 체결할 당시 집단안보에 대한 의무조항이 삽입되지 않은 상태에서 유럽 통합이 시작되었다는 점이다. EEC를 창설하게 된 배경에는 안보에 대한 우려가 깊게 깔려 있었으나, 소련으로 인한 안보 위협보다 오히려 유럽대륙의 역사 내내 잠재했던 유럽 강대국들 간 전쟁의 가능성에 주요 관심이 모아졌다(Calleo 2001: 299).[17] 그 결과 유럽은 유럽공동체 내의 경제적 안정을 증대하는 데 성공하며 미국의 경제력에 상응하는 경제 블록으로 성장했다. 그러나 군사력에 있어서 미국과 유럽의 비대칭은 시간이 지날수록 미국 주도 구조로 굳어졌고, 몇몇 유럽 국가는 비교적 큰 규모의 병력을 유지하고 있음에도 불구하고 냉전시대의 대부분 기간 동안 미국의 주도권을 받아들였다. 결국 냉전기에 유럽은 미국이라는 외부 군사패권국에 의존함으로써 소련이라는 호전적인 적대국을 성공적으로 견제했다.

그러나 탈냉전의 도래와 함께 미국과 유럽은 유럽 내 미군의 주둔 규모를 어떻게 처리할지를 놓고 고심하기 시작했다. 러시아와 동구권 유럽 국가들이 범유럽체제로 흡수되고 미군 감축이 실현되는 것이 가장 이상적 해결책이었으나, 구소련 진영 내 러시아를 포함한 동구권 유럽 국가는 경제, 정치,

사회 전반에 걸쳐 비정상적 발전과정을 거쳤기 때문에 이들이 효율적으로 범유럽체제에 기여할 수 있는 가능성은 희박한 상태였다. 이 와중에 마스트리히트 조약이 체결되어 유럽연합의 공동 외교안보정책을 강화하려는 움직임은 더욱 활발해졌다.[18] 로마조약과 달리 마스트리히트 조약은 집단안보를 유럽연합의 구체적 목표로 명시해 공동 외교안보정책을 모색했다. 물론 이러한 유럽의 움직임은 일찍이 NATO와는 별개로 유럽의 군사적 협력을 제도화하려는 일련의 시도를 통해 구체화되었다.[19] 그러나 1990년대에 탈냉전, 소련의 붕괴, 미국의 국방비 삭감, 유럽의 독자적 국방정책 명문화 등 일련의 사건을 통해 유럽의 집단안보에 대한 근본적 재논의가 필요하다는 공감대가 본격적으로 형성되었다.

그러다가 냉전기간 동안 소진상태였던 다민족 유고슬라비아의 내분사태가 탈냉전과 동시에 악화되면서 유럽의 역내안보에 대한 위협은 종전의 대치상황과 질적으로 다른 새로운 국면에 접어들었다. 발칸반도의 인종 간 갈등이 폭력화·조직화되면서 유럽의 정치지도자들은 유럽의 집단안보 보장을 명분으로 개입을 결정하였다. 유럽의 주요 임무는 전투가 아닌 UN 보호군(UN Protection Force)의 지원이었고, 인도주의적 구호물자 전달을 책임지고 휴전상태를 감시하는 역할을 맡았다(Allen 2002: 42-43). 결국 자기방어 이외의 무력사용이 금지되고 공군력 동원에 대해서는 NATO와 조율하도록 규정된 상황에서, 소규모의 전투 병력과 화력을 가지고 효율적으로 임무를 수행하는 것은 무리였다. 결국 1995년에 UN 안보리는 UN 보호군 대신 3개의 독립된 평화유지군으로 교체하기로 결의했다.

유고슬라비아 사태가 통제할 수 없는 지경으로 치닫는 동안 미국은 군사적 방관과 외교적 경로를 통한 원격조정으로 위기사태를 진정시키려 했다. 그러나 결론적으로 미국은 보스니아의 회교도들에게 보스니아를 분할하여 이주시키는 해결안을 거부하도록 종용함으로써 민족 간 내분을 더욱 격화시켰다. 미국이 제시한 외교적 타결안은 통합된 보스니아의 평화 유지를 위한 군사력을 제공할 의사가 전혀 없는 기본적으로 무책임한 외교정책의 정형이었다(Smith and Woolcock 1994). 사태가 진전될 기미가 희박해지고 유럽이 보스니아에서 철수할 징후가 역력해지자, 미국은 마침내 공중폭격으로 세르비아에 응전했고 영-불 신속대응군(Rapid Reaction Force)의 지상군 공격으로 4년간의 내전을 가까스로 종식시킬 수 있었다.

유고슬라비아 사태를 겪으며 미국과 유럽의 견해차는 상당히 벌어졌다. 유럽은 별도의 효율적 공동 외교안보정책의 필요성을 절실하게 깨달았고, 유럽의 집단안보를 구현하는 데 유럽 국가 간의 조율이 얼마나 힘든지를 절감했다. 또한 미국의 일방적 외교정책으로 인해 유럽이 대외적으로 불편을 겪기도 하지만, 미국의 도움이 문제해결을 훨씬 수월하게 만든다는 사실도 분명히 인식했다. 대조적으로 미국은 데이튼 협정(Dayton Accord)의 조인에 근거해 미국만이 유일하게 서방 동맹을 성공적으로 이끌 수 있다는 자신감에 도취되었다. 그러나 실질적으로 국내 여론이 외교정책보다 국내정책을 우선시하고 미군 병력의 국외사태 투입에 부정적이라는 점에 민감했던 미국의 지도층은 구체적 행동보다는 야심에 찬 공약을 통해 유럽 내 주도권을 과시하는 양상을 띠었다.[20] 결국 이러한 미국의 행태는 NATO 내 권위의 재확인으로 이어졌고, 미국과는 독자적으로 움직이는 유럽의 국방정책에 의구심을 가지면서 NATO의 지휘통제권을 유럽에게 분산시키는 것에 저항했다.

결과적으로 한쪽에서는 미국의 대외정책 주도권 강화라는 목표 아래 NATO의 확대가 추진되었고, 다른 한쪽에서는 NATO와는 별도의 EU의 공동 외교안보정책 수립과 함께 유럽 주도의 집단안보를 실질적으로 구현하기 위한 EU의 확대가 추진되었다. 냉전의 종식은 NATO와 EU 양 기구에게 공통적으로 공산주의 진영에서 벗어난 중부 및 동구권 유럽 국가들을 영입해야 하는 압박감을 주었다. 그러나 NATO와 EU의 조직 확대정책에는 몇 가지 분명한 차이점이 발견된다. EU가 정의하는 중부 및 동구권 유럽 국가는 소위 폴란드·헝가리 경제 구조조정 구제(Poland and Hungary: Assistance for Restructuring their Economies, PHARE) 프로그램을 통해 서유럽의 재정지원을 받을 자격이 주어진 10개국, 즉 흔히 'Visegrad Four'라고 칭하는 폴란드, 헝가리, 불가리아, 체코 공화국의 중부 유럽국과 슬로바키아, 알바니아, 루마니아, 에스토니아, 라트비아, 리투아니아, 슬로베니아(종종 중부 유럽으로 분류하기도 함) 외 서발칸 국가인 마케도니아, 알바니아, 보스니아·헤르체고비나 등 동구권 국가들로 구성되었다.[21]

반면 NATO의 정의에 의하면 중부 유럽국은 EU가 규정한 발트 해 연안국을 제외한 중부와 동구권 국가들을 모두 가리키며, 따라서 동구권 국가는 이들 발트 해 연안국들, 즉 발트 해 연안에 위치한 벨로루시, 우크라이나, 몰도바였고, 코카서스 공화국은 구소련연방의 서부지역 공화국들을 가리켰다. 또한 EU의 가입조건은 시장경제체제를 기반으로 한 민주주의적 유럽국가인 데 비해, NATO 가입은 신청이 아닌 기존 회원국의 만장일치에 의한 초대로 이루어졌다.

무엇보다 양 기구의 중요한 차이점은 창설배경에 있다. 냉전의 종식을 계기로 1, 2차 세계대전 기간 동안 유럽의 지도자들이 구상했던 범유럽 통합과정을 지속할 수 있는 기회가 주어졌다는 공감대가 EU 확대의 기반이 되었다. 반면 전후 냉전체제가 유럽 내 분열을 야기했다는 절박한 안보위기로 인해 창설된 NATO는 유럽 국가들에게 소련의 군사적 위협을 저지하기 위한 필요 수단으로 인식되었기 때문에, 냉전의 종식은 NATO의 존재 가치에 대한 논의를 불러왔다. 탈냉전 시대의 NATO는 예상과 달리 집단안보기구로서의 정체성에 대한 위기를 극복하고 아직도 건재하다.

사실 초기에 미국은 동구권 유럽 국가를 NATO의 회원국으로 영입하는 발상에 대해 주저했다. 구소련 연방의 공화국들을 영입하면 러시아의 반발을 초래한다는 우려도 있었지만, 폴란드 국경분쟁, 우크라이나 내전, 라트비아의 인종분규 등의 사안에서 러시아를 상대로 핵전쟁의 위험을 감수하면서까지 개입할 의도가 없었기 때문이다. 그러나 궁극적으로 러시아가 더 이상 강대국으로서 위협적인 존재가 아니라는 결론에 이르자, 미국은 러시아까지 포함해 구 공산진영 국가들에게 NATO 가입을 권유했다. 미국은 NATO를 협력적 유럽 안보 공동체로 발전시키려는 구상을 실현하기 위해 러시아를 동등한 지위의 참가국으로 영입하고, 중부 및 동구권 유럽 국가들을 대상으로 NATO의 범위를 확대시켰다.[22]

보스니아 사태에 대처하는 유럽의 미숙한 대응, 러시아에 대한 처우와 코소보 사태의 처리 과정에서 드러난 미국의 두서없고 혼동된 외교정책을 모두 경험한 유럽은 미국이 주도하는 NATO와 구분되는 유럽 주도의 공동 외교안보정책을 집행할 수 있는 기구를 창설해야 할 필요성을 절감했다 (Reiter 2001; Krieger 2003).[23] 일찍이 유럽은 1997년 암스테르담 회의에서 EU회원국의 대외정책을 대변하는 단일담당자(Monsieur PESC)를 임명해 유럽평의회(European Council)의 사무총장 겸임을 결의한 바 있다. 이듬해 영국의 블레어 총리가 독일의 슈뢰더 총리와 회동한 자리에서 NATO 내부에 자립적인 유럽방위조직을 창설하는 데 합의하였고 프랑스의 시라크 대통령과도 유사한 합의에 도달함에 따라 EU의 제3 기둥이 강화되었다. 실제로 구체적 합의사항은 오랜 기간 동안 논의되어 왔다(Steinberg 1992; Flynn and Farrell 1999). 즉 유럽연합은 외교안보정책의 집단결정 기구와 군사작전 계획 및 군대지휘를 위한 자체적인 메커니즘을 정비하여 NATO 내부의 유럽기둥(European pillar)으로 작동시켰고, 이를 미국 최고합동 사령부(SACEUR)의 통제 아래에 두었다. 유럽 군대는 NATO의 규정에 의해 작전을 수행할 수 있지만, 만약 미국이 개입을 거부하는 경우 유럽의 자체적인 결정에 의해 NATO의 승인 없이 단독으로 군사작전을 수행할 수 있다는 조항도 삽입했다.[24]

이러한 유럽연합의 독자적 메커니즘을 통한 공동 외교안보정책 구축 노력은 공동 국방정책을 성사시키는 전초 작업이었고, 이는 궁극적으로 유럽연합이 민간인 기구에서 군사적 기구의 성격까지 갖추게 되는 도약을 의미했다. 따라서 군사력을 가지고 자율적인 외교정책을 수행하는 'EU는 유럽의 집단안보는 NATO가 전담한다'는 종전의 합의된 상식에 대한 도전이었고 이에 대한 평가는 양분되었다. 한편에서는 EU는 미국을 대신해서 유럽의 집단안보를 수행할 능력이나 정치적 의지가 부족하기 때문에, 오랜 기간 조직력과 경험을 갖춘 NATO와 미국과의 조율이 전략적 발전에 필수적이라고 주장했다(Holbrooke 1995; Blinken 2001; Howorth 2001; Wallace 2001; Deighton 2002).[25] 다른 한편에서는 탈냉전 이후 유럽의 집단안보에 새로운 주요 위협으로 등장한 인종분규와 테러 소행에 대해 NATO는 효율적으로 대처하지 못하므로 구조적 재조정을 통해 EU와의 조율을 모색할 필요가 있다고 주장했다(Williams 1983; Cohen 1984; Garnham 1988; Riss-Kappen 1995; Bailes 1997; Valasek 2001).

그렇다면 미국과 유럽의 갈등이 협력과 더불어 오랜 시간에 걸쳐 많은 사례를 통해 발견됨에도 불구하고, 9/11 사태 이후 협력보다 갈등이 더욱 빈번해지고 첨예화된 갈등으로 인해 공조의 타협점을 찾기 어려운 상황에 이른 것처럼 보이는 원인은 무엇인가(William and Rippy 1942: 69).26) 표면적으로 미국과 유럽의 갈등은 탈냉전으로 인해 유독 두드러져 보이지만, 횡대서양 관계의 갈등은 밀월기로 불리던 냉전기간 동안에도 있었으므로 최근 심화된 갈등 자체를 대서양 동맹의 위기로 치부하기는 어렵다. 오히려 초점을 맞춰야 할 문제는 탈냉전 후 새로운 위협요소로 등장하는 인종분규나 테러소행에 대한 해결책을 모색하는 과정에서 미국과 유럽이 협력할 때 갈등이 고조된다는 점이다.

이러한 갈등고조는 유럽의 집단안보를 둘러싼 미국과 유럽 간 정책 결정과 집행과정에 대한 본질적 견해 차이라기보다 탈냉전 이후 새로운 국제질서에 대한 관념 차이가 전이된 것으로 해석할 수 있다. 실제로 냉전기간 동안에도 미국과 유럽 간 갈등은 유럽지역의 집단안보에 관한 이견보다 유럽 이외의 지역안보, 특히 중동지역 정세를 둘러싼 이견에서 파생하는 경우가 많았다. 따라서 범대서양주의의 실상을 보다 상세하게 분석하기 위해, 다음 장에서는 유럽 이외의 집단안보에 대한 미국과 유럽의 관점과 해결방식, 그리고 9/11 사태와 이라크 전쟁 전후의 변화에 대해 검토하고자 한다.

III. 9/11 사태와 이라크 전쟁 이후

미국-유럽의 관계 변화에 대한 기존 연구는 크게 미국의 대외노선 또는 구체적 외교정책의 전환에서 그 원인을 찾는 경우와 유럽의 변동에서 그 원인을 찾는 경우로 나눌 수 있다. 전자는 대개 1980년 레이건 행정부를 기점으로 미국이 유럽의 이견에 강하게 반발할 뿐 아니라, 유럽의 반대를 감수하면서 독단적 행동까지 마다하지 않는 경향이 심화되었다는 점을 강조한다. 반면에 후자는 냉전의 종식과 특히 9/11 사태 이후 이라크 전쟁을 포함한 반테러전의 와중에 안보에 관한 미국의 일방주의적 대외노선과 외교정책이 궁극적으로 유럽의 국익을 저해할 수 있다는 인식이 유럽에 확산되었으며, 유럽 각국은 국내정치과정, 특히 선거이슈를 통해 자기만족에 도취한 미국에 대한 분개를 표현한다는 점을 강조한다.

미국과 유럽의 갈등을 강조하는 학자들은 세계 전략에 대해 미국과 유럽이 전혀 다른 시각을 갖고 있기 때문에 의사소통이 제대로 되지 않는다고 비판한다. 특히 과거 'NATO 시절'에 과시했던 공조체제는 더 이상 존재하지 않고 대신 유럽의 "변덕, 국수주의와 국방비 지출 회피"로 인해 갈등이 심화되었다고 평한다(Kolodziej 1980; Walker 2001). 이들은 유럽이 세계적 규모의 충돌사태보다 지엽적 규모의 내전에 더 주력하면서 사활이 걸린 주요 사안에서는 무력행사를 회피했고, 국방비 예산 책정에서도 유보적·비효율적 모습을 보였기 때문에 미국-유럽 간 군사적 동맹은 더 이상 유럽 내 집단안보는 물론 유럽 이외의 지역에서도 실질적 구속력을 가지지 않는 의미없는 것이라고 결론짓는다.

반면 미국과 유럽의 지속적 협력을 강조하는 학자들은 두 진영 간의 갈등이 새롭거나 예외적인 것이 아닐뿐더러, 세계안보에 관한 유럽의 기여는 비판가들의 평가 수준보다 훨씬 크다고 지적한다. 따라서 유럽이 미국보다 첨단 기술에서 뒤지고 전반적으로 군사적 기여가 적다는 인상을 준다는 이유만으로 미국과 유럽의 군사적 동맹의 의의가 사라졌다고 주장하는 것은 성급

한 판단이라고 주장한다(Chance 2002).[27]

그러나 미국-유럽 관계에서 협력보다 갈등이 유난히 강조되어 부각되는 시점은 냉전 종식을 전후한 시기이므로 유럽이 미국의 주도적 역할에 회의적인 시각을 갖게 된 배경을 이해하는 것이 중요하다(Smith and Wertman 1992).[28] 우선 유럽이 미국에 대해 부정적이라는 사실에만 주목하여 유럽이 편협하다거나 확신이 부족하다고 단정지을 수 없다. 오히려 미국이 세계 최대 정치·군사강국이라는 지위에 지나치게 의존해 다자적 해결책을 모색하기보다 독단적 수행을 선호하고, 이로 인해 설령 유럽이 세계안보 구축에 동참하고자 하는 의도가 있어도 미국이 주도하는 판국에 크게 부담을 느껴 참여 자체에 회의적일 수 있기 때문이다. 더불어 미국도 여느 강대국과 마찬가지로 축적된 권력을 자유자재로 사용하는 것을 마다하지 않는, 평범한 강대국에 지나지 않는다는 일종의 실망감이 복합적으로 작용했다고 볼 수 있다.

문제는 이러한 경향이 특히 레이건 행정부의 출범 이후 현저하게 가시화되면서 미국에 대한 경각심이 고조됨은 물론 실제로 손해를 보는 사례가 늘어났고, 이로 인해 깊어진 미국에 대한 유럽의 불신과 불만이 단도직입적으로 그리고 거침없이 표현되었다는 데 있다. 또한 미국이 군사적 측면에서 가장 오래되고 신뢰 깊은 우방의 직접적 군사지원을 경시함으로써 유럽의 대외적 신뢰도를 손상시켰다는 충격으로 인해 유럽의 불신은 더욱 심화되었다.[29] 결국 상호간 불신이 깊은 상황에서 미국과의 공조는 유럽에게 엄청난 대가를 치러야만 가능하다는 것을 의미했고, 따라서 유럽 각국의 엘리트와 일반 대중은 미국의 군사작전에 대해 대체로 부정적이었다(Pew Research Center 2003).[30] 미국과 달리 유럽은 이라크 사담 후세인 정권의 전복이 반테러전과 직접적으로 관련되어 있다고 생각하지 않았으므로, 사담 후세인을 일방적으로 실권시키기 위한 군사작전은 미국의 독단이라고 간주했다.

미국 또는 유럽의 입장 변화로 양분해 초점을 맞추는 대다수 기존 연구와 달리, 9장에서는 기존 연구의 국내-국외 이분법적 분석이 근본적으로 국내와 국외 안건 간 연계성을 경시하고 있다는 점에 주목하고자 한다. 미국이 국제사회에서 주도적 역할을 하는 데 동의하는 여론에는 그다지 큰 변함이 없으나, 국제사회의 의견을 최대한 중시하여 이를 구체적 정책현안에 대한 의결과정에 반영해야 할 필요성에 대해서는 미국 내 여론이 대체적으로 회의적이기 때문이다. 특히 미국이 취한 일련의 일방주의적 조치는 궁극적으로 대외정책보다 국내정책이 우선순위를 차지한다는 인식 하에 유럽의 강한 반발을 감수하면서도 단행한 결과이다(Cyr 2000: 20).[31] 또한 기존 연구는 이라크와 아프가니스탄에 대한 견해 차이에만 중점을 두고 미국과 유럽의 세계관과 전략적 시각 차이를 논한다. 그러나 이들 실패국가에 대한 견해 차이는 팔레스타인을 포함한 중동지역에 대한 관점 차이에 근거해 설명하는 편이 타당하다. 특히 팔레스타인인들에게 자치 국가를 부여하지 않은 상태에서 이스라엘 우호정책을 고수하는 미국이 이라크 침공을 강행하자, 반(反)이스라엘 성향이 고조된 중동지역의 유혈사태가 더욱 악화되었다는 사실을 부인하기 어렵다. 결국 중동의 불안정은 이라크를 포함한 일탈국가가 지역 정세를 위협했기 때문에 초래했지만, 그보다 더 위험한 기폭제는 미국의 독단적 실력 행사였다고 볼 수 있다. 이에 대한 유럽의 반발과 경고에도 불구하고 이라크 침공을 감행한 미국의 독단적 대외정책 노선에 대한 유럽의 경계심도 배가되었다(Menon 2002). 결국 주변 중동국가들의 반발이 폭발적으로 거세짐에 따라 중동지역이 불안정해지고 궁극적으로 국제정세도 불안정해지리라는 유럽의 예측은 적중했다.

중동의 근대 역사는 서방국가들이 이 지역의 자원과 무역을 장악하려고 벌이던 암투와 밀접하게 얽혀있다.[32] 그러나 세계적 전략 관점을 둘러싼 미국과 유럽 간 갈등의 바탕에는 구체적 현안에 대한 양국 간 견해 차이 자체보다 국방, 안보, 외교, 사법, 무역, 산업, 환경 등 전반에 걸쳐 미국이 국내정치적 지지기반의 요구에만 충실한 나머지 유럽의 국내정치적 지지 기반을 저해하는 일도 서슴지 않는다는 불신이 깔려 있다. 무엇보다 이러한 불신감에 뿌리를 둔 유럽의 대미 반감은 아프가니스탄이나 이라크 침공을 둘러싸고 새롭게 발생한 것이 아니라, 공동의 적을 상대로 집단안보를 도모하던 냉전시대에도 건재했다는 사실에 유의해야 한다(Kolodziej 1980).[33]

흥미로운 점은 미국이 제3세계 문제에 개입하며 국제정세에서 지배적인 위치를 차지한 결과, 미국이 유럽을 우방으로 간주하기보다 자신들의 국익 실현에 장애물로 치부할 가능성이 커졌다는 사실을 유럽이 고심하게 되었다는 점이다(Wills 1999).34) 실제로 이러한 유럽의 우려는 여러 차례 현실로 나타났고, 미국의 반복되는 일방적·돌출적 행동을 접하며 유럽도 독자적인 행동을 취해야 한다는 공감대가 형성되기 시작했다.

다만 탈냉전 이후 유럽 이외 지역의 안보를 두고 미국과 유럽 간 갈등관계에서 나타나는 새로운 국면은 미국이 유럽에게 강도 높은 반감뿐 아니라 집단안보를 주축으로 하는 군사적 동맹의 시대적 무용성·무효성에 대한 확신도 표출한다는 점이다. 이러한 배경에는 경제적으로든, 정치적으로든, 심지어 군사적으로든 미국이 승승장구한다는 자부심이 깊게 깔려 있다.35) 더욱 심각한 점은 대서양을 사이에 두고 더욱 격화되는 이견 차이가 근본적 가치관과 이해관계의 상충에서 기인한다는 인식이 설득력 있게 여론을 흔들기 시작한다는 데 있다(Calleo 2003).36) 미국의 경우 유럽과의 갈등의 심각성은 갈등 자체보다 미국 내 유럽이 가지는 영향력의 감소에 있다(Halper and Clarke 2004). 어차피 미국은 유럽의 직·간접적 도움 없이도 탈냉전시대에 대응해야 할 새로운 안보문제들을 해결하고 세계안보를 구축할 수 있는 역량을 가지고 있다.

따라서 만약 유럽이 계속해서 미국의 이권과 관계된 중동이나 아시아 지역에서 미국에 동참하기를 거부하면 유럽은 아세안(ASEAN)이나 안데스(Andes) 협약처럼 구속력이 없는 일개 국제기구나 의정서로 전락하게 되며, 미국은 궁극적으로 유럽의 견해에 더 이상 귀기울일 필요가 없어진다. 반면 유럽은 국제무대에서 미국이 독주할 수 있는 이유는 미국이 전 세계질서 유지에 기여한다는 '도덕적 공감대'를 다른 모든 국가들이 공유하고 있기 때문이라고 본다. 따라서 미국은 유럽과 함께 국제기구나 국제법규를 통한 새로운 국제질서 정립을 추구함으로써 보다 효율적으로 세계안보를 이룩할 수 있다고 주장한다(Cohen-Tanugi 2003: 90-100). 유럽의 군사적 역량이 절대적으로 부족하지만 미국도 혼자서는 전 세계질서를 유지할 수 없다는 것이다.

  9/11 사태 직후 미국과 유럽은 단결심을 과시하며 테러단체와 테러분자들의 만행을 비난했고, 나아가 그들의 범죄행위에 상응하는 법적 처벌을 요구하며 궁극적으로 테러로 인한 재앙을 방지하기 위해 양자 간 협력을 한층 강화할 것을 약속했다. 그러나 이 결속감은 오래가지 않았을 뿐 아니라 반테러전에 대한 접근방법을 둘러싼 이견이 심화되면서 미국과 유럽의 관계는 급격하게 반목의 길로 들어섰다(Gordon 2003; 2004). 미국과 유럽의 이견은 아프가니스탄 내 탈리반(Taliban) 정권을 전복시키고 알 카에다(Al Queda) 집단을 소탕하기 위한 군사작전에서부터 벌어지기 시작했으나, 제2차 이라크 전쟁을 둘러싸고 반테러전의 근본적 의미와 방식에서 생긴 양자 간 의견 차이가 결국 상호 공방으로 이어지기에 이르렀다. 그렇다면 9/11 사태와 그 이후의 변화는 이러한 미국과 유럽의 반목을 고착화시킬 것인가, 아니면 예전처럼 갈등 속의 협력이 되살아날 것인가? 앞으로 미국과 유럽 간 관계는 구체적으로 어떻게 변화할 것인가?

  대다수 기존 연구는 횡대서양 관계의 불화가 대서양 동맹 자체에 끼칠 악영향에만 초점을 맞추지만, 그보다 먼저 9/11 사태 직후 유럽 국가들이 한 목소리로 미국에 통일된 지지를 보냈던 사실을 주목할 필요가 있다. 이 단일한 목소리는 유럽의 통합과정이 진전되면서 유럽의 대미관계에 대해 유럽 국가 간의 합의 영역이 넓어졌다는 긍정적 의미이기도 하다. 그러나 9/11 사태 직후 보여준 유럽의 전폭적 지지는 단지 9/11 사태가 전무후무한 충격적 사건으로 미국에 엄청난 피해와 충격을 가했으며 유럽도 이러한 테러의 피해로부터 자유로울 수 없다는 광범위한 공감대가 형성되었기 때문만은 아니다. 오히려 미국이 당한 엄청난 규모의 비극에 같이 분노한 유럽은 동시에 9/11 사태를 계기로 미국이 편협한 예외주의에서 벗어나 유럽과 그 외의 전 세계를 포용하기를 기대했다. 특히 9/11 사태 직후 미국 내 높아지는 자성의 소리는 오랫동안 이어졌던 미국의 독주에 식상해져 있던 유럽에게는 고무적이었다(Cohen-Tanugi 2003: xi).[37]

  그러나 불행히도 미국의 자성은 오래가지 않았고, 미국은 오히려 자신들이 가진 힘을 바탕으로 자국을 위협하거나 그럴 가능성이 큰 어떠한 집단이나 개인도 용납하지 않을 것임을 천명했다. 나아가 이들을 제압하기 위해 선제공격까지 감행하겠다는 강경파의 주장이 득세하기까지 했다(Halper and Clarke 2004; Cohen-Tanugi 2003: 21-45). 뿐만 아니라 설령 유럽을 포함한 국제사회가 이러한 미국의 독자적 행동에 반대하더라도, 미국 국내 여론이 미국 정부가 국토방위를 위해 국외에서 일방적으로 행동하는 데 전폭적 지지를 표명한다면 그렇게 행동할 용의가 있음을 분명히 했다(Walker 2001; 2002; Menon 2002). 이로 인해 유럽은 미국에 대해 단일한 지지를 보냈던 신속함에 버금가는 빠른 속도로 미국에 대해 단결된 반대의사를 표명하였다. 흥미롭게도 미국의 일방주의 일변도 대외정책 노선에 대해 반기를 드는 과정에서 유럽의 격앙된 반미감정은 유럽의 결속된 정체성을 더욱 견고하게 다지는 데 기여했다.[38]

9장은 횡대서양 관계에 관한 기존 연구가 미국과 유럽 간 갈등해소 메커니즘의 선호도 차이와 특정 정권 또는 특정 집권정당 성향 차이를 연관시키는 데 그치고 있음을 지적하고자 한다. 비록 미국과 유럽 간 갈등 자체가 새로운 문제점이 아니라 해도 9/11 사태와 반테러전을 수행하는 과정에서 갈등 수준이 우려할 정도로 심각해졌다는 데는 전적으로 동의한다. 그러나 더 심각한 문제는 이 새로운 갈등을 해소할 수 있는 메커니즘에 대한 견해 차이로 인해 미국과 유럽의 국내 정치·사회세력의 통일된 정치적 압력행사가 그다지 큰 성과를 올리지 못했다는 사실을 간과한 채, 그 실패의 원인을 단지 유럽의 비협조로 돌리는 경향이 미국 내에서 우세하다는 사실이다. 더구나 미국은 현재 유럽과의 갈등 심화를 해결하기 위한 방법으로 미국과 유럽 간 분업, 즉 유럽이 중동과 주변지역의 경제적 이해관계를 지속적으로 추구하는 대신 그 지역의 정치적 주도력은 미국에게 전적으로 위임할 것을 요구한다. 특히 미국이 이스라엘과 아랍의 평화협정을 중재한 유일한 강대국임을 강조하면서, 유럽이 미국의 중동정책에 대해 비판하는 것을 자제하기를 촉구한다. 이러한 미국의 국수주의적 접근법에 공감할 수 없는 유럽은 앞으로 유럽의 집단안보뿐 아니라 유럽 이외의 지역안보, 특히 중동문제 해결에 있어서 미국과의 협력이 가능할지에 대해 비관적이다(Perthes 1998: 30-32).

두 차례의 세계대전을 치르며 새로운 세계질서의 구축 및 수호에 동참했던 우방 간에 어떻게 이처럼 좁혀질 것 같지 않은 견해 차이가 생겨난 것일까. 미국 국내에서도 독단적 외교정책에 대해 회의적인 소수의 엘리트들이 일방주의적으로 경도된 정책을 비판하지만, 대체적으로 이들 소수 엘리트마저도 다자구조의 국제조직을 당면한 문제 해결에 국한시킨다. 또한 미국의 엘리트는 근본적으로 제3자에 의지한 다자구조 체계보다 자체적 경로를 통해 자구책을 모색하는 것을 선호하는 경향이 강하기 때문에, 미국과 유럽 간 이견을 좁히는 조정 자체에 대해서는 다소 소극적이다.[39] 반면에 유럽이 추구하는 다자구조의 국제조직은 당면문제를 해결하기 위해 자원과 노력의 낭비를 최소화하기보다, 당면문제로 인해 불거진 파장을 감소시키고 유사한 재발을 예방하는 데 초점을 맞춘다.

결과적으로 9/11 사태 이후 미국의 단기적 문제 해결방식 및 자력에 의존한 자구책 모색, 그리고 자국의 안보 보장을 위해 우방인 유럽과의 갈등도 불사하는 경향이 심화되었다. 특히 미국은 테러와의 전쟁을 선포한 이래 강압적 무력행사를 통해 자신들의 방식과 힘에 의존해 마침내 중동문제를 해결함으로써 자국민의 안전과 국가안보를 구현하겠다는 결의를 다졌다. 1990년대에 공산주의 진영이 붕괴하고 탈냉전 시대가 도래하면서 이스라엘의 전략적 가치가 일시적으로 감소하는 듯 했다. 소련의 붕괴와 냉전의 종식은 중동지역 내 미-소 경쟁의 종말을 가져왔고, 이는 미국에게 대(對)소련 전진기지로서 이스라엘의 전략적 가치가 상실되었음을 의미했다.[40]

그러나 중동을 중심으로 미국이 구상하는 지역안보를 위협하던 소련은 사라졌지만, 그보다 더 오랜 기간 동안 중동문제의 근본적 원인이었던 이스라엘과 아랍의 갈등이 이제 미-소 경쟁이라는 갈등 메커니즘을 대체해 지역안보를 위협하기 시작했다.[41] 일련의 평화정착 시도가 불발에 그치자, 제2차 이라크 전쟁의 종식을 공식적으로 표명한 2003년 부시 행정부는 부시 로드맵(George W. Bush Road Map)을 제안하기에 이르렀다. 팔레스타인

분쟁 해결을 위한 일정표로서 미국, 러시아, UN 및 EU가 공동으로 작성한 이 로드맵은 새로운 타협안을 제시했다기보다 국제사회가 협력해서 해결할 수 있는 팔레스타인 분쟁의 현안들을 시행 가능한 순서대로 일목요연하게 정리한 시간표에 지나지 않는다.[42]

흥미로운 점은 미국의 W. 부시 행정부는 중동문제 해결책으로서 테러조직과 그 배후조직을 색출·제거하기 위해 중동지역 뿐 아니라 전 세계 지역안보 환경을 재구성하겠다는 구상을 세우고, 중동지역 외에 아태지역의 안보문제도 동일하게 다루겠다는 공식적 노선을 표명했다는 사실이다.

IV. 결론

제2차 세계대전 이후부터 2003년 제2차 이라크 전쟁 이전까지 미국이 지역안보를 위협하는 적국에 대해 펼친 강압전략의 결과를 살펴보면, 대체로 미국의 의도와 반대되는 결과가 나온 것을 볼 수 있다(Cohen 1984; 다니엘 바이먼/이옥연 2004: 75-76).[43] 특히 테러집단과 테러행동 요원은 미국과 대적하여 궤멸할 가능성이 높은 재래식 전쟁이나 총력전을 회피하기 때문에 미국을 상대로 자신의 힘을 완전하게 구사할 수 있는 기회가 그다지 많지 않다.[44]

한편 미국은 지상군 투입 대신 공중폭격과 첨단기술무기를 활용한 군사작전을 선호하는데, 이러한 통제된 군사작전은 미국 국내여론을 진정시키는 효과가 있지만 적국 지도부에게는 미국의 전쟁수행 의지가 빈약하다는 오판을 불러일으킬 가능성도 높다. 무엇보다 첨단기술에 대한 과도한 의존을 경계하는 우방과의 연립을 걸림돌로 간주하게 되면, 적이 이러한 갈등을 역으로 이용하여 결국 강압전략이 실패로 돌아가거나 군사작전이 장기전에 돌입하여 지역안보에 오히려 위해를 가할 수도 있다. 실제로 이러한 경고는 제2

차 이라크 전쟁을 통해 입증되었다고 볼 수 있다.

결과적으로 9/11 사태 이후 유럽은 유럽 이외 지역의 안보에서 자신들을 미국을 견제할 수 있는 주체로 내세우며 무력의존 일변도인 미국의 외교정책에 대한 대안을 제시하려는 의지를 보였다.45) 그러나 EU와 NATO가 비슷한 속도로 러시아를 포함한 전(前)공산주의 국가를 영입하며 그 범위를 확대하자, NATO와 EU 간 안보정책의 조율에 대한 요구 또한 동시에 높아졌다(Hill 2001; Keohane 2002). 특히 9/11 사태 이후 반테러전과 테러예방을 위해 조직적 무력행사가 필요할 경우에 여러 문제점들이 적나라하게 드러났지만, 이보다 훨씬 이전에 다른 지역도 아닌 유럽대륙에서 발발한 일련의 발칸반도 분쟁사태에서조차 EU는 주도적 역할을 수행하지 못했을 뿐 아니라 분쟁해소에 있어서도 적절한 영도력을 보여주지 못했다. 가장 심각한 것은 주권국가로 구성된 EU가 마치 통합된 국가처럼 단일한 대외정책과 국방정책을 형성하고 집행해야 한다는 데 있다. 이는 회원국이 안보나 국방에 관한 대외정책 권한을 EU에 위임할 때 주권의 일부를 할애해야 한다는 점에서 더욱 어려운 일이라 하겠다.46)

문제는 유럽통합 과정에서 공동안보기구를 성공적으로 수립하기 위한 관건이 EU와 NATO의 관계, 나아가 유럽과 미국의 관계를 어떻게 조화롭게 설정하고 구현하느냐에 달려 있다는 점이다. ESDI(European Security and Defense Identity, ESDP의 전신)나 CJTF(Combined Joint Task Forces)의 사례를 보더라도, 유럽의 독자적 국방·안보노선이 거론되면 미국과 유럽 간 공동 유럽안보기구에 대한 이견이 더욱 첨예해지곤 했다는 것을 알 수 있다. NATO의 유럽 축/기둥(pillar) 강화를 표방한 미국은 비록 유럽과의 긴밀한 관계 유지를 강조했지만, 근본적으로 명시된 공조체제보다는 경우에 따라 적용하는 잠정적(ad hoc and case-by-case) 공조체제를 선호했다. 반면에 유럽은 NATO의 전술적 존재가치를 인정하면서도 미국 주도의 외교정책에 전략적 이견을 제시할 수 있는 독자성을 원했다. 현재까지는 이러한 유럽의 주장을 일탈적 행위로 받아들인 미국이 이에 부정적 반응을 보이며 전술적 협조 자체를 거부한 결과, 미국이 추구하는 국방·안보분야에서의 탈냉전 체제로의 전환에 치명적인 한계점이 드러났다. 또한 미국을 유럽과의 다자주의적 국방·안보정책으로 유도하면서도, 군사장비, 첩보수집 및 지휘통제를 전적으로 미국에 의존한 유럽의 한계점도 있었다.

그렇다면 유럽통합 과정에서 유럽의 독자적 국방·안보노선이 실질적인 구속력을 가질 수 있는 방도는 무엇인가. 우선 미국은 유럽의 위기상황 대처능력을 증강시키기 위해 유럽의 군사력 배양에 지원을 아끼지 않아야 하며, 이는 NATO 작전계획, 첩보활동, 군사시설 및 조직 등 전반에 걸쳐 EU의 제한없는 이용권한을 허용하는 것을 의미한다. 또한 시대적·상황적 변화에 따라 이와 같은 변동의 필요성과 유용성을 미국민과 입법의원들에게 인지시키고, 미국의 지원을 통해 유럽 공동안보체제 구축에 있어서 유럽의 역할이 확고해지면 유럽대륙은 물론 전 세계적으로 분쟁예방 및 평화유지에 기여할 수 있다는 확신을 심어주는, 이른바 정치적 공조체제가 필요하다. 그리고 정치적 공조체제가 가능하다는 것을 구체적인 정책 및 지침에 대한 조율을 통해 보여줌으로써, 유럽과 미국 간 국방-안보 분야의 상호협조와 상호보완이 가능하다는 것을 실제로 입증해야 한다.

한편 유럽은 우선 3대 강국인 영국, 프랑스, 독일 간 국방·안보 분야의 "합리화, 재조직화, 전문화"에 대한 합의를 유지해야 하고, EU의 최종적 형태가 느슨한 연맹이 되든 강력한 연방이 되든 그 형태와 관계없이 EU의 주요 임무 중 하나가 공동안보정책의 수립과 실행이라는 공감대를 형성해야 한다. 또한 유럽단일화폐의 통용이 실현되기까지 공동 재정·금융정책의 통합과정에 30여 년의 세월이 소요되었다는 점을 감안하여 공동안보정책이 정립될 때까지 시간적·제도적 여유를 가져야 한다. 무엇보다 각 유럽 국가 국민에게 조세부담에 대한 저항심을 불러일으키지 않으면서도 국방비 증대에 대한 우호적인 여론을 조성하도록 노력해야 한다. 만약 가능하다면, EU 비회원국이지만 NATO에는 속해 있는 노르웨이, 터키 등도 NATO 시설 및 자원 활용에 관해 EU 회원국들과 협의할 수 있도록 적극적 공조체제를 정립해야 한다.

주시할 점은 유럽공동안보에 있어서 국방·안보의 주요 대상이 바뀌었다는 사실 이외에 안보 개념 자체가 기존의 정치군사적 부문에서 비(非)정치군사적 영역, 특히 경제안보를 포함한 국경 간 인구이동 문제, 마약, 환경악화 등으로 확대 해석된다는 사실이다. 비록 NATO가 군사적 제재 능력을 소지한 안보기구로서 탈냉전 시대에 부응하는 새로운 역할인 인종 및 국경 분쟁사태 해결과 평화유지에 적합하지만, 기본적으로 국경을 기본단위로 상정한다는 점에서 새롭게 부상하는 확대된 의미의 국방안보정책을 수행하기에는 역부족이다. 반면에 초국가기구로서 제도를 정비한 EU는 광범위한 영역에 걸쳐 유럽안보를 위협하는 문제점들을 해결하는 데 주력할 수 있다. 결과적으로 이른바 기능상 분업구조에 기반을 두는 유럽 공동안보체제가 현실적으로 가능할 뿐 아니라 바람직하다고 볼 수 있다. 예컨대 북핵문제로 인해 불거진 동북아 안보정세와 관련하여 EU와 NATO, 나아가 미국과 유럽 간 명확한 대외안보정책의 조율이 가능하다면 새로운 평화질서 유지에 크게 기여할 수 있다.[47]

더구나 근래에 유럽의 거의 모든 국가와 미국, 캐나다, 러시아까지 포함하는 유럽안보협력기구(Organization for Security and Cooperation in Europe, OSCE)가 그 전신인 유럽안보협력회의(CSCE)의 협의기구적 속성을 탈피하고 신국제질서 정립에 필수적인 안보레짐으로 부상하고 있다. 비록 큰 회원국의 합의가 없으면 실제적 기능이 마비되는 맹점이 있지만, OSCE는 군비통제 협상 및 감시, 핵 확산 방지, 지역갈등 방지 등의 장치를 통해 사태 예방 및 해결에 있어서 정치적·경제적으로 지대한 영향력을 발휘할 수 있는 잠재성을 지니고 있다.

특히 OSCE 회원국들이 새로운 국제평화질서에 장애요인으로 등장한 북핵문제를 비롯한 한반도 현안문제들을 궁극적으로 유럽안보에 대한 위협요인으로 인식하고 해결책 강구에 동참한다면, 미국뿐 아니라 북한을 포함한 동북아시아 국가들도 핵개발을 둘러싼 한반도 및 동북아 안보정세에 있어서 유럽의 역할을 중요시하게 될 것이다.

그렇다면 궁극적으로 20년 후, 30년 후, 혹은 50년 후 미국-유럽 관계는 어떻게 변화할까? 탈냉전 이후, 특히 9/11 사태 이후 반테러전을 수행하면서 심화된 갈등은 세계화가 최고조에 달한 상태에서 겪고 지나가야 할 현대식의 잠정적 마찰일까? 아니면 상호공방과 혹평이 오가며 미국과 유럽은 점진적이지만 돌이킬 수 없는 반목관계로 접어들까? 미국의 일부 신보수주의자는 자국의 안전보장에 '구대륙'이 더 이상 쓸모가 없으며, 심지어 이러한 유럽에 대한 미국 시민의 반감이 고조되면 유럽의 정치적 통합이 미국의 국익을 저해한다는 신념이 공고해져 결과적으로 지역통합을 저지하려 할 것이라 주장하기도 한다.

한편 유럽 일각에서는 미국이 더 이상 초강대국으로서 절대적 우위에 있지 않음에도 주변 국가의 권고나 경고를 무시한 채 국제정세를 파국으로 몰고 가고 있으므로 미국과 조속히 결별해야 한다고 촉구하기도 한다. 미국과 유럽의 갈등을 악화시킬 수 있는 잠재요소는 도처에서 찾을 수 있다. 따라서 미국-유럽 관계가 갈등국면에 접어들 때 이 잠재요소가 활성화되는 여건을 제거하거나 최소화하려는 시도도 동시에 전개된다.

무엇보다 대서양의 양안에서 이러한 극단주의자들의 영향력이 발휘되는 배경을 면밀하게 검토해 보아야 한다. 특히 양대 세계대전과 냉전시대를 같이 경험한 미국과 유럽에게 있어 집단안보에 있어서만큼은 조화를 이루어야 살아남을 수 있다는 인식은 이제 소련과 공산진영이 붕괴되고 냉전이 종식된 상황에서 생존을 위해 필요한 기본철칙이 아니라 미국과 유럽을 구속하는 강박관념으로 존재한다.

따라서 미국 입장에서는 EU가 아직 자립하기에 부족하지만, 유럽의 독자적 안보체제를 구축하려는 의지를 지속하는 한 그 대상이 유럽대륙이든 중동이든, 또는 동아시아나 더 구체적으로 한반도이든 간에 대외 안보·국방 정책에 있어서 미국과의 이견이 불가피하다는 사실을 인정한다. 마찬가지로 유럽의 입장에서 비록 예전처럼 미국의 상대적 우위에 도전할 만한 다른 국가가 없는 시대는 지났지만, 미국의 국익에 치명적 위협을 가할 능력과 의지가 있는 적국이 없는 탈냉전 시대에서 미국이 대다수 국민의 지지를 받으며 자력으로, 때로는 독자적으로 문제를 해결할 수 있다는 사실을 인정한다.

미주

1) 1630년 아라벨라(Arabella) 호 선상에서 존 윈드롭은 미국을 가리켜 "언덕 위의 도시(a city upon a hill)"라고 칭하며 '신의 가호를 받았기에 다른 모든 국가들이 예의주시한다'는 자부심을 과시했다. 이는 유럽과 구분되는 미국을 가리키는 통칭으로 이후 여러 정치인들의 연설에 인용되었는데, 그중에서 레이건 대통령이 1974년 CPAC 연설에서 한 "미국은 전 세계에 걸쳐 자유를 사랑하는 모든 사람들에게 불을 밝혀주는 등대와 같은 언덕 위의 빛나는 도시(a shining city upon a hill)"라는 표현이 대표적이다.

2) 일례로 나폴레옹전쟁 결과로 스페인제국이 쇠퇴하면서 남미대륙의 스페인 식민지였던 아르헨티나, 칠레, 베네수엘라 등이 독립을 선언하자, 이를 제지하려는 러시아와 프랑스가 신성동맹국인 프러시아와 오스트리아-헝가리를 끌어들여 유럽 각국의 종주권 다툼이 신대륙으로 번졌다. 이를 지켜본 미국은 어떠한 형태로든 유럽의 내분에 개입할 의사가 없음을 명백히 하고 나아가 신대륙을 배경으로 유럽이 구태의연한 국제분쟁을 답습하는 경우 이를 미국의 안보에 대한 위협으로 간주하겠다고 선언하기에 이르렀다.

3) 이는 매디슨(James Madison)이 『연방주의자 논고(The Federalist Papers)』에서 미국의 건국이념으로 국민의 자유를 보장하기 위해 "다수의 폭정(tyranny of majority)"과 "정부의 폭정(tyranny of government)"을 저지하는 광대한 공화국을 주창한 데에서도 여실히 드러난다.

4) 매디슨은 파벌(faction)을 가리켜 "다른 시민이나 공동체의 항구적이고 집합적인 이익에 반하는, 열정과 이익의 공통적인 충동에 의해 결합되고 작동되는 다수의 시민"으로 정의하고 있다(The Federalist Papers, No.10, 43).

5) 특히 할퍼와 클라크는 Hill, David J. Americanism: What Is It?(New York: D. Appleton, 1918)을 인용함.

6) 예로 18세기 중반 경 '퇴행론'을 주장한 버폰(Buffon) 경과 코넬리우스 드 포(Cornelius de Pauw)는 신대륙의 환경이 영입되는 모든 생물체들을 퇴화시킬 정도로 열악하여 정치체제나 문화 같은 고도 문명이 발전할 수 없다고 장담했다. 이러한 유럽의 폄하에 대해 해밀턴, 제퍼슨, 프랭클린 등은 모두 강도 높게 반박했다.

7) 만약 1900년대에 미국과 영국의 관계를 '특별한 우방'이라고 일컬었다면 미친 사람으로 취급받았을 정도로 미국에 대한 유럽, 특히 영국의 폄하는 심각했다.

8) 예컨대 처칠 수상과 루스벨트 대통령은 태평양 전쟁에 투입하는 미국의 전쟁물자와 병력규모에 대해 상당한 견해 차이를 보였다. 처칠은 미국이 일본과 교전하는 동안 유럽에 등한시한다고 불만을 토로했고 궁극적으로 대영제국의 장래에 대해 미국과 근

본적으로 다른 전망을 지녔다. 이러한 반미감정은 "전쟁의 주요 결과로서 우리(영국)는 독일이 가하는 위협을 제거하는 대신 러시아와 미국으로부터의 미묘한 위협에 노출될 것"이라는 외무성 메모에서 엿볼 수 있다(Perowne, J.V., Minute, March 19, 1945, *Foreign Office*, 371/45012 AS 1599/176/51을 인용함).

9) 특히 미국 내 소위 '신보수주의자'라고 불리는 학자, 연구자 및 정책결정자는 W. 부시 행정부의 대외정책에 지대한 영향력을 행사하면서 유럽의 독자적 성향에 대한 비판의 목소리를 높였다.

10) 대표적으로 사르트르와 보부아르는 미국을 '미친 개(mad dog)'라고 부르며 미국과 관계를 단절해 광견병이 전염되지 않도록 해야 한다고 촉구하기도 했다.

11) 월퍼즈는 역사적으로 의존도가 높아질수록 우세한 위치의 국가에 대한 반감도 강한 전례를 들어 유럽이 미국의 지원에 의존하여 전후복구를 이루면 미국에 종속되지 않을까 하는 우려의 목소리도 동시에 커졌다고 지적한다. 그러나 동시에 2차 세계대전이 발발한 주요 이유 중 하나로 1차 세계대전 직후 미국과 유럽 간 괴리를 꼽는 여론이 지배적이었으므로, 이에 대한 자성이 궁극적으로 미국에 대한 반감보다 현실적 필요성의 근간을 이루고 있었다고 논평한다.

12) 독일은 마샬 플랜(Marshall Plan)과 NATO의 유럽 집단안보를 통해 전후 독일의 안정과 번영이 가능해진 것에 대해 진심으로 미국에게 고마워했지만, 전범 재판과 유태인 학살의 규명에 적극적으로 관여한 미국에 대해서는 당혹감과 죄책감을 가졌고 따라서 피할 수 없는 자국의 과거와 얽혀 있는 강대국 미국에 대한 적개심도 동시에 가지고 있었다. 따라서 독일인의 반응은 복잡한 양상을 띤 애증관계로 발전했다.

13) 설령 국제정세에 미치는 미국의 과도한 영향력에 대해 강한 불만을 가지고 있더라도 서독과 미국의 동맹관계에 대한 변화를 모색하는 경우는 드물었다. 할퍼와 클라크(2004)는 Friedrich Ebert Stiftung, *America's Image in Germany and Europe*(세미나 발표논문, Washington, DC, 1985년 3월)을 인용함.

14) 47%의 프랑스 국민이 미국의 강대국 역할을 선호한 반면 23%는 러시아가 국제질서에 영향력을 행사하길 원했다.

15) 특정 행정부의 성향에 따라 정도 차이는 있으나 일반적으로 미국 의회는 자국이 유럽에 지나치게 깊숙이 개입하는 데 부정적이었으므로 대유럽 원조를 위한 조약 인준이나 예산승인에 선뜻 응하기를 꺼려했다.

16) 서유럽의 집단안보체제 정립과정에 관한 상세한 내용은 이옥연(2004)을 참조바람.

17) 따라서 초창기 EEC의 영국, 프랑스, 독일, 벨기에, 네덜란드, 룩셈부르크 6개 회원국들은 NATO에 가입하여 미국의 안전보장에 의존함으로써 유럽 국가들 간 전쟁을 방지하기 위한 공동체를 건설하는 데 주력했다. 특히 프랑스와 독일 간 갈등이 또다시 무력행사로 불거질 가능성에 대한 우려가 가장 컸다.

18) 유럽연합은 주권국가의 국제기구인 연합과 초국가기구인 연방을 혼용한 조직을 갖춘

다. 제1기둥인 EEC/EC는 이미 유럽 단일화폐를 통용하는 국가 간 재정 및 금리정책의 주요 권한을 유럽중앙은행에 위임함으로써 초국가기구로서 연방에 가까운 형태로 발전했다. 제2기둥인 경찰-사법협조도 유럽재판소의 판결이 각 회원국의 판결보다 우위에서 구속력을 가지므로 부분적으로 초국가기구에 근접하는 측면을 보여준다. 그러나 제3기둥인 공동 외교안보정책에서 오랫동안 쌍방 간에 묶이어 온 미국과 유럽의 군사력 비대칭은 마스트리히트 조약의 결정사항을 실행하는 데 심각한 제약이 되었다. 더구나 미국의 GDP 대비 국방비 지출이 지속적으로 감소하면서 일각에서는 NATO의 존재 자체에 대한 의문까지 제기됐지만, 유럽 각국의 국방비 부담은 변동이 없거나 오히려 감소했다.

19) 대표적인 사례로 유럽군(Eurocorps)의 창설을 들 수 있다. 1988년에 프랑스-독일 여단을 통합하여 1990년에 4,000여 명의 병력을 갖추고 출범한 유럽군은 그 후 6년간 벨기에, 스페인, 룩셈부르크의 병력을 병합하였다. 이는 NATO의 조직을 이등분하여 NATO나 미국에 의존하지 않고 독자적으로 안보문제를 해결할 수 있는 유럽의 군 조직을 결성하자는 발상에서 출범했다.

20) 유고슬라비아에 대한 미군 투입결정은 일차적으로 미국의 적절성에 대한 판단에 따라 경무장한 UN 평화유지군의 구제를 약속하는 형태로 이루어졌다. 1995년에 UN 평화유지군이 세르비아군에 의해 인질로 억류되는 상황이 발생하자 미국은 비로소 UN 보호군의 해체가 임박함을 인지하게 되고, 이는 미국의 지상군 투입을 의미했다. 따라서 이를 저지하기 위해 클린턴 행정부는 공중폭격을 단행하게 되었다.

21) 불어로 등대를 뜻하기도 하는 phare는 2004년 유럽연합에 가입한 8개국(폴란드, 헝가리, 체코, 에스토니아, 라트비아, 리투아니아, 슬로바키아, 슬로베니아)과 2007년에 가입한 불가리아 및 루마니아 등 총 10개국의 대규모 경제 구조조정과 정치 개혁에 대한 재정지원을 통해 유럽연합 가입을 도모했다. 2000년 이전에는 서발칸 국가인 마케도니아, 알바니아, 보스니아·헤르체고비나도 지원대상이었으나, 2001년부터 소위 발칸반도 재건·발전·안정 구제 공동체(Community Assistance for Reconstruction, Development and Stability in the Balkans, CARDS) 프로그램을 통해 별도로 지원해왔다.

22) 흥미로운 사실은 확대 대상국인 중부 및 동구권 유럽 국가들은 양 기구에의 가입이 병행되어 일어날 것을 기대했다는 점이다. 특히 이들 국가에게 두 국제기구의 가입은 탈공산주의 전환의 난관을 극복하는 데 있어서 성공 조건으로 간주되었다. 비록 두 국제기구의 확대과정이 공식적으로 연계되어 있다는 근거는 없지만 NATO와 EU의 기존 회원국과 신입 회원국 간에 중복되는 경우가 대다수다.

23) 그러나 중부 및 동구권 유럽 국가들에게 군사적 동맹에 기반을 둔 NATO의 가입이 장래에 있을 수 있는 러시아의 침공을 억지함은 물론 NATO의 기존 회원국들 간의 국경분쟁이 재발하는 것을 방지한다는 주장은 코소보 사태에서의 NATO의 대응을 보더라도 설득력이 부족하다. 람뷔에(Rambouillet) 회의에서 채택된 가결안을 세르비아가 거부하자 NATO는 전 세르비아 지역에 공중폭격을 가하며 압박하였으나, 역으로 세르비아가 회교도에 대한 탄압을 강화하면서 이러한 공포에서 벗어나려는 피

난민들이 주변국의 국경으로 몰려들었다. 게다가 군사적 표적이 아닌 민간인 시설에 대한 폭격은 서구세계의 비난을 불러일으켰다. 또한 궁극적으로 NATO 가입이 이들 유럽 국가들의 시장개방과 민주화를 촉진시켜 지역안보를 공고하게 한다는 주장도 그다지 신빙성이 없다. 냉전시대에 영입된 터키, 스페인, 포르투갈, 그리스의 경우를 보더라도 NATO의 확대가 반드시 민주화의 보급을 가져오지 않는다는 것을 확인할 수 있다. 따라서 NATO 가입이 민주주의를 공고하게 다지는 동기를 제공한다는 논리는 NATO의 확대에 설득력을 더하지 못한다.

24) 이 경우 유럽군대는 NATO의 자원을 차용할 수 있으며, 이러한 목적을 위해 NATO는 유럽전략방어기획(ESDI)에 의거해 지휘통제체제가 임시 연립을 수용하도록 조직개편을 허용했다. 또한 유럽 방어군은 UN 안보나 유럽안보협력기구(OSCE) 산하 평화유지활동에 참여할 수 있고, 미국의 막강한 방위산업을 상대로 경쟁력을 갖기 위해 유럽의 방위산업을 통합하자는 주장을 주요 내용으로 했다.

25) 특히 미국학자의 소위 '유럽 끌어안기'는 직설적으로 유럽의 능력과 의지부족을 드는 경우가 대부분이지만, 우회적으로 OSCE 등과 같은 광범위한 기구의 능률성을 증대할 필요를 부각시켜 미국의 주도력이 건재함을 과시하는 논리를 제시하기도 한다. 그러나 종종 '유럽 때리기(Euro-bashing)'를 통해 미국의 대외정책에 대한 유럽의 비판 자체를 묵살한 경우도 있다.

26) 미국-유럽 관계의 갈등은 유럽의 권력다툼으로부터 격리를 주장하던 워싱턴 초대 대통령 시절부터 유래하지만, 특히 1차 세계대전을 치르며 유럽의 안보에 대한 상호이견이 심각했다는 점을 볼 때 미국-유럽 관계에 대한 단면적 검토를 지양해야 할 필요가 있다.

27) 구체적으로 첫째, 아프가니스탄에 주둔한 유럽 파병군의 수를 캐나다 파병군의 수와 합하면 미국 파병군의 수와 거의 엇비슷하다. 둘째, 유럽은 테러집단의 주동자 격인 알카에다 소탕작전에 미국과 더불어 참여했다. 셋째, 유럽은 군사적 작전뿐 아니라 재건사업과 인도주의적 구제사업을 지휘하고 이에 대한 재정적 지원에도 선도적 역할을 했다. 실제로 유럽이 연간 1,500억 불에 달하는 국방비를 지출하고 있으므로, 이를 미국의 국방비 규모와 비교해서 상대적으로 작다는 이유로 그 영향을 경시할 수 없다.

28) 특히 유럽에서 반미정서가 고조되면서 특정 행정부나 특정한 정책에 대한 반발과 함께 미국이 안보 분야에서 아직도 주도권을 장악하는 데에 대해 주저하지 않고 비난하는 현상이 두드러진다.

29) 구체적 사례로 코소보 사태를 들 수 있다. 물론 유럽의 강력한 요청에도 불구하고 외교적 경로를 통한 원격조정으로 인종분규를 해결하려고 시도하거나, 지상군 투입 대신 공중폭격에 의존하여 세르비아군을 강압하려 했던 미국도 사태악화에 대한 책임에서 벗어날 수 없다. 그러나 임무수행과정에서 미국과의 갈등을 극복하지 못한 채 결국 병력과 구호물자 제공에 대한 공약을 제대로 지키지 않은 유럽에게도 책임이 크다.

30) 구체적 사례로 아프가니스탄 침공과 재건에 대해 대체적으로 테러집단을 소탕하고 테러분자들의 온상을 제거하기 위해 필요하다는 미국과 동일한 입장을 표명했다. 반면 이라크 침공과 재건에 대해 영국과 프랑스는 절반에 못 미치는 지지도를 보였고 독일과 이탈리아에서는 1/3 정도에 그쳤다.

31) 예컨대 미국은 그동안 지구 온난화에 관한 의정서 조인을 거부했고 국제사법재판소 조약에 대한 인준을 번복했으며, 철강제품에 대한 보호관세를 부과했고 농산품 생산에 대한 보조금 지급을 늘렸다. Council of Foreign Relations에서 1974년부터 매 4년마다 실시하는 여론조사 결과의 추이를 살펴보면, 국제사회에서 미국의 주도적 역할이 바람직하다는 의견이 고립주의나 보호주의를 선호하는 여론보다 지배적이다. 그러나 이러한 국제주의는 미국의 개입이 명백하게 미국 국익에 필요하다고 하는 논리적·정치적 타당성이 성립된 경우에만 선별적으로 가능함을 전제한다.

32) 중동의 근대역사에 관한 상세한 내용은 이옥연(2004)을 참조 바람.

33) 다만 2차 세계대전 직후 유럽에게 당시 냉전으로 인한 위협부담은 어느 위협으로 인한 것보다 컸기 때문에 미국이 제3세계의 정국을 안정시키는 데 소극적일 가능성에 대해 우려했을 뿐이다. 그러나 당시에도 미국이 유럽의 정서나 이익에 대해 그다지 주의를 기울이지 않고 밀어붙일 가능성에 대해서는 심각한 우려를 표했다.

34) 유럽 이외 지역안보의 안정은 유럽의 집단안보를 보장하기 때문에 새로운 적대국으로 등장한 소련과 소련 진영에 합류한 공산주의 동조체제를 억지해야 했다. 그러나 엄청난 규모의 전쟁비용으로 인해 재정적, 정치·사회적 파탄지경에 이른 유럽에게 적극적 개입 능력과 의지는 불가능했기 때문에 대신 종전 후 세계강국으로 부상한 미국의 개입을 요구했다.

35) 그렇다고 실제로 미국이 승승장구를 거듭한 것은 아니다. 군사적으로 월남전의 망령이 아직도 대외정책에 막대한 영향을 끼치고 있고, 경제적으로 미국에 버금가거나 미국을 상대로 대항할 수 있는 경제대국과 비교했을 때 미국의 상대적 능력은 축소했으며, 정치적으로도 미국의 단극 패권에 대한 도덕적 영도력이 적잖이 실추되었다.

36) 특히 신보수주의자들을 중심으로 유럽회의론이 주창되면서 미국 여론이 미국의 자체적 안보를 위해 국제사회에 의한 제약을 무시 또는 경시할 수 있으며 심지어 바람직하다는 의견으로 모아졌다.

37) 특히 미국이 "왜 다른 나라들이 미국을 증오하는가?"라는 질문에 대해 단순하게 "자유롭고 풍요한 미국을 질투하고 견제하기 때문"이라는 예전의 단편적 대답에서 벗어나 미국이 대외정책을 수행함에 있어서 국내정책과 다른 기준을 적용하는 데 대한 실망감, 또한 이로 인해 피해를 본 경우 미국의 이중성에 대한 배반감을 느낀다는 것을 이해하려고 노력하는 움직임이 보였다.

38) 유럽 국가 간 이견차이에도 불구하고 프랑스와 독일은 미국의 중동정책에 강력하게 반대의사를 표명하는 데 그치지 않고 적극적으로 국제사회의 반대를 주도하기까지 했다. 또한 유럽 전체의 일반국민도 각기 속한 정부의 공식적 입장과 관계없이 통일

된 목소리로 미국이 일방적으로 개전하여 수행한 제2차 이라크 전쟁을 비난했다. 따라서 미국과 유럽 간 '이념적 분열'까지 거론될 정도로 미국은 유럽의 단결된 반대에 대한 당혹감을 노골적으로 드러내며 신랄한 비난을 가한 반면, 유럽을 분열시키려는 미국의 끈질긴 노력에 대해 유럽은 불쾌감을 공식적으로 표명하는 것을 주저하지 않으며 횡대서양 관계는 악화일로로 치달았다.

39) 더구나 이러한 문제에 대한 자체적 구제 선호성향은 일반국민에게서도 발견된다. 예컨대 75%에 해당하는 미국 국민이 지구 온난화에 대한 우려를 표명하지만, 미국과 유럽 간 비정부단체의 정치적 활동이 연계작용을 통해 양 지역에 효과적으로 압력을 행사할 수 있는 여건을 조성할 것이라는 데에는 그다지 동조하지 않는다.

40) 1969년 이후 미국은 이스라엘에 총 770억 불에 해당하는 원조를 했다. 이는 미국의 중동정책이 미-소 경쟁과 밀접하게 연관되어 형성되었다는 구체적 증거로서, 이스라엘에 대한 원조도 기본적으로 소련이 중동지역 국가에게 손을 뻗치는 것을 막으려는 전진기지의 정치·군사적 가치가 높다는 이유에서 이루어졌다. 소련이 중동 아랍 국가들을 상대로 세력 확장을 도모하던 냉전시대에 이스라엘은 미국에게 소련을 견제하는 데 전략기지를 제공하고 주요 우방으로서 미국의 중동정책을 전적으로 지지하는 대가로, 미국의 재정적 원조와 최강의 안보혜택을 보장받았다. 이러한 미국의 보장을 근거로 특히 친이스라엘정책을 강조하는 레이건 행정부 시절에 이스라엘은 원자로 파괴를 명분으로 이라크를 침공하거나 PLO조직 축출을 빌미로 레바논을 침공함으로써 유럽을 포함한 서방세계의 비난을 받기도 했다.

41) 구체적으로 1991년의 마드리드(Madrid) 평화회담, 1993년의 오슬로(Oslo) 협정, 1994년의 이스라엘-요르단 평화조약, 1995년의 제2차 오슬로 협정, 1998년의 와이 리버(Wye River) 협정, 1999년의 제2차 와이 리버 협정 등의 체결에도 불구하고 2000년 9월에 제2차 인티파다(Intifada)로 인한 유혈충돌이 발발했다. 그리고 2001년 9/11 사태가 발생하면서 중동의 교착상태를 벗어나기 위한 노력으로 2002년에 사우디아라비아 평화안이 제안되었다.

42) 더구나 첫 단계인 이스라엘 이주민 철수 안건에 이스라엘이 반대하며 이보다 더 축소된 형태의 'street map'을 모색하는 데 그쳤다.

43) 이는 미국이 의도하는 강압전략에 본질적으로 극복하기 어려운 문제점들이 있기 때문이며, 특히 전면전이 아닌 제한전으로 군사작전을 수행하는 대다수 현대전에서 발견된다.

44) 또한 미국이 제거하고자 하는 적의 지도부들은 종종 미국의 강압으로부터 정권과 자신들의 신변을 보호하는 방법을 익히고 있다. 실례로 사담 후세인을 제거하기 위해 미국 정부가 후세인 반대세력을 포섭할 가능성이 높다고 판단되자, 후세인은 자신의 권력기반에 대한 감시와 관리, 통제를 철저하게 함으로써 내부 인사에 의한 암살을 사전에 방지했다.

45) 아태지역 협력체에도 유럽은 다자주의적 해결방안을 모색하려는 노력에 참여하며, 이는 특히 냉전시대부터 지속적으로 지역 국가들과 양자관계를 고집해온 미국의 지

역안보 구축방식과 대조적이다.

46) 유럽안보의 주체로서 자립을 주장하는 EU에 대해 미연방 상원 외무위원회 위원장인 Jesse Helms는 국제분쟁 문제를 해결하기는커녕 주변정리도 제대로 하지 못한다는 악평을 했다. 유럽 국가가 단일한 목소리로 대외정책을 수행할 능력과 의지가 있을지의 여부에 대한 회의적 평가가 여전히 지배적인 이유는 유럽연합이 공동외교안보정책(CFSP)을 실질적 구속력이 있는 유럽 안보국방정책(ESDP)으로 의미 있게 제대로 전환하지 못할 것이라는 평가에 근거한다.

47) EU와 NATO가 기능적 분업구조를 전제로 하는 유럽 공동안보체제를 구축하면, 비록 지정학적으로 상당한 거리에 있지만 북한의 핵개발을 둘러싼 팽팽한 긴장감을 정치적·정책적으로 해소하는 데 유럽이 미국의 역할을 보완할 수 있으며, 결국 평화를 지향하는 새로운 국제질서 수립에 크게 기여하게 될 것이다. 구체적으로 핵개발을 둘러싸고 북한과 미국 간 경직된 관계가 그 실마리를 찾지 못하고 공전할 뿐 아니라 대북정책 및 기타 국방·안보정책에 대한 한미 간 이견마저 심화되어 한미관계 자체가 돌출적으로 급변할 경우, 미국으로부터 독자적 국방·안보노선을 추구하는 유럽의 역할과 그 영향력이 동북아지역에서도 점증할 것이다.

제10장

미국 대통령제와 통일 후 한국

I. 서론

"대통령은 일단 한 시대에서 국가라는 지배 및 통치 질서의 성격과 내용이 구체적으로 규정된 헌법체제의 한 구성요소이므로, 그러한 지배 및 통치 질서라는 삶의 총체적인 구조 및 그것이 형성된 역사 및 정신사적 변화과정에 대한 이해 없이는 그것의 본질이 파악될 수 없다(양승태 2008: 5)."

미국의 건국 시조는 신생국인 미국 정부의 무능력의 원인을 중앙정부의 부재로 보고, 기존의 주 정부를 통합하는 상위정부로서 연방정부를 신설하고 그 행정부 수장이자 국가의 최고 통치권자로서 대통령직을 만들었다. 구체적으로 대통령제는 강력한 연방정부를 옹호한 연방주의자와 이에 반대하는 반연방주의자 간 대립에서 연방주의자가 승리하면서 정착된 산물이었다.

그러나 동시에 강력한 연방정부와 특히 그 행정부 수장인 대통령이 전제군주처럼 1인에게 집중된 권력을 남용할 경우 하위 정부인 주 정부와 궁극적으로 시민의 자유를 위협할지도 모른다는 우려를 잠식하기 위한 타협도 요구되었다. 대통령이란 직책명도 주도적으로 군림하는 영도자(leader)의 역할보다는 수동적으로 주재하는 집행자(executive)의 역할을 암시하는 것이었다. 이후 미국 대통령은 19세기 말에 이르기까지 수평적으로는 연방의회, 수직적으로는 주 정부의 견제 속에서 권한 행사에 상당한 제약을 받았다(이헌환 2004).

그러나 산업혁명을 거치면서 미국은 국내적으로는 교통통신 수단의 발전과 그에 따른 급속한 사회, 경제, 정치적 격동을 접했고, 대외적으로는 국위의 급격한 신장을 경험하며 주요 강국으로 부상하면서 점차 외교문제에 신속하게 대처해야 할 필요성을 절감하게 되었다. 이에 대한 대응책으로 연방정부의 위상이 보다 강화되어야 할 필요성을 느낀 연방의회와 주 정부는 시대의 요구에 따라 대통령에게 외교정책을 주도하는 재량권을 위임하였다. 그 결과 건국 초기에 정치적 타협안으로 고안된 '수동적 집행자'로서 대통령의 직책보다 '주도적 영도자'로서 대통령의 직책이 점차 강조되었다. 비록 대통령에게 부여된 집행권(executive power)은 환경 여건의 변화와 그에 대처하려는 대통령 자신의 의지에 의해 확대된 것이지만, 초기의 권한 확대는 헌법 조문 자체의 개정이 아니라 그 헌법 조문에 대한 적실한 해석과 그에 대한 공감대를 형성하기 위한 정치적 책략(maneuver)을 통해 이뤄졌다. 그런데 최근에는 고비용의 정치적 책략을 시도하기보다는 대통령 직위를 활용해 통치 행위를 포함한 정치 영역을 사법화(judicialization of politics)하는 폐단이 잇달았다.

예를 들어 아이켄베리 등은 조지 W. 부시를 윌슨의 후계자로 명명하는 것에 대해 크게 반발한다. 왜냐하면 부시와 신보수주의자들은 대통령 직위와 대통령 대권(presidential prerogatives)을 통해 미국식 민주주의를 수호한다는 명분을 내세움으로써 오히려 윌슨이 주창한 자유주의적 국제주의(liberal internationalism)를 강탈했기 때문이다(Ikenberry et al. 2011). 일찍이 가드윈은 미국인이 자부하는 자유와 평등이라는 추상적 원칙 혹은 고귀한 이상과 구체적 정책 사이에 상당한 간극이 존재하는 것에 당혹감을 표했다(Godwin 2007). 무엇보다 미국 대통령은 국민의 대변인으로 구성된 의회의 반대를 무릅쓰고도 자신의 뜻을 충분히 관철시킬 수 있다. 문제는 이러한 대통령의 우위 현상이 일시적이거나 예외적 상황이 아니라 지속적으로 관찰된다는 데 있다. 페이지와 부통(Page and Bouton)은 대통령과 의회가 상이한 목표, 즉 집행과 입법을 각기 구현한다는 점에 초점을 맞춰 미국 지도층과 국민 사이에 발생하는 불충분하거나 불완전한 의사소통을 주요 문제점으로 규정한 후, 이는 미국식 민주주의에 대한 중대한 도전이라고 경고한다. 그러나 이러한 접근은 표면적 현상을 세밀하게 기술하는 데는 도움이 되지만, 정작 단일행정부(unitary executive)와 그 변형인 행정부 일방주의(executive unilateralism)의 차이점을 설명하지는 못한다.1)

사실 건국 시조가 미국의 대통령제를 연방제와 더불어 미국식 민주주의의 헌정질서로 최종 채택한 이후에도 단일행정부를 둘러싼 논란은 종식되지 않았다. 바로 단일행정부와 행정부 일방주의 간 오해를 불식시키지 못했기 때문이다. 단일행정부는 권력의 단일 소재(unitaryness in power locus)라는 속성으로 인해 집행권과 행정부 일방주의 사이에 혼동을 촉발시킬 소지가 크다. 엄밀히 말하자면, 행정부 일방주의는 단일행정부 자체의 본질과 근본적으로 관계가 없다. 단일행정부는 이론상 민주주의를 구현하는 두 정부기관, 즉 입법부와 행정부 간의 집단적 의사결정을 강요하는 정치 설계도에 근거해 건축된다. 더욱이 건국과정에서 연합헌장 체제에서 연방헌법 체제로 전환하면서 대통령제는 주 정부의 권한을 양도받아 상위정부인 연방정부 차원에서 행정부 수장의 부재를 보완하는 과정에서 창출된 정치적 산물이다.

따라서 대통령제는 새로운 정치 설계도면에 단일한 통치 질서를 구현할 수 있는 동력을 제공하도록 구상되었다. 차이가 있다면 몇몇 대통령은 지혜로운 결정을 내린 반면에 일부는 그다지 지혜롭지 못한 결단으로 급기야 민주주의를 저해했다는 점이다. 미국의 대통령제를 보다 균형 잡힌 시각으로 검토하기 위해, 10장 초반부에서는 미국 대통령제의 이론과 실제, 그리고 미국 대통령제가 야기하는 행정부 일방주의에 대한 논쟁에 대해 상술하고자 한다. 그리고 결론에서는 통일 후 한국에서 대통령제를 헌정질서로 채택하는 경우를 전제하고 그 함의를 논하고자 한다.

II. 미국 대통령제의 통치 구조: 권력분립, 견제와 균형 및 집행권한

미국은 독립전쟁을 종결하면서 느슨한 형태의 연합 규약을 기반으로 한 헌정질서를 채택했다. 그러나 단일행정부가 아닌 복수 집행부를 정립한 연합헌장 체제가 국내적으로나 대외적으로 위기 대처 능력 측면에서 신생독립국가의 수요에 부응하지 않는다는 판단하에 개헌이 결정되었다. 새로운 헌정질서를 구상하던 건국 시조는 국민을 압제하지 않으면서도 다른 한편으로 상충하는 사회이익 간의 효과적 중재를 통해 공익을 극대화할 수 있는 통치체제를 지향했다.

연방헌법 체제와 더불어 새로운 헌정질서로 정립된 대통령제는 다음과 같은 네 가지 핵심적 합의를 토대로 발전했다. 첫째, 대통령은 명시된 권한에 관한 한 헌법을 위반할 수 없다. 둘째, 의지만 있다면 입법부는 외교정책 결정에 영향을 미칠 수 있다. 셋째, 헌법은 원칙적으로 국내정책 뿐 아니라 외교정책에도 결정적 영향력을 행사한다. 넷째, 필요한 경우에 한해 일시적 예외가 허용되나 권력분립 원칙은 그 자체로 도전받지 않는다(Gordon 1997: 8). 그 결과 제1차 세계대전 이전까지 대통령은 헌법의 제약을 받는다는 원칙에 순응했다. 따라서 행정부는 때때로 입법부를 설득하고 심지어 협박할 수 있는 가능성을 타진하였으나 외교정책을 포함해 국정 전반에 걸쳐 입법부를 통치의 동반자로 인정할 수밖에 없었다.

그러나 제1차 세계대전과 특히 제2차 세계대전의 종결을 시발점으로 급격한 변화가 일어났다. 특히 권력분립의 원칙에 도전하는 일시적 예외가 빈번하게 일어났고, 무엇보다 전례가 없었던 예외적인 일들이 연속적으로 발생하면서 특별 조치를 필요로 하는 비상사태가 일상화되었다. 급기야 최근에는 이른바 "매디슨의 악몽(Madison's nightmare)" 또는 "악천후 결빙(perfect storm)"으로 명명되는 삼권융합이 현실로 드러났다. 구체적으로 행정부가 대권(prerogatives)에 관한 헌법의 재해석을 주도하는 독단을 의회가 묵인했고, 게다가 사법부도 그러한 헌법상 재해석을 지지하기에 이르렀다.[2] 그렇다면 근본적으로 헌법은 대통령과 의회의 국정 운영에 관해 어떤 조감도를 제시하는가.

미국 연방헌법은 대통령제를 헌정질서로 채택했음에도 행정부를 포함한 대통령직보다 입법부를 먼저 명기한다. 이는 단일행정부의 필요성을 입법부와 집행부 간 공동의사결정을 독려하는 통치 원칙에서 끌어내리려는 시도이다. 더 명확하게 말하자면, 건국 시조는 대통령이 주축이 된 단일행정부에 대한 오해를 불식시키기 위해 대통령 중심의 단일행정부가 통치 동반자인 입법부로부터 부단한 도전을 받으면서 최종적인 정책 결정까지 심사숙고하는 통치 질서를 구상했다. 많은 선행 연구는 대체로 각 대통령의 개인적 특징에 의존해 일부 행정부의 대담한 일방주의 노선을 해석한다. 따라서 미국 대통령의 일방적 통치를 둘러싸고 맹렬한 비판이 반복됨에도 불구하고, 대다수 대통령이 왜 이를 지속적으로 시도하고 경우에 따라서는 어떻게 그러한 의지를 성공적으로 관철시키는지에 대해서는 체계적 설명을 제공하지 못한다.

10장에서는 이러한 선행연구의 미비점을 보완하고자 우선 단일행정부 이론(unitary executive theory)으로 명명되는 설명 틀의 헌법적 토대를 약술한다. 구체적으로 대통령의 집행권한(executive powers)을 권력분립의 원칙과 견제와 균형의 맥락에서 검토한다. 이어 집행권한과 행정부 일방주의를 왜 혼동하는지 이해하기 위해 역대 대통령이 남긴 전례에 초점을 맞춰 단일행정부의 실제를 살펴본다. 재편성된 정당제도에 기반을 두고 최초로 당선된 제7대 대통령 앤드류 잭슨(Andrew Jackson) 이후 절반 이상의 역대 대통령이 대권(prerogative)을 주장했으며 이에 따라 임기동안 국정 의제의 방향 및 내용을 바꾸고자 노력했다. 엄밀히 말하자면 모든 대통령선거가 공통적으로 변화를 주창하는 공약을 내세운다. 그러나 선거에서 대통령으로 당선되었다는 사실과 선거결과를 근거로 임기기간 중 대권(prerogative)을 위임받았다는 주장은 상호 연관될 수는 있지만 완전하게 동일한 것은 아니다(Genovese 2010: 130).

가장 최근의 사례로 조지 W. 부시(George W. Bush)와 버락 오바마(Barack Obama)를 대조할 수 있다. 일반 투표의 득표수로 볼 때 최다득표자가 아니었음에도 대통령에 당선되었던 조지 W. 부시는 사실 말이 많았던 2000년 대통령 취임 연설에서는 대권을 내세운 권한 위임을 주장하지 않았다. 그러나 당선 직후 대권(prerogative)의 기반을 다지기 위해 역대 대통령 중 가장 큰 규모의 홍보 캠페인으로 전국 순회를 감행했다. 이어 2001년 9/11 테러 사건과 이후 이라크 전쟁을 계기로 그는 재임연설에서 대통령의 대권을 크게 강조했다. 이와 대조적으로 오바마는 2007년 말의 심각한 경제위기 상황 속에서 일반투표와 선거인단의 최다득표수를 얻었다. 따라서 취임 직후부터 자신이 내세운 원칙에 충실한 방향으로 국정 의제를 설정하기 시작했다. 하지만 오바마가 부시 재임기간 동안 불거졌던 대통령의 권한에 관한 팽팽한 논란을 평정할지, 아니면 그의 전임자와 마찬가지로 국가이익이라는 명분 아래 대통령 권한을 더욱 비대하게 만들지는 두고 봐야 할 일이다.

10장에서는 미국 대통령직을 균형 잡힌 시각으로 관찰하기 위해서는 대통령 개개인의 성품이나 전력 등의 행위자 차원보다 헌법이 명시하고 선례로 구현된 제도로서의 대통령직의 속성을 검토해야 함을 강조한다. 헌법상 입법부는 명백하게 열거된 명시적 권한(express powers)에 더불어 함축된 권한(implied power)을 부여받는다. 이 함축된 권한은 유연성 조항(elasticity clause)을 기반으로 헌법적 근거를 갖는다. 반면에 행정부는 명시적 권한과 더불어 내재된 권한(inherent power)을 부여받는다. 이 내재된 권한은 연방정부(federal government)가 단일 정부체제의 중앙 정부와

〈표 10-1〉 입법부와 행정부의 권한

		명시적 권한	암시적 권한
입법부	국내	- 징세/대출 - 상업 규제 - 통화정책, 자금 축적 - 대법원 이하 연방법원 설립 - 우편제도 - 연방정부 관리의 탄핵(하원 해당)과 면직(상원 해당)	함축된 권한: - 의회 감독 - 의회 조사
	국외	- 선전포고 - 육군 및 해군 운용, 군대 소집 - 조약 비준(상원 해당) - 공석 임명의 대통령 지명 권한에 관한 조언과 동의	
	포괄	- 타 권한 집행을 위해 "필요하고 적절한" 법률 제정	
행정부	국내	- 행정부 주요 부처 관리의 의견 요구 - 대법원 판사, 장관 지명 및 임명 - 의회로부터 의견 권고 - 상원의 휴회 중 공석 임명 - 의회 소집 및 일정 기간 내 상원과 하원 간 합의 부재 시 휴회 - 입법안 거부권 행사	내재된 권한: - 행정 명령 - 행정 특권
	국외	- 군 최고사령관 - 조약 체결 - 대사 지명과 임명 및 주한 외국 대사 신임장 접수	
	포괄	- 법률 준수 관장 - 헌법 유지, 보호 및 방어	

동일한 국민 정부(national government)라는 속성에서 파생된다.3) 그러나 명시적 권한과 달리 입법부의 함축된 권한은 헌법상 공식적·명시적으로 부여된 권한이 아니다. 게다가 행정부의 내재된 권한은 불분명한 헌법 제2조 1항에 근거를 둘 뿐이고, 엄격하게 말하자면 법안(legislation)보다 행위(action)로 구현되는 사례가 빈번하다. 이는 역으로 헌법 제1조 1항이 입법부의 권한을 "이 헌법에서 부여한 바(herein granted)"로 제한한 반면에, 헌

법 제2조 1항은 행정부, 특히 대통령의 내재된 권한에 대해 강력한 헌법적 근거를 제공할 수 있음을 시사한다.4) 〈표 10-1〉은 헌법상 보장된 입법부와 행정부의 명시적 권한과 암시적 권한을 대조하고 있다.

흥미로운 점은 의회와 대통령이 충돌하는 경우 의회의 감독 및 조사와 관련된 내재된 권한은 대체로 대통령에 의해 묵살되는 경향이 있으며, 이러한 특권적 행동의 연원을 불분명한 헌법에서 찾을 수 있다는 사실이다(Crocket 2009: 203; Mayer 2009: 150).5) 국내정책과 대조적으로 대외정책에 관한 헌법의 전통적 해석은 대체로 효율적 집행에 있어서 동력의 균형(balance of energy)을 위한 수직적 권력분립(vertical separation of powers)과 일관된 입법을 제고하는 안정성에 초점을 맞추었다. 다시 말해서, 법원이 전통적으로 국가권력에 주목하는 이유는 첫째, 국가 정부의 권력이 개인의 권리와 충돌할 가능성 또는 둘째, 특정 기관에게 명시적으로 주어지지 않은 권력을 그 기관이 탈취하거나 주 정부의 권력을 중앙정부가 빼앗는 경우를 대비한 것이다.

미국 연방최고법원은 국가 권력(national power)을 해석함에 있어 원칙적으로 헌법을 단일문서로 인정하는 전통적 해석방식과 이를 부인하는 두 가지 접근법을 채택했다. 전통적 해석방식을 택하는 경우, 사법부는 외교정책 분야의 권한 확대(expansive foreign affairs power)가 국내정책 분야의 권한 확대(expansive domestic affairs power)와 연계될 수 있다는 관점을 수용했다. 그 결과 외교와 국내정책에 있어 행정부는 강력한 권위를 위임받았다.6) 물론 이와 정반대로 사법부는 원론적으로 외교 및 국내정책 분야 모두에서 연방 행정부의 권한을 약화시킬 수도 있지만 이러한 대안적 관점은 한 번도 지지를 받지 못했다. 그 이유는 바로 행정부의 존립 가치가 국정운영을 위해 더 효율적으로 국내 및 외교정책을 수립하는 데 있기 때문이었다.

이렇게 헌법을 단일문서로 간주한 사법부는 궁극적으로 개인의 권리를 침해하는 정부 권력의 과도한 행사를 방지하고 부적절한 법률제정이나 정책집행을 제어하는 정부 운용을 우선시했다. 따라서 전통적 해석방식은 권력구조가 현재의 대통령 대 의회의 대치 구조가 아닌, 대통령과 의회를 모두 포함한 연방정부가 국내 그리고 외교 문제를 다룰 수 있는 권한을 가진다는 점에 주목했다. 그렇다면 사법부는 지속적·점진적으로 일방적 대통령제 (unilateral presidentialism)로의 인식 변화에 어느 정도 기여했다고 볼 수 있다.

물론 국가 권력에 관한 전통적 해석방식에도 몇 가지 변형이 있었다. 우선 전통적 해석은 국내 및 외교정책을 모두 수립할 수 있는 연방정부의 광범위한 권력을 확립시킴으로써 주 정부의 정책 관여 가능성을 제한했다. 실질적으로 권력 범위를 둘러싼 논란이 지속적으로 제기되었지만 근본적으로 제한정부(limited government)는 미국 연방헌법 체제의 기본 수칙이라는 합의가 존재했다.7) 그럼에도 불구하고 헌법은 구체적으로 어떤 권력이 왜 특정 정부부처에게 금지되는지 판단할 명확한 근거를 제시하지 않았기 때문에, 단일문서로서 헌법은 결국 국정의 중앙권력(central power)을 연방정부에게 위임하게 되었다. 이렇게 단일한 문서인 헌법이 연방정부에게 제한된 권력을 위임했기 때문에 실용적 예외(pragmatic exception)도 국내정책과 외교정책에 동일하게 적용될 수 있는 여지를 남겼다.8)

여기서 주목할 점은 사법부가 초기에는 외교정책 분야에 관한 한 판결 자체를 거부했다는 사실이다. 다시 말하자면, 사법부는 외교정책은 사법권한 영역에서 벗어나며 이는 헌법에 의거해 선출직으로 구성된 정부, 즉 입법부와 행정부가 협의해 결정해야 한다는 점을 내세우며 소극적 태도를 보였다. 따라서 사법부는 헌법에 관한 전통적 해석방식과 이를 거부하는 비판적 해석방식 중 하나를 선택하기보다 정치문제원칙(political-question doctrine)을 내세워 외교정책과 관련한 판결을 아예 내리지 않았다.9) 그런 점에서 1936년 *United States v. Curtiss-Wright Export Corp.* 판례는 사법부가 국가권력에 관해 헌법을 전통적으로 해석하지 않고 비판적으로 해석한 전환기적 사례라 할 수 있다.10)

이후 사법부는 점차적으로 외교정책 분야에 관한 연방정부의 강력한 권한 근거를 헌법이 아닌 다른 출처에서 찾는 반면, 국내정책에 있어서는 약하고 분권화된 연방정부를 헌법에서 요구하는 제한된 정부와 일치시켜 해석하였다.[11] 특히 헌법이 외교정책 분야에 관해 침묵하는 경우, 사법부는 국내와 외교문제 영역을 분리시킴으로써 "지방 자치와 주권재민"을 희생하지 않는 동시에 "국가 단합과 대외적 권위"를 보존하였다(Silverman 1997: 38).

결과적으로, 전통적 해석방식은 대통령의 권한을 '설득할 수 있는 능력'으로 규정한 기존 견해를 반박하는 데 그쳤으나, 비판적 해석방식은 점차 대통령의 권한을 입법 권한까지 침해하기도 하는 대권(prerogative) 또는 사법원칙으로 수용하기에 이르렀다(Neustadt 1990). 따라서 대통령이 국내 및 외교정책을 집행할 때 주 정부를 배제하는 대권을 주창할 경우 사법부는 대통령의 손을 들어주곤 했다. 그러나 이러한 사법부의 공조 여부가 대통령이 임의로 헌법 해석의 대권을 자신의 권한 영역으로 받아들이는 수사(rhetoric)를 구사하거나 적극적인 행위를 통해 선례로 쌓는다는 근거가 되지는 않는다.

배릴로와 켈리(Barilleaux and Kelley)는 단일행정부의 토대가 헌법 3조와 대조적으로 헌법 1조와 2조의 권한 부여 조항("vesting" clause), 권한 선서 조항("oath" clause), 그리고 법 집행 유의 조항("take care" clause)으로부터 기원한다고 주장한다(Barilleaux and Kelley 2010: 3-4). 구체적으로 헌법 제1조의 입법권은 제한적이기 때문에 의회는 제1조에 나열된 권한만 행사할 수 있고, 제3조는 사법권이 대법원과 하위 법원에게 분산된다고 명시한다. 이와 반대로, 제2조는 집행권을 명시적으로 대통령에게 위임하고 대통령에게 헌법 수호를 선서할 것을 명시한다.[12] 이는 특정 법률이 헌법에 위배된다고 판단되면 대통령이 독립적으로 법 조항을 재검토할 수 있다는 의미이다. 이러한 대통령의 특권은 연방헌법 구상에 따라 법문화되었기 때문에, 대법원이 이에 대해 명확하게 판결하지 않는 한 대통령은 특정 법률의 합헌성에 대한 독립적 판단을 내려 법률을 이행할 수 있는 근거를 마련할 수 있다(Madison, No.49). 또한 제2조에서 대통령은 행정부 소속 관리의 보조를 받아 특정 법률이 충실히("faithfully") 집행되는지 확인할 수권도 가지고 있다.

따라서 대통령은 행정부처 기관이 법을 충실히 집행하는지 감시하면서 직접 법을 집행한다. 특히 의회가 행정부 기관을 세밀하게 감시하지 못하는 경우, 대통령은 결국 자신의 기호에 따라 주요 정책을 직접 관리할 수 있고 실제로 그렇게 하고 있다.

나아가 제너비즈는 단일행정부 이론을 다음의 일곱 부분으로 구성할 수 있다고 주장한다(Genovese 2010: 130-141).

1) 존 로크의 『정부론』에 의거한 집행 대권(executive prerogative)
2) 알렉산더 해밀턴의 『연방주의자 논고(Federalist Papers)』 No.49에 근거를 둔 행정부의 "동력(energy)"
3) 최고 군통수권자 조항(commander in chief clause)에 융합된 집행권
4) 미국 남북 전쟁 중 링컨대통령이 실행한 필연성 원칙(doctrine of "necessity")
5) [행정부 결정을] 지지하는 법원 판결
6) 헌법적 독재("constitutional dictatorship")
7) 역대 대통령의 선례

다음 절에서는 미국 역대 대통령이 어떤 경로를 통해 집행권을 헌법에 의해 부여된 자신의 권한이라고 주장했으며, 특히 의회 참여를 전제하지 않는 집행권 행사가 어떻게 가능했는지 설명하고자 한다. 이를 위해 앞서 나열한 배릴로와 켈리, 그리고 제너비즈의 분석을 통해 현대 대통령제를 살펴보려 한다. 이같은 접근법으로 역대 대통령의 연대기를 재구성하면, 특정 대통령의 인물이나 성품 등의 행위자 변수에 국한되지 않고 왜 대통령이 저마다 독자적으로 행동했는지에 대한 이해를 높일 수 있다. 결국 단일행정부란 대통령이 통치에 관한 수사와 행위를 적절히 배합하여 만들어낸 작품이다. 따라서 역대 대통령 중 일부는 위업을 남기는 데 성공했지만 나머지는 실패했거나 머뭇거리다가 임기를 마쳤다.

III. 단일행정부의 이론과 실제

1787년에 헌법제정회의(Constitutional Convention)가 마무리될 무렵 초기 반연방주의파 중 한 명이 케이토(Cato)라는 필명으로 뉴욕저널(New York Journal)에 헌법 제2조를 겨냥하여 연방헌법에 대한 이의를 제기하는 글을 게재하였다. 그 네 번째 편지에서 케이토는 새로 설립된 대통령제와 대통령제의 단일성, 대통령에게 위임된 강력한 권한 등을 신랄하게 공격했다. 버지니아 주지사이자 미국 연합규약의 서명자였던 패트릭 헨리(Patrick Henry)도 "[대통령제는] 여러 기형 중에서도 특히 군주제로 치우치는 편향(an awful squinting)을 지닌다. 이러한 사실은 모든 미국인을 격분시키지 않겠는가?"라며 케이토의 주장에 동감을 표했다(Nelson 2008: 19). 단일대통령제 옹호자는 단일행정부가 이론적으로 정립된 시기가 1787년의 헌법제정회의이지만, 실제로 실행된 시기는 훗날 워싱턴 대통령 임기부터라고 주장한다. 그러나 보다 정확하게 말하자면, 현대판 단일행정부론의 효시는 레이건(Regan) 행정부였다는 주장이 대세이다(Bravin 2006: A1).[13]

시기별로 분류하면, 단일행정부의 초기 열혈 지지자들은 대통령의 특권에 대한 수사에만 열중하고 이를 실행에 옮기지 못했다. 예를 들어 테오도어 루스벨트(Theodore Roosevelt) 대통령은 헌법·법률이 금지하지 않는 한 행정부의 "동력"이 필요함을 주장했지만 헌법의 재해석에 대한 시도는 회피했다. 대통령 권력을 강제로 탈취하기보다 집행권의 활용을 확대하는 데 주력했던 그는 주 정부의 자립 의지에 맞서 연방정부의 권위를 공고하게 확립하고자 했다. 무엇보다 루스벨트는 연방정부의 권위가 헌법에 명시된 권한에 한정되지 않아야 한다고 믿었다. 그러므로 진정한 대결은 강력한 국가 지지자와 분권화된 국가 지지자 사이의 주도권 경쟁이었다(Robinson 2009: 78).[14] 그러한 맥락에서 테오도어 루스벨트는 집행권을 새롭게 해석하여 독자적 대통령직을 구상했지만 이를 실현하지는 않았다.

그의 뒤를 이은 윌리엄 태프트(William Taft) 역시 대통령의 권한은 그

제약에도 불구하고 의회가 조치를 취하지 못하는 영역들까지 포괄하므로 입법부에서 통과된 법률에 한정되어서는 안 된다고 주장했다. 루스벨트와 마찬가지로 태프트는 특히 외교정책 분야에서 모든 권한이 연방정부에 독점적으로 부여되었다고 주장했다.15) 태프트를 이기고 당선된 우드로 윌슨(Woodrow Wilson)은 대통령 주도로 시대에 뒤떨어진 헌법 절차와 헌법 문서에 내재된 원칙을 구별하고자 했지만, 이러한 대통령의 주도로 이뤄진 발안에 대한 최종 결정권은 입법부에 있다는 점을 인정했다. 따라서 대통령의 특별권한(extraordinary powers) 행사는 모호한 헌법 구절에서 나오거나 사후에 승인되는 것이 아니라 의회에서 통과된 법률로부터 연유한다는 사실을 받아들였다(Wilson 1908; 1961: 77).16)

심지어 네 번 연속 재임한 프랭클린 루스벨트(Franklin Roosevelt)도 느슨한 헌법 재구성 대신 의회에서 통과된 법률을 통해 광범위한 집행권과 권위를 확보하려고 노력했다.17) 의회의 저항에 대해 격하게 불평하면서도 루스벨트는 헌법 재해석과 비상입법권(emergency powers of legislation)에 의존하기보다 오히려 국민에게 직접 호소하는 방법을 택했다. 그는 대통령의 권한을 의회가 아닌 행정부의 선례로부터 유추함으로써 대권(prerogative) 주장에 바짝 다가섰다. 따라서 루스벨트는 의회가 아무런 조치를 취하지 않을 경우 대통령에게 필요한 요건이란 의회를 상대로 자율적 행동 노선을 취하겠다는 의도, 즉 행정부 일방주의를 위협하는 것으로 충분하다고 보았다.18)

특이한 점은 비록 실행에 옮기지 않았지만 루스벨트 대통령이 주창한 특별권한에 관한 수사가 후임 대통령에게 선례가 되었다는 사실이다. 특히 비상사태에 버금가는 위급한 상황에서 후임 대통령은 이런 특별권한을 임시적 행동이 아닌 합법적 권한으로 행사할 수 있음을 역설했고 나아가 실제로 실행에 적극 옮겼다. 예를 들어 외교정책 분야에서 해리 트루먼(Harry Truman)은 헌법 제2조에 근거한 광범위하게 위임된 권한과 최고 군통수권자 조항을 토대로 새로운 헌법적 수사를 내세움과 동시에 전통적 수사에 부합하는 헌법적 권위도 인용하는 두 가지 경로를 활용했다. 비록 임시 비상권(emergency claim)을 어기기는 했지만 트루먼은 헌법상 의심의 소지가 있는 행동을 감행할 때에도 트루먼은 전통적 해석의 범위 내에서 법에 의해 규정된 권위를 모색했다.

흥미로운 사실은 의회가 대통령의 특권에 대해 대체로 강력히 반발하면서도 실제로 이를 규제하는 정책도입에 대한 반대투표에는 소극적이었다는 점이다(Marshall and Haney 2010: 192).[19] 즉, 의회는 대통령이 특권을 확보하는 과정에 원칙적으로 심각한 우려를 표하면서도, 대통령의 특권이 동원되는 실제 정책상황에 대해서는 대체로 지지하는 양상을 보였다. 이는 사실상 트루먼 대통령이 외교정책뿐 아니라 국내정책 분야에서 정치적 영향력을 보다 폭넓게 확장할 수 있는 여건을 조성했다.

대통령의 권한은 의회 또는 국민을 설득하는 능력에 제한된다는 것이 일반적 통념이다. 이는 집권 여당과 야당이 정치적 대결을 통해서만 의회와 국민의 지지를 얻을 수 있다는 의미이다. 하지만 1950년대부터 합법성의 입증 책임이 대통령에서 의회로 넘어감에 따라 의회가 대통령의 근거 없는 행동을 제한할 수 있는 절차가 요구되었다. 트루먼의 제철소 압수와 뒤이은 번복 사례는 실제로 대통령 특권을 주장했던 선례가 트루먼을 비롯한 후임 대통령에게 어떻게 도움이 되는지를 명확히 보여주었다(Mayer 2009: 154).[20] 하지만 다행히도 사법부는 공장을 압수하라는 행정명령에 대해 의회가 입법화를 거부한다면 그 행정명령은 위헌이라고 판결함으로써 단일행정부의 토대를 보존하려 했다. 그리고 의회는 행정명령에 의거해 공장을 압수하려는 트루먼의 요청을 거부했다.[21]

결국 트루먼은 법원의 판결에 동의하지 않았음에도 신중한 정치적 판단으로 이를 따르기로 했지만, 의회는 이러한 트루먼의 의사표시에 냉담할 뿐이었다. 특히 트루먼은 법률의 합법성 여부를 독립적으로 판단할 수 있는 대통령의 권한에 대해 법원만이 최종적으로 판결할 수 있다는 점을 결코 받아들이려 하지 않았다. 그는 의회의 행동부재나 적극적 반대표시에 대해 대통령이 단독으로 자신의 권한을 행사할 수 있다고 주장했다. 이는 그가 결과적으로 법원이나 의회가 대통령의 대권 행사를 저지할 수 없다는 새로운 해석에 입각해 행동했음을 의미한다(Truman 1965: 478).

트루먼에 이어 대통령에 당선된 드와이트 아이젠하워(Dwight Eisenhower)는 전임자와 대조적으로 행정부의 권위가 입법부를 통해 양도되는 절차에 온전히 따라야 한다는 전통적 방법으로 대권을 형상화했다. 헌법에 의거한 대권(constitutional prerogative)에 대해 아이젠하워는 혼재된 입지를 취한 것으로 평가된다. 그는 한국전쟁에서 보여주었듯이 무력 사용을 위협하는 정책에 대해서도 전통적 해석을 따르거나, "정책에 동조하지만 정책 결과를 비난하는" 의회로부터의 공방을 피하기 위해 자신의 권한 행사를 의회가 보증하는 경우로만 제한했다(Silverman 1997: 76). 또한 의회의 관점에서는 심각한 위급상황에 대처할 특별조치로서 권한 위임이 요구된다고 역설했다. 그러나 아이젠하워는 근본적으로 상황적 필요성보다는 그러한 정책결정의 실패와 그에 대한 책임 추궁에서 벗어나려는 정치적 편의에 따라 움직였고, 병력 배치, 대외원조 배정 등의 특별 권한을 대통령에게 위임하는 데 동의했다.22)

의회로부터 광범위한 권한 위임을 모색한 아이젠하워와 달리 후임 대통령인 존 케네디(John F. Kennedy)는 의회에 정책 요점만 간략하게 보고할 뿐 입법부 의원의 조언이나 승인을 구하지 않는 방식을 선호했다. 케네디는 의회의 결의를 통해 대통령에게 권위가 부여되는 것이 아니라, 행정부의 정책개발과 정책이행을 도모하기 위해 의회의 결의가 필요함을 강조했다. 따라서 케네디는 대통령이란 기본적으로 국내 및 외교정책을 수행하는 데 있어 구속받지 않아야 한다고 믿었다.23)

이처럼 대권에 의거한 헌법 해석의 수사와 역대 대통령의 선례를 합법적 근거로 확보한 후임 대통령은 행정 대권(executive prerogatives)이야말로 유일한 권한 해석의 근거라고 주장하기 시작했다. 결국 논란의 대상이 되는 선례가 축적되면서 이러한 주장에 대한 권위와 타당성이 형성되었다. 의회는 역대 대통령의 선례를 무효화시키거나 이전의 공식 인가를 번복할 수 있는 권위를 가지고 있었지만, 헌법적 의심과 상관없이 의회가 이에 대한 이의를 제기하는 것이 큰 정치적 부담으로 작용했기 때문이다. 예를 들어

린든 존슨(Lyndon Johnson) 대통령이 의회와 협력적으로 행동한 이유는 의회로부터 승인이나 정당성을 확보하기 위해서가 아니라, 의회의 결의를 통해 의회가 대통령의 결정에 따른다는 자신의 위상을 보여주기 위해서였다(Johnson 1967: 91).[24]

리처드 닉슨(Richard Nixon) 대통령은 급기야 "외교정책의 필요성과 그 권한이 국내정책의 중요성과 헌법적 권위 부여에 우선될 수 있고, 우선되어야 하며 실제로 우선된다."고 단언했다. 이는 닉슨에게 대통령직은 굳이 일방적 대통령이라고 명명하지 않더라도 강력한 대통령을 지칭하는 것이었다(Nixon 1978: 382).[25] 나아가 닉슨은 행정부가 장기간 지속적으로 대통령의 권한을 주장했고 의회가 이를 묵인한 점을 지적하며 대통령 대권의 선례가 합법적임을 공공연히 역설했다. 심지어 의회가 반격하는 경우에도 닉슨은 구속력 부재를 들어 의회를 무시했다.

이후 닉슨 임기 동안에 드러난 전형적 징후에 대한 반작용이 잇달아 나타났고 간간이 의회가 승리를 거두는 형국이 전개되었다. 그러나 국가 전체를 대변하는 대통령과 달리 의회 구성원은 미국 내 수많은 지방 중 자신의 선거구역 한 곳만을 대변할 뿐이며, 이러한 간극이 결국 선거결과를 입법부가 주도하는 방식으로 바꾸는 데 지장을 준다.[26]

이와 반대로 대통령은 의회의 권위를 침해하더라도 전 국민과 정서적 차원에서 교감할 수 있다는 이유로 상당한 민주적 합법성을 부여받는다. 비록 중앙집권화된 행정부 정책결정과정은 민주주의 이론에 비추어보면 비판의 대상이지만, 국가 원수와 정부 수반이 융합된 행정부가 일방주의가 아니더라도 매우 강력한 대통령직을 보장한다는 사실에는 변함이 없다. 그렇다면 선출직 중 유일하게 전 국민을 대표하는 대통령에게 정책위임 권한을 주창하려는 욕구가 생기는 것은 어쩌면 불가피한 일일지도 모른다.

IV. 결론: 통일 후 한국과 대통령제

미국 대통령제는 모든 집행 권한과 권위를 실질적으로 단일 선출직에 집중시켰다는 점에서, 비정상적 민주주의 체제는 아니라 하더라도 독특한 민주주의 체제인 것만은 분명하다. 더불어 대통령의 대권 위임(prerogative mandate)은 그 헌법적 기반의 불안정으로 인해 논란의 대상이 되었다 (Smith 2008: 78).[27]

그러나 미국 대통령제에 관한 선행 연구는 대개 단일행정부가 행정부와 입법부 간의 집합적 정책결정을 위해 구상되었다는 사실을 간과한다. 또한 대통령제는 연방제와 더불어 궁극적으로 제한된 정부와 주권재민을 실현할 수 있다는 신념에 근거해 채택된 헌정질서이다. 따라서 대통령제를 단순하게 권력구조에 국한해 그 가치를 판가름하는 작업은 그다지 큰 의미를 지니지 않는다. 대신 10장에서는 단일행정부 이론의 헌법적 토대와 집행권의 근원을 모색한 후, 역대 대통령의 사례를 통해 선례와 수사, 그리고 이 두 요소의 조합이 행정부 일방주의를 정당화하는 데 기여했다는 점을 지적했다.

더구나 대통령제는 정당, 선거, 연방 등 다른 정치제도와 분리해서 독자적으로 그 효율성과 가치를 논할 수 없는 권력구조 그 이상의 의미를 지닌다. 또한 미국 헌정질서의 발전과정에서 살펴보았듯이 실제로 대통령직에 부여된 권한과 권위는 특히 연방제의 존립과 밀접하게 연관되어 형성되었다는 점에 주목해야 한다. 이에 10장에서는 한국 대통령제의 문제점과 이를 극복하기 위한 대안을 권력구조의 유일한 틀 안에서 조명하기보다 국민의 권리와 자유를 보호하기 위한 목표라는 복합적 구도 안에서 재조명할 때, 통일 후 한국의 정치제도로서 대통령제의 유의미성을 논할 수 있다고 주장할 것이다.

한국의 대통령제에 관한 대다수 선행연구는 대통령제가 한국에서 얼마나 적실한지 또는 왜 대통령제가 한국의 민주주의 발전을 저해하는지에 초점을 맞춘다. 현 대통령제는 대통령제에 의원내각제 요소를 가미한 형태로, 대통령제와 의원내각제의 장점을 취하기보다 의원내각제 요소가 대통령제의 일방주의적 성향을 부추기는 결과로 나타났다(김형남 2003; 이명남 1997; 최한수 2005).[28] 열 차례의 개헌을 거쳤음에도 불구하고 대통령제에 관한 논란의 핵심은 오로지 권력구조로서 대통령제를 대체하는 의원내각제의 가능성에 국한되었다. 따라서 기존 연구들은 대통령제의 제도적 기능에 주력해 제도상 취약점을 개선하는 데 집중했지만, 대통령제 운용을 위한 정교한 기략을 만드는 작업에는 비교적 관심이 적었다(임혁백 2003; 박찬욱 2004).[29] 이는 한국형 대통령제의 발전 과정에서 "헌법과 제도의 운영에 따른 권력을 가진 자와 그렇지 못한 자 사이의 간극"이 지나치게 심화되어 "국가의 유지와 국가의 건설이 전혀 다른 별개의 문제"로 변형된 결과였다(문종욱 2006). 따라서 국가 건설과 사회 통합 간에 왜곡된 영합적(zero-sum) 관계가 성립되면서 사회 통합을 등한시한 채 오로지 국가 건설로 일관된, 심지어 국가 유지마저 예속된 기형적 양상을 띠었다. 그 결과 대통령제를 국정 운영이라는 큰 틀 안에서 동력을 제공할 수 있는 통치 질서로 보지 못하는, 혹은 보지 않으려는 타성이 자리매김하게 되었다.

강원택(2011)은 대한민국의 헌정발전 단계에서 드러난 문제점을 "분단을 전제로 한 임시 체제"와 "분단으로 인해 왜곡된 정치구조"로 분류하고, "분단극복을 통한 미래지향적 가치의 확립"을 통해 "이질화된 사회의 결합과 통합"을 제고하는 통일 후 한국의 정치지형을 제시한다(2011: 21-39). 그리고 구체적으로 "정치통합 매개체로서의 정당", "공정한 대표성과 통합기제로서의 선거제도", "분권과 공유: 연방제", "지역대표성과 숙의: 양원제" 및 "권력공유와 국민통합을 위한 권력구조의 모색"을 통해 미래지향적 가치를 극대화하는 통일 후 한국의 민주주의를 제안한다. 그 중 대통령제는 의원내각제와 대조되는 권력구조로서 통일 후 한국 민주주의를 공고하게 다질 수 있는 대안이지만, 정당제도와 선거제도의 재편성을 전제한 의원내각제가 단일선출직에 권력이 집중된 대통령제보다 적절하다고 평가한다(강원택 2011: 149-169).[30]

무엇보다 통일 문제에 있어 남북한 관계를 규정할 때 현재 남한과 북한 간 존재하는 가장 극심한 간극은 통합 모델에서 발견된다.31) 북한은 남북한 관계에 있어서 다자주의에 입각한 지역협력체의 존재가치를 부정하고 쌍무적 관계만 수용하지만, 이 쌍무적 관계마저 상위정부인 연방국가의 조정에 의해 최종적으로 결정되어야 한다고 주장한다. 반면 남한은 남북한 관계에서 남북한 간 긴밀한 공조와 더불어 동아시아, 나아가 국제사회의 보장도 필요하다고 주장한다.32) 남북한 통일은 지정학적 이유로 인해 외부 요인으로부터 극심한 영향을 받게 된다. 그러므로 만약 통일을 위해 동아시아나 국제사회의 협조와 지지를 동원할 수 있다면, 통일의 성공적 정착 가능성이 증대할 수 있다. 무엇보다 아직까지 북핵 문제에 대한 대화 창구를 주도하는 주요 행위자는 여전히 미국과 중국, 일본, 러시아 등의 강대국이다. 따라서 한반도의 분단 상황과 그 종식이 이들 강대국의 이해관계에 영향을 받는다는 사실은 통일 이후에도 여전히 유효하다. 이러한 상황 전개는 통일 후 대외적으로 남북한 사회를 통합하는 영도력을 요구한다.

반세기 넘게 분단된 남북한이 통합된다면, 분단 이전으로의 복구나 환원이 아닌 진일보한 정치체제를 향한 재(再)건국이 시작된다. 이 과정에서 남북한을 통합하는 체제 위에서 통일 한국의 사회 통합과 대외적 위상 제고를 동시에 달성하려면, 여타의 제약을 극복할 수 있는 동력을 제공하는 구심점이 필요하다. 특히 연방주의에 입각한 다층구조 거버넌스를 남북한 통합 모델로 상정하고 있는 현실을 감안한다면, 이를 토대로 정상화된 대통령제에 접목된 새로운 헌정질서가 가능하다.

분단 이후 민주화를 거쳐 오늘날에 이르기까지 한국 대통령제의 문제점은 주로 여소야대, 다시 말하자면 "대통령의 소속정당이 국회 내에서 다수의석을 점하지 못하는 분점정부 상황에서 국회와 대통령/행정부 간 대립의 심화와 교착상태의 장기간 지속"에서 찾아볼 수 있다(정진민 2004). 그럼에도 불구하고 "민주화 이후에도 국회와 대통령의 관계가 대립과 교착의 반복이라는 부정적인 유산을 버리지 못하고 견제와 균형을 통한 국정운영의 효율성을 제고하지" 못한 책임을 오로지 통치구조의 탓으로만 돌릴 수는 없다

(박찬욱 2004).

왜냐하면 권력구조로서 대통령제는 통합과 갈등을 조정할 수 있는 정당제도, 지역갈등을 공정한 대표성으로 전환할 수 있는 선거제도, 그리고 이러한 대표성이 원내 절차에 의거해 입법화되는 의사결정 방식을 필수 구성요건으로 갖춰야 하는데, 대한민국의 헌정 발전사는 그렇지 못했기 때문이다. 특히 특정 대통령의 법률 집행을 둘러싼 헌법 및 정치적 논란 자체로 인해 대통령제의 존폐 가치를 속단할 수도 없다(강승식 2007).[33]

앞서 검토한 미국의 건국과정을 참조하면, 헌정질서로서 대통령제는 "권력공유 속의 권력분립(separated institutions sharing powers)"을 구현하는 수평 및 수직적 권한분산을 제도화한 가운데 정비되었다. 이는 비록 대통령 권한이 특정 영역에서 군주에 가깝지만 그 외 대부분 영역에서는 훨씬 미약한 권한을 행사하도록 제도화시킨 결과이다(Hamilton No.69). 또한 연방제는 연방정부 이전부터 존립한 주의 자율성을 일정 범위에서 보장하는 동시에 상위 정부인 연방정부에게 국정운영의 최고 권위를 부여했다. 바로 이러한 정치 토양에서 발전한 "미국 대통령제는 실무의 산물이지 이론의 산물"이 아니라고 평가된다(이헌환 2004: 170). 물론 건국 이후 역대 대통령 중에서는 헌법적 혹은 초헌법적으로 대통령의 권한 확대를 시도하고 때로 성공한 경우도 있다.

그럼에도 불구하고 헌법에 명확히 규정하지 않은 대통령의 권한이 제한정부와 주권재민의 틀 안에서 견제와 균형을 통해 권한분산의 운용 수칙에 부합하게 된 배경에는 법치, 즉 법의 지배를 정착시킨 헌정질서가 있다. 그 결과 미국의 정치발전사에서 대통령은 국내적으로는 사회 통합, 대외적으로는 국위 선양을 주도하는 동력의 주체가 되었다.

통일 후 한국에서는 오랜 분단으로 인해 생긴 남북한 간 이질성을 일정 범위에서 보장해야 하는 현실적 필요성과 남북한이 공통적으로 경험한 권력의 집중으로 인한 고질적 병폐를 극복해야 하는 당위적 필요성으로 인해 연방주의를 근간으로 하는 재(再)건국이 필요하다. 더불어 통일 전후 한국은 연방주의를 기반으로 안으로는 사회 통합을 이루고 밖으로는 한국의 위상을 제고하는 강력한 결집력의 주체로서의 연방 대통령이 요구된다. 이는 남북한에 공통적으로 친숙한 최고 영도자가 의회의 수장이 아니라 국가원수이자 행정부 수반이었다는 역사적 기억과도 일맥상통한다.

또한 남북한 간 적대관계가 장기간 지속되었던 과거로 인해 자율성을 보장하면서도 동시에 지나친 자율성으로 인해 사회 통합이 저해되는 위험성을 줄이기 위한 강력한 연방정부와 단일한 수장이 요구된다. 다만 단일 행정부가 행정부 단일주의로 변질될 우려가 있으므로, 대통령제의 건설적 발전을 위해서는 정당제도와 선거제도의 정상화가 병행되어야 한다.

대통령제는 기본적으로 대통령과 의회가 국정운영의 동반자로서 경쟁하는 권력공유 체제에 기반을 둔다. 즉 대통령제는 단일 권력소재지를 근간으로 하는 단일행정부 체제이지만, 기본적으로 민주주의 원칙에 입각해 입법부와 행정부에게 집단적 의사결정을 강요한다. 이에 더해 기존의 이질적 하위정부가 모여 새로운 상위정부를 창출하는 방식으로 통합이 이루어진 경우, 대통령제는 하위정부의 권한을 일부 양도받아 상위정부인 연방정부와 그 행정부 수장에게 위임한다.

이렇게 고안된 대통령제는 단일한 통치 질서를 구현할 수 있는 강력한 동력을 제공하는 동시에, 기존에 있었던 이질성 내지 자율성을 일정 범위 내에서 허용하도록 제어하는 자제력도 제공할 수 있다. 이러한 맥락에서 10장에서는 정상화된 대통령제가 통일 후 한국에게 통일이 가져온 기회를 최대한 활용할 수 있는 헌정질서 구축에 기여할 수 있음을 강조한다.

미주

1) 페이지와 보톤(Page & Bouton)은 외교정책에서 국민여론은 인식된 주의력과 이해도의 한계에도 불구하고, 모순이 없고 상당히 불변함을 주장한다. 이들이 주장하는 "외교정책 단절(foreign policy disconnect)"은 실질적으로는 정책 결정자들의 측면에서 보다 정교한 민감성을 요구한다.

2) 실버먼(Silverman)은 『연방주의자 논고(The Federalist Papers)』 37장의 매디슨(Madison)을 인용하면서, "정부의 존립을 위해 필수적 요소인 안정성과 동력(energy)으로 자유와 공화국을 유지해야 하는 사명감"을 결합하는 기제로서 "의도적 균형"의 중요성을 강조한다. 비록 매디슨은 서문에서 연합헌장체제의 정부를 가리켜 "동력이 결여된 정부"라고 비판했지만, 연방헌법 체제의 정부에 대해서도 "자제력을 상실한 채 공공 정책을 독단적으로 집행할 가능성에 대한 우려"를 표한다.

3) 제1조 제8항 제18절에 따르면 "위에 명시한 권한들과 이 헌법이 합중국 정부 또는 그 부처 또는 그 관리에게 부여한 모든 기타 권한을 행사하는 데 필요하고 적절한(necessary and proper) 모든 법률을 제정한다."

4) 제1조 제1항에 따르면 "이 헌법에 의하여 부여되는 모든 입법권한은 합중국연방의회에 속하며, 연방의회는 상원과 하원으로 구성된다."

5) 집행 권한에 관한 한 대통령이 기득권을 가진다.

6) 결과적으로 행정부 내부의 시정을 요구하는 행정명령은 종종 법률과 절차를 변경시키거나 심지어 새로 제정하는 수준으로 범위가 확대되었다. 바로 이런 연유로 행정부의 독립적 권한이 그 적절한 한계를 넘는지의 여부가 의회의 표적이 되었다.

7) 그러므로 1799년 Little v. Barreme (1799) 판례에서처럼 국가안보가 위험에 처해있다고 주장하는 경우에도 헌법이 대통령에게 위임한 권한은 무제한이거나 무조건적인 것은 아니었다. 이는 프랑스 항구로 항해한다는 의심의 소지가 있는 미국 상선을 압수하도록 허락한 법률에 의해 프랑스 항구에서 출발한 덴마크 상선을 나포했던 사건에서 발단이 되었다. 마셜 사법부는 상급 장교의 위법행위에 대한 납득할 만한 소명이 불충분하다는 판결을 내렸다. 결국 나포를 명령한 대위가 단지 상부의 명령을 따랐을 뿐이라고 주장했음에도 불구하고 그는 자신의 불법 행에 대해 온전히 책임져야만 했다.

8) 사법부는 외교정책과 국내정책을 구별하여 외교정책 분야에만 실용적 예외를 제한할 만한 논리적 타당성이 없다고 판결했다.

9) 1917년 Oetjen v. Central Leather Co. 판례에서 사법부는 연방정부의 국정 설정 권한

(power of recognition)은 국가권력과 관련해 선출직으로 구성된 입법부와 행정부를 포괄한 연방정부의 권한이기 때문에 위헌법률심사 대상이 아니라는 판결을 내렸다. 사법부는 외교정책 사안을 정치적 질문의 원형으로 상정했으나, 모든 외교정책 사례를 내재적으로 사법부 권역 밖에 있다고 인정하는 것을 주저했다.

10) 사법부는 외교정책 권한이 연방정부에 포괄적으로 부여되었고, 동시에 미합중국 대통령이 외교문제에 관해서는 의회에게 위임된 권한과 독립적으로 전권(plenary powers)을 가진다는 판결을 내렸다. 또한 외교관계를 수행하는 권한은 주 정부 권한이 아니라 연방정부 소관이라고 덧붙였다. 따라서 주 정부는 헌법에 의거해 외교정책 분야의 권한을 연방정부에게 위임하거나 반대로 제한할 수 없다고 단언했다. 달리 말하자면, 외교정책 분야의 권한은 "초헌법적(extra-constitutional)"이기 때문에 헌법에 의거해 그에 관한 승인을 강요할 필요가 없었다. 사법부는 외교문제 권한을 헌법에 의거해 위임한 게 아니라 연방정부에 내재된 것이라고 선언한 결과, 국제관계에 관한 권한을 주 정부로부터 박탈했다고 볼 수 있다.

11) 이러한 해석은 한편으로 헌법이 외교 분야와 국내 분야 간 적용가능성을 명료하게 구별하지 못했고, 다른 한편으로 외교 분야와 국내 분야를 실질적으로 분명하게 분리할 수 없다는 주장을 근거로 한다.

12) 따라서 대통령은 취임식에서 헌법에 명시한 선서를 한 글자도 틀리지 않고 반복해야 한다. 2009년 오바마 대통령 취임식에서 로버츠 대법원장이 헌법에 명시된 선서문과 일부 다르게 낭독하여, 취임 후 백악관에서 다시 정확한 선서문을 낭독하고 이를 오바마 대통령이 반복한 일화가 있다. 헌법상 문제 소지를 제거하기 위한 조치였다는 점을 감안하면, 권한 선서의 헌법적 근거에 대해 엄격한 일면을 엿볼 수 있다.

13) 실질적으로 포드와 카터 대통령 재임 기간의 대통령직을 무의미하게 만든 닉슨 행정부의 "제왕적 대통령직(imperial presidency)" 이후, 의회가 입법부의 권한을 점차 역설하던 시기에 레이건 대통령이 집권했다. 위축된 대통령직을 재활시키기로 작정한 레이건 대통령은 헌법에 기반을 두는 대통령 일방주의 이론을 공세적으로 개발해 "행정부의 권한 범위와 입법 권한의 제약을 재해석"하고자 했다.

14) 테오도어 루스벨트는 명시된 헌법적 권한 내에서 자신의 정치적 능력을 발휘하여 의원들의 지지를 회유하거나 의회가 반응하지 않을 때에는 산토 도밍고(Santo Domingo) 조약에서 보여주었듯이 행정명령을 동원했지만, 대통령의 행위를 법률로 만들 수 있는 권한이 입법부에 유일하게 있음을 역시 인정하였다.

15) 27대 대통령 윌리엄 태프트는 이후 하딩(Harding) 대통령 임기에 10대 대법원장을 역임하기도 했다. 태프트는 재선에 앞서 공화당 공천 과정에서 전임 대통령인 테오도어 루스벨트를 탈락시켰고, 이에 반발한 루스벨트는 1912년도 대선에 진보성향의 "야생 수사슴(Bull Moose)"당으로 입후보하였다. 이는 공화당 진영의 표를 갈라 태프트가 민주당의 윌슨에게 패하는 결과를 가져왔다.

16) 윌슨은 대통령의 권한에 저항하는 입법부를 상대로 정당 내 조직(party machinery)과 여론에서 영향력을 발휘하여 입법부를 압도하려고 했지만, 의회를 단순히 무시할

수 있다는 발상은 거부하였다. 윌슨이 구상한 공격적 대통령직과 단호한 행정 리더십은 대통령이란 법률 위에 군림하는 게 아니라 정치적 기량 대결을 훌쩍 넘어서야 한다는 신념에서 비롯되었다. 하지만 외교정책 분야에서 개헌으로 인해 직선의원으로 구성된 상원과 대립했을 때, 공격적 대통령직에 대한 윌슨의 고집은 외교문제에 관한 한 대통령이 전권을 위임받았다는 개인적 집착으로 변모했다. "대통령의 권한 중 내가 아직 전혀 언급하지 않은 최고의 권한은 바로 국가의 외교관계에 대한 절대적 통제다."

17) 프랭클린 루스벨트는 헌법이 시간이 지남에 따라 변화하고 국가에 필요에 의해 조정되도록 설계되었다고 주장하곤 했지만, 2차 세계대전 기간에도 법에 의해 규정된 권위를 바탕으로 행동했다.

18) 예컨대 의회가 루스벨트의 일방주의 위협에 접했을 때에도 즉시 농산물 가격안정에 대한 논의를 시작했기 때문에 그는 헌법적 대권의 수사를 행동으로 옮길 필요가 없었다.

19) 예컨대 트루먼은 국가의 철도체계를 포함한 산업 전반에 걸친 위협을 우려해 탄광파업을 "정부를 겨냥한 파업"으로 인식했다. 따라서 그는 기업 이윤을 압수하고, 노조간부의 개입을 금하는 명령을 내리고, 연공서열의 혜택을 번복하고, 나아가 직장으로 복귀하지 않을 경우 형사법은 물론 군사재판에 의해 처벌 대상이 될 수 있는 파업 참여 노동자를 군대에 징집할 수 있는 권한을 대통령에게 부여하는 내용의 과격한 법 제정을 의회에 요구했다. 파업이 극적으로 타결되면서 파업통제법안은 입법과정에서 소멸되었지만, 의회는 트루먼의 요구에 따라 대통령의 대권 주장을 구체적으로 거론하기 시작했다. 그리고 결과적으로 "비상한 시대는 때때로 비상한 권한을 요구한다"는 발상을 수용하게 되었다.

20) 권한을 확대하려는 대통령, 이를 방조하거나 순응하는 의회와 대중을 수년 간 목격한 후, 트루먼은 마침내 법이 규정한 권위에 부합하는 전통적 주장에 구애받지 않고 집행권에 대한 주장을 단독으로 내세워도 대중이 전폭적 지지를 보낼 것이라고 예상했다.

21) 트루먼은 (1) 법이 규정한 권위를 인용하여 90일 간의 냉각기를 강요하거나, (2) 법률에 의한 복잡한 과정에 따라 주요 방위산업을 압수하거나, (3) 의회로부터 그러한 압수 권위를 확보하거나, 아니면 (4) 행정명령에 의해 제철소를 압수하는 네 가지 선택 중에서 상대적으로 쉬운 마지막 선택을 선호했다. 첫 번째 선택의 경우 처벌 대상자 선별이 어렵고(비협조적 제철소 소유주로 인해 협조적 노동자도 처벌되는 불합리), 두 번째 선택의 경우 장시간 지속되는 집행이 파업을 제시간에 방지하지 못할 가능성이 컸으며, 세 번째 선택의 경우 노동 문제를 둘러싸고 행정부와 입법부 사이에 적대감이 형성될 수 있었다. 그러나 네 번째 선택의 경우에는 부정적 파급효과가 없었다.

22) 의회는 외교문제에 관한 한 중앙집권적 권한의 필요성을 표명함으로써 행정부의 대권 해석에 일조하였다. 하지만 이러한 의회의 동조는 단지 아이젠하워 대통령이 군사행동을 감행하기 위해 의회의 지지를 필요로 한다고 인식했기 때문에 가능했다.

23) 이 논리에 따르면, 대통령에게 의회의 동의와 무관하게 권한, 권위 및 헌법적 정당성

이 부여되기 때문에 집행권의 대권 해석은 예외가 아닌 원칙으로 상정할 수 있다.
24) 이미 축적된 권위를 발판으로 의회를 상대로 협상한 아이젠하워와 달리 존슨은 먼저 의회로부터 광범위한 권한과 권위를 확보한 후 이를 활용하여 의회를 제압했다.
25) 예컨대 외교정책의 필요성에 의해 닉슨은 대통령에게 미국 시민을 상대로 도청장치를 설치하도록 지시하고, 의회가 책정한 자금을 회수하고, 미국 시민의 국내·국외 정치적 행위에 대한 미국정보국 주도의 첩보 활동을 지시하는 헌법적 권한이 부여되어야 한다고 주장했다. 게다가 헌법이 대통령에게 외교문제에 대한 대권을 부여했고 이를 이행하기 위해 국내에서 권한 행사가 필요하다면, 헌법은 대통령의 대권을 국내정책 분야에서도 인가했다고 닉슨은 주장했다. 1970년 켄트 주립대학교 총격 사건은 바로 이러한 닉슨의 대권 주장이 극에 달했을 때 발생했다.
26) 결과적으로 의회는 1973년 전쟁 권한 결의안(War Powers Resolution)의 사례와 같이 대통령을 구속하려는 시도를 펼쳤으나, 결과적으로 대통령의 재량권을 제한하기보다 오히려 의회가 제약받는 사실을 발견했다.
27) 스미스(Smith)는 이러한 권력의 집중으로 인해 개인(person)으로서의 대통령과 직위(office)로서의 대통령을 구별할 수 없는 단점을 지적한다. 보다 심각한 문제는 닉슨이 본격적으로 대권을 주장한 사례나 2001년 9월 11일 위기상황에서 대통령의 결정에 대한 비판을 비애국적 행위와 동일시해야 한다는 조지 W. 부시(George W. Bush) 백악관 측근의 단언에서 나타나듯이, 대통령의 직위를 곧 미합중국 국가 그 자체로 규정하는 논리 비약에 있다.
28) 국무회의는 헌법상 심의기관이고, 국회 동의로 임명한 국무총리는 대통령의 명에 따라 행정부처를 관장하며, 국회는 국무총리와 국무위원의 해임을 건의한다. 또한 국회의원과 각료 간 겸임이 가능하며 정부 각료는 국회에 출석해 발언하고 국회는 각료의 출석 답변을 요구한다. 더불어 정부는 법률안을 제출한다. 이러한 의원 내의 각 제요소는 행정부와 입법부 간 교착상태를 해소하는 원래의 취지보다 행정부의 우위를 고착시켜 국무총리를 한낱 "정치적 방탄벽"으로 전락시키는 폐단을 낳았다.
29) 이에 대한 대표적 예외로서 임혁백과 박찬욱을 들 수 있다.
30) 특히 대통령과 국무총리 간 권한분배에 의거한 "어정쩡한" 분권형 대통령제는 오히려 한 정치 체제 내 "두 개의 권력" 중심지가 형성되어 정치적 불안정을 가중시킬 개연성이 크다고 지적한다.
31) 북한이 내세운 "창립방안"은 고려민주연방공화국에게 "북과 남의 지역정부들이 다른 나라들과 쌍무적 관계를 가지는 것을 허용"하고 "북과 남의 대외관계를 잘 조절하여 두 지역정부가 대외활동에서 공동 보조를 취하도록 해야" 한다며 공조에 대해 우호적 입장을 표한다. 그러나 다른 한편으로는 "영토에 다른 나라 군대의 주둔과 다른 나라 군사기지의 설치를 허용하지 말며 핵무기의 생산과 반입, 그 사용을 금지함으로써 조선반도를 영원한 평화지대로, 비핵지대로 만들어야" 한다고 주장해 제3국과의 유대관계를 경계한다.

32) "김대중의 3단계 통일론"은 구체적으로 남북연합에서의 평화 공존 방안에서 평화협정, 군비 통제 및 국제적 보장을 통한 지역협력체 차원의 공조를 모색한다. 특히 경제 교류·협력 확대를 위해 남북 경제 교류·협력을 촉진시킬 국제적 여건의 조성을 논한다.

33) 법률집행거부권(suspending power)은 본래 영국 국왕의 대권(prerogative)이었으나 미국 독립보다 100여 년 앞서 폐지되었다. 비록 미국 연방헌법이 법률집행거부를 명시적으로 금지하지 않았지만 대통령에게 부여된 법집행유의조항("Take Care" clause)에 따라 대통령은 의회가 제정한 법률의 집행을 거부할 수 없다는 원칙을 대체로 준수한다. 한국의 경우 노무현 정권 당시 "위임 민주주의"라고 명명되는 일련의 사건을 통해 절대적 대통령제가 "국민과의 직거래"에서도 태동할 수 있음을 보여주었다.

부록

[부록 1] 주(州) 지위 획득 연도
[부록 2] 주(州) 헌법체계
[부록 3] 시간대(time zone)별 투표소 마감시간
[부록 4] 인구조사 지역 분류
[부록 5] 상원선거 Class(등급) 주별 분류
[부록 6] 건국 이후 분점-단점 정부
[부록 7] 유권자 등록 주별 분류
[부록 8] 참정권 주별 분류
[부록 9] 1990년, 2000년과 2010년 인구조사 결과에 따른 선거인단 배정
[부록 10] 2000년, 2004년, 2008년, 2012년 대선 경선일정
[부록 11] 행정명령 및 조약 대(對) 행정협정 비교

[부록 1]

주(州) 지위 획득 연도

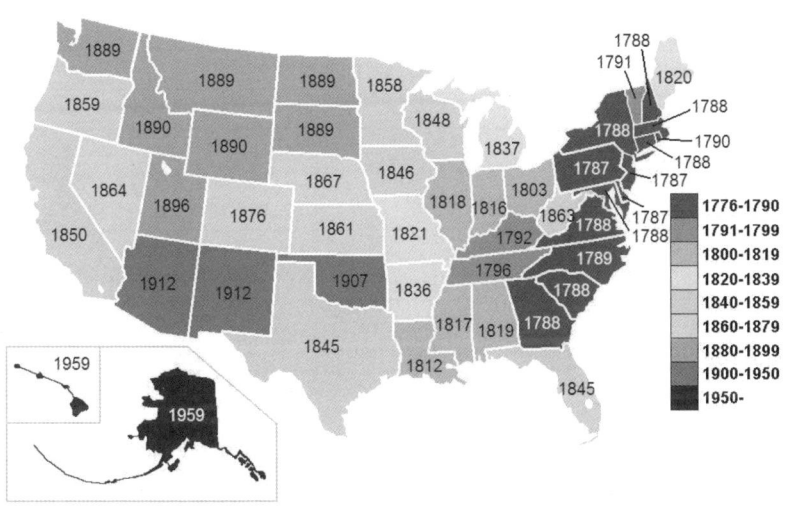

시기	해당 주
1776-1790	델라웨어, 펜실베이니아, 뉴저지, 조지아, 코네티컷, 매사추세츠, 메릴랜드, 사우스캐롤라이나, 뉴햄프셔, 버지니아, 뉴욕, 노스캐롤라이나, 로드아일랜드
1791-1799	버몬트, 켄터키, 테네시
1800-1819	오하이오, 루이지애나, 인디애나, 미시시피, 일리노이, 앨라배마
1820-1839	메인, 미주리, 아칸소, 미시간
1840-1859	플로리다, 텍사스, 아이오와, 위스콘신, 캘리포니아, 미네소타, 오리건
1860-1879	캔자스, 웨스트버지니아, 네바다, 네브래스카, 콜로라도
1880-1899	노스다코타, 사우스다코타, 몬태나, 워싱턴, 아이다호, 와이오밍, 유타
1900-1950	오클라호마, 뉴멕시코, 애리조나
1950-	알래스카, 하와이

[부록 2]

주(州) 헌법체계

주	헌법		헌법제정회의에서 채택	국민의 표결에 의해 비준
앨라배마	\multicolumn{4}{l|}{22번째 주로 연방에 편입(1819. 12. 14.) [양원 합동결의]}	
	\multicolumn{4}{l|}{미국 의회의 수권법: 1819. 3. 2.}	
	1	1819-1865	1819. 8. 2. [헌법제정회의 소집, 1819. 7. 5.]	1819. 8. 2. [국민에 제출되지 않음, 연방 편입 후 효력 발휘, 1819. 12. 14.]
	2	1865-1868	1865. 9. 30. [헌법제정회의 소집, 1865. 9. 12.]	1865. 9. 30. [국민에 제출되지 않음]
	3	1868-1875	1867. 12. 6. [헌법제정회의 소집, 1867. 11. 5.]	1868
	4	1875-1901	1875. 10. 2. [헌법제정회의 소집, 1875. 9. 6.]	1875. 11. 16. [찬성 95,672표 vs 반대 30,004표로 비준; 1875. 12. 6부터 효력 발휘]
	5	1901-	1901. 9. 3. [헌법제정회의 소집, 1901. 5. 21.]	1901. 11. 28.
알래스카	\multicolumn{4}{l|}{49번째 주로 연방에 편입(1959. 1. 3.) [아이젠하워(Dwight Eisenhower) 대통령의 선언]}	
	\multicolumn{4}{l|}{미국 의회의 수권법: 1958. 7. 7.}	
	1	1959-	1956. 2. 5. [헌법제정회의 소집, 1955. 11. 8.]	1956. 4. 24. [연방 편입 후 효력 발휘, 1959. 1. 3.]
애리조나	\multicolumn{4}{l|}{48번째 주로 연방에 편입(1912. 2. 14.) [태프트(William Howard Taft) 대통령의 선언]}	
	\multicolumn{4}{l|}{미국 의회의 수권법: 1910. 6. 20.}	
	1	1912-	1910. 12. 9. [헌법제정회의 소집, 1910. 10. 10.]	1911. 12. 11. [연방 편입 후 효력 발휘, 1912. 2. 14.]
아칸소	\multicolumn{4}{l|}{25번째 주로 연방에 편입, 1836. 6. 15. [수권법이 연방편입을 명문화함.]}	

		미국 의회의 수권법: 1836. 6. 15.		
	1	1836-1864	1836. 1. 30. [헌법제정회의 소집, 1836. 1. 4.]	1836. 1. 30. [국민에 제출되지 않음, 연방 편입 후 효력 발휘, 1836. 1. 30.]
	2	1864-1868	1864. 1. 19. [1864. 1. 4에 열린 대중집회에서 채택]	1864. 3. 14. [찬성 12,177표 vs 반대 266표로 비준]
	3	1868-1874	1868. 2. 11. [헌법제정회의 소집, 1868. 1. 7.]	1868. 3. 13. [찬성 27,913표 vs 반대 26,597표로 비준]
	4	1874-	1874. 9. 7. [헌법제정회의 소집, 1874. 7. 14.]	1874. 10. 13.
캘리포니아	31번째 주로 연방에 편입(1850. 9. 9.) [의회법(Act of Congress)]			
	미국 의회의 수권법: 1850. 2. 13.			
	1	1850-1879	1849. 10. 13. [헌법제정회의 소집, 1849. 9. 1.]	1849. 11. 13. [찬성 12,061표 vs 반대 811표로 비준; 연방 편입 후 효력 발휘, 1850. 9. 9.]
	2	1880-	1879. 3. 3. [헌법제정회의 소집, 1878. 9. 28.]	1879. 5. 7. [1880. 1. 1부터 효력 발휘]
콜로라도	38번째 주로 연방에 편입(1876. 8. 1.) [그랜트(Ulysses S. Grant) 대통령의 선언]			
	미국 의회의 수권법: 1875. 3. 3.			
	1	1876-	1876. 3. 14. [헌법제정회의 소집, 1876. 3. 14.]	1876. 7. 1. [연방 편입 후 효력 발휘, 1876. 8. 1.]
코네티컷	5번째 주, 미국 헌법에 의해 비준(1788. 1. 9.)			
	미국 의회의 수권법: 없음 [영국으로부터 독립을 선포(1776. 7. 4.)한 13개 주 중 하나, 1662년에 제정된 식민시기 헌장을 독립 후 1818년까지 사용]			
	1	1818-1965	1818. 9. 15. [헌법제정회의 소집, 1818. 8. 26.]	1818. 10. 5. [찬성 13,918표 vs 반대 12,364표로 비준; 1818. 10. 12부터 효력 발휘]
	2	1965-	1965. 10. 28. [헌법제정회의 소집, 1965. 7. 1.]	1965. 12. 14. [1965. 12. 30부터 효력 발휘]
델라	1번째 주, 미국 헌법에 의해 비준(1787. 12. 7.)			
	미국 의회의 수권법: 없음 [영국으로부터 독립을 선포(1776. 7. 4.)한 13개 주 중			

웨어	하나)			
	1	1776-1792	1776. 9. 10. [헌법제정회의 소집, 1776. 8. 27.]	1776. 9. 21. [국민에 제출되지 않음, 위의 날짜는 이 헌법이 선포된 날임.]
	2	1792-1831	1792. 6. 12. [헌법제정회의 소집, 1792. 6. 이전]	1792. 6. 12. [국민에 제출되지 않음.]
	3	1831-1897	1831. 12. 2. [헌법제정회의 소집, 1831. 11. 8.]	1831. 12. 2. [국민에 제출되지 않음.]
	4	1897-	1897. 6. 4. [헌법제정회의 소집, 1896. 12. 1.]	1897. 6. 4. [국민에 제출되지 않음, 1897. 6. 10부터 효력 발휘]
플로리다	27번째 주로 연방에 편입(1845. 3. 3.) [수권법이 연방편입을 명문화함.]			
	미국 의회의 수권법: 1845. 3. 3.			
	1	1845-1865	1839. 1. 11. [헌법제정회의 소집, 1838. 12. 3.]	1839. 1. 11. [국민에 제출되지 않음. 연방 편입 후 효력 발휘, 1845. 3. 3.]
	2	1865-1868	1865. 11. 7. [헌법제정회의 소집, 1865. 10. 25.]	1865. 11. 7. [국민에 제출되지 않음.]
	3	1868-1887	1868. 2. 25. [헌법제정회의 소집, 1868. 1. 20.]	1868. 5. [찬성 14,520표 vs 반대 9,491표로 비준]
	4	1887-1969	1885. 8. 3. [헌법제정회의 소집, 1885. 6. 9.]	1886. 11. 2. [1887. 1. 1부터 효력 발휘]
	5	1969-	1968. 7. 3. [1968. 6. 24에 열린 특별회기에서 초안 작성 및 제정]	1968. 11. 5. [1969. 1. 7부터 효력 발휘]
조지아	4번째 주, 미국 헌법에 의해 비준(1788. 1. 2.)			
	미국 의회의 수권법: 없음 [영국으로부터 독립을 선포(1776. 7. 4.)한 13개 주 중 하나]			
	1	1777-1789	1777. 2. 5. [헌법제정회의 소집, 1776. 10. 1.]	1777. 2. 5. [국민에 제출되지 않음.]
	2	1789-1798	1788. 11. 24. [헌법제정회의 소집, 1788. 11. 4.]	1789. 1. 4. [대중 헌법제정회의 (popular Convention)에서 비준]
	3	1798-1865	1798. 5. 30. [헌법제정회의 소집, 1798. 5. 4.]	1798. 5. 30. [국민에 제출되지 않음.]
	4	1865-1868	1865. 10. 30. [헌법제정회의 소집, 1865. 10. 25.]	1865. 11. 7.

	5	1868-1877	1868. 3. [헌법제정회의 소집, 1867. 12. 9.]	1868. 3. 11. [찬성 89,007표 vs 반대 71,309표로 비준]
	6	1877-1945	1877. 8. 25. [헌법제정회의 소집, 1877. 7.]	1877. 12. 5.
	7	1945-1976	1945 [헌법위원회(Constitutional Commission)가 초안 작성, 주의회(General Assembly)에 의해 제정된 후 국민에 제출됨.]	1945. 8. 7.
	8	1977-1983	1976. 3. 31. [헌법위원회가 초안 작성, 주의회에 의해 제정된 후 국민에 제출됨.]	1976. 11. 2. [1977. 1. 1부터 효력 발휘]
	9	1983-	1982 [주의회에 의해 제정]	1982. 11. 2. [1983. 7. 1부터 효력 발휘]
하 와 이	50번째 주로 연방에 편입(1959. 8. 21.) [아이젠하워 대통령의 선언]			
	미국 의회의 수권법: 1959. 3. 18.			
	1	1959-	1950. 7. 22.	1950. 11. 7. [주의 지위에 관한 찬반투표 결과(찬성 82,788표 vs 반대 27,109표)가 헌법 비준에 큰 영향력 행사; 연방 편입 후 효력 발휘, 1959. 8. 21.]
아 이 다 호	43번째 주로 연방에 편입(1890. 7. 3.) [의회법(Act of Congress)]			
	수권법: 주 승인 이전에 수권법이 없었음.			
	1	1890-	1889. 8. 6. [헌법제정회의 소집, 1889. 7. 4.]	1889. 11. 5. [연방 편입 후 효력 발휘, 1890. 7. 3.]
일 리 노 이	21번째 주로 연방에 편입(1818. 12. 3.) [양원 합동결의]			
	미국 의회의 수권법: 1818. 4. 18.			
	1	1818-1848	1818. 8. 26. [헌법제정회의 소집, 1818. 8. 1.]	1818. 8. 26. [국민에 제출되지 않음; 연방 편입 후 효력 발휘, 1818. 12. 3.]
	2	1848-1870	1847. 8. 31. [헌법제정회의 소집, 1847. 6. 7.]	1848. 3. 5. [찬성 59,887표 vs 반대 15,859표로 비준; 1848. 4. 1부터 효력 발휘]
	3	1870-1971	1870. 5. 13. [헌법제정회의 소집, 1869. 12. 13.]	1870. 7. 2. [찬성 134,227표 vs 반대 35,443표로 비준; 1870. 8. 8

				부터 효력 발휘]
	4	1971-	1970. 9. 3. [헌법제정회의 소집, 1969. 12. 8.]	1970. 12. 15. [1971. 7. 1부터 효력 발휘]
인디애나	19번째 주로 연방에 편입(1816. 12. 11.) [양원 합동결의]			
	미국 의회의 수권법: 1816. 4. 19.			
	1	1816-1851	1816. 6. 29. [헌법제정회의 소집, 1816. 6. 10.]	1816. 6. 29. [국민에 제출되지 않음; 연방 편입 후 효력 발휘, 1816. 12. 11.]
	2	1851-	1851. 2. 10. [헌법제정회의 소집, 1850. 10. 7.]	1851. 8. 4. [찬성 109,319표 vs 반대 26,755표로 비준; 1851. 11. 1부터 효력 발휘]
아이오와	29번째 주로 연방에 편입(1846. 12. 28.) [의회법(Act of Congress)]			
	미국 의회의 수권법: 1845. 3. 3.			
	1	1846-1857	1846. 5. 18. [헌법제정회의 소집, 1846. 5. 4.]	1846. 8. 3. [찬성 9,492표 vs 반대 9,036표로 비준; 1846. 12. 28부터 효력 발휘]
	2	1857-	1857. 3. 5. [헌법제정회의 소집, 1857. 1. 19.]	1857. 8. 3. [찬성 40,311표 vs 반대 38,681표로 비준]
캔자스	34번째 주로 연방에 편입(1861. 1. 29.) [의회법(Act of Congress)]			
	수권법: 주 승인 이전에 수권법이 없었음.			
	1		1855. 11. 2. [헌법제정회의 소집, 1855. 10. 23.]	1855. 12. 15. [찬성 1,731표 vs 반대 46표로 비준]
	2		1857. 11. 7. [헌법제정회의 소집, 1857. 9. 5.]	1857. 12. 21.
	3		1858. 4. 3. [헌법제정회의 소집, 1858. 3. 23.]	1858. 5. 18. [찬성 4,346표 vs 반대 1,257표로 비준]
	4	1861-	1859. 7. 29. [헌법제정회의 소집, 1859. 7. 5.]	1859. 10. 4. [찬성 10,421표 vs 반대 5,530표로 비준; 연방 편입 후 효력 발휘, 1861. 1. 29.]
켄터키	15번째 주로 연방에 편입(1792. 6. 1.) [주 지위를 획득한 날짜가 수권법에 명시되어 있었음.]			
	미국 의회의 수권법: 1791. 2. 4.			
	1	1792-1799	1792. 4. 19. [헌법제정회의 소집, 1792. 4. 2.]	1792. 4. 19. [국민에 제출되지 않음; 연방 편입

부록 **329**

	2	1800-1850	1799. 8. 17. [헌법제정회의 소집, 1799. 7. 22.]	후 효력 발휘, 1792. 6. 1.] 1799. 8. 17. [국민에 제출되지 않음; 1800. 1. 1부터 효력 발휘]
	3	1850-1891	1850. 5. 7. [헌법제정회의 소집, 1849. 10. 1.]	1850. 6. 11. [찬성 71,563표 vs 반대 20,032표로 비준]
	4	1891-	1891. 9. 28. [헌법제정회의 소집, 1890. 9. 9.; 헌법제정회의는 헌법을 국민에 제출한 후 해산되었다가, 1891. 9. 2에 재소집 되어 몇 개 조항을 개정하였고, 개정된 헌법을 1891. 9. 28에 공표함.]	1891. 8. 3. [찬성 213,950표 vs 반대 74,446표로 비준]
루이지애나	\multicolumn{4}{l	}{18번째 주로 연방에 편입(1812. 4. 30.) [의회법(Act of Congress), 1812. 4. 8.]}
	\multicolumn{4}{l	}{미국 의회의 수권법: 1811. 2. 20.}
	1	1812-1845	1812. 1. 22. [헌법제정회의 소집, 1811. 11. 4.]	1812. 1. 22. [국민에 제출되지 않음; 연방 편입 후 효력 발휘, 1812. 4. 30.]
	2	1845-1852	1845. 5. 16. [헌법제정회의 소집, 1844. 8. 5.]	1845. 11. 5. [1845. 12. 1부터 효력 발휘]
	3	1852-1864	1852. 7. 31. [헌법제정회의 소집, 1852. 7. 5.]	1852. 11. 1. [1852. 11. 29부터 효력 발휘]
	4	1864-1868	1864. 7. 23. [헌법제정회의 소집, 1864. 4. 4.]	1864. 9. 5. [찬성 6,836표 vs 반대 1,556표로 비준; 1864. 9. 19부터 효력 발휘]
	5	1868-1879	1868. 3. 2. [헌법제정회의 소집, 1867. 12.]	1868. 8. 18. [찬성 66,152표 vs 반대 48,739표로 비준]
	6	1879-1898	1879. 7. 23. [헌법제정회의 소집, 1879. 4. 21.]	1879. 12. 2. [1879. 12. 29부터 효력 발휘]
	7	1898-1913	1898. 5. 12. [1913. 11. 22에 헌법제정회의는 이 헌법의 재수정안을 채택했으나 이 수정안은 국민에 제출되지 않았음.]	1898. 5. 12. [국민에 제출되지 않음.]
	8	1921-1974	1921. 6. 21. [헌법제정회의 소집, 1921. 3. 1.]	1921. 6. 21. [국민에 제출되지 않음.]
	9	1975-	1974	1974. 4. 20.

주		연도	헌법제정회의 소집일	비준/효력 정보
메인			[헌법제정회의 소집, 1973. 1. 5.]	[1975. 1. 1부터 효력 발휘]
			23번째 주로 연방에 편입(1820. 3. 15.) [의회법(Act of Congress), 1820. 3. 3.]	
			미국 의회의 수권법: 메인은 수권법이 없음. 대신 매사추세츠 공화국(Commonwealth of Massachusetts)이 자체적으로 새로운 주의 합중국 가맹을 인정하는 법률을 통과시킴; 매사추세츠는 1820. 2. 25에 메인의 주 지위를 공식적으로 인정하는 법령을 통과시켰으며, 이로써 의회는 공식적으로 메인을 주로 인정하게 됨.	
	1	1820-	1819. 10. 29. [헌법제정회의 소집, 1819. 10. 11.]	1819. 12. 6. [특별 주민회의(special Town Meetings)에 의해 비준]
메릴랜드			7번째 주, 미국 헌법에 의해 비준(1788. 4. 28.)	
			미국 의회의 수권법: 없음 [영국으로부터 독립을 선포(1776. 7. 4.)한 13개 주 중 하나]	
	1	1776-1851	1776. 11. 11. [헌법제정회의 소집, 1776. 8. 14.]	1776. 11. 11. [국민에 제출되지 않음.]
	2	1851-1864	1851. 5. 13. [헌법제정회의 소집, 1850. 11. 4.]	1851. 6. 4. [1851. 7. 4부터 효력 발휘]
	3	1864-1867	1864. 9. 6. [헌법제정회의 소집, 1864. 4. 27.]	1864. 10. 13. [찬성 30,174표 vs 반대 29,799표로 비준]
	4	1867-	1867. 8. 17. [헌법제정회의 소집, 1867. 5. 8.]	1867. 9. 18. [찬성 27,152표 vs 반대 23,036표로 비준; 1867. 10. 5 부터 효력 발휘]
매사추세츠			6번째 주, 미국 헌법에 의해 비준(1788. 2. 6.)	
			미국 의회의 수권법: 없음 [영국으로부터 독립을 선포(1776. 7. 4.)한 13개 주 중 하나]	
	1	1780-	1780. 3. 2. [헌법제정회의 소집, 1779. 9. 1.]	1780. 6. 15. [1780년 봄에 있었던 연례주민회의(annual Town Meetings)에서 비준: 연례주민회의에서 제안된 수정안을 검토하기 위해 헌법제정회의가 재개되었고, 비준된 헌법이 1780. 6. 15에 공표됨. 이 헌법은 현재 운영 중인 성문헌법 중 가장 오래된 것임. (1919년 열린 헌법제정회의에서 66개의 개정안을 1780년 헌법에 더해 재수정 했고 이는 1919. 11. 4에 유권자들에게 승인되었으나, 이러한 재수정

부록 *331*

					을 새로운 헌법으로 간주하기는 어려움.)]
미시간		26번째 주로 연방에 편입(1837. 1. 26.) [의회법(Act of Congress)]			
		미국 의회의 수권법: 1836. 6. 15.			
		1	1837-1850	1835. 6. 29. [헌법제정회의 소집, 1835. 5. 11.]	1835. 11. 2. [연방 편입 후 효력 발휘, 1837. 1. 26.]
		2	1850-1908	1850. 8. 15. [헌법제정회의 소집, 1850. 6. 3.]	1850. 11. 5. [찬성 36,169표 vs 반대 9,433표로 비준]
		3	1909-1963	1908. 3. 3. [헌법제정회의 소집, 1907. 10. 22.]	1908. 11. 3. [1909. 1. 1부터 효력 발휘]
		4	1964-	1962. 8. 1. [헌법제정회의 소집, 1961. 10. 3.]	1963. 4. 1. [1964. 1. 1부터 효력 발휘]
미네소타		32번째 주로 연방에 편입(1858. 5. 11.) [의회법(Act of Congress)]			
		미국 의회의 수권법: 1857. 2. 26.			
		1	1858-	1857. 8. 29. [헌법제정회의 소집, 1857. 7. 13.]	1857. 10. 13. [찬성 36,240표 vs 반대 700표로 비준; 연방 편입 후 효력 발휘, 1858. 5. 11]
미시시피		20번째 주로 연방에 편입(1817. 12. 10.) [양원 합동결의]			
		미국 의회의 수권법: 1817. 3. 1.			
		1	1817-1832	1817. 8. 15. [헌법제정회의 소집, 1817. 7. 7.]	1817. 9. 2.
		2	1832-1868	1832. 10. 26. [헌법제정회의 소집, 1832. 9. 10.]	1832. 12. 4.
		3	1868-1890	1868. 5. 15. [헌법제정회의 소집, 1868. 1. 7.]	1868. 12. 1. [1868. 6. 28에 찬성 56,231표 vs 반대 63,860표로 기각되었으나, 재(再)제출되어 찬성 105,223표 vs 반대 954표로 비준]
		4	1890-	1890. 11. 1. [헌법제정회의 소집, 1890. 8. 12.]	1890. 11. 1. [국민에 제출되지 않음; 이 조치는 *Sproule v. Fredericks* 소송으로 도전받았으나, 미시시피주 대법원은 이러한 조치를 지지함.]
미주리		24번째 주로 연방에 편입(1821. 8. 10.) [먼로(James Monroe) 대통령의 선언]			
		미국 의회의 수권법: 1820. 3. 6.			
		1	1821-	1820. 7. 19.	1820. 8. 28. [연방 편입 후 효력

		1865	[헌법제정회의 소집, 1820. 6. 12.]	발휘, 1821. 8. 10.)
	2	1865-1875	1865. 4. 8. [헌법제정회의 소집, 1865. 1. 6.]	1865. 6. 6. [찬성 43,670표 vs 반대 41,808표로 비준; 1865. 7. 4부터 효력 발휘]
	3	1875-1945	1875. 8. 2. [헌법제정회의 소집, 1875. 5. 5.]	1875. 10. 30. [찬성 90,600표 vs 반대 14,362표로 비준; 1875. 11. 30부터 효력 발휘]
	4	1945-	1944. 9. 29. [헌법제정회의 소집, 1943. 9. 21.]	1945. 2. 27. [1945. 3. 30부터 효력 발휘]
몬태나	41번째 주로 연방에 편입(1889. 11. 8.) [해리슨(Benjamin Harrison) 대통령의 선언]			
	미국 의회의 수권법: 1889. 2. 22.			
	1	1889-1973	1889. 8. 17. [헌법제정회의 소집, 1889. 7. 4.]	1889. 10. 1. [찬성 24,676표 vs 반대 2,274표로 비준; 연방 편입 후 효력 발휘, 1889. 11. 8.]
	2		1972. 3. 22. [헌법제정회의 소집, 1972. 1. 17.]	1972. 6. 6. [1973. 7. 1부터 효력 발휘]
네브래스카	37번째 주로 연방에 편입(1867. 3. 1.) [존슨(Andrew Johnson) 대통령의 선언]			
	미국 의회의 수권법: 1864. 4. 19.			
	1	1867-1875	1866. 2. 9. [준주의회(Territorial Legislature)가 헌법 초안 작성 및 제정]	1866. 6. 21. [찬성 3,938표 vs 반대 3,838표로 비준; 연방 편입 후 효력 발휘, 1867. 3. 1.]
	2	1875-	1875. 6. 12. [헌법제정회의 소집, 1875. 5. 11.]	1875. 10. 12. [1875. 11. 1부터 효력 발휘]
네바다	36번째 주로 연방에 편입(1864. 10. 31.) [링컨(Abraham Lincoln) 대통령의 선언]			
	미국 의회의 수권법: 1864. 3. 21.			
	1	1864-	1864. 7. 28. [헌법제정회의 소집, 1864. 7. 4.]	1864. 9. 7. [연방 편입 후 효력 발휘, 1864. 10. 31.]
뉴햄프셔	9번째 주, 미국 헌법에 의해 비준(1788. 6. 21.)			
	미국 의회의 수권법: 없음 [영국으로부터 독립을 선포(1776. 7. 4.)한 13개 주 중 하나]			
	1	1776-1784	1776. 1. 5. [의회(Congress, 헌법제정회의를 의미) 소집, 1775. 12. 21; 뉴햄프셔의 첫 번째 헌법은 American Commonwealth에서 초안을 작성	1776. 1. 5. [국민에 제출되지 않음.]

부록 **333**

		한 최초의 헌법임.]	
	2	1784-1793	1783. 10. 31. [헌법제정회의 소집, 1781. 6. 12.: 헌법 초안의 비준을 위해 1782년 봄에 주민회의(Town Meetings)가 열렸으나, 주민회의에서 제안한 개정안이 너무 많아 헌법제정회의에서 다시 초안을 작성함. 재작성된 초안이 1782년 가을에 주민회의에 제출되었으나, 주민회의에서 더 많은 개정안을 요구함. 세 번째 초안이 작성되어 국민에 제출되었고, 주민회의에서 이를 받아들임. 1783. 10. 31은 이 헌법이 국민에 의해 비준되었음을 선언한 후 헌법제정회의를 무기한 중단한 날임.]	1783 [1783년 봄에 열린 주민회의에서 이 헌법의 세 번째 초안을 받아들임; 1784. 6. 2부터 효력 발휘]
	3	1793-	1792. 9. 5. [헌법제정회의 소집, 1791. 9. 7.; 헌법제정회의는 1784년 헌법에 대한 72개 개정안을 제안했고, 완전히 새로운 문서로 초안을 다시 작성하여 1792. 2. 8에 국민에 제출함.]	1792. 8. 27. [헌법제정회의가 제안한 72개 개정안 중 46개가 1792. 5. 7에 받아들여짐. 헌법제정회의는 수용되지 않은 개정안들로 인한 문제를 조정하여 재작업한 초안을 국민에 제출함. 1792. 8. 27은 국민이 이 헌법을 받아들인 날짜를 가리킴. 1793. 6. 5부터 효력 발휘]
	\multicolumn{4}{l}{3번째 주, 미국 헌법에 의해 비준(1787. 12. 18.)}			
	\multicolumn{4}{l}{미국 의회의 수권법: 없음 [영국으로부터 독립을 선포(1776. 7. 4.)한 13개 주 중 하나]}			
뉴저지	1	1776-1844	1776. 7. 2. [Provincial Congress(헌법제정회의를 의미) 소집, 1776. 5. 26.]	1776. 7. 3. [국민에 제출되지 않음. 헌법이 공표된 날을 가리킴.]
	2	1844-1947	1844. 6. 29. [헌법제정회의 소집, 1844. 5. 14.]	1844. 8. 13. [찬성 20,276표 vs 반대 3,526표로 비준; 1844. 9. 2부터 효력 발휘]
	3	1948-	1947. 9. 10. [헌법제정회의 소집, 1947. 6. 12.]	1947. 11. 4. [찬성 653,096표 vs 반대 184,632표로 비준; 1948. 1. 1부터 효력 발휘]

		47번째 주로 연방에 편입(1912. 1. 6.) [태프트 대통령의 선언]	
		미국 의회의 수권법: 1910. 6. 20.	
뉴멕시코	1	1912-	1910. 11. 21. [헌법제정회의 소집, 1910. 10. 3.]	1911. 11. 5. [연방 편입 후 효력 발휘, 1912. 1. 6.; 원래의 헌법은 1911. 1. 21에 비준되었으나, '판사 해임(Recall of Judges)' 권한을 명시한 애리조나 헌법을 반대했던 태프트 대통령은 애리조나와 뉴멕시코를 주로 받아들이는 양원 합동 결의안을 거부함(1911. 8. 15.). 이에 의회는 뉴멕시코의 경우 원래의 헌법을 국민에 제출하고, 애리조나의 경우 판사의 해임 조항 삭제를 요구하는 양원 합동결의안 수정안을 다시 제출함. 태프트 대통령은 이에 반대하지 않았고 뉴멕시코의 주 지위를 인정함. 두 번째 양원 합동결의안에서 요구된 내용대로 작성된 헌법이 국민에 재제출되었음.]
		11번째 주, 미국 헌법에 의해 비준(1788. 7. 26.)	
		미국 의회의 수권법: 없음 [영국으로부터 독립을 선포(1776. 7. 4.)한 13개 주 중 하나]	
뉴욕	1	1777-1821	1777. 4. 1. [Provincial Congress(당시 뉴욕의 '사실상의' 의회)가 주헌법 초안작성을 위해 'Convention of State Representatives'로 재구성됨, 1776. 7. 10.]	1777. 4. 20. [국민에 제출되지 않음.]
	2	1823-1846	1821. 11. 10. [헌법제정회의 소집, 1821. 8. 28.]	1822. 1. 17. [찬성 74,732표 vs 반대 41,402표로 비준; 1823. 1. 1부터 효력 발휘]
	3	1847-1894	1846. 10. 9. [헌법제정회의 소집, 1846. 6. 1.]	1846. 11. 3. [찬성 221,528표 vs 반대 92,436표로 비준; 1847. 1. 1부터 효력 발휘]
	4	1895-	1894. 9. 29. [헌법제정회의 소집, 1894. 5. 8.]	1894. 11. 6. [찬성 410,697표 vs 반대 327,402표로 비준; 1895. 1.

				1부터 효력 발휘. ※ 1938. 4. 5.~ 8. 26에 열린 헌법제정회의에서 제정된 헌법이 1938. 11. 8에 찬성 1,521,036표 vs 반대 1,301,797표로 비준(1939. 1. 1부터 효력 발휘). 그러나 이 헌법은 1894년 헌법에 대한 단순한 수정으로서, 일반적으로 새로운 "5차 헌법"으로 간주되지는 않음.
노스캐롤라이나	12번째 주, 미국 헌법에 의해 비준(1789. 11. 21.)			
	미국 의회의 수권법: 없음 [영국으로부터 독립을 선포(1776. 7. 4.)한 13개 주 중 하나]			
	1	1776-1868	1776. 12. 18. [헌법제정회의 소집, 1776. 11. 12.]	1776. 12. 18. [국민에 제출되지 않음.]
	2	1868-1876	1868. 3. 16. [헌법제정회의 소집, 1868. 1. 14.]	1868. 4. [찬성 93,118표 vs 반대 74,009표로 비준]
	3	1876-1971	1875. 10. 12. [헌법제정회의 소집, 1875. 9. 6.]	1876. 11. 7. [찬성 122,912표 vs 반대 108,829표로 비준]
	4	1971-	1969 [주의회(General Assembly)에서 초안 작성 및 제정]	1970. 11. 3. [1971. 7. 1부터 효력 발휘]
노스다코타	39번째 주로 연방에 편입(1889. 2. 22.) [해리슨 대통령의 선언]			
	미국 의회의 수권법: 1889. 2. 22.			
	1	1889-	1889. 8. 17. [헌법제정회의 소집, 1889. 7. 4.]	1889. 10. 1. [찬성 27,441표 vs 반대 8,107표로 비준; 연방 편입 후 효력 발휘, 1889. 11. 2. (주류 생산, 판매, 수입을 금지하는 제 20조에 대해서는 별도 투표가 진행되어 찬성 18,552표 vs 반대 17,393표로 승인됨.)]
북마리아나제도	1986. 11. 3에 연방령(Commonwealth)의 지위 획득(유엔의 정식 승인으로 북마리아나제도는 미국의 법에 따라 유엔의 태평양제도(Pacific Islands) 내 신탁통치 지역으로부터 공식적으로 분리되었음, 1990. 12. 22.)			

오하이오	17번째 주로 연방에 편입(1803. 3. 1.) [의회법(Act of Congress), 1803. 2. 19.]			
	미국 의회의 수권법: 1802. 4. 30.			
	1	1803-1851	1802. 11. 29. [헌법제정회의 소집, 1802. 11. 1.]	1802. 11. 29. [국민에 제출되지 않음; 연방 편입 후 효력 발휘, 1803. 3. 1.]
	2	1851-	1851. 3. 10. [헌법제정회의 소집, 1850. 5. 6.]	1851. 6. 17. [찬성 126,663표 vs 반대 109,699표로 비준]
오클라호마	46번째 주로 연방에 편입(1907. 11. 16.) [테오도어 루즈벨트(Theodore Roosevelt) 대통령의 선언]			
	미국 의회의 수권법: 1906. 6. 16.			
	1	1907-	1907. 7. 16. [헌법제정회의 소집, 1906. 11. 20.]	1907. 9. 17. [연방 편입 후 효력 발휘, 1907. 11. 16.]
오리건	33번째 주로 연방에 편입(1859. 2. 14.) [의회법(Act of Congress)]			
	수권법: 주 승인 이전에 수권법이 없었음.			
	1	1859-	1857. 9. 18. [헌법제정회의 소집, 1857. 8. 17.]	1857. 11. 9. [찬성 7,195표 vs 반대 3,195표로 비준; 연방 편입 후 효력 발휘, 1859. 2. 14.]
펜실베이니아	2번째 주, 미국 헌법에 의해 비준(1787. 12. 12.)			
	미국 의회의 수권법: 없음 [영국으로부터 독립을 선포(1776. 7. 4.)한 13개 주 중 하나]			
	1	1776-1790	1776. 9. 28. [헌법제정회의 소집, 1776. 7. 15.]	1776. 9. 28. [국민에 제출되지 않음.]
	2	1790-1838	1790. 9. 2. [헌법제정회의 소집, 1789. 11. 24.; 이 채택날짜는 헌법제정회의가 "이미 시행 중인(in force)" 헌법을 공포한 뒤 회의를 무기한 중단한 날임. 당시 헌법제정회의의 작업결과물은 국민에게 먼저 공개되었고, 1970. 8. 9에 회의가 재소집되어 제안된 개정안에 대한 추가 작업에 들어갔음. 이로 인해 헌법은 정식으로 공표되기 전부터 사실상 시행 중인 상태였음.]	1790. 9. 2. [헌법제정회의는 논의 목적으로 2차 헌법을 국민에 제출한 뒤 1790. 2. 26에 휴회함. 그러나 국민들은 실제 투표로 이를 비준할 것을 요구받지 않았음.]
	3	1839-1873	1838. 2. 22.	1838. 11. [찬성 113,971표 vs 반대

부록　337

				112,759표로 비준; 1839. 1. 1부터 효력 발휘]
			[헌법제정회의 소집, 1837. 5. 2.]	
	4	1874-	1873. 11. 3. [헌법제정회의 소집, 1872. 11. 12.]	1873. 12. 16. [1874. 1. 1부터 효력 발휘; 이 헌법은 1966-68년 사이에 세 차례 수정되었음. 주의회(General Assembly)가 두 차례 개정했고 이는 각각 1966. 5. 17과 1967. 5. 16에 유권자들로부터 승인받았음. 1967. 12. 1.~1968. 2. 29까지 제한된 헌법제정회의가 소집되어 1966년과 1967년의 개정안을 재수정했고 이것이 유권자들의 승인을 받았음(1968. 4. 23.). 그러나 1968년 있었던 수정은 일반적으로 새로운 "5차 헌법"으로 간주되지는 않음.
푸에르토리코	1952. 7. 25에 연방령(Commonwealth)의 지위 획득			

	13번째 주, 미국 헌법에 의해 비준(1790. 5. 29.)			
	미국 의회의 수권법: 없음 [영국으로부터 독립을 선포(1776. 7. 4.)한 13개 주 중 하나, 1663년에 제정된 식민시기 헌장을 독립 후 1843년까지 사용]			
로드아일랜드	1		1841 11. 18. [1841. 10. 4에 소집된 헌법제정회의에서 기틀을 잡은 이 헌법은 "국민의 헌법(People's Constitution)"으로 불렸으며, 독립된 사법부, 성년남자 참정권 등을 요구했음.]	1841. 12. 29. [주민회의(Town Meetings)에서 비준]
	2	1843-	1842. 11. 5. [의회가 요청한 헌법제정회의에서 채택된 이 헌법은 "자유인의 헌법(Freeman's Constitution)"으로 불렸음. 이 헌법이 1842. 3. 23에 주민회의에서 거부되자, 1842. 9. 12에 헌법제정회의가 재소집되어 앞서 제정된 "국민	1842. 11. 23. [주민회의에서 비준; 1843. 5. 2부터 효력 발휘]

			의 헌법"의 몇 가지 내용을 포함시키는 "자유인의 헌법" 수정안을 작성함.]	
사우스캐롤라이나		8번째 주, 미국 헌법에 의해 비준(1778. 5. 23.)		
		미국 의회의 수권법: 없음 [영국으로부터 독립을 선포(1776. 7. 4.)한 13개 주 중 하나]		
	1	1776-1778	1776. 3. 26. [Provincial Congress ('사실상의' 의회)에서 채택]	1776. 3. 26. [국민에 제출되지 않음.]
	2	1778-1790	1778. 3. 19. [주의회(General Assembly)가 초안 작성 및 제정]	1778. 3. 19. [국민에 제출되지 않음. 1778. 11.부터 효력 발휘]
	3	1790-1865	1790. 6. 3.	1790. 6. 3. [국민에 제출되지 않음.]
	4	1865-1868	1865. 9. 27. [헌법제정회의 소집, 1865. 9. 13.]	1865. 9. 27. [국민에 제출되지 않음.]
	5	1868-1895	1868. 3. 17. [헌법제정회의 소집, 1868. 1. 14.]	1868. 4. 16. [찬성 70,558표 vs 반대 27,288표로 비준]
	6	1896-	1895. 12. 4. [헌법제정회의 소집, 1895. 9. 10.]	1895. 12. 4. [국민에 제출되지 않음. 1896. 1. 1부터 효력 발휘]
사우스다코타		39번째 주로 연방에 편입(1889. 11. 2.) [해리슨 대통령의 선언]		
		미국 의회의 수권법: 1889. 2. 22.		
	1	1889-	1889 [헌법제정회의 소집, 1889. 7. 4.]	1889. 10. 1. [찬성 70,131표 vs 반대 3,267표로 비준; 1889. 11. 2부터 효력 발휘 (주류 생산, 판매, 수입을 금지하는 제 24조에 대해서는 별도 투표가 진행되어 찬성 40,324표 vs 반대 34,590표로 승인됨; 의회에서의 소수대표제(minority representation)에 대한 제 25조에 대해서도 별도 투표가 진행되었으나, 찬성 24,161표 vs 반대 46,200표로 기각됨.)
테네시		16번째 주로 연방에 편입(1796. 6. 1.) [의회법(Act of Congress)]		
		수권법: 주 승인 이전에 수권법이 없었음.		
	1	1796-1835	1796. 2. 6. [헌법제정회의 소집, 1796. 1. 11.]	1796. 2. 6. [국민에 제출되지 않음; 연방 편입 후 효력 발휘,

부록 339

				1796. 6. 1.]
	2	1835-1870	1834. 8. 30. [헌법제정회의 소집, 1834. 5. 19.]	1835. 3. 6. [찬성 42,666표 vs 반대 17,691표로 비준]
	3	1870-	1870. 2. 23. [헌법제정회의 소집, 1870. 1. 10.]	1870. 3. 26. [찬성 98,128표 vs 반대 33,872표로 비준]
텍사스	28번째 주로 연방에 편입(1845. 12. 29.) [양원 합동결의]			
	미국 의회의 수권법: 1845. 3. 1.			
	1	1836-1845	1836. 3. 17. [이 헌법은 "텍사스 공화국 헌법(the Constitution of the Republic of Texas)"으로 불림. 1836. 3. 1에 소집된 헌법제정회의는 다음 날 멕시코로부터의 독립을 공식적으로 선포했고, 공화국을 위한 임시정부를 세우는 행정조례(executive ordinance)를 채택했으며, 헌법의 초안을 작성함.]	1836. 3. 17. [국민에 제출되지 않음.]
	2	1845-1866	1845. 8. 27. [헌법제정회의 소집, 1845. 7. 4.]	1845. 10. 13. [찬성 4,174표 vs 반대 312표로 비준; 연방 편입 후 효력 발휘, 1845. 12. 29.]
	3	1866-1869	1866. 4. 2. [헌법제정회의 소집, 1866. 3.]	1866. 6. 25. [찬성 34,794표 vs 반대 11,235표로 비준]
	4	1869-1976	1868. 12. [헌법제정회의 소집, 1868. 6. 1.]	1869. 12. 3. [찬성 72,935표 vs 반대 4,924표로 비준]
	5	1876-	1875. 11. 24. [헌법제정회의 소집, 1875. 9. 6.]	1876. 2. 17.
유타	45번째 주로 연방에 편입(1896. 1. 4.) [클리블랜드(Grover Cleveland) 대통령의 선언]			
	미국 의회의 수권법: 1894. 7. 16.			
	1	1896-	1895. 5. 8. [헌법제정회의 소집, 1895. 3. 4.]	1895. 11. 5. [연방 편입 후 효력 발휘, 1896. 1. 4.]
버몬트	14번째 주로 연방에 편입(1791. 3. 4.) [의회법(Act of Congress), 1791. 2. 18.]			
	수권법: 주 승인 이전에 수권법이 없었음.			
	1	1777-1786	1777. 7. 8. [헌법제정회의 소집, 1777. 7. 2.]	1778. 3. [국민에 제출되지 않음, 주의회

				(General Assembly)에 의해 받아들여짐.]
	2	1786-1793	1786. 7. 4. [헌법제정회의 소집, 1786. 6. 29.]	1787. 3. [국민에 제출되지 않음, 주의회 (General Assembly)에 의해 받아들여짐.]
	3	1793-	1793. 7. 9. [헌법제정회의 소집, 1793. 7. 3.]	1793 [국민에 제출되지 않음.]
버지니아	10번째 주, 미국 헌법에 의해 비준(1788. 6. 25.)			
	미국 의회의 수권법: 없음 [영국으로부터 독립을 선포(1776. 7. 4.)한 13개 주 중 하나]			
	1	1776-1830	1776. 6. 29. [헌법제정회의 소집, 1776. 5. 6. (권리선언(Declaration of Rights)은 1776. 6. 12에 채택됨)]	1776. 6. 29. [국민에 제출되지 않음.]
	2	1830-1851	1830. 1. 14. [헌법제정회의 소집, 1829. 10. 5.]	1830 [찬성 26,055표 vs 반대 15,563표로 비준]
	3	1851-1864	1851. 8. 1. [헌법제정회의 소집, 1850. 10. 14.]	1851. 10. 23. [찬성 67,562표 vs 반대 9,938표로 비준]
	4	1864-1870	1864. 4. 11. [헌법제정회의 소집, 1864. 2. 13.]	1864. 4. 11. [국민에 제출되지 않음.]
	5	1870-1902	1868. 4. 7. [헌법제정회의 소집, 1867. 7.]	1869. 7. 6. [찬성 210,585표 vs 반대 9,136표로 비준; 1870년부터 효력 발휘]
	6	1902-1971	1902. 6. 26. [헌법제정회의 소집, 1902. 6. 12.]	1902. 6. 26. [국민에 제출되지 않음, 1902. 7. 10부터 효력 발휘]
	7	1971-	1970 [1969년에 주의회(General Assembly)에서 초안 작성, 1970년에 주의회에서 헌법 제정 후 국민에 제출함.]	1970 [1971. 7. 1부터 효력 발휘]
워싱턴	42번째 주로 연방에 편입(1889. 11. 11.) [해리슨 대통령의 선언]			
	미국 의회의 수권법: 1889. 2. 22.			
	1	1889-	1889. 8. 22. [헌법제정회의 소집, 1889. 7. 4.]	1889 10. 1. [찬성 40,152표 vs 반대 11,879표로 비준; 연방 편입 후 효력 발휘, 1889. 11. 11.]

웨스트버지니아	35번째 주로 연방에 편입(1863. 6. 20.) [링컨 대통령의 선언]			
	미국 의회의 수권법: 1862. 12. 31.			
	1	1863-1872	1862. 2. 18. [헌법제정회의 소집, 1861. 11. 26.]	1862. 4. 3. [찬성 28,321표 vs 반대 572표로 비준; 연방 편입 후 효력 발휘, 1863. 6. 20.]
	2	1872-	1872. 4. 9. [헌법제정회의 소집, 1872. 1. 16.]	1872. 8. 22.
위스콘신	30번째 주로 연방에 편입(1848. 5. 29.) [의회법(Act of Congress)]			
	미국 의회의 수권법: 1846. 8. 6.			
	1	1848-	1848. 2. 1. [헌법제정회의 소집, 1847. 12. 15. (이에 앞서 1846. 10. 5에 헌법제정 회의가 소집되어 은행이 주 내에서 운영되는 것을 금지하는 내용을 포함한 헌법을 1846. 12. 16에 채택했으나, 이 문건은 최종적으로 기각되었고 결과적으로 위스콘신이 주 지위를 획득하는 것을 지연시킴.)]	1848. 3. 13. [찬성 16,442표 vs 반대 6,149표로 비준; 연방 편입 후 효력 발휘, 1848. 5. 29. (1846년 헌법제정 회의에서 만들어진 '반(反)은행' 헌법은 1847. 4.에 국민으로부터 기각됨.)]
와이오밍	44번째 주로 연방에 편입(1890. 7. 10.) [의회법(Act of Congress)]			
	수권법: 주 승인 이전에 수권법이 없었음.			
	1	1890-	1889. 9. 30. [헌법제정회의 소집, 1889. 9. 2.]	1899. 11. 5. [찬성 6,272표 vs 반대 1,923표로 비준; 연방 편입 후 효력 발휘, 1890. 7. 10.]

[부록 3]

시간대(time zone)별 투표소 마감시간

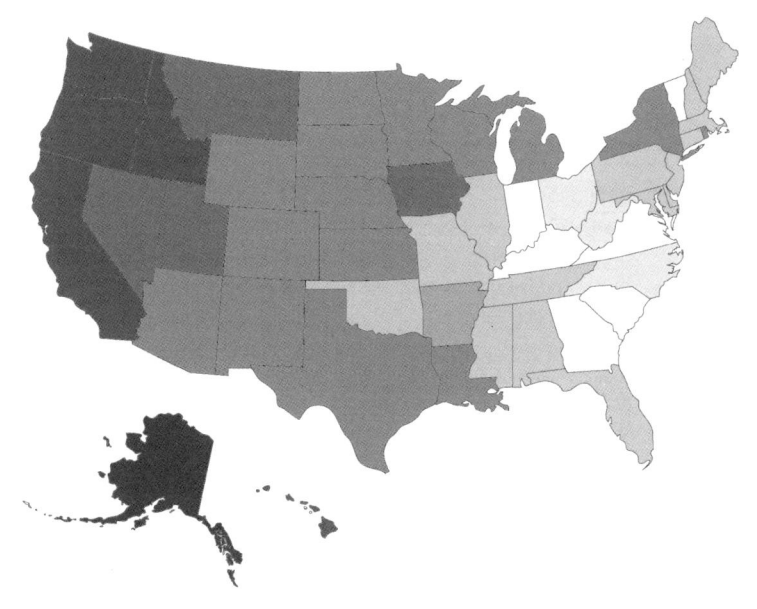

구분	투표 마감시간	해당 주의 수
	19시	6개
	19시 30분	3개
	20시	15개+D.C.
	20시 30분	1개
	21시	15개
	22시	4개
	23시	5개
	01시	1개

※ 미국 동부표준시간(EST) 기준

부록 *343*

[부록 4]

인구조사 지역 분류

미국 인구조사 지역(region) 및 구획(division)

미국 인구조사 지역 및 구획
각 주별 FIPS(Federal Information Processing Standards) 코드

제1지역: 북동부(Northeast)	
제1구획: 뉴잉글랜드(New England)	제2구획: 미들애틀랜틱(Middle Atlantic)
코네티컷(09) 메인(23) 매사추세츠(25) 뉴햄프셔(33) 로드아일랜드(44) 버몬트(50)	뉴저지(34) 뉴욕(36) 펜실베이니아(42)

제2지역: 중서부(Midwest)
* 1984년 6월 이전에는 중서부 지역(Midwest Region)이 북중부 지역(North Central Region)으로 표시되었음.

제3구획: 이스트노스센트럴 (East North Central)	제4구획: 웨스트노스센트럴 (West North Central)
인디애나(18) 일리노이(17) 미시건(26) 오하이오(39) 위스콘신(55)	아이오와(19) 네브래스카(31) 캔자스(20) 미네소타(27) 노스다코타(38) 사우스다코타(46) 미주리(29)

제3지역: 남부(South)		
제5구획: 사우스애틀랜틱 (South Atlantic)	제6구획: 이스트사우스센트럴 (East South Central)	제7구획: 웨스트사우스센트럴 (West South Central)
델라웨어(10) 컬럼비아특별구(DC)(11) 플로리다(12) 조지아(13) 메릴랜드(24) 노스캐롤라이나(37) 사우스캐롤라이나(45) 버지니아(51) 웨스트버지니아(54)	앨라배마(01) 켄터키(21) 미시시피(28) 테네시(47)	아칸소(05) 루이지애나(22) 오클라호마(40) 텍사스(48)

제4지역: 서부(West)	
제8구획: 마운틴(Mountain)	제9구획: 퍼시픽(Pacific)
애리조나(04) 콜로라도(08) 아이다호(16) 뉴멕시코(35) 몬태나(30) 유타(49) 네바다(32) 와이오밍(56)	알래스카(02) 캘리포니아(06) 하와이(15) 오리건(41) 워싱턴(53)

[부록 5]

상원선거 Class(등급) 주별 분류

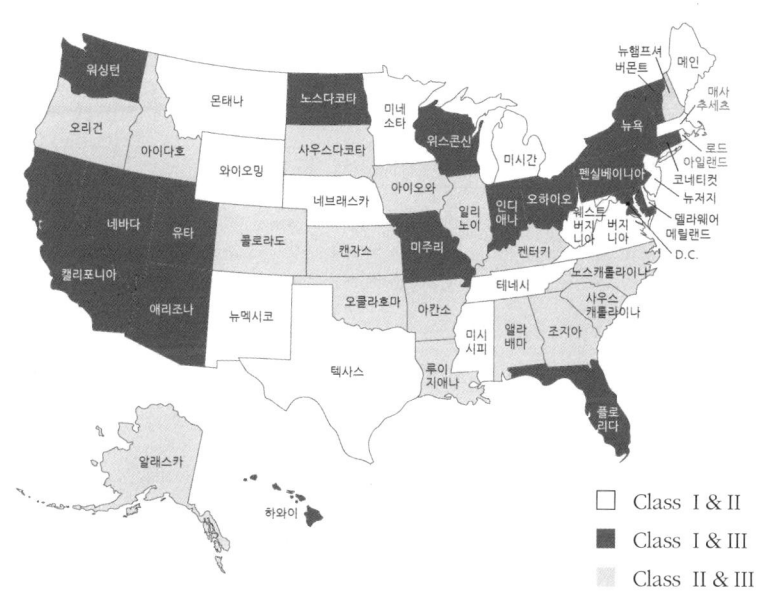

Class I & II	델라웨어, 메인, 매사추세츠, 미시간, 미네소타, 미시시피, 몬태나, 네브래스카, 뉴저지, 뉴멕시코, 로드아일랜드, 테네시, 텍사스, 버지니아, 웨스트버지니아, 와이오밍 (총 16개 주)
Class I & III	애리조나, 캘리포니아, 코네티컷, 플로리다, 하와이, 인디애나, 메릴랜드, 미주리, 네바다, 뉴욕, 노스다코타, 오하이오, 펜실베이니아, 유타, 버몬트, 워싱턴, 위스콘신 (총 17개 주)
Class II & III	앨라배마, 알래스카, 아칸소, 콜로라도, 조지아, 아이다호, 일리노이, 아이오와, 캔자스, 켄터키, 루이지애나, 뉴햄프셔, 노스캐롤라이나, 오클라호마, 오리건, 사우스캐롤라이나, 사우스다코타 (총 17개 주)

* 헌법 1조 3항에 의거해 한 주의 상원의원 의석은 각기 다른 Class(등급)로 분류함

[Class(등급)에 따른 상원의석 분포도]

최근 상원선거	Class I 2012년	Class II 2008년	Class III 2010년	113대 의회 상원 의석분포
공화당 의석수	8	13	24	45
민주당 의석수	23	20	10	43
무소속 의석수	2	0	0	2
공석	0	0	0	0
총합	33	33	34	100
다음 상원선거	2018년	2014년	2016년	

출처: http://www.senate.gov/pagelayout/reference/two_column_table/Class_I.htm,
http://www.senate.gov/pagelayout/reference/two_column_table/Class_II.htm,
http://www.senate.gov/pagelayout/reference/two_column_table/Class_III.htm

[부록 6]

건국 이후 분점-단점 정부

[1786-1824(제1정당체계)]

회기	1	2	3	4	5	6	7	8	9	10	11	12	13	14	15	16	17	18
연도	1789	1791	1793	1795	1797	1799	1801	1803	1805	1807	1809	1811	1813	1815	1817	1819	1821	1823
정당체계	연방파당						민주공화당											
다수당	연방	연방		연방	민공													
		민공																
분점		◇																
대통령	Washington (무소속)		Adams (연방)		Jefferson (민주공화)				Madison (민주공화)				Monroe (민주공화)					
3당																		

[1826-1860(제2정당체계)]

회기	19	20	21	22	23	24	25	26	27	28	29	30	31	32	33	34	35	36
연도	1825	1827	1829	1831	1833	1835	1837	1839	1841	1843	1845	1847	1849	1851	1853	1855	1857	1859
정당체계	민주공화당					민주당												
		전국공화당					위그당											
다수당	민/전공	민		전공/민		민		위그	위그/민	민	민/위그	민		민/공	민	민/공		
분점	◇	◇		◇			◇		◇	◇		◇			◇			
대통령	Adams, J. Q. (민주공화/전국공화)		Jackson, Andrew (민)			Van Buren (민)		Harrison (위그)		Polk (민)		Taylor (위그)		Pierce (민)		Buhanan (민)		
								Tyler (위그/무소속)				Fillmore (위그)						
3당				AM							FS				KN			

* 대선에서 5% 득표율을 확보한 제3당으로 1832년 AM(Anti-Masonic), 1848년 FS(Free-Soil), 그리고 1856년 KN(Know-Nothing) 등이 있다

[1860-1893(제3정당체계)]

회기	37	38	39	40	41	42	43	44	45	46	47	48	49	50	51	52	53
연도	1861	1863	1865	1867	1869	1871	1873	1875	1877	1879	1881	1883	1885	1887	1889	1891	1893
정당체계	민주당 / 공화당																
다수당	공	공	공	공	공	공	공/민	민	공	공	공/민	공/민	공	공	공/민	공/민	민
분점		◇				◇	◇		◇	◇			◇				
대통령	Lincoln(공)	Lincoln(공)	Johnson(민)	Johnson(민)	Grant(공)	Grant(공)	Grant(공)	Grant(공)	Hayes(공)	Hayes(공)	Garfield(공)/Arthur(공)	Arthur(공)	Cleveland(민)	Cleveland(민)	Harrison B.(공)	Harrison B.(공)	Cleveland(민)
3당	SD, CR																Pop

[1894-1931(제4정당체계)]

회기	54	55	56	57	58	59	60	61	62	63	64	65	66	67	68	69	70	71	72
연도	1895	1897	1899	1901	1903	1905	1907	1909	1911	1913	1915	1917	1919	1921	1923	1925	1927	1929	1931
정당체계	민주당 / 공화당																		
다수당	공	공	공	공	공	공	공	공/민	공/민	민	민	민	민/공	공	공	공	공	공	공
분점	◇							◇		◇	◇								
대통령	Cleveland(민)	McKinley(공)	McKinley(공)	Roosevelt, T.(공)	Roosevelt, T.(공)	Roosevelt, T.(공)	Roosevelt, T.(공)	Taft(공)	Taft(공)	Wilson(민)	Wilson(민)	Wilson(민)	Wilson(민)	Harding(공)	Coolidge(공)	Coolidge(공)	Coolidge(공)	Hoover(공)	Hoover(공)
3당										S, BM					Pro				

* 대선에서 5% 득표율을 확보한 제3당으로 1860년 SD(Southern Democrats)와 CR(Constitutional Reform), 1892년 Pop(Populist), 1912년 S(Socialist)와 BM(Bull-Moose), 그리고 1924년 Pro(Progressive) 등이 있다

부록 *349*

[1932-1993(제5정당체계), 그 이후]

회기	73	74	75	76	77	78	79	80	81	82	83	84	85	86	87	88	89	90
연도	1933	1935	1937	1939	1941	1943	1945	1947	1949	1951	1953	1955	1957	1959	1961	1963	1965	1967
정당체계	민주당																	
	공화당																	
다수당	민 / 공	민						공		민	공	민						
분점	◇				◇					◇								
대통령	Roosevelt, F.(민)							Truman(민)				Eisenhower(공)				Kennedy (민)		Johnson, L.(민)
3당																	

회기	91	92	93	94	95	96	97	98	99	100	101	102	103	104	105	106	107	108
연도	1969	1971	1973	1975	1977	1979	1981	1983	1985	1987	1989	1991	1993	1995	1997	1999	2001	2003
정당체계	민주당																	
	공화당																	
다수당	민						공 / 민		민			공			공 / 민	공
분점	◇	◇				◇		◇					◇		◇		
대통령	Nixon (공)		Ford (공)	Carter (민)		Reagan (공)				Bush (공)		Clinton (민)				Bush, W.(공)	
3당	AI				I				I		R						

회기	109	110	111	112	113
연도	2005	2007	2009	2011	2013
정당체계	민주당				
	공화당				
다수당	공	민		민 / 공	
분점		◇		◇	
대통령	Bush, W.(공)		Obama (민)		
3당				

[제3당]

연도	정당	후보	득표율(%)	선거인단(#)	차기 대선 결과
1996	Reform	H. Ross Perot	8.4	0	재출마 포기, 공화당 후보 지지표명
1992	Independent	H. Ross Perot	18.9	0	Reform Party 후보로 재출마
1980	Independent	John Anderson	6.6	0	재출마 포기
1968	American Independent	George Wallace	13.5	46	1.4% 득표율
1924	Progressive	Robert LaFollette	16.6	13	공화당으로 복귀
1912	Bull Moose	Theodore Roosevelt	27.4	88	공화당으로 복귀
1912	Socialist	Engene Debs	6.0	0	3.2% 득표율
1892	Populist	James Weaver	8.5	22	민주당 후보 지지 표명
1860	Constitutional Reform	John Bell	12.6	39	정당 해체
1860	Southern Democrats	John Breckinridge	18.1	72	정당 해체
1856	Know-Nothing	Millard Fillmore	21.5	8	정당 해체
1848	Free Soil	Martin Van Buren	10.1	0	4.9% 득표율
1832	Anti-Masonic	William Wirt	7.8	7	Whig당 후보 지지표명

* 득표율 5% 이상을 획득한 후보들만을 대상으로 하였음

[부록 7]

유권자 등록 주별 분류

주명	등록마감일	유권자 등록용지 (연방/주)	소속정당 표기원칙	인종 및 출신민족 표기원칙	기타 사항
앨라배마	선거일 11일 전 소인분까지	연방용지 의무사용, 주양식병용	선택가능	요구사항이나 의무는 아님.	등록 시 앨라배마 주 거주민이어야 함.
알래스카	선거일 30일 전까지	연방용지 의무사용, 주양식병용	선택가능, 예비선거만 의무표기	미표기	• 알래스카 주 거주민 • 다른 주 유권자 등록이 되어 있지 않아야 함.
애리조나	선거일 29일 전까지	연방용지 의무사용, 주양식병용	선택가능, 예비선거만 의무표기	미표기	다음 선거일로부터 최소 29일 전에 애리조나 및 해당 카운티에 거주하는 주민이어야 함.
아칸소	선거일 30일 전까지	연방용지 의무사용, 주양식병용	선택가능	미표기	등록용지에 기재한 아칸소 주소지에 거주해야 함.
캘리포니아	선거일 15일 전까지	연방용지 의무사용, 주양식병용	선택가능	미표기	• 캘리포니아 주 거주민 • 자필서명 필수
콜로라도	• 선거일 29일 전까지 • 소인없이 도착한 우편 신청서의 경우 등록 마감 5일 전까지 접수 요망	연방용지 의무사용, 주양식병용	의무표기	미표기	해당 선거 30일 이전에 콜로라도 주 주민이어야 함.
코네티컷	• 우편등록: 선거일 14일 전까지 • 방문등록: 선	연방용지 의무사용, 주양식병용	선택가능, 예비선거만 의무표기	미표기	투표하고자 하는 자치구와 코네티컷 주 거주민이어야 함.

		거일 7일 전까지				
델라웨어	• 예비선거/총선거: 선거일 4주 전 토요일까지 • 보궐선거: 선거일 10일 전까지		연방용지 의무사용, 주양식병용	의무표기	미표기	델라웨어 주의 영구 주민이어야 함.
콜럼비아 특별구	• 우편등록: 선거일 30일 전 소인분까지 • 선거당일 등록 가능		연방용지 의무사용, 주양식병용	의무표기	미표기	다음 선거일로부터 최소 30일 이전에 콜럼비아 특별구 주민이어야 함.
플로리다	선거일 29일 전 소인분까지		연방용지 의무사용, 주양식병용	의무표기	요구사항이나 의무는 아님.	• 플로리다 주 및 등록하고자 하는 해당 자치구에 거주하는 합법적 주민이어야 함.
조지아	• 총예비선거/총선거/대통령후보 지명 예비선거/조지아주 선거법에 일정이 명시된 보궐선거: 선거일 5주 전 월요일까지 • 조지아 주 선거법에 일정이 명시되지 않은 보궐선거: 선거일 공표 5일 후까지		연방용지 의무사용, 주양식병용	선택가능	의무표기	조지아 주 및 등록하고자하는 해당 자치구에 거주하는 합법적 주민이어야 함.
하와이	선거일 30일 전까지		연방용지 의무사용, 주양식병용	미표기	필수요구사항이 아님	하와이 주 거주민이어야 함.
아이다호	• 우편등록: 선거일 25일 전			선택가능	미표기	선거일 이전 30일 동안 아이다호 주 및 해당

	까지 • 선거당일 등록가능				자치구에 거주해야 함.
일리노이	선거일 28일 전 소인분까지	연방용지 의무사용, 주양식병용	선택가능, 예비선거만 의무표기	미표기	다음 선거일로부터 최소 30일 이전에 일리노이 및 해당 선거구 주민이어야 함.
인디애나	선거일 29일 전 소인분까지	연방용지 의무사용, 주양식병용	미표기	미표기	다음 선거 최소 30일 이전에 해당 선거구 주민이어야 함.
아이오와	• 주 예비선거/총선거: 선거일 10일 전, 오후 5시까지. • 기타 선거: 선거일 11일 전까지 • 마감일 이후 도착시, 선거일 15일 이전 소인분까지 유효 • 선거당일 등록 가능	연방용지 의무사용, 주양식병용	선택가능, 예비선거시 표기권장	미표기	• 아이오와 주 거주민이어야 함. • 하나 이상의 선거구에서 투표권을 주장할 수 없음. • 해당 선거구 외의 다른 곳에서 투표할 권리를 포기해야 함.
캔자스	선거일 21일 이전 소인분까지	연방용지 의무사용, 주양식병용	의무표기	미표기	• 캔자스 주 거주민이어야 함. • 다른 장소, 다른 이름으로 투표권을 주장하지 않아야 함.
켄터키	선거일 29일 전 소인분까지	연방용지 의무사용, 주양식병용	의무표기	미표기	• 해당 선거 28일 이전에 해당 자치구 주민이어야 함. • 켄터키 이외의 주에서 투표권을 주장하지 않아야 함.
루이지애나	선거일 30일 전까지	연방용지 의무사용, 주양식병용	의무표기 (대통령 후보지명 예	의무표기	• 루이지애나 주 거주민이어야 함. • 거주지 주소는 소득

			비선거/당위원회 임원선거), 그 외의 선거에서는 미표기		세 공제신고 주소지와 동일해야 함
메인	• 우편등록: 선거일 21일 전까지 • 선거당일까지 방문 등록 가능	연방용지 의무사용, 주양식병용	의무표기	미표기	메인 주 및 투표하려는 시 선거구의 주민이어야 함.
메릴랜드	선거일 21일 전, 오후 9시까지	연방용지 의무사용, 주양식병용	의무표기	미표기	메릴랜드 주 거주민이어야 함.
매사추세츠	선거일 20일 전 소인분까지	연방용지 의무사용, 주양식병용	선택가능, 단 대통령 후보 지명 예비경선 참여시에는 의무표기	미표기	매사추세츠 주 거주민이어야 함.
미시간	선거일 30일 전 소인분까지	연방용지 의무사용, 주양식병용	미표기	미표기	• 미시간 주민이며 최소 선거 30일 이전에 해당 자치구의 주민이어야 함. • 주법에 따라 유권자 등록 주소는 운전면허증에 기재된 주소와 동일해야 함.
미네소타**	• 우편등록: 선거일 21일 전, 오후 5시까지 • 선거당일 등록 가능	연방용지 임의사용, 주양식병용	미표기	미표기	• 다음 선거 20일 이전에 미네소타 주민이어야 함. • 유권자 등록양식에 기재된 주소에 거주 중이어야 함.
미시시피	선거일 30일 전 소인분까지	연방용지 의무사용, 주양식병용	미표기	미표기	투표하고자 하는 선거일 30일 전부터 미시시피 주와 해당 자치

						구(및 시, 해당 시)에 거주하고 있어야 함.
미주리	선거일 28일 전까지	연방용지 의무사용, 주양식병용	선택가능	미표기		미주리 주 거주민이어야 함.
몬태나	• 우편등록: 선거일 30일 전 소인분까지 • 방문등록: 선거일 29일 전부터 선거일 당일까지 가능	연방용지 의무사용, 주양식병용	미표기	미표기		다음 선거 30일 이전에 몬태나 주 및 해당 선거구 주민이어야 함.
네브래스카	• 우편등록: 선거일 3주 전 금요일까지 • 방문등록: 선거일 2주 전 금요일 오후 6시까지	연방용지 의무사용, 주양식병용	의무표기	미표기		네브래스카 주 거주민이어야 함.
네바다	• 우편등록: 선거일 5주 전 토요일까지 • 방문등록: 선거일 3주 전 화요일 오후 9시까지	연방용지 의무사용, 주양식병용	의무표기	미표기		다음 선거일 기준으로 네바다 주 해당 자치구에 최소 30일 이상, 해당 선거구에는 최소 10일 이상 계속 거주 중이어야 함.
뉴햄프셔 +**	• 우편등록: 선거일 10일 전까지 • 선거당일 등록가능	주 용지만 사용, 연방 양식은 주 용지 신청 자료 로서만 인정	–	–		–
뉴저지	선거일 21일 전까지	연방용지 의무사용, 주양식병용	미표기	미표기		다음 선거일로부터 최소 30일 이전에 뉴저지 주 및 주소지 자치구의 주민이어야 함.
뉴멕시코	선거일 28일 전 소인분까지	연방용지 의무사용,	의무표기	미표기		뉴멕시코 주 거주민이어야 함.

뉴욕	선거일 25일 전 소인분까지	연방용지 의무사용, 주양식병용	의무표기	미표기	선거 30일 이전에 해당 자치구 또는 뉴욕시에 거주해야 함.
노스 캐롤라이나	선거일 25일 전 소인분까지	연방용지 의무사용, 주양식병용	의무표기	요구사항이나 의무는 아님.	• 해당 선거일로부터 최소 30일 이전에 노스캐롤라이나 및 해당 자치구 주민이어야 함. • 다른 주나 자치구에 유권자로 등록하거나 투표하지 않아야 함.
노스다코타‡**	–	–	–	–	–
오하이오	선거일 30일 전까지	연방용지 의무사용, 주양식병용	선택가능	미표기	오하이오 주 거주민이어야 함.
오클라호마	선거일 25일 전 소인분까지	연방용지 의무사용, 주양식병용	의무표기	미표기	오클라호마 주 거주민이어야 함.
오리건	선거일 21일 전까지	연방용지 의무사용, 주양식병용	의무표기	미표기	오리건 주 거주민이어야 함.
펜실베이니아	선거일 30일 전까지	연방용지 의무사용, 주양식병용	의무표기	의무표기	• 다음 선거일로부터 최소 한 달 이내에 미국 시민이어야 함. • 해당 선거일로부터 최소 30일 전에 펜실베이니아 및 해당 선거구 주민이어야 함.
로드 아일랜드	선거일 30일 전까지	연방용지 의무사용, 주양식병용	의무표기	미표기	다음 선거일로부터 최소 30일 이전에 로드아일랜드 주민이어야 함.
사우스 캐롤라이나	선거일 30일 전 소인분까지	연방용지 의무사용, 주양식병용	선택가능	의무표기 (미표기 시 등록 신청서 불인정)	• 사우스캐롤라이나, 해당 자치구 주민이어야 함. • 신청서에 기재한 주

부록   357

					소 이외의 다른 장소를 거주지로 주장하지 않아야 함.
사우스 다코타	선거일 15일 전까지	연방용지 의무사용, 주양식병용	의무표기	미표기	사우스다코타 주 거주민이어야 함.
테네시	선거일 30일 전 소인분까지	연방용지 의무사용, 주양식병용	선택가능	선택표기	테네시 주 거주민이어야 함.
텍사스	선거일 30일 전 소인분까지	연방용지 의무사용, 주양식병용	선택가능	미표기	유권자 등록신청서를 접수한 자치구의 주민이어야 함.
유타	• 우편등록: 선거일 30일 전 소인분까지 • 방문등록: 선거일 15일 전까지	연방용지 의무사용, 주양식병용	선택가능, 예비선거만 의무표기	미표기	다음 선거 30일 전부터 유타에 거주하고 있어야 함.
버몬트	선거일 전 수요일 오후 5시 도착분까지	연방용지 의무사용, 주양식병용	미표기	미표기	• 버몬트 주 거주민이어야 함. • 버몬트 주 헌법에 명시된 투표자 선서에 서약해야 함.
버지니아	선거일 22일 전 도착분까지	연방용지 의무사용, 주양식병용	선택가능	미표기	버지니아 주 및 투표하고자 하는 선거구의 주민이어야 함.
워싱턴	• 우편/온라인 등록: 선거일 4주 전 월요일까지 • 방문등록: 선거일 1주일 전 월요일까지	연방용지 의무사용, 주양식병용	미표기	미표기	투표하고자 하는 선거일 30일 이전에 워싱턴 주, 해당 자치구 및 선거구의 주민이어야 함.
웨스트 버지니아	선거일 21일 전 소인분까지	연방용지 의무사용, 주양식병용	의무표기	미표기	웨스트버지니아 주 거주민이어야 함.
위스콘신**	• 우편등록: 선	연방용지	미표기	필수요구	• 위스콘신 주민이고

	거일 20일 전 소인분까지 • 방문등록: 선거일 전 금요일 오후 5시까지 • 선거당일 등록가능	임의사용, 주앙식병용		사항 아님	최소 28이상 등록 주소지에 거주해야 함. • 선거결과에 내기를 건 돈 또는 급료를 통해 금전적 이득을 취하지 않아야 함. • 선거당일 등록시 등록지 외의 다른 장소에서 투표를 마친 상태가 아니어야 함.
와이오밍**	• 선거일 14일 전까지 • 선거당일 등록가능	주별 용지만 사용가능, 연방용지는 사용 불가	주 등록절차에 따름	주 등록용지에 따름	-

출처: http://www.eac.gov/voter_resources/register_to_vote.aspx, http://www.longdistancevoter.org/#.UxHg8ON_uSr 및 각 주 정부의 웹사이트(검색일: 14/03/01)

† 뉴햄프셔 주는 연방 유권자 등록절차를 주 등록절차를 위한 부재투표자 신청절차로 간주함
‡ 노스다코타 주는 유권자 등록 제도가 부재함
** 미네소타, 뉴햄프셔, 노스다코다, 위스콘신, 와이오밍 주는 1993년 전국 유권자 등록법(National Voter Registration Act of 1993)으로부터 면제되어 있음

[부록 8]

참정권 주별 분류

수감자, 가석방, 집행유예자 및 복역자의 참정권 현황(주별 정보)

주명	형기 중인 범죄자의 참정권 허용				복역 이후의 참정권 신청		
	불허	허용			불필요 (자동부활)	의무화	
		수감자	집행유예, 가석방자	집행 유예자		모든 범죄 해당	범죄유형 에 따라
앨라배마	○						○
알래스카	○				○		
애리조나	○						○
아칸소	○				○		
캘리포니아				○	○		
콜로라도				○	○		
코네티컷				○	○		
델라웨어	○				○		
콜롬비아특별구		○	○		−	−	−
플로리다	○					○	
조지아	○				○		
하와이		○	○		○		
아이다호	○				○		
일리노이			○	○	○		
인디애나			○	○	○		
아이오와	○					○	
캔자스	○				○		
켄터키	○					○	
루이지애나	○				○		
메인		○	○	○	○		
메릴랜드	○				○		
매사추세츠			○	○	○		

주	1	2	3	4	5	6	7
미시간			○	○	○		
미네소타	○				○		
미시시피	○						○
미주리	○				○		
몬태나			○	○	○		
네브래스카*	○						○
네바다	○						○
뉴햄프셔			○	○	○		
뉴저지	○				○		
뉴멕시코	○				○		
뉴욕				○	○		
노스캐롤라이나	○				○		
노스다코타			○	○	○		
오하이오			○	○	○		
오클라호마	○				○		
오리건			○	○	○		
펜실베이니아			○	○	○		
로드아일랜드			○	○	○		
사우스캐롤라이나	○				○		
사우스다코타	○				○		
테네시	○						○
텍사스	○				○		
유타			○	○	○		
버몬트		○	○	○	○		
버지니아	○					○	
워싱턴	○				○		
웨스트버지니아	○				○		
위스콘신	○				○		
와이오밍	○						○

출처: http://www.sentencingproject.org/doc/publications/fd_bs_fdlawsinus_Jun2013.pdf (검색일: 14/03/01)

* 네브래스카 주 법은 형기 만료 이후 2년이 지나야 투표권을 회복할 수 있도록 규정함

[부록 9]

1990년, 2000년과 2010년
인구조사 결과에 따른 선거인단 배정

⟨2000년 대통령선거 선거인단수⟩ — 1990년 인구조사 결과 반영

선거인단수	주(증감폭)
3	알래스카, 델라웨어, 컬럼비아특별구(D.C.), 몬태나, 노스다코타, 사우스다코타, 버몬트, 와이오밍
4	하와이, 아이다호, 메인, 네바다, 뉴햄프셔, 로드아일랜드
5	네브래스카, 뉴멕시코, 유타, 웨스트버지니아
6	아칸소, 캔자스
7	아이오와, 미시시피, 오리건
8	애리조나, 콜로라도, 코네티컷, 켄터키, 오클라호마, 사우스캐롤라이나
9	앨라배마, 루이지애나
10	메릴랜드, 미네소타
11	미주리, 테네시, 워싱턴, 위스콘신
12	인디애나, 매사추세츠
13	조지아, 버지니아
14	노스캐롤라이나
15	뉴저지
18	미시간
21	오하이오
22	일리노이
23	펜실베이니아
25	플로리다
32	텍사스
33	뉴욕
54	캘리포니아

〈2004년, 2008년 대통령선거 선거인단수〉 — 2000년 인구조사 결과 반영

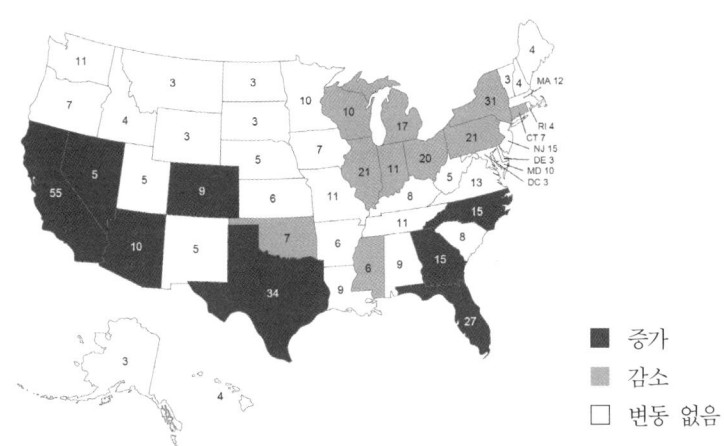

선거인단수	주(증감폭)
3	알래스카, 델라웨어, 컬럼비아특별구(D.C.), 몬태나, 노스다코타, 사우스다코타, 버몬트, 와이오밍
4	하와이, 아이다호, 메인, 뉴햄프셔, 로드아일랜드
5	네브래스카, 네바다(+1), 뉴멕시코, 유타, 웨스트버지니아
6	아칸소, 캔자스, 미시시피(-1)
7	코네티컷(-1), 아이오와, 오클라호마(-1), 오리건
8	켄터키, 사우스캐롤라이나
9	앨라배마, 콜로라도(+1), 루이지애나
10	애리조나(+2), 메릴랜드, 미네소타, 위스콘신(-1)
11	인디애나(-1), 미주리, 테네시, 워싱턴
12	매사추세츠
13	버지니아
15	조지아(+2), 뉴저지, 노스캐롤라이나(+1)
17	미시간(-1)
20	오하이오(-1)
21	일리노이(-1), 펜실베이니아(-2)
27	플로리다(+2)
31	뉴욕(-2)
34	텍사스(+2)
55	캘리포니아(+1)

부록   *363*

⟨2012, 2016, 2020년 대통령선거 선거인단수⟩ — 2010년 인구조사 결과 반영

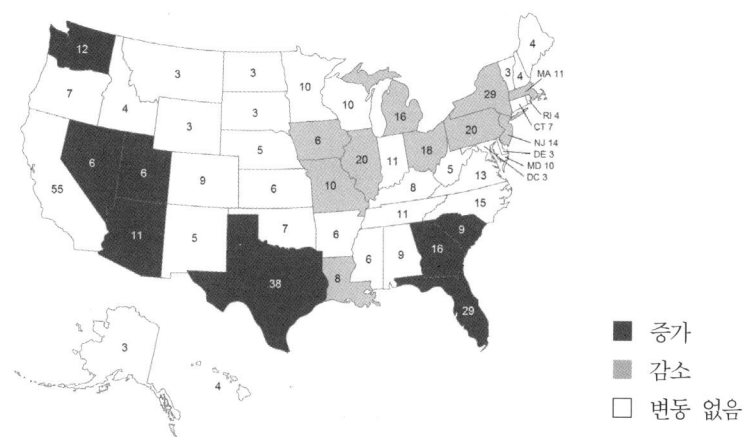

선거인단수	주(증감폭)
3	알래스카, 델라웨어, 컬럼비아특별구(D.C.), 몬태나, 노스다코타, 사우스다코타, 버몬트, 와이오밍
4	하와이, 아이다호, 메인, 뉴햄프셔, 로드아일랜드
5	네브래스카, 뉴멕시코, 웨스트버지니아
6	아칸소, 아이오와(-1), 캔자스, 미시시피, 네바다(+1), 유타(+1)
7	코네티컷, 오클라호마, 오리건
8	켄터키, 루이지애나(-1)
9	앨라배마, 콜로라도, 사우스캐롤라이나(+1)
10	메릴랜드, 미네소타, 미주리(-1), 위스콘신
11	애리조나(+1), 인디애나, 매사추세츠(-1), 테네시
12	워싱턴(+1)
13	버지니아
14	뉴저지(-1)
15	노스캐롤라이나
16	조지아(+1), 미시간(-1)
18	오하이오(-2)
20	일리노이(-1), 펜실베이니아(-1)
29	플로리다(+2), 뉴욕(-2)
38	텍사스(+4)
55	캘리포니아

출처: http://www.thegreenpapers.com/Census00/HouseAndElectors.html, http://www.thegreenpapers.com/Census10/HouseAndElectors.phtml(검색일: 13/02/25)

[부록 10]

2000년, 2004년, 2008년, 2012년 대선 경선일정

민주당 예비선거는 *이탤릭*, 공화당 예비선거는 밑줄로 구분하였으며, 다당 예비선거는 그대로 표기함.

	2000년	2004년	2008년	2012년
1월	24: 아이오와 코커스	13: 콜럼비아특별구 (D.C.) 17: 메인 코커스 19: 아이오와 코커스 25: 하와이 코커스 27: 뉴햄프셔	3: 아이오와 코커스 5: *와이오밍 코커스* 8: 뉴햄프셔 15: 미시간 19: 네바다 코커스, 사우스캐롤라이나 26: *사우스캐롤라이나* 29: 플로리다	3: 아이오와 코커스 10: 뉴햄프셔 21: *네바다 코커스, 사우스캐롤라이나* 28: *메인 코커스, 사우스캐롤라이나* 31: 플로리다
2월	1. 뉴햄프셔 5: *델라웨어* 7: 하와이 코커스 8: *델라웨어* 19: 사우스캐롤라이나 22: 애리조나, 미시간 26: 미국령 사모아 코커스, 괌 코커스, 미국령 버진제도 코커스 27: 푸에르토리코 29: 노스다코타 코커스, 버지니아, 워싱턴	1: 노스캐롤라이나 코커스 3: *애리조나, 델라웨어, 미주리, 뉴멕시코 코커스, 노스다코타, 오클라호마, 사우스캐롤라이나, 와이오밍 코커스* 4: 버지니아 코커스 7: *미시간, 워싱턴 코커스, 루이지애나 코커스* 8: 메인 코커스 10: *네바다 코커스, 테네시, 버지니아*	1: 메인 코커스 5: 앨라배마, 알래스카 코커스, 미국령 사모아 코커스, 애리조나, 아칸소, 캘리포니아, 콜로라도 코커스, 코네티컷, 델라웨어, 조지아, 아이다호 코커스, 일리노이, 캔자스 코커스, 매사추세츠, 미네소타 코커스, 미주리, 몬태나 코커스, 뉴저지,	4: *네바다 코커스* 7: 콜로라도 코커스, 미네소타 코커스, 미네소타 코커스, 미주리 26: *메인 코커스* 28: 애리조나, 미시간

		14: 네바다 코커스 17: 위스콘신 21: 괌 코커스 24: 하와이 코커스, 아이다호 코커스, 유타 28: 미국령 사모아 코커스, 미국령 버진제도 코커스	뉴멕시코 코커스, 뉴욕, 노스다코타 코커스, 오클라호마, 테네시, 유타, 웨스트 버지니아 코커스 9: 캔자스 코커스, 루이지애나, 네브라스카 코커스, 미국령 버진제도 코커스, 워싱턴 코커스 10: 메인 코커스 12: 콜럼비아 특별구 (D.C.), 메릴랜드, 버지니아 19: 하와이 코커스, 워싱턴, 위스콘신 23: 미국령 사모아 코커스 24: 푸에르토리코 코커스	
3월	7: 캘리포니아, 코네티컷, 조지아, 메인, 메릴랜드, 매사추세츠, 미주리, 뉴욕, 오하이오, 로드아일랜드, 버몬트, 미국령 사모아 코커스, 하와이 코커스, 아이다호 코커스, 미네소타 코커스, 노스다코타 코커스, 워싱턴 코커스 9: 사우스캐롤라이나 코커스	1: 델라웨어 코커스, 캔자스 코커스 2: 캘리포니아, 코네티컷, 조지아, 오하이오, 메릴랜드, 매사추세츠, 미네소타 코커스, 뉴욕, 로드아일랜드, 버몬트 6: 와이오밍 코커스 8: 미국령 사모아 코커스 9: 플로리다, 루이지애나, 노스캐롤라이나 코커스, 미시시피,	4: 오하이오, 로드아일랜드, 텍사스, 버몬트 8: 괌 코커스, 와이오밍 코커스 11: 미시시피	3: 워싱턴 코커스 6: 알래스카, 미국령 사모아 코커스, 콜로라도 코커스, 조지아, 아이다호 코커스, 매사추세츠, 노스다코타 코커스, 오하이오, 오클라호마, 테네시, 버몬트, 버지니아, 와이오밍 코커스 7: 하와이 코커스 10: 괌 코커스, 캔자스 코커스,

	10: 콜로라도, 유타, 와이오밍 코커스 11: 애리조나 코커스, 미시간 코커스, 미네소타 코커스 14: 플로리다, 루이지애나, 미시피, 오클라호마, 테네시, 텍사스 18: *괌 코커스*, *켄터키 코커스* 21: 일리노이 25: *와이오밍 코커스* 27: *델라웨어 코커스*	텍사스, <u>워싱턴 코커스</u> 13: *캔자스 코커스* 16: 일리노이 20: *알래스카 코커스*, *괌 코커스* 23: *유타 코커스*		<u>미국령 버진제도 코커스</u> 13: 앨라배마, <u>미국령 사모아 코커스</u>, *하와이 코커스*, 미시피, *유타 코커스* 17: *미주리 코커스* 18: *푸에르토리코 코커스* 20: 일리노이 24: 루이지애나 31: *애리조나 코커스*
4월	1: *미국령 버진제도 코커스* 2: *푸에르토리코 코커스* 4: 펜실베이니아, 위스콘신 15: *버지니아 코커스* 22: *알래스카 코커스*	3: *애리조나 코커스* 13: 콜로라도 27: 펜실베이니아	5: *미국령 버진제도 코커스* 22: 펜실베이니아	3: *콜럼비아특별구 (D.C.)*, 메릴랜드, 위스콘신 14: *아이다호 코커스*, *캔자스 코커스*, *네브래스카 코커스*, *와이오밍 코커스* 15: *알래스카 코커스*, <u>워싱턴 코커스</u> 24: 코네티컷, 델라웨어, 뉴욕, 펜실베이니아, 로드아일랜드
5월	2: 컬럼비아특별구 (D.C.), 인디애나, 노스캐롤라이나 6: *캔자스 코커스*, *괌 코커스* 9: 네브래스카, 웨스트버지니아 16: 오리건 23: 아칸소, <u>아이다호</u>, 켄터키 25: *캔자스 코커스*	4: 인디애나 11: 네브래스카, 웨스트버지니아 18: 아칸소, 켄터키, 오리건 25: 아이다호	3: *괌 코커스* 6: 인디애나, 노스캐롤라이나 13: <u>네브래스카</u>, 웨스트버지니아 20: 켄터키, 오리건 27: <u>아이다호</u>	5: *플로리다 코커스*, *괌 코커스*, *미시간 코커스* 8: 인디애나, 노스캐롤라이나, 웨스트버지니아 15: 네브래스카, 오리건 22: 아칸소, 켄터키 29: 텍사스

6월	6: 앨라배마, 몬태나, 뉴저지, 뉴멕시코, 사우스다코타	1: 앨라배마, 뉴멕시코, 사우스다코타 5: *푸에르토리코 코커스* 8: 몬태나, 뉴저지	1: *푸에르토리코* 3: *몬태나, 뉴멕시코, 사우스다코타*	3: *미국령 버진제도 코커스, 푸에르토리코 코커스* 5: *캘리포니아, 몬태나, 뉴저지, 뉴멕시코 노스다코타 코커스, 사우스다코타* 26: <u>유타</u>
민주당 전당대회	8월 14~17일: 캘리포니아 주, 로스앤젤레스	7월 26~29일: 매사추세츠 주, 보스턴	8월 25~28일: 콜로라도 주, 덴버	9월 4~6일: 노스캐롤라이나 주, 샬롯
공화당 전당대회	7월 31일~8월 3일: 펜실베이니아 주, 필라델피아	8월 30일~9월 2일: 뉴욕 주, 뉴욕	9월 1~4일: 미네소타 주, 미니애폴리스-세인트 폴	8월 27~30일: 플로리다 주, 탬파

출처: http://frontloading.blogspot.kr(검색일: 13/03/03)

368 만화경 속 미국 민주주의

〈2000년 경선 일정〉

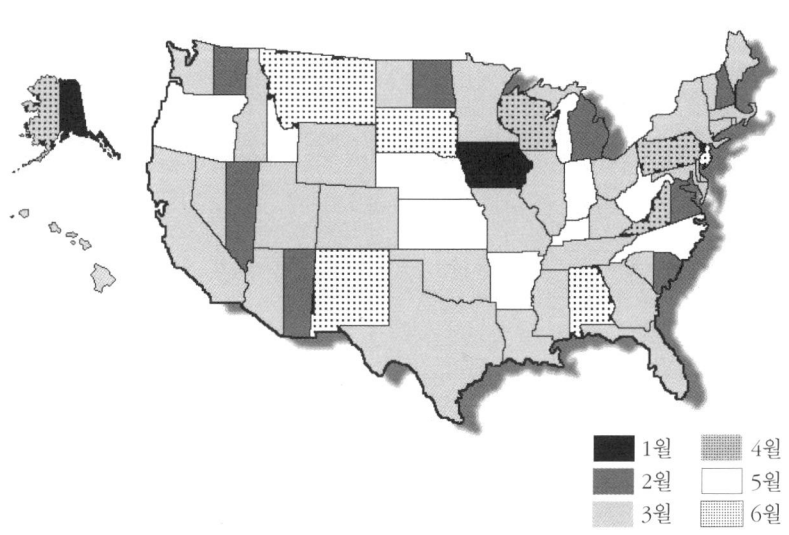

〈2004년 경선 일정〉

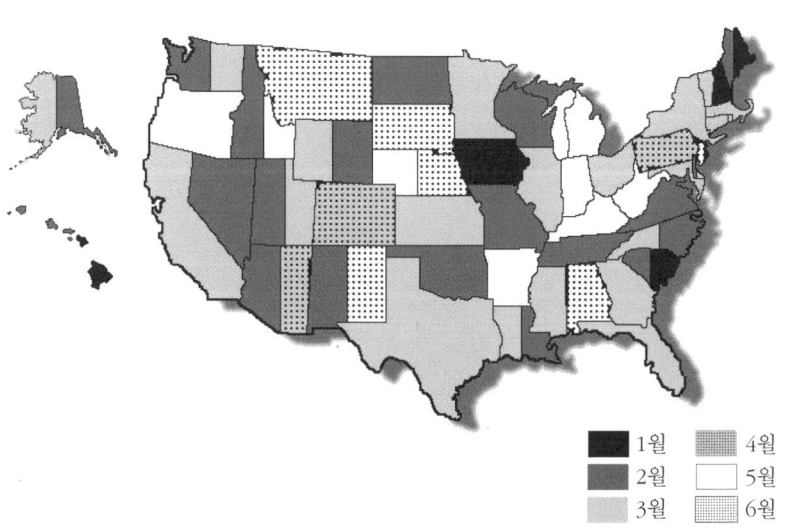

부록 369

〈2008년 경선 일정〉

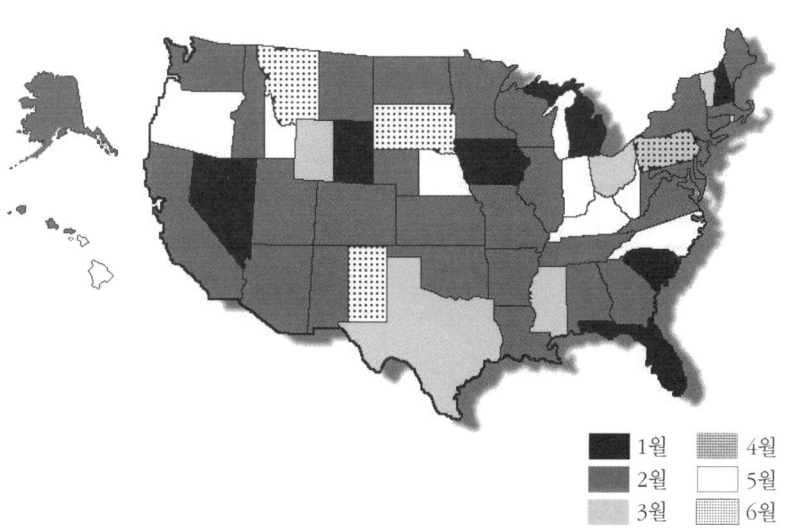

〈2012년 경선 일정〉

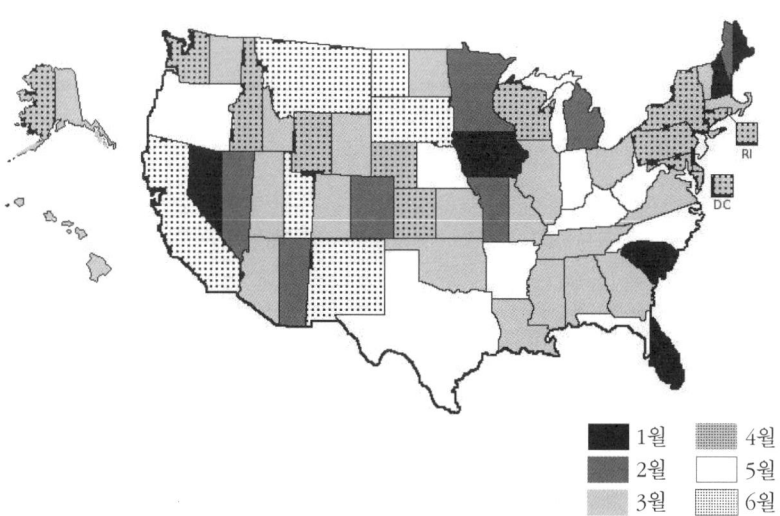

출처: http://frontloading.blogspot.kr(검색일: 13/03/03)
* 각 주가 반씩 나눠진 경우, 왼쪽은 민주당, 오른쪽은 공화당 경선일을 의미함

[부록 11]

행정명령 및 조약 대(對) 행정협정 비교

(1) 역대 대통령별 행정명령(executive order) 시행 횟수

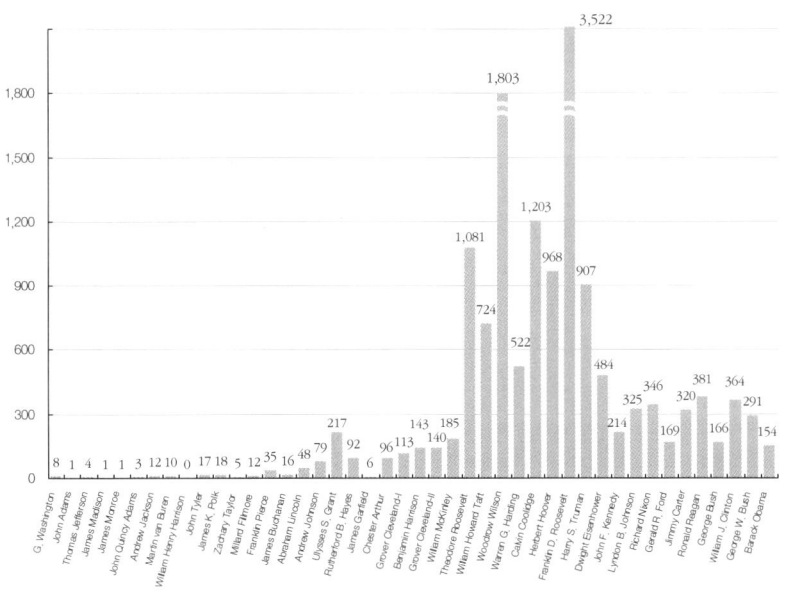

출처: http://www.archives.gov/federal-register/executive-orders/disposition.html의 자료를 재구성

부록 *371*

(2) 조약 및 행정협정(executive agreement) 비교, 1789-1989(50년 단위)

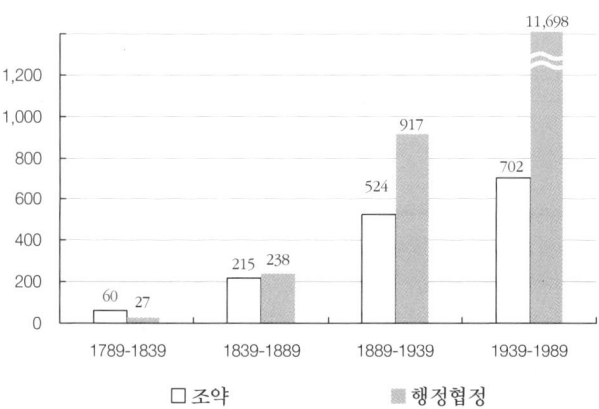

출처: http://www.gpo.gov/fdsys/pkg/CPRT-106SPRT66922/pdf/CPRT-106SPRT66922.pdf의 자료를 재구성

(3) 조약 및 행정협정 변화 추이, 1930-2003

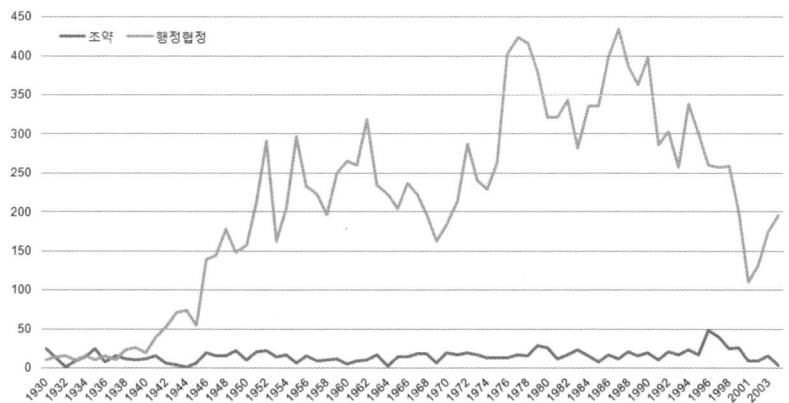

출처: http://www.gpo.gov/fdsys/pkg/CPRT-106SPRT66922/pdf/CPRT-106SPRT66922.pdf, http://www.saramitchell.org/MarshallPrins.pdf의 자료를 종합하여 재구성

참고문헌

❖ 국문 참고문헌

강승식. 2007. "미국헌법상 대통령의 법률집행의 의미."『미국헌법연구』18권 2호.
강원택. 2006.『대통령제, 내각제와 이원정부제』. 서울: 인간사랑.
_____. 2011.『통일 이후의 한국 민주주의』. 서울: 나남.
곽진영. 2004. "미국사회에서의 로컬 거버넌스 이론과 사례: 파트너십과 네트워킹 개념을 중심으로."『21세기 미국의 거버넌스』. 서울: 서울대학교 출판부.
권용립. 1997. "미국 대통령제 연구 — 대통령의 외교권 강화 전통을 중심으로."『사회과학연구』13.
김선욱. 2003. "현대 미국 개신교 교회와 정치."『정치사상연구』9집.
김의영. 2004. "대의제 민주주의 공고화를 위한 시민사회의 바람직한 정치참여 방안: 결사체 민주주의와 심의 민주주의 모델을 중심으로." 한국정치학회 춘계학술대회. 서울.
김인영. 2004. "미국 사회에서의 신뢰변화의 일고찰." 한국정치학회 하계학술대회.
김준석. 2006. "2003 캘리포니아 주지사 소환선거과정의 사례분석과 함의."『세계지역연구논총』24집 1호.
_____. 2011. "경제이슈를 중심으로 본 2010년 미국 중간선거."『2010년 미국 중간선거: 또 다른 변화』, 165-196. 서울: 도서출판 오름.
김형남. 2003. "현행 대통령제에 대한 비판적 고찰."『사회과학연구』(여름 특집호).

남궁곤 편. 2005. 『네오콘 프로젝트』. 서울: 사회평론.
노기호. 2007. "미국의 교육복지정책과 법제의 동향." 『공법연구』 35집 3호.
노기호·강승식. 2002. "미국헌법상 대통령과 의회의 권력관계." 『지역발전연구』 2(3).
문종욱. 2006. "헌법제도와 대통령제." 『법학연구』 23집.
미국정치연구회 편. 2005. 『부시 재집권과 미국의 분열, 2004년 미국대통령 선거』. 서울: 도서출판 오름.
_____. 2008. 『미국정치의 분열과 통합: 엘리트, 유권자, 이슈 양극화와 정치과정』. 서울: 사회평론.
_____. 2009. 『2008년 미국 대선을 말한다, 변화와 희망』. 서울: 도서출판 오름.
박찬욱. 2004. "한국 통치구조의 변경에 관한 논의: 대통령제의 정상적 작동을 위하여." 『한국정치연구』 13권 1호.
손병권. 2002. "『연방주의자 논고』에 나타난 메디슨의 새로운 미국 국가: 광대한 공화국." 한국정치학회 연례학술대회 발표논문.
_____. 2009. "『연방주의자 논고』에 나타난 해밀턴의 대통령제 인식과 그 현대적 검토." 『현대정치연구』 2권 2호.
안승국. 1997. "결사체민주주의와 정치공동체: 국가-시민사회관계의 대전환 모색." 『한국정치학회보』 31집 3호.
양승태. 2008. "대통령이란 무엇인가?" 『한국정치학회보』 42집 1호.
유성진. 2008. "미국정치 보수화의 한 단면: 기독교 우파의 부상과 공화당 지지기반의 재편." 『국제정치논총』 48집 3호.
유성진·김희강·손병권. 2007. "2007년 미국 이민법 개정 논쟁: 과정과 함의 그리고 미국의 다원주의." 『미국학논집』 39집 3호.
윤명선·박영철. 1998. "대통령제의 성공요인 — 미국의 경험을 중심으로." 『경희법학』 33권 1호.
윤창국. 2010. "미국교육복지정책의 변화: 1960년대 이후 초중등교육법 제1편을 중심으로." 『비교교육연구』 20권 4호.
이명남. 1997. "한국에서 대통령제의 적실성." 『한국정치학회보』 30집 4호.
이봉희. 1995. "유럽과 미국의 보수주의." 『한국정치학회보』 29집 2호.
이소영·이옥연. 2011. "의료보험개혁, 이민 규제, 그리고 2010 미국 중간선거." 미국정치연구회 편. 『2010년 미국 중간선거: 또 다른 변화』, 197-235. 서울: 도서출판 오름.

이신철. 2005. "미국 기독교 우파의 특징과 정치참여." 『사회와 철학』 10호.
이옥연. 2008. 『통합과 분권의 연방주의 거버넌스』. 서울: 도서출판 오름.
_____. 2011. "연방주의와 이민 문제: 유럽연합에 주는 시사점 일고." 『세계지역연구논총』 제29권 3호.
_____. 2013. "이민 통합과 굴절된 네덜란드 합의제 정당정치." 『국제정치논총』 제53권 3호.
이우영. 2009. "미국의 위헌심사기준으로서의 '이중 기준(二重 基準, Double Standard)'." 『서울대학교 법학』 50권 1호.
이헌환. 2004. "미국대통령의 권한과 그 한계." 『세계헌법연구』 9집 0호.
임혁백. 2003. "한국의 대통령제 거버넌스 모색: 제도와 운영방식을 중심으로." 『아세아연구』 46권 4호.
장영수. 2008. "현행헌법상의 정부형태와 대통령의 지위 및 권한에 관한 연구." 『공법학연구』 9권 1호.
정진민. 2004. "한국 대통령제의 문제점과 극복 방안." 『한국정당학회보』 3권 1호.
주성수. 2007. "직접, 대의, 심의 민주주의 제도의 통합: 주민투표와 주민발안 사례를 중심으로." 『시민사회와 NGO』 5권 1호.
최한수. 2005. "한국 역대정권의 대통령제 권력구조 특성에 관한 연구." 『대한정치학회보』 13권 2호.

❖ 영문 참고문헌

Aberbach, Joel. 1990. *Keeping a Watchful Eye: The Politics of Congressional Oversight*. Washington, DC: The Brookings Institution.
Allswang, John. 2000. *The Initiative and Referendum in California, 1898-1998*. Stanford: Stanford University Press.
Amar, Vikram David. 2004. "Adventures in Direct Democracy: the Top Ten Constitutional Lessons from the California Recall Experience." *California Law Review* 92(3): 927-958.
Ansolabehere, Stephen, Shanto Iyengar, Adam Simon, and Nicholas Valentino. 1994. "Does Attack Advertising Demobilize the Electorate?" *American*

Political Science Review 88: 829-838.

Askew, William C., and J. Fred Rippy. 1942. "The United States and Europe's Strife, 1908-1913." *The Journal of Politics* 4(1): 68-79.

Auerwald, David. 2003. "Advice and Consent: The Forgotten Power." Campbell, Colton, Nicol Rae and John Stack, Jr., eds. *Congress and the Politics of Foreign Policy: Real Politics in America*, 44-69. Upper Saddle River: Prentice Hall.

Auilar, Edwin, Benjamin Fordham, and G. Patrick Lynch. 2001. "The Foreign Policy Beliefs of Political Campaign Contributors: A Post-Cold War Analysis." *Social Science Quarterly* 82(1): 89-104.

Austin, Erica, and Bruce Pinkelton. 1995. "Positive and Negative Effects of Political Disaffection on the Less Experienced Voter." *Journal of Broadcasting and Electronic Media* 39: 215-235.

Azari, Julia. 2007. "Delivering the People's Message: Presidential Mandate Claims from Truman to George W. Bush." American Political Science Association. U.S.A.

_____. 2009. "The Constitutional Origins of Presidential Rhetoric." American Political Science Association. U.S.A.

Bailes, Alyson. 1997, "Europe's Defense Challenge: Reinventing the Atlantic Alliance." *Foreign Affairs* 76(1).

Baldassare, Mark. 2005. "The Role of Public Opinion on the California Governor's Recall in 2003: Populism, Partisanship, and Direct Democracy." *American Politics Research* 33(2): 163-186.

Bangs, Jeremy. 2009. *Strangers and Pilgrims, Travellers and Sojourners*. Plymouth: General Society of Mayflower Descendants.

Barber, Benjamin. 1984. *Strong Democracy*. Berkeley: University of California Press.

_____. 1998. *A Passion for Democracy*. Princeton: Princeton University Press.

Barilleaux, Ryan, and Christopher Kelley. 2010. "Introduction: What is the Unitary Executive?" Ryan Barilleaux and Christopher Kelley, eds. *The Unitary Executive and the Modern Presidency*. College Station: Texas A&M University Press.

Bartels, Larry. 1997. "Campaign Quality: Standards for Evaluation, Benchmarks for Reform." American Political Science Association. U.S.A.
_____. 2003. "Democracy with Attitudes." Michael McKuen and George Rabinowitz, eds. *Electoral Democracy*. Ann Arbor: University of Michigan Press.
Bartels, Larry et al. 1998. "Campaign Reform: Insights and Evidence." Report of the Task Force on Campaign Reform sponsored by the Pew Charitable Trusts, Princeton University, Woodrow Wilson School of Public and International Affairs.
Bednar, Jenna. 2009 *The Robust Federation: Principles of Design*. New York: Cambridge University Press.
Beer, Samuel. 1998. *To Make a Nation: The Rediscovery of American Federalism*. Cambridge: Belknap Press of Harvard University Press.
Bellah, Robert Neelly. 1967. "Civil Religion in America." *Journal of the American Academy of Arts and Sciences* 96: 1-21.
Benhabib, Seyla 2002. "Transformations of citizenship: The Case of Contemporary Europe." *Government and Opposition* 37(4): 449-453.
Bergsten, C. Fred. 1999. "America and Europe: Clash of the Titans?" *Foreign Affairs* 78(2).
Berlin, Isaiah. 1969. *Four Essays on Liberty*. New York: Oxford University Press.
Berry, Jeffery. 1984. *The Interest Group Society*. Boston: Little, Brown and Co.
Bimber, Bruce. 2003. *Information and American Democracy: Technology in the Evolution of Political Power*. New York: Cambridge University Press.
Bingham, Richard, and David Hedge. 1991. *State and Local Government in a Changing Society*, 2nd ed. New York: McGraw-Hill.
Blinken, Antony. 2001. "The False Crisis over the Atlantic." *Foreign Affairs* 80(3).
Bowler, Shaun, and Todd Donovan. 2000. "California's experience with direct democracy." *Parliamentary Affairs* 53: 644-656.

_____. 2004. "The Initiative Process," Virginia Gray and Russell Hanson, eds. *Politics in the American States, A Comparative Analysis*, 8th ed. Washington, DC: CQ Press.

Bravin, Jess. 2006. "Judge Alito's View of the Presidency: Expansive Powers." *Wall Street Journal* (January 5), A1.

Broder, David. 2000. *Democracy Derailed: Initiative Campaigns and the Power of Money*. New York: Harcourt.

Browne, William. 1985. "Variations in the Behavior and Style of State Lobbyists and Interest Groups." *Journal of Politics* 47(2): 450-468.

_____. 1990. "Organized Interests and Their Issue Niches: A Search for Pluralism in a Policy Domain." *Journal of Politics* 52: 477-509.

_____. 1998. *Groups, Interests, and U.S. Public Policy*. Washington, DC: Georgetown University Press.

Buchanan, Bruce. 2004. *The Policy Partnership: Presidential Elections and American Democracy*. New York: Routledge.

Burns, James MacGregor, J. W. Peltason, Thomas Cronin, and David Magleby. 2001. *State and Local Politics, Government By the People*, 10th ed. Upper Saddle River: Prentice-Hall, Inc.

Burns, James, J. Peltason, Thomas Cronin, and David Magleby. 2000. *State and Local Politics: Government by the People*, 10th ed. Upper Saddle River: Prentice Hall.

Byman, Daniel 저, 이옥연 역. 2004. 『미국의 강압전략: 이론, 실제, 전망』. 서울: 사회평론, 2004.

Cain, Bruce, and Kenneth Miller. 2001. "The Populist Legacy: Initiatives and the Undermining of Representative Government." Larry Sabato, Howard Ernst and Bruce Larson, eds. *Dangerous Democracy? The Battle over Ballot Initiatives in America*. Lanham: Rowman & Littlefield.

Calleo, David P. 2001. *Rethinking Europe's Future*. Princeton: Princeton University Press.

_____. 2003. "Transatlantic Folly: NATO vs. the EU." *World Policy Journal* 20(3): 17-24.

Cammisa, Anne Marie. 1995. *Governments as Interest Groups: Inter-*

governmental Lobbying and the Federal System. Westport: Praeger.
Campbell, C. S. 1974. *From Revolution to Rapprochement: The United States and Great Britain, 1783-1900.* New York: Wiley.
Campbell, David. 2004. "Acts of Faith: Churches and Political Engagement." *Political Behavior* 24: 155-180.
Campbell, Kurt, and James Steinberg. 2008. *Difficult Transitions: Foreign Policy Troubles at the Outset of Presidential Power.* Washington, DC: Brookings Institution Press.
Caplan, Bryan. 2007. *The Myth of the Rational Voter: Why Democracies Choose Bad Policies.* Princeton: Princeton University Press(kindle edition).
Chance, James. 2002. "Imperial America and the Common Interest." *World Policy Journal* 19(1); 1-9.
Childs, David. 2001. *Britain Since 1945: A Political History*, 5th ed. London: Routledge.
Cigler, Allan, and Burdett Loomis, eds. 2002. *Interest Group Politics*, 6th ed. Washington, DC: Congressional Quarterly Press.
CNN Election Results(http://us.cnn.com/election/2004/pages/results).
Cohen, Eliot A. 1984. "Constraints on America's Conduct of Small Wars." *International Security* 9(2): 151-181.
Cohen, Jeffrey. 2000. *Politics and Economic Policy in the United States*, 2nd ed. Boston: Houghton Mifflin Harcourt Co.
Cohen-Tanugi, Laurent. Translated by George Holoch Jr. 2003. *An Alliance at Risk: The United States and Europe since September 11.* Baltimore: Johns Hopkins University Press.
Conger, Kimberly, and Brian McGraw. 2008. "Religious Conservatives and the Requirements of Citizenship: Political Autonomy." *Perspectives on Politics* 6(2): 253-266.
Congressional Quarterly Guide to U.S. Elections, 6th ed. 2009. Washington, DC: Congressional Quarterly Inc.
Conley, Patricia Heidotting. 2001. *Presidential Mandates: How Elections Shape the National Agenda.* Chicago: The University of Chicago

Press.

_____. 2009. "The Legislative Presidency in Political Time: Unified Government, Divided Government, and Presidential Leverage in Congress." *Rivals for Power: Presidential-Congressional Relations*, 4th ed. James A. Thurber, ed. Lanham: Rowman & Littlefield Publishers, Inc.

Converse, Philip. 1975. "Public opinion and voting behavior." Fred Greenstein and Nelson Polsby, eds. *Handbook of political science*. New York: Addison-Wesley Educational Publishers Inc.

Crockett, David. 2009. "Executive Privilege." Joseph Bessette and Jeffrey Tulis, eds. *The Constitutional Presidency*. Baltimore: The Johns Hopkins University Press.

Cronin, Thomas, and Michael Genovese. 2004. *Paradoxes of the American Presidency*. New York: Oxford University Press.

Cronin, Thomas. 1999. *Direct Democracy: The Politics of Initiative, Referendum, and Recall*. New York: A Twentieth Century Fund Book.

Crotty, William, Mildred Schwartz, and John Green, eds. 1994. *Representing Interests and Interest Group Representation*. Lanham: Univ. Press of America.

Cyr, Arthur I. 2000. *After the Cold War: American Foreign Policy, Europe and Asia*. New York: Macmillan Press.

Dahl, Robert A. 1990. "Myth of the Presidential Mandate." *Political Science Quarterly* 105(3): 355-372.

Davis, William T. 1908. *Bradford's History of Plymouth Plantation, 1606-1646*. New York: Charles Scribner's Sons.

Deighton, Anne. 2002. "The European Security and Defense Policy." *Journal of Common Market Studies* 40(4): 719-741.

Derthick, Martha. 2001. *Keeping the Compound Republic: Essays on American Federalism*. Washington, DC: Brookings Institution Press.

Dionne, Eugene J. 1991. *Why Americans Hate Politics*. New York: Simon and Shuster.

Djupe, Paul, and Jacob Neiheisel. 2008. "Christian Right Horticulture: Grassroots Support in a Republican Primary Campaign." *Politics and*

Religion 1: 55-84.
Donovan, Todd, and Shaun Bowler. 1998. "An Overview of Direct Democracy in the American States." Shaun Bowler, Todd Donovan and Caroline Tolbert, eds. *Citizens as Legislators: Direct Democracy in the United States*. Columbus: Ohio State University Press.
Drage, Jeannie. 2001. "State Efforts to Regulate the Initiative Process." M. Dane Waters, ed. *The Battle over Citizen Law Making*. Durham: Carolina Academic Press.
Dreisbach, Daniel L. 2003. *Thomas Jefferson and the Wall of Separation Between Church and State*. New York: New York University Press.
Druckman, James. 2004. "On the Limits of Framing Effects: Who Can Frame?" *Journal of Politics* 63(4): 1041-1066.
Duncan, Christopher. 1995. *The Anti-Federalists and Early American Thought*. DeKalb: Northern Illinois University Press.
Edwards, George C. III, and Stephen Wayne. 2010. *Presidential Leadership: Politics and Policy Making*, 8th ed. Boston: Wadsworth.
Edwards, George C. III. 2003. *On Deaf Ears: The Limits of the Bully Pulpit*. New Haven: Yale University Press.
Elazar, Daniel. 1984. *American Federalism: A View from the States*. New York: Harper & Row.
Ellis, Richard. 2002. *Democratic Delusions: The Initiative Process in America*. Lawrence: University of Kansas Press.
Emerson, Michael, and Christian Smith. 2001. *Divided by Faith: Evangelical Religion and the Problem of Race in America*. New York: Oxford University Press.
Emerson, Michael, and Russell Hawkins. 2007. "Viewed in Black and White: Conservative Protestantism, Racial Issues, and Oppositional Politics." Mark Noll and Luke Harlow, eds. *Religion and American Politics: From the Colonial Period to the Present*. New York: Oxford University Press.
Erk, Jan. 2010. *Explaining Federalism: State, Society and Congruence in Austria, Belgium, Canada, Germany and Switzerland*. New York:

Routledge.
Faber, Ronald, Albert Tims, and Kay Schmitt. 1993. "Negative Political Advertising and Voting Intent: The Role of Involvement and Alternative Information Sources." *Journal of Advertising* 22(4): 67-76.
Farrand, Max, ed. 1967. *The Records of the Federal Convention of 1787*, vol.3. New Haven: Yale University Press.
Farrell, David, and Rudiger Schmitt-Beck, eds. 2002. *Do Political Campaigns Matter?: Campaign Effects in Elections and Referendums*. London: Routledge.
Fetzer, Joel. 2000. *Public Attitudes toward Immigration in the United States, France, and Germany*. Cambridge: Cambridge University Press.
Finkel, Steven, and John Geer. 1998. "A Spot Check: Casting Doubt on the Demobilizing Effect of Attack Advertising." *American Journal of Political Science* 42: 573-595.
Fiorina, Morris, Paul Peterson, and Bertram Johnson. 2003. *The New American Democracy*, 3rd ed. New York: Longman.
Fiorina, Morris, Samuel Abrams and Jeremy Pope. 2004. *Culture War? The Myth of a Polarized America*. New York: Longman.
First Focus. June 2010. "Public Support for the Dream Act," http://www.firstfocus.net/sites/default/files/dreampollbreakdown_0.pdf(검색일: 11/09/30).
Fisher, Louis. 2003. "The War Power: No Checks, No Balance." Colton Campbell, Nicol Rae and John Stack, eds. *Congress and the Politics of Foreign Policy*. Upper Saddle River: Prentice Hall.
Fishkin, James. 1991. *Democracy and Deliberation*. New Haven: Yale University Press.
Floyd, Charlene. 2007. *Christian Voices: Journeys through Faith and Politics in Contemporary American Protestantism*. Westport: Praeger.
Flynn, Gregory, and Henry Farrell. 1999. "Piecing Together the Democratic Peace: The CSCE, Norms, and the "Construction" of Security in Post-Cold War Europe." *International Organization* 53(3): 505-535.
Ford, Leland. "Digital History," http://www.digitalhistory.uh.edu/learning_history/japanese_internment/ford_statements.cfm(검색일: 11/9/27).

Fowler, Robert, Allen D. Hertzke, Laura R. Olson, and Kevin R. den Dulk. 2004. *Religion and Politics in America: Faith, Culture, and Strategic Choices*, 3rd ed. Boulder Westview Press.

Freeman, Gary. 2000. "Modes of Immigration Politics in Liberal Democratic States." *International Migration Review* 29-4: 881-902.

Frey, Bruno, and Alois Stutzer. 2004. "The Role of Direct Democracy and Federalism in Local Power." *Institute for Empirical Research in Economics*. Zurich: University of Zurich, www.iew.unizh.ch/wp/iewwp209.pdf(검색일: 08/10/1).

Furuseth, Owen, and Heather Smith. 2010. "Localized Immigration Policy: The View from Charlotte, North Carolina, A New Immigrant Gateway." Monica Varsanyi, ed. *Taking Local Control: Immigration Policy Activism in U.S. Cities and States*. Stanford: Stanford University Press.

Garnham, David. 1988. *The Politics of European Defense Cooperation: Germany, France, Britain and America*. Cambridge: Ballinger Publishing Co.

Garramone, Gina. 1984. "Voter Responses to Negative Political Ads." *Journalism Quarterly* 61: 250-259.

Genovese, Michael. 2010. "Foundations of the Unitary Executive of George W. Bush." Ryan Barilleaux and Christopher Kelley, eds. *The Unitary Executive and the Modern Presidency*. College Station: Texas A&M University Press.

Gerber, Elisabeth R., and Justin H. Phillips. 2005. "Evaluating the Effects of Direct Democracy on Public Policy: California's Urban Growth Boundaries." *American Politics Research* 33(2): 310-330.

Gerber, Elisabeth. 1999. *The Populist Paradox: Interest Group Influence and the Promise of Direct Legislation*. Princeton: Princeton University Press.

Geschiere, Peter. 2009. *The Perils of Belonging: Autochthony, Citizenship, and Exclusion in Africa and Europe*. Kindle edition: University of Chicago Press.

Gibson, James. 2006. "Political Intolerance." Russell Dalton and Hans-Dieter

Klingemann, eds. *Oxford Handbook of Political Behavior.* New York: Oxford University.

_____. 2007. "Intolerance and Political Repression in the United States: A Half-Century After McCarthyism." Manuscript.

Godwin, Jack. 2007. *The Arrow and the Olive Branch: Practical Idealism in U.S. Foreign Policy.* Westport: Praeger.

Goebel, Thomas. 2007. *A Government by the People: Direct Democracy in America, 1890-1940.* Chapel Hill: The University of North Carolina Press.

Gordon, Philip. 2003. "Bridging the Atlantic Divide." *Foreign Affairs* 82(1).

_____. 2004. "Letter to Europe." *Prospect* (July): 26-33.

Gould, Lewis. 2009. *The Modern American Presidency*, 2nd ed. Lawrence: University Press of Kansas.

Gray, Virginia, and David Lowery. 1993. "The Diversity of State Interest Group Systems." *Political Research Quarterly* 46(1): 81-98.

_____. 1995. "The Demography of Interest Organization Communities: Institutions, Associations, and Membership Groups." *American Politics Quarterly* 23(1): 3-32.

_____. 1996. "Environmental Limits on the Diversity of State Interest Organization Systems: A Population Ecology Interpretation." *Political Research Quarterly* 49(1): 103-118.

Gray, Virginia, and Herbert Jacob, eds. 1996. *Politics in the American States: A Comparative Analysis*, 6th ed. Washington, DC: CQ Press.

Grossback, Lawrence J., David A. M. Peterson, and James A. Stimson. 2006. *Mandate Politics.* New York: Cambridge UP.

Guide to U.S. Elections, 6th ed. 2009. Washington, DC: Congressional Quarterly Inc.

Haider, Donald. 1974. *When Governments Come to Washington: Governors, Mayors and Intergovernmental Lobbying.* New York: Free Press.

Halper, Stefan, and Jonathan Clarke. 2004. *America Alone: The Neo-Conservatives and the Global Order.* Oxford: Oxford University Press.

Hamburger, Philip. 2002. *Separation of Church and State.* Boston: Harvard

University Press.
Hamburger, Tom, and Peter Wallsten. 2006. *One Party Country: The Republican Plan for Dominance in the 21st Century.* Hoboken: John Wiley & Sons, Inc.
Hamilton, Alexander, James Madison, and John Jay. 1787/1961. *The Federalist Papers.* Clinton Rossiter, ed. New York: Penguin, Inc.
Hamilton, Marci A. 2005. *God vs. the Gavel: Religion and the Rule of Law.* New York: Cambridge University Press.
Hart, Roderick. 1987. *The Sound of Leadership: Presidential Communication in the Modern Age.* Chicago: University of Chicago Press.
_____. 1994. *Seducing America: How Television Charms the Modern Voter.* New York: Oxford University Press.
_____. 2000. *Campaign Talk: Why Elections Are Good for Us.* Princeton: Princeton University Press.
Hartz, Louis. 1955. *The Liberal Tradition in America.* New York: Hartcourt, Braceea and World, Inc.
Haskell, John. 2001. *Direct Democracy or Representative Government? Dispelling the Populist Myth.* Boulder: Westview Press.
Hays, R. Allen. 1991. "Intergovernmental Lobbying: Toward an Understanding of Priorities." *Western Politics Quarterly* 44: 1081-1098.
Hedlund, Ronald. 1993. "Wisconsin: Pressure Politics and a Lingering Progressive Tradition." Ronald Hrebenar and Clive Thomas, eds. *Interest Group Politics in the Midwestern States.* Iowa State University Press.
Heisbourg, François. 1987. "Can the Atlantic Alliance Last Out the Century?" *International Affairs* 63(3).
_____. 1992. "The European-US Alliance: Valedictory Reflections on Continental Drift in the Post-Cold War Era." *International Affairs* 68(4); 665-678.
Hetherington, Marc, and Michael Nelson. 2003. "Anatomy of a Rally Effect: George W. Bush and the War on Terrorism." *PS: Political Science and Politics* 36(1): 37-44.
Hill, Christopher. 2001. "Renationalizing or Regrouping? EU Foreign Policy

since 11 September 2001." *Journal of Common Market Studies* 42(1): 143-163.

Hirst, Paul, and Veit Bader, eds. 2001. *Associative Democracy: The Real Third Way.* London: Frank Cass, 2001.

Holborn, Hajo. 1953. "American Foreign Policy and European Integration." *World Politics* 6(1): 1-30.

Holbrooke, Richard C. 1995. "America, A European Power." *Foreign Affairs* 74(2): 38-51.

Holsti, Ole. 2004. *Public Opinion and American Foreign Policy, revised edition.* Ann Arbor: University of Michigan Press.

Howard, Marc. 2009. *The Politics of Citizenship in Europe.* Cambridge: Cambridge University Press.

Howe, Mark DeWolfe. 1965. *The Garden and the Wilderness: Religion and Government in American Constitutional History.* Chicago: University of Chicago Press.

Howorth, Jolyon. 2001. "European Defence and the Changing Politics of the European Union: Hanging Together or Hanging Separately?" *Journal of Common Market Studies* 39(4): 765-789.

Hrebenar, Ronald. 1997. *Interest Group Politics in America.* Armonk: M. E. Sharpe.

Hrebenar, Ronald, and Clive Thomas, eds. 1993. *Interest Group Politics in the Midwestern States.* Iowa State University Press.

Huddy, Leonie, and Stanley Feldman. 2009. "On Assessing the Political Effects of Racial Prejudice." *Annual Review of Political Science* 12: 423-447.

Hunter, Kenneth, Laura Ann Wilson, and Gregory Brunk. 1991. "Societal Complexity and Interest-Group Lobbying in the American States." *Journal of Politics* 53(2): 488-503.

Hunter, Kenneth. 1999. *Interest Groups and State Economic Development Policies.* Westport: Praeger.

Huntington, Samuel. 1999. "The Lonely Superpower." *Foreign Affairs* 78(2): 35-49.

Ikenberry, G. John, Thomas J. Knock, Anne-Marie Slaughter, and Tony

Smith. 2011. *The Crisis of American Foreign Policy: Wilsonianism in the Twenty-first Century*. Princeton: Princeton University Press.
Jamieson, Kathleen. 2001. *Everything You Think You Know About Politics and Why You're Wrong*. New York: Basic Books.
Jeffries, Jr., John C., and James E. Ryan. 2001. "A Political History of the Establishment Clause." *Michigan Law Review* 100: 279-370.
Jentleson, Bruce. 1990. "American Diplomacy: Around the World and along Pennsylvania Avenue." Thomas Mann, ed. *A Question of Balance: The President, the Congress and Foreign Policy*. 146-200. Washington, DC: The Brookings Institution.
Johnson, Lyndon. 1967. *Public Papers of the Presidents of the United States: Lyndon B. Johnson*. Washington, DC: GPO.
Jones, Charles. 2005. *The Presidency In a Separated System*, 2nd ed. Washington, DC: The Brookings Institution.
Joppke, Christian. 1999/2008. *Immigration and the Nation-State: The United States, Germany, and Great Britain*. Oxford/New York: Oxford University Press.
Just, Marion R., Ann N. Crigler, Dean E. Alger, Timothy E. Cook, and Montague Kern. 1996. *Crosstalk: Citizens, Candidates and the Media in a Presidential Campaign*. Chicago: University of Chicago Press.
Kagan, Robert. 2003. *Of Paradise and Power: America vs Europe in the New World Order*. New York: Alfred A. Knopf, Inc.
Karolewski, Ireneusz Pawel. 2010. *Citizenship and Collective Identity in Europe*. Kindle edition: Routledge.
Kellstedt, Lyman, John Green, Corwin Smidt, and James Guth. 2007. "Faith Transformed: Religion and American Politics from FDR to George W. Bush." Mark Noll and Luke Harlow, eds. *Religion and American Politics: From the Colonial Period to the Present*. New York: Oxford University Press.
Keohane, Robert. 2002. "Ironies of Sovereignty: The European Union and the United States." *Journal of Common Market Studies* 40(4): 743-765.
Kernell, Samuel. 1997. *Going Public: New Strategies of Presidential Leader-*

ship. Washington, DC: Congressional Quarterly Inc.

Kerry, John. 2001. "Stopping at the Water's Edge." *Washington Quarterly* 24(2): 83-93.

Key, V. O. 1967. *Public Opinion and American Democracy*. New York: A. A. Knopf.

Kinder, Donald, and Donald Herzog. 1993. "Democratic Decision." George Markus and Russell Hanson, eds. *Reconsidering the Democratic Republic*. University Park: Pennsylvania State University Press.

Knoke, David. 1990. *Organizing for Collective Action: the Political Economies of Association*. New York: Aldine De Gruyter.

Knuckey, Jonathan. 1999. "Religious Conservatives, the Republican Party and Evolving Party Coalitions in the United States." *Party Politics* 5(4): 485-496.

Koh, Harold Hongju. 1996. "Why the President Almost Always Wins in Foreign Affairs." David Adler and Larry George, eds. *The Constitution and the Conduct of American Foreign Policy*. Lawrence: University Press of Kentucky.

Kohut, Andrew, John C. Green, Scott Keeter, and Robert C. Toth. 2000. *Diminishing Divide: Religion's Changing Role in American Politics*. Washington, DC: Brookings Institutions Press.

Kolodziej, Edward A. 1980/1981. "Europe: The Partial Partner." *International Security* 5(3): 104-131.

Kramnick, Isaac, and R. Lawrence Moore. 2005. *The Godless Constitution: A Moral Defense of the Secular State*. New York: W. W. Norton & Company.

Krieger, Heike, ed. 2001. *The KOSOVO Conflict and International Law: An Analytical Documentation 1974-1999*. Cambridge: Cambridge Univ. Press.

Kugler, Richard. 1992. *The Future of U.S. Military Presence in Europe: Forces and Requirements for the Post Cold War Era*. Santa Monica: RAND.

Kull, Steven, Clay Ramsay, and Evan Lewis. 2003. "Misperceptions, the Media, and the Iraq War." *Political Science Quarterly* 18(4): 569-598.

Kumar, Martha. 2007. *Managing the President's Message: The White House Communications Operation*. Baltimore: Johns Hopkins University Press.

Kurland, Philip B., ed. 1975. *Church and State: The Supreme Court and the First Amendment*. Chicago: University of Chicago Press.

Lacorne, Denis, Jacques Rupnik, and Marie-France Toinet, eds. 1990. *Rise and Fall of Anti-Americanism: A Century of French Perception*, trans. by Gerry Turner. New York: Macmillan.

Lamont, Michèle. 2000. *The Dignity of Working Men: Morality and the Boundaries of Race, Class, and Immigration*. Cambridge: Harvard University Press.

Lane, Robert. 1962. *Political Ideology: Why the American Common Man Believes What He Does*. New York: Free Press of Glencoe.

Langford, Paul. 2000. "Manners and Character in Anglo-American Perceptions, 1750-1850." Fred Leventhal and Roland Quinault, eds. *Anglo-American Attitudes: From Revolution of Partnership*. Aldershot: Ashgate.

Lau, Richard, and Lee Sigelman. 2000. "Effectiveness of Negative Political Advertising." James Thurber, Candice Nelson and David Dulio, eds. *Crowded Airwaves: Campaign Advertising in Elections*. Washington, DC: Brookings Institution Press.

Layman, Geoffrey. 1997. "Religion and Political Behavior in the United States: The Impact of Beliefs, Affiliations, and Commitment from 1980 to 1994." *Public Opinion Quarterly* 61: 288-316.

LeDuc, Lawrence, Richard Niemi, and Pippa Norris. 2002. "Introduction: Comparing Democratic Elections." Lawrence LeDuc, Richard Niemi and Pippa Norris, eds. *Comparing Democracies 2: New Challenges in the Study of Elections and Voting*. 1-39. London: Sage Publications.

Lewis, John. 1967. *The Anti-Federalists Versus the Federalists*. San Francisco: Chandler.

Lindsay, James. 2004. "From Deference to Activism and Back Again: Congress and the Politics of American Foreign Policy." Eugene Wittkopf and James McCormick, eds. *The Domestic Sources of American Foreign Policy: Insights and Evidence*, 4th ed. Lanham: Rowman & Littlefield.

Lindsay, Michael. 2007. *Faith in the Halls of Power: How Evangelicals Joined the American Elite*. New York: Oxford University Press.

Lippmann, Walter. 1922/1949. *Public Opinion*. New York: Pelican Books.

_____. "Digital History," http://www.digitalhistory.uh.edu/learning_history/japanese_internment/lippmann.cfm(검색일: 11/9/27).

Locke, John. 1764/1988. *Two Treatises of Government*. Cambridge: Cambridge University Press.

Lowery, David, and Virginia Gray. 1993. "The Density of State Interest Group System." *Journal of Politics* 55(1): 191-206.

_____. 1998. "The Dominance of Institutions in Interest Representation: A Test of Seven Explanations." *American Journal of Political Science* 42(1): 231-255.

Lowi, Theodore. 1969. *The End of Liberalism*. New York: W.W. Norton.

Lundestad, Geir. 1986. "Empire by Invitation? The United States and Western Europe, 1945-1952." *Journal of Peace Research* 23(3): 263-277.

Lupia, Arthur. 1994. "Shortcuts versus encyclopedias: Information and voting behavior in California insurance reform elections." *American Political Science Review* 88(1): 63-76.

_____. 2006. "How Elitism Undermines the Study of Voter Confidence." *Critical Review* 18(3): 1-27.

Lupia, Arthur, and John Matsusaka. 2004. "Direct democracy: New approaches to old questions." *Annual Review of Political Science* 7: 463-482.

Luskin, Robert. 2003. "The Heavenly Public: What Would a Fully Informed Citizen Be Like?" Michael McKuen and George Rabinowitz, eds. *Electoral Democracy*. Ann Arbor: University of Michigan Press.

Luttbeg, Norman R., and Michael M. Gant. 1995. *American Electoral Behavior, 1952-1992*. Itasca: Peacock.

Lutz, Donald, ed. 1986. *Documents of Political Foundation Written by Colonial Americans: From Covenant to Constitution*. Philadelphia: Institute for the Study of Human Issues.

_____. 1988. *The Origins of American Constitutionalism*. Baton Rouge: Louisiana State University Press.

MacIntyre, Andrew. 2003. *The Power of Institutions*. Ithaca: Cornell University Press.

Madison, James. 1865. *Letters and Other Writings of James Madison*, vol.1. Philadelphia: J.B. Lippincott, http://openlibrary.org/books/OL13516538M/Letters_and_other_writings_of_James_Madison(검색일: 11/9/24).

Magleby, David. 2001. *Direct Legislation: Voting on Ballot Propositions in the United States*. Washington, DC: The Johns Hopkins University Press.

Marsden, George. 2007. "Religion, Politics, and the Search for an American Consensus." Mark Noll and Luke Harlow, eds. *Religion and American Politics: From the Colonial Period to the Present*. New York: Oxford University Press.

Marsh, Charles. 2007. *Wayward Christian Soldiers: Freeing the Gospel from Political Captivity*. New York: Oxford University Press.

Marshall, Bryan, and Patrick Haney. 2010. "Aiding and Abetting: Congressional Complicity in the Rise of the Unitary Executive." Ryan Barilleaux and Christopher Kelley, eds. *The Unitary Executive and the Modern Presidency*. College Station: Texas A&M University Press.

Mayer, Kenneth. 2009. "Executive Orders." Joseph Bessette and Jeffrey Tulis, eds. *The Constitutional Presidency*. Baltimore: The Johns Hopkins University Press.

McCarty, Nolan, Keith Poole, and Howard Rosenthal. 2006. *Polarized America*. Cambridge: MIT Press.

McClosky, Herbert, and Alida Brill. 1983. *Dimensions of Tolerance: What Americans Believe About Civil Liberties*. New York: Russell Sage.

McCuan, David, Shaun Bowler, Todd Donovan, and Ken Fernandez. 1998. "California's Political Warriors: Campaign Professionals and the Initiative Process." Susan Bowler, Todd Donovan and Caroline Tolbert, eds. *Citizens as Legislators: Direct Democracy in the United States*. Columbus: Ohio State University Press.

McDonald, Forrest. 2000. *States' Rights and the Union: Imperium in Imperio 1776-1876*. Lawrence: University Press of Kansas.

McFarland, Andrew. 1987. "Interest Groups and Theories of Power in

America." *British Journal of Political Science* 17(2).
McGirr, Lisa. 2002. *Suburban Warriors: The Origins of the New American Right.* Princeton: Princeton University Press.
McGuinn, Patrick. 2006. *The Era of Education: The Presidents and the Schools 1965-2001.* Urbana-Champaign: University of Illinois Press.
Mead, Walter, and Richard Leone. 2002. *Special Providence: American Foreign Policy and How It Changed the World.* New York: Routledge.
Menon, Rajan. 2002. "The End of Alliances." *World Policy Journal* 19(2).
Milkis, Sidney, and Michael Nelson. 2008. *The American Presidency: Origins and Development 1776-2007*, 5th ed. Washington, DC: CQ Press.
Miller, Gary, and Norman Schofield. 2008. "The Transformation of the Republican and Democratic Party Coalitions in the U.S." *Perspectives on Politics* 6(3).
Mitnik, Pablo, and Jessica Halperin-Finnerty. 2010. "Immigration and Local Governments: Inclusionary Local Policies in the Era of State Rescaling." Monica Varsanyi, ed. *Taking Local Control.* Stanford: Stanford University Press.
Monroe, Alan. 1979. "Consistency between Public Preferences and National Policy Decisions." *American Politics Quarterly* 7(1).
Nelson, Michael, ed. 2008. *The Evolving Presidency: Landmark Documents, 1787-2008.* Washington, DC: CQ Press.
Neustadt, Richard. 1990. *Presidential Power and the Modern Presidents: The Politics of Leadership from Roosevelt to Reagan.* New York: Free Press.
New York Times/CBS News Poll, http://graphics8.nytimes.com/packages/images/nytint/docs/new-york-times-cbs-news-poll-obama-s-100th-day-in-office/original.pdf(검색일: 09/04/26).
Nixon, Richard. 1978. *Public Papers of the Presidents of the United States: Richard M. Nixon.* Washington, DC: GPO.
Noll, Mark, and Luke Harlow, eds. 2007. *Religion and American Politics: From the Colonial Period to the Present.* New York: Oxford University Press.

Nortman, Kimberly. 2010. "Legal Limits on Immigration Federalism." Monica Varsanyi, ed. *Taking Local Control.* Stanford: Stanford University Press.

Norton, Alan. 1994. *International Handbook of Local and Regional Government: A Comparative Analysis of Advanced Democracies.* Cheltenham: Edward Elgar.

Olson, Mancur. 1965. *The Logic of Collective Action.* New York: Schocken Books.

Olson, Robert K. 1997. "Partners in the Peace Process: The United States and Europe." *Journal of Palestine Studies* 24(4): 78-89.

Ong, Gerard. 2003. "Credibility over Courage: NATO's Mis-Intervention in Kosovo." *Journal of Strategic Studies* 26(1): 73-108.

O'Toole, Jr. Laurence, and Robert Christensen. 2012. *American Inter-governmental Relations: Foundations, Perspective, and Issues,* 5th ed. Washington, DC: CQ Press.

Page, Benjamin, and Robert Shapiro. 1983. "Effects of Public Opinion on Policy." *American Political Science Review* 77(1): 175-190.

Page, Benjamin, and Marshall M. Bouton. 2006. *The Foreign Policy Disconnect: What Americans Want from Our Leaders but Don't Get.* Chicago: University of Chicago Press.

Pells, Richard. 1997. *Not Like Us: How Europeans Have Loved, Hated, and Transformed American Culture since WWII.* London: Basic Books.

Perlmutter, Ted. 1996. "Bringing Parties Back In: Comments on 'Modes of Immigration Politics in Liberal Democratic Societies'." *International Migration Review* 30(1): 375-388.

Perthes, Volker. 1998. "Points of Difference, Cases for Cooperation: European Critiques of US Middle East Policy." US Foreign Policy in the Middle East: Critical Assessments. *Middle East Report,* No.208.

Pestritto, Ronald. 2005. *Woodrow Wilson: The Essential Political Writings.* Lanham: Lexington Books.

Peterson, Steven, and Thomas Rasmussen. 1994. *State and Local Politics.* New York: McGraw-Hill, Inc.

Petracca, Mark, ed. 1992. *The Politics of Interests: Interest Groups Transformed.* Westview Press.

Petrocik, John, William Benoit, and Glenn Hansen. 2003. "Issue Ownership and Presidential Campaigning, 1952-2000." *Political Science Quarterly* 18(4): 599-626.

Philips, Kevin. 1995. *Arrogant Capital.* Boston: Little Brown.

Pinkelton, Bruce. 1997. "The Effects of Negative Comparative Political Advertising on Candidate Evaluations and Advertising Evaluations: An Exploration." *Journal of Advertising* 26(1): 19-29.

Pitkin, Hannah. 1967/1972. *The Concept of Representation.* Berkeley & Los Angeles: University of California Press.

Posner, Sarah. 2008. *God's Profits: Faith, Fraud, and the Republican Crusade for Values Voters.* Sausalito, CA: Polipoint.

Press, Charles, and Kenneth VerBurg. 1991. *State and Community Governments in a Dynamic Federal System*, 3rd ed. New York: Harper Collins.

Preston, Julia. 2010. "Political Battle on Illegal Immigration Shifts to States." *The New York Times* (December 31).

Preston, Thomas, and Margaret Hermann. 2004. "Presidential Leadership Style and the Foreign Policy Advisory Process." Eugene Wittkopf and James McCormick, eds. *The Domestic Sources of American Foreign Policy: Insights and Evidence*, 4th ed. Lanham: Rowman & Littlefield.

Pridham, Kenneth. 1982/1983. "The Soviet View of Current Disagreements between the United States and Western Europe." *International Affairs (Royal Institute of International Affairs 1944-)* 59(1): 17-31.

Prothro, James, and Charles Grigg. 1960. "Fundamental Principles of Democracy: Bases of Agreement and Disagreement." *Journal of Politics* 22(2): 276-294.

Provine, Doris Marie. 2010. "Local Immigration Policy and Global Ambitions." Monica Varsanyi, ed. *Taking Local Control.* 217-35. Stanford: Stanford University Press.

Pulliam, John, and James van Patten. 2013. *The History and Social*

Foundations of American Education, 10th ed. Boston: Pearson, 2013.
Putnam, Robert. 2000. *Bowling Alone: The Collapse and Revival of American Community*. New York: Simon and Shuster.
Qvortrup, Mads. 2002. *A Comparative Study of Referendums*. Manchester and New York: Manchester University Press.
Rahn, Wendy M., John Brehm, and Neil Carlson. 1997. "National Elections as Institutions for Generating Social Capital." American Political Science Association. U.S.A.
Ramet, Sabrina, and Christine Ingebritsen, eds. 2002. *Coming in from the Cold War: Changes in U.S.-European Interactions since 1980*. Lanham: Rowman & Littlefield Publishers.
Ramsey, Bruce. 2005. "Fair or not, Internment was fearful sign of the times." *Seattle Times*, Sep. 7th.
Reynolds, David. 2002. *Taking the High Road: Communities Organize for Economic Change*. New York: M.E.Sharpe.
Riss-Kappen, Thomas. 1995. *Cooperation among Democracies: the European Influence on U.S. Foreign Policy*. Princeton: Princeton Univ. Press.
Robertson, David Brian. 2012. *Federalism and the Making of America*. New York: Routledge.
Robinson, Greg. 2001. *By Order of the President FDR and the Internment of Japanese Americans*. Cambridge, Massachusetts: Harvard University Press.
Robinson, Lance. 2009. "Theodore Roosevelt and William Howard Taft: The Constitutional Foundations of the Modern Presidency." Joseph Bessette and Jeffrey Tulis, eds. *The Constitutional Presidency*. Baltimore: The Johns Hopkins University Press.
Rozell, Mark, and Mitchel Sollenberger. 2009. "Executive Privilege and the Unitary Executive Theory in the George W. Bush Administration." James Thurber, ed. *Rivals for Power*. 209-228. Lanham: Rowman & Littlefield.
Rubio-Marín, Ruth. 2000. *Immigration as a Democratic Challenge: Citizenship and Inclusion in Germany and the United States*. Kindle edition:

Cambridge University Press.
Scarrow, Susan. 2001. "Direct Democracy and Institutional Change." *Comparative Political Studies* 34(6): 651-665.
Schain, Martin. 2008. *The Politics of Immigration in France, Britain, and the United States: A Comparative Study*. New York: Palgrave Macmillan.
Schattschneider, E. 1960. *The Semisovereign People*. New York: Holt, Rhinehart and Winston.
Schiller, T. 2003. "Direct Democracy in Modern Democratic Evolution." International Symposium on Initiatives, Referendums, and Direct Democracy, www.tfd.org.tw/english/docs/Report_03_DM_P_03_14.pdf (검색일: 08/10/01).
Schulzinger, Robert. 2002. *U.S. Diplomacy Since 1900*, 5th ed. Oxford: Oxford University Press.
Schwartz, Bernard. 1993. *A History of the Supreme Court*. New York: Oxford University Press.
Shade, William, Ballard Campbell, and Craig Coenen, eds. 2003. *American Presidential Campaigns and Elections*. Armonk: Sharpe Reference.
Shane, Peter. 2009. *Madison's Nightmare: How Executive Power Threatens American Democracy*. Chicago: University of Chicago Press.
Shorto, Russell. 2006. *The Island at the Center of the World, The Epic Story of Dutch Manhattan and the Forgotten Colony That Shaped America*. New York: Doubleday.
Silverman, Gordon. 1997. *Imbalance of Powers: Constitutional Interpretation and the Making of American Foreign Policy*. Oxford: Oxford UP.
Smith, Daniel, and Caroline Tolbert. 2004. *Educated by Initiative: The Effects of Direct Democracy on Citizens and Political Organizations in the American States*. Ann Arbor: University of Michigan Press.
Smith, Mark. 2002. "Ballot Initiatives and the Democratic Citizen." *Journal of Politics* 64(3): 892-903.
Smith, Michael, and Stephen Woolcock. 1994. "Learning to Cooperate: The Clinton Administration and The European Union." *International Affairs* 70(3): 459-476.

Smith, Page. 1995. *Democracy on Trial: Japanese American Evacuation and Relocation in World War II*. New York: Simon & Schuster.

Smith, Raymond. 2008. *The American Anomaly: U.S. Politics and Government in Comparative Perspective*. New York: Routledge.

Smith, Steven K., and Douglas A. Wertman. 1992. "Redefining U.S.-West European Relations in the 1990s: West European Public Opinion in the Post-Cold War Era." *PS: Political Science and Politics* 25(2): 188-195.

Sobel, Richard. 2001. *The Impact of Public Opinion on U.S. Foreign Policy Since Vietnam: Constraining the Colossus*. Oxford: Oxford University Press.

Spitzer, Robert. 1996. "The President, Congress, and the Fulcrum of Foreign Policy." David Adler and Larry George, eds. *The Constitution and the Conduct of American Foreign Policy*. Lawrence: University of Kentucky Press.

Stack, John, and Colton Campbell. 2003. "Congress: How Silent a Partner?" Colton Campbell, Nicol Rae and John Stack, eds. *Congress and the Politics of Foreign*.

Steinberg, James B. 1992. *The Transformation of the European Defense Industry: Emerging Trends and Prospects for Future U.S.-European Competition and Collaboration*. Santa Monica: RAND.

Stephens, Ross, and Nelson Wilkstrom. 2007. *American Intergovernmental Relations: A Fragmented Federal Polity*. New York: Oxford University Press.

Stimson, James, Michael McKuen, and Robert Erikson. 1995. "Dynamic Representation." *American Political Science Review* 89(1): 543-565.

Stoker, Gerry. 2005. "Joined-Up Government for Local and Regional Institutions." Vernon Bogdanor, ed. *Joined-Up Government*. Oxford: Oxford University Press.

Stone, Geoffrey. 2004. *Perilous Times: Free Speech in Wartime from the Sedition Act of 1798 to the War on Terrorism*. New York: W.W. Norton and Co.

Storing, Herbert, ed. 1985. *The Anti-Federalist: Writings by the Opponents of the Constitution.* Chicago: University of Chicago Press.

Stouffer, Samuel. 1955/1963. *Communism, Conformity, and Civil Liberties.* Gloucester: Smith.

Stuckey, Mary. 2003. "Presidential Elections and the Media." Mark Rozell, ed. *Media Power Media Politics.* Lanham: Rowman & Littlefield Publishers, Inc.

Sweetman, Brendan. 2006. *Why Politics Needs Religion: The Place of Religious Arguments in the Public Square.* Downers Grove, IL: InterVarsity Press.

Teles, Steven. 2007. "Conservative Mobilization against Entrenched Liberalism." Paul Pierson and Theda Skocpol, eds. *The Transformation of American Politics: Activist Government and the Rise of Conservatism.* Princeton: Princeton University Press.

Thomas, Clive, ed. 2001. *Political Parties and Interest Groups: Shaping Democratic Governance.* Boulder: Lynne Rienner.

Thurber, James, Candice Nelson, and David Dulio, eds. 2000. *Crowded Airwaves: Campaign Advertising in Elections.* Washington, DC: Brookings Institution Press.

Tocqueville, Alexis de. 1848/1969. *Democracy in America.* Garden City: Doubleday & Company, Inc.

Torpery, John. 2000. *The Invention of the Passport.* London: Cambridge University Press.

Truman, David. 1951. *The Governmental Process.* New York: Knopf.

Truman, Harry. 1965. *Public Papers of the Presidents of the United States: Harry S. Truman.* Washington, DC: GPO.

Turner, Jackson. 1961. *The Anti-Federalists.* Chapel Hill: University of North Carolina Press.

Valasek, Thomas. 2001. "The Fight against Terrorism: Where's NATO?" *World Policy Journal* 18(4): 19-25.

Wald, Kenneth. 2003. *Religion and Politics in the United States*, 4th ed. Lanham: Rowman and Littlefield.

Walker, Jack. 1991. *Mobilizing Interest Groups in America: Patrons, Professions, and Social Movements*. Ann Arbor: University. of Michigan Press.

Walker, Martin. 2001. "Post 9/11: The European Dimension." *World Policy Journal* 18(4): 1-10.

_____. 2002. "America's Virtual Empire." *World Policy Journal* 19(2): 13-20.

Wallace, William. 2001. "Europe, the Necessary Partner." *Foreign Affairs* 80 (3): 16-34.

Waslin, Michele. 2010. "Immigration Enforcement by State and Local Police: The Impact on the Enforcers and Their Communities." Monica Varsanyi, ed. *Taking Local Control*. Stanford: Stanford University Press.

Watts, Ronald. 2008. Comparing Federal Systems, 3rd ed. Kingston: McGill-Queen's University Press.

Weissert, C.S. 1983. "The National Governor's Association 1908-1983." *State Government* 56.

Wilcox, Clyde. 1996. *Onward Christian Solders? The Religious Right in American Politics*. Boulder: Westview.

Williams, Phil. 1983. "The United States' Commitment to Western Europe: Strategic Ambiguity and Political Disintegration?" *International Affairs (Royal Institute of International Affairs 1944-)* 59(2): 195-209.

Wills, Gary. 1999. "Bully of the Free World." *Foreign Affairs* 78(2): 50-59.

Wilson, Woodrow. 1908/1961. *Constitutional Government in the United States*. New York: Columbia University Press.

Wolfers, Arnold. 1942. "Anglo-American Post-War Cooperation and the Interests of Europe." *American Politics Science Review* 36(4): 656-666.

Woodberry, Robert, and Christian Smith. 1998. "Fundamentalism et al: Conservative Protestants in America." *Annual Review of Sociology* 24: 25-26.

Wooton, Graham. 1985. *Interest Groups: Policy and Politics in America*. Englewood Cliffs: Prentice-Hall.

Wright, Russell. 2006. *Chronology of Education in the United States*.

Jefferson: McFarland & Co.

Zaller, John. 1992. *The Nature and Origins of Mass Opinion.* New York: Cambridge University Press.

Zelizer, Julian. 2007. "Seizing Power: Conservatives and Congress since the 1970s." Paul Pierson, and Theda Skocpol, eds. *The Transformation of American Politics: Activist Government and the Rise of Conservatism.* Princeton: Princeton University Press.

Zolberg, Aristide. 2006. *Nation by Design: Immigration Policy in the Fashioning of America.* Kindle edition: Harvard University Press.

Pew Research Center for the People and the Press. 2003. "Evenly Divided and Increasingly Polarized: 2004 Political Landscape." Washington, DC(November 5).

Pew Research Center. Feb. 2004. "A Global Generation Gap." Washington, DC.

Sixteenth Census of the United States: 1940.

The Economist. 2003. "A Survey of American: From Sea to Shining Sea," Nov.8-14: 5-7.

The Fortune Survey(1940), no.39.

The Gallup Poll(various years).

The Gallup Poll. 1953-2009, 해당 연도(검색일: 11/09/30).

❖ 인터넷 웹사이트

http://caselaw.lp.findlaw.com/scripts/getcase.pl?court=US&vol=457&invol=202(검색일: 11/09/30).

http://communication.utexas.edu/strauss/cmp.html(검색일: 04/11/24).

http://educationnext.org/reform-agenda-gains-strength/(검색일: 13/11/15).

http://epp.eurostat.ec.europa.eu/cache/ITY_OFFPUB/KS-SF-10-045/EN/KS-SF-10-045-EN.PDF(검색일: 11/09/30).

http://library.uchastings.edu/research/online-research/ballots.php(검색일: 13/11/15).

http://livingcandidate.movingimage.us/election(검색일: 04/11/24).

http://unstats.un.org/unsd/demographic/products/dyb/dybsets/1989%20DYB.pdf(검색일: 11/09/30).

http://us.cnn.com/election/2004/pages/results(검색일: 04/11/24).

http://www.census.gov/compendia/statab/hist_stats.html(검색일: 11/09/30).

http://www.census.gov/prod/2013pubs/acs-22.pdf(검색일: 13/11/15).

http://www.georgewbush.com(검색일: 04/11/24).

http://www.iandrinstitute.org/(검색일: 08/10/01).

http://www.ipu.org/parline(검색일: 10/09/05).

http://www.issues2000.org/Ad_Watch.htm(검색일: 04/11/24).

http://www.johnkerry.com/pdf/our_plan_for_america.pdf(검색일: 04/11/24).

http://www.migrationinformation.org/datahub/(검색일: 11/09/30).

http://www.nationmaster.com/graph/eco_chi_pov-economy-child-poverty(검색일: 13/11/15).

http://www.ncsl.org/programs/legismgt/elect/recallprovision.htm(검색일: 08/10/01).

http://www.ncsl.org/programs/press/2004/backgrounder_fullandpart.htm(검색일: 08/10/01).

http://www.nilc.org/(검색일: 11/09/30).

http://www.nilc.org/(검색일: 13/11/15).

http://www.sos.ca.gov/elections/ballot-measures/pdf/initiatives-by-title-and-summary-year.pdf(검색일: 13/11/15).

http://www.tradingeconomics.com/Economics/Unemployment-Rate.aspx?Symbol=USD(검색일: 11/09/30).

http://www2.ed.gov/policy/elsec/leg/list.jhtml(검색일: 13/11/15).

색인

| ㄱ |

강제 이주 7, 12, 235, 237, 238, 244, 248, 250, 251, 254, 255, 257
거류 외국인 신분/이민자 신분(alienage) 150, 236, 237, 242, 244, 257
견제와 균형 55, 118, 158, 210, 211, 213, 227, 228, 298, 299, 313, 314
결사체 민주주의 7, 8, 15, 27-30, 33-37, 40, 43, 45-47
교육복지 7, 9, 10, 15, 112, 113, 116-118, 120, 123, 124, 126, 127, 131, 133-135, 137-140
9/11 사태 13, 96, 100, 101, 149, 168, 178, 182-185, 187, 189, 194, 195, 197-199, 227, 263, 266, 267, 275, 276, 280-282, 284, 286
국가 정체성 10, 117, 121, 147, 149-151, 154, 161, 167-169
국내정책 302
국수주의 265, 276, 281
권력공유 12, 158, 211, 216, 223, 228, 312, 314, 315
권력구조 113, 114, 210, 302, 311, 312, 314
권력분립/권한분산 7, 11, 12, 15, 16,

111-115, 119, 134, 148, 150, 158, 159, 163, 166, 209-213, 215, 216, 218, 223, 225, 227-230, 298, 299, 302, 314
권력집중 8, 29, 33, 34, 36, 37, 39, 46, 47
기속조항/권한 부여 조항(vesting clause) 215, 216, 304

| ㄷ |

다원주의 7, 8, 28, 32, 33, 35-37, 45, 88, 239
단일행정부 13, 14, 297-299, 304-306, 308, 311, 315
대권(prerogatives) 299
대외정책/외교정책 302
대의민주주의 8, 9, 32, 35, 36, 45, 46, 53-59, 61, 62, 65, 68, 69, 71, 74, 150, 163, 238
대통령제 7, 11-16, 118, 158, 209-212, 218, 220, 222, 223, 225, 227, 229, 230, 236, 241, 257, 258, 295, 297-299, 305, 306, 311-315
동력(energy) 305

| ㅁ |

명시적 권한(express powers) 300-302
미국-유럽 관계/횡대서양 관계 263, 264, 266, 267, 277, 280, 281, 286, 287

| ㅂ |

반미 264-266, 268-270, 281
비교광고 181, 182, 192, 195
비방광고 181, 182

| ㅅ |

사법심사 60, 83, 86, 102, 103, 150, 151, 213
사법화(judicialization) 12, 103, 213, 222, 229, 296
사회적 보수주의 15, 81, 83, 87-89, 91-95, 99, 102, 103
상위정부 14, 157, 295, 297, 313, 315
소속정당 97, 158, 183, 209, 211, 218, 313
시민권 10, 128, 145, 147, 150, 154, 161, 167, 169, 170, 236, 242,

색인 **405**

244, 251, 253, 254, 257, 258
신보수주의 88, 91-93, 99, 101, 102, 188, 264, 287, 296

| ㅇ |

안전장치(safeguard) 85, 118-120, 124, 125, 127, 128, 132-135, 137, 138, 140
연방-주 정부 관계/정부 간 관계 15, 146, 152, 154, 158, 161, 170
연방대법원/연방최고법원 58, 59, 103, 150, 152, 154, 159, 167, 169, 187, 215, 229, 302
연방주의 7, 9, 10, 15, 32, 35, 36, 46, 59, 60, 112, 113, 115-120, 124, 128, 129, 133, 137-140, 145, 148, 150, 152, 153, 158-160, 163, 165, 167, 169, 170, 220, 295, 313, 314
옹호광고 181, 192
외국인 적군(enemy alien) 245, 246, 251, 252
위임(mandate) 211, 224, 225
의사결정 14, 61, 68, 69, 71, 255, 297, 314, 315
이민 정책 7, 10, 145, 147, 150-153, 158-161, 163, 165, 167, 168, 170
이민자 10, 84, 85, 111, 117, 137, 146, 147, 149-155, 157-166, 168-170, 243, 246
이익대변 8, 9, 35, 40, 45, 47, 53, 54, 58, 65, 68, 69, 71, 73, 74, 238
인민주권/주권재민 15, 62, 85, 90, 304, 311, 314
일방주의 13, 14, 184, 276, 278, 281, 282, 297-299, 307, 310-312
입법 활동주의 148, 155, 160, 162, 163
입법거부 215-217

| ㅈ |

정교분리 7, 9, 81-87, 89, 90, 99, 102, 103, 146, 169
정당성향 36, 132, 133, 135, 137, 180, 222
정당일체감 100-102, 183
주민발의 62-71, 73, 74, 161, 168
주민투표 62-71, 73, 74, 168
지역안보 267, 275, 281-283
직접민주주의 7-9, 53-59, 61-63, 65-

　　　　　69, 71-74, 120
진보운동　61, 62, 65, 74
집단안보　13, 267-276, 278, 279, 281, 287

147, 151, 155, 157, 169, 224, 248, 270, 271, 280, 284, 287, 295, 312-315
TV광고　7, 11, 15, 177-182, 186, 187, 189-193, 195, 196, 198

| ㅊ |

취약계층　127, 129, 131, 132, 135-137

| ㅍ |

패러독스　8, 12, 29, 33, 34, 36, 37, 39, 47, 211, 230, 240, 258

| ㅌ |

통치　7, 12, 14, 53-55, 58, 59, 61, 62, 73, 89, 90, 95, 111-113, 118, 125, 145, 148, 150, 152, 153, 158, 163, 167, 169, 170, 209-211, 217, 218, 222, 224-227, 229, 230, 236, 245, 257, 295-299, 305, 312, 313, 315
통합　10, 46, 116, 121, 126, 127,

| ㅎ |

행정명령　12, 236, 237, 242, 244, 245, 246, 248, 250, 251, 253, 308, 370
헌정주의　9, 82-85
헌정질서　10, 13-15, 150, 152, 163, 165, 297-299, 311, 313-315

지은이 소개

이옥연

- 서울대학교 정치외교학부 교수
- 서울대학교 미국학연구소장 역임
- 한국정치학회 편집위원장, 미국정치연구회 회장, 유럽정치연구회 회장 역임
- 네덜란드 레이든(Leiden)대학교 정치학과 방문학자 역임
- 미국 일리노이 주립대학교 IFUSS Fellow, 영국 캠브리지대학교 Clare Hall 방문학자 역임
- 미국 미시건대학교 정치학 박사

〈주요 저서〉
- 『분단-통일에서 분리-통합으로』(분리통합연구회 편, 2014)
- 『유럽의 민주주의: 새로운 도전과 과제』(공저, 2014)
- 『유럽의 정체』(공저, 2011)
- 『국제정치의 사회적 이론: 구성주의』(공역, 2009)
- 『통합과 분권의 연방주의 거버넌스』(2008)
- "연방제도 다양성과 통일한국 연방제의 함의," 『한국정치연구』(2015)
- "일본의 중앙-지방 관계 변화에 대한 일고: 로컬 거버넌스의 삼중고(trilemma)," 『21세기정치학회보』(2013)

만萬화華경鏡 속
미국 민주주의
법·제도·과정을 통한 미국 정부와 정치 분석

초판 1쇄 발행: 2014년 3월 31일
초판 2쇄 발행: 2015년 9월 11일

지은이: 이옥연
발행인: 부성옥
발행처: 도서출판 오름
등록번호: 제2-1548호 (1993. 5. 11)
주　소: 서울특별시 중구 퇴계로 180-8 서일빌딩 4층
전　화: (02) 585-9122, 9123 / 팩　스: (02) 584-7952
E-mail: oruem9123@naver.com

ISBN　978-89-7778-422-2　　93340

* 잘못된 책은 교환해 드립니다.
* 값은 뒤표지에 있습니다.

이 도서의 국립중앙도서관 출판예정도서목록(CIP)은 서지정보유통지원시스템 홈페이지(http://seoji.nl.go.kr)와 국가자료공동목록시스템(http://www.nl.go.kr/kolisnet)에서 이용하실 수 있습니다. (CIP제어번호: CIP2014010223)